올라 중남미1

생활과 문화&비즈니스

올라 중남미

01

생활과 문화&비즈니스

HOLA

권선흥 지음

HU:iNE

머리말

중남미하면 어떤 이미지가 떠오르나요? 비취빛의 환상적인 카리브 해변에서 모히토 칵테일을 한잔 하는 낭만적인 곳? 내일을 걱정하지 않고 오늘을 즐기기 좋아하는 낙천적 국민성? 가까이 가기 어려운 지구상 끝에 위치한 머나먼 곳? 마약과 치안불안으로 먹고 살기 불안한 곳? 등 여러 가지 이미지를 떠올리실 겁니다.

비즈니스 쪽에서 보면 중남미는 우리에게 어떤 이미지일까요? 미국, 유럽 등 선진시장과는 달리 우리 상품이 뚫고 들어가기 좋은, 만만한 시장쯤으로 비쳐지는 것이 아마 일반적이지 않을까요? 흔히 중남미, 중국, 중동을 '3중시장'이라고 부릅니다. 중남미는 이 3중시장 중 중국이나 중동에 비해 사람들의 관심도 적고, 잘 알려지지도 않았으며 알아보려고 해도 정보 접근 역시 쉽지 않습니다. 그러니 막상 진출하려고 해도 은근히 겁이 나 망설여지거나, 아니면 선진시장도 뚫었는데 이까짓 중남미쯤이야 하며 덜컥 달려들기도 합니다.

북미 및 유럽 선진국과 중국, 중동 등 우리나라의 전통적인 주력시장 진출 여건이 악화되면서 중남미가 새로운 대체시장으로 부상한다는 정보 홍수 속에서 제대로 된 준비 없이 너나 할 것 없이 중남미로 갑자기 몰려드는 현상도 심심찮게 발생합니다. 지피지기면 백전백승이라 하는데 상대방을 잘 모르니 실패와 실수를 연발하기 쉽습니다. 그리곤 곧 "아! 여기는 안 돼"하며 쉽게 물러서 버리기도 합니다.

우리에게 중남미란 빗장이 단단히 걸려 있는 미지의 시장입니다. 이 빗장을 풀기 위해서는 열쇠가 필요합니다. 이 열쇠를 어디서 어떻게 찾을 수 있을까요?

중남미 시장 진출에는 워밍업이 필요합니다. 우리나라와 중남미 간에는 넘어야 할 산도 있고 바다도 있습니다. 산과 바다 같은 물리적 공간은 비행기만 타면 단번에 넘어가지만, 문화는 단번에 넘어갈 수가 없습니다. 사실 비행기로 조차도 단번에 중남미 문턱을 넘기 어렵다는 사실은 중남미를 다녀가 보신 분이라면 아실 겁니다. 미국이나 캐나다 또는 유럽 등을 한 번 거쳐야만 비로소 갈 수 있는 곳이 중남미라는 것을요. 최근에는 멕시코 직항 노선이 뚫려 한 번에 가는 길이 생겼지만 대부분의 나라들은 반드시 어느 나라건 거쳐 가야 합니다.

그래서 중남미 사람들의 문화를 깊이 있게 이해하는 작업이 선행되어야 합니다. 중남미가 역사적으로나 지리적으로 미국이나 유럽으로부터 많은 영향을 받아오고 있습니다. 하지만 중남미는 문화적으로 구미(歐美) 선진국과는 궤를 달리합니다. 동양이 다 같은 동양이 아니듯이 서양이라도 다 같은 서양이 아닌 것이지요. 구미 선진국에서 잘 통하던 영어도 중남미에선 잘 통하지 않습니다. 상류층으로만 보면 우리나라 사람들보다 뛰어난 영어실력을 갖춘 사람이 많으나 전체적으로 보면 우리나라 국민들보다 더 영어에 약하다고 볼 수 있습니다. 비즈니스맨들은 물론 중남미 각국과의 경제협력을 추구하거나 기업진출을 지원하려는 우리나라 공무원들도 중남미를 자주 드나듭니다. 그러나 중남미를 속속들이 깊이 있게 이해하지 못하다보니 여러 해프닝이 빚어지는 경우도 수시로 발생합니다. 예컨대 어느 게 성이고 이름인지, 직책은 우리식으로 뭔지, 여잔지 남잔지 등 기본적인 문화 측면에서부터 알쏭달쏭하고 헷갈리는 게 무척 많기 때문입니다.

이 책은 중남미로 진출하려는 우리 기업 비즈니스맨이나 주재원, 공무차 중남미를 방문하거나 중남미와 관련된 업무를 추진하는 우리 국가 공무원, 공직유관기관 및 학계 인사, 또는 중남미에 관심이 있는 학생 등을 불문하고 중남미와 거래하고 관계를 만들어가려는 모든 분들에게 조그마한 실무적 도움을 드리고자 하는 취지에서 집필되었습니다. 독자 여러분들이 가볍게 읽어나가다 보면 중남미에 대한 이해의 폭이 시나브로 넓어지도록 하는 것이 이 책의 목표입니다.

필자는 30년 이상 코트라에 몸담아오며, 그중 18년 동안 콜롬비아, 아르헨티나, 멕시코, 과테말라 및 도미니카 공화국 등 중남미 5개국과 스페인 등 이베로아메리카 문화권에서 코트라 무역관장, 주재원 근무를 하면서 다양한 중남미 문화와 비즈니스를 두루 접해 왔습니다. 국내 근무 시에도 구미(歐美)지역을 맡아 그들과 부딪히며 업무를 해와 중남미와 연을 맺으며 활동해온 것이 20년을 훌쩍 넘어섰습니다. 이외에도 페루, 칠레, 베네수엘라, 파라과이, 우루과이, 브라질, 파나마, 코스타리카, 쿠바, 온두라스, 엘살바도르, 아이티 등 중남미 각지로 출장을 가고 여행하면서 중남미를 속속들이 섭렵하고자 했으며, 스페인어권 중남미에 대한 실전경험과 각종 국내외 참고 문헌들을 토대로 집필된 것임을 이해하고 읽어주시기 바랍니다.

책 제목 "올라 중남미, 생활과 문화 & 비즈니스"를 보고 올라가 무슨 의미인지 궁금해 하시는 분들이 많으실 겁니다. 올라(Hola)란 스페인어로 안녕!(영어의 하이/Hi)의 의미이기도 하며, 올라(Ola)는 파도, 물결을 의미하기도 합니다. 한편 우리말에도 올라가 있습니다. 중남미 출장 내지 여행길에 올라 그들의 문화와 생활 및 비즈니스를 살펴본다는 의미도 담고있고, 중남미에서 일어나는 변화의 물결을 타고 중남미 사람들과 함께 부대끼며 비즈니스를 잘해보자는 의미도 아울러 담고 있습니다.

부디 본 자료가 독자 여러분이 중남미 시장을 열어 가거나 중남미와 업무를 추진하는 데 있어, 또는 중남미를 깊이 있게 이해하려는 작업 등에서 자그마한 도움이라도 되기를 기대해 봅니다. 즉, 이 책이 독자 여러분이 빗장을 푸는 데 도움을 드리는 열쇠 역할을 해드렸으면 하는 것이 필자의 바람입니다.

이 책이 세상 속으로 나오기까지 힘이 되어주신 분들이 많습니다. 무엇보다 이 책 출판을 기꺼이 맡아주신 한국외국어대학교 지식출판콘텐츠원장 가정준 교수님, 신선호 팀장님, 박현정 콘텐츠 크리에이터님, 그리고 소중한 추천사를 흔쾌히 써주신 김원호 한국외대 국제지역대학원 교수님, 강성주 한중남미협회 이사님, 추종연 국무총리 외교보좌관님, 장광옥 LG CNS 법인장님, 정상희 계명대학교 스페인어중남미학과 교수님 등 고마운 분들께 이 자리를 빌려 깊은 감사 말씀을 올립니다. 또한 책자 집필과정에서 많은 관심을 보여주며 격려와 축복을 아끼지 않은 여러 친지 분들께도 진심을 담아 깊은 감사말씀을 올립니다. 마지막으로, 그간 필자와 함께 동고동락하며 삶의 버팀목이 되어준 내 가족에게도 사랑과 감사를 함께 전합니다. 감사합니다.

2018년 5월

글쓴이 권 선 홍

추천사

강성주 한중남미협회 이사 / 전 주 도미니카공화국 대사

이 책은 우리나라 수출 진흥 활동의 역사적 현장에서 치열한 삶을 살아온 한 개인의 증언기록일 뿐만 아니라 글로벌 시대를 살아가는 우리들이 어떻게 외국과 관련된 미래의 삶을 개척하면서 자기의 소명의식을 현실화해 갈지를 가르쳐주는 하나의 인생지침서라고 할 수 있다. 중남미지역과 인연을 맺고 있는 사람들뿐만 아니라 해외 업무 전문화와 관련한 유용한 자료의 부족에 갈증을 느껴온 독자들도 이 책을 통해 넓은 안목과 지식을 제공받을 수 있을 것이다. 중남미에 관한 책이지만 저자의 현장 경험과 지식이 제공하는 열쇠를 통해 여타지역에 대한 접근 방법 원용도 충분히 가능하다고 보기 때문이다.

저자는 책의 서두에서 "우리에게 중남미란 어떤 의미인가?"라는 물음을 던지고 있다. 그만큼 본인이 독자에게 얘기할 대상, 즉 중남미에 대해 본질적인 질문으로부터 출발하면서 저자의 특별한 면모를 보이고 있다. 중남미와 관련된 일에서 은퇴한 이후 여러 해 동안 숙명처럼 중남미 주변을 맴돌면서 중남미관련 블로그(blog.naver.com/lacb2bprogram)를 운영하고 있어 이 지역에 대한 신간 서적이나 새로운 논문들을 비교적 자주 대하는 편이지만 이 책이 풍기는 독특한 매력에 이끌리게 됨을 느낀다. 독자들도 이 책을 읽어가면서 자신도 모르는 사이 어느 덧 한반도를 벗어나 자기가 목표로 하는 국제무대에서 나름의 삶을 설계할 긴요한 열쇠를 얻게 될 것이라 기대한다.

2009년 경 도미니카공화국에서 근무할 때의 일이다. 유엔 세계 관광기구(UN WTO) 사무총장 선거에 우리 후보가 입후보 한 적이 있다. 당시 우리의 경쟁 상대는 요르단 후보였다. 당시 그곳에 요르단 대사관이 없던 터라 주재국의 지지를 받는 것은 그리 어려운 일이 아닐 것이라고 자신하고 있었다. 그런데 주무부처인 관광부장관을 도대체 만날 수조차 없었다. 백방으로 노력하면서 동 장관과의 면담을 시도했으나 허사였다. 내막인즉, 요르단이 이 나라에서 성공한 아랍계 후손 기업가들을 동원하여 자국 후보에 대한 지원 약속을 동 장관을 통해 이미 확보해 놓았고, 이런 상황에서 장관이 한국대사를 만나 보았자 특별히 할 얘기가 없다는 것이었다. 여러 우여곡절 끝에 사투를 벌이다시피 주재국 외교부와 대통령실을 움직여 겨우 투표 하루 전날에서야 우리후보의 지지를 확보할 수 있었다. 하지만 이 기회를 통해 아랍계 후손들의 파워를 톡톡히 실감할 수 있었다. 만약 그때 저자의 "제 36강 중남미를 움직이는 막강 파워 아랍계후손"이 제공하는 내용을 인식하고 있었다면 그렇게까지 방심하거나 허둥대지 않았었을 것이다. 이 만큼 이 책은 중남미와 오랜 인연을 맺으며 살아온 사람들에게까지도 유용한 정보를 담고 있다.

『요즘 우리 주변에서 경제가 어렵고 특히 청년 실업문제 해결을 위한 어떤 돌파구를 마련해야 한다는 얘기들이 많이 회자되고 있다. 이 책은 이러한 상황 타개를 위한 효과적인 해법을 제시하고 있다. 특히 "제 27강 우리기업과 중남미 유력기업 간 네트워킹 노하우"에서 기술하고 있는 내용들은 독자들이 꼭 눈여겨보았으면 하는 대목이다. 2013년 8월 한.중남미협회가 미주개발은행(IDB)산하 미주투자공사(IIC)와 함께 중남미기업인들과의 네트워킹 수립을 위한 B2B Program 사업을 시작할 당시 보고타 무역관장으로 재직하고 있던 저자는 양국 기업 간 네트워킹 작업에 직접 참여한 적이 있다. 이와 같이 구체적인 국제기구와의 협력 경험을 포함해 시장개척단 지원활동 등 평소 무역관 업무에서 체득한 저자의 현장 경험들이 총 망라되어 있어 우리 기업과 정부 관계자들도 많은 시사점을 제공받을 수 있을 것으로 본다.』

나는 저자와 3번의 인연이 있었다. 2008-2009년 산토도밍고 무역관 관장 재직 시, 2012년 여수박람회 조직위원회의 카리브국 참가교섭단 업무 수행 시, 그리고 2013년 콜롬비아 B2B Program 추진 관련해서다. 평소 성품으로 보아 저자가 현직을 떠나면 이 책이 언급하는 정보를 공유하고 확산시키기 위해 조만간 비즈니스와 학문 현장에 나타날 것으로 예상한다. 저자의 노고를 치하하며 왕성한 활동을 기대한다.

추천사

추종연 국무총리 외교보좌관 / 전 주 콜롬비아 및 주 아르헨티나 대사

인쇄활자로 글을 남긴다는 것은 쉽지 않은 일입니다. 알고 느낀 것이 많아서 글을 쓰고 싶은 마음이 간절해야 좋은 글이 써집니다. 모두가 다 아는 정보를 글에 담는다면 독자들은 관심을 갖지 않을 것입니다. 같은 사물과 사건을 보더라도 다른 사람들과 느끼는 게 다르고 그 느낌을 글에 담아야 글이 의미를 지닌다고 봅니다.

'올라(Hola) 중남미 - 생활과 문화 & 비즈니스'는 중남미 지역과 문화에 관한 정보의 보고(寶庫)입니다. 굳이 비교하자면 정제된 쌀밥이 아니라 영양분이 풍부한 잡곡밥 같습니다. 작은 제목마다 호기심을 자아냅니다. 어느 페이지를 펼치더라도 일상적으로 접할 수 없는 지식과 이야기들이 나옵니다.

저자는 중남미와 20년을 부대끼면서 축적되고 업데이트 된 지식과 경험을 모았다고 말하고 있습니다. 저자가 말하지 않아도 독자들도 그렇게 느낄 것입니다. 저도 중남미에서 여러 번 근무하면서 30여 편의 칼럼과 여러 논문을 발표했던 지라 정보를 수집하고 분류하며 정리하는 일이 간단하지 않음을 압니다. 저자가 이 책에 수록한 정보는 저의 상상을 뛰어 넘는 정도입니다. 아마도 저자는 언젠가 책을 쓴다는 생각을 가지고 중남미 땅을 누비면서 느낌과 지식을 수시로 메모했을 것입니다. 저자의 꾸준함과 노력이 그의 글에 듬뿍 묻어 있습니다.

중남미는 한국과 물리적으로 멀리 떨어져 있고 문화적으로도 많은 차이가 있지만, 한국과 중남미 사람들이 정서적으로 서로 매우 가깝다는 생각이 듭니다. 서로 가까워질 수 있는 공통된 요소들이 많이 있다고 하는 게 더 정확할 듯싶습니다. 그래서 한국인을 '아시아의 라티노'라고 부릅니다. 중남미 사람들과 중남미 문화를 알고 이해하면 그곳에서 살거나 여행하기가 정말 편합니다. 스페인어를 한다면 금상첨화이겠지요. 치안이 나빠서, 사회가 투명하지 않아서, 스페인어가 안 되어 등등 이유로 중남미에서 사업하기가 어렵다고 합니다. 오히려 그러한 여건들이 사업기회를 더 많이 만들어 준다고 봅니다. 긍정적인 시각에서 보면 중남미는 참 융통성이 많은 사회입니다.

저자는 중남미에서 비즈니스를 하는 기업들을 오랜 기간 도왔습니다. 그래서 그는 중남미 지역에서 비즈니스를 하거나 하고자 하는 사람들을 주로 염두에 두고 이 책을 집필했습니다. 중남미 방방곡곡을 돌아다니면서 발품을 팔아 얻는 지식과 경험을 사장시키기가 아까웠을 것입니다. 따라서 축적한 지식을 활자로 남기기로 결심했을 것입니다. 그러기에 그의 글이 더 생명력이 있습니다. 중남미에 대한 어떠한 호기심이든지 이를 해소하는 데 이 책이 유용하게 쓰일 것으로 믿습니다.

저는 저자가 잘 드러나지 않는 중남미의 속살을 파헤치고 전문가의 시각에서 관찰한 것들을 쓰고 싶다는 간절한 마음으로 이 책을 집필했다고 봅니다. 저자의 탐구력과 전문성 그리고 성실함에 찬사를 보냅니다.

추천사

장광옥 LG CNS 금융공공이행담당 / 전 콜롬비아 법인장

남미하면 에메랄드빛의 카리브 해, 강렬한 태양, 야자수가 떠오르고 그곳에서 정열적인 젊은 남녀가 다양한 라틴리듬에 몸을 싣고 춤을 추는 것이 언뜻 떠오른다. 다른 한편으로는 세계최고의 마약생산지, 커피생산지, 매장량이 풍부한 석유 생산지로도 유명하며, 사시사철 덥지 않고 과일이 넘쳐나는 곳, 남미는 신이 만들어 준 최고의 땅이라는 데에는 누구도 이의를 제기하지 않을 것이다.

저자와 나는 콜롬비아 보고타 교통시스템 구축 현장에서 만났었다. 서울에서 성공한 교통카드시스템을 원래 우리가 수입했던 보고타에 업그레이드된 시스템으로 역수출한 케이스였는데, 시작단계부터 일만해도 눈 코 뜰 새 없이 바쁘고, 많은 지역 사람의 만남에서 문화적 차이, 날씨, 업무시스템 등 여러 가지가 맞지 않아 고생하던 중 저자인 당시 코트라 보고타 무역관장의 경험에서 우러나오는 조언은 나에게 실로 단비와도 같이 도움이 되었던 기억이 난다.

가장 기억에 남는 그의 조언은 남미 사람과 한국 사람은 비즈니스 스타일이 다르다는 것이었다. 그 예로 스페인말로 비즈니스가 없고 대신 네고시오스를 쓴다고 하면서 이들은 우리와 다르게 끊임없이 네고를 하는 스타일이라고 알려주어 오늘 협상이 종료된 줄 알았는데 내일 또 네고를 하고, 또 꼬투리나 핑계를 대어 계속 네고를 하는 게 이해가 되지 않았는데 그의 조언으로 모든 게 이해되어 바르게 대처할 수 있었던 기억이 난다.

이 책은 여행가나 탐험가가 쓴 책이 아니고 남미 사업 활성화를 위해 대규모 사업을 지원하는 공적임무를 맡아 수행하던 전문가가 일선에서 뛰었던 경험과 지식을 한데 모았다는 점에 그 무게가 있다고 본다.

이 책의 저자인 권선홍 당시 보고타 무역관장은 한마디로 최고의 남미전문가라 할 수 있으며, 남미관련 어떠한 질문에도 가장 정확한 답변을 해줄 수 있는 분이라고 생각된다. 이 책을 읽으면 사업을 준비하는 기업체나 여행가, 탐험가, 주재원, 이민을 꿈꾸는 여러 사람들에게 남미에 대한 깊은 정보와 경험으로부터 우러나는 지혜까지도 얻을 수 있을 거라는 강한 믿음이 선다.

추천사

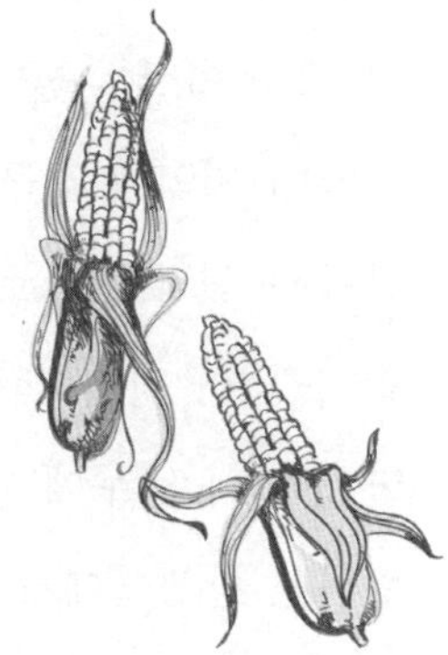

정상희 계명대학교 스페인어중남미학과 교수

우리는 중남미 지역과 관련지어 개도국, 정치 불안, 폭력, 마약, 치안부재와 같은 부정적인 이미지의 단어들을 연상한다. 또한 정열적인 나라, 탱고, 살사, 카니발 축제 등을 통해 이들이 천성적으로 낙천적인 민족일 거라고 생각하면서 막연하고도 추상적으로 인식하고 있다. 최근에는 중남미를 방문하거나 이들에 대한 정보를 직접적으로 접할 수 있는 기회가 과거에 비해 증가했다고 볼 수 있다. 그러나 왜 아직까지 추상적이고 정형화된 이미지와 시각을 통해 중남미 지역을 이해하고 있는 것일까?

한국에서 스페인어를 사용하는 인구가 많아지고 있으며, SNS와 같은 다양하고 혁신적인 수단을 통한 상호작용이 증가하고 있으나 많은 한국인들에게 중남미는 여전히 생소한 지역으로 인식되고 있다. 또한 우리는 의식하지 못한 채 중남미 지역과 관련된 정보나 이미지를 미국의 영화나 신문기사 등 서양적인 시각과 관점이 반영된 간접적인 수단들을 통해 접하고 있다. 따라서 이들에 대해 올바른 인식을 형성할 수 있는 기회를 놓치고 있는 것이 아닐까 하는 생각이 든다.

이 책은 독자들에게 한국인의 관점에서 중남미 지역을 올바르게 인식하고 이해할 수 있는 기회를 제공하고 있다. 또한 물리적인 영토와 지리적인 거리의 개념이 상실되고 '상호연결성'이라는 키워드로 설명할 수 있는 오늘날 한국과 중남미 국가들 간 직접적으로 소통 할 수 있는 기회가 확대되고 있는 상황에서 그 시의성이 높다고 할 수 있다. 이처럼 이 책은 '문화'라는 키워드를 통해 중남미 지역에 접근하고 있으며, 저자가 책에서도 언급한 것처럼 "다년간 먼 안목과 긴 호흡으로 중장기적인 비즈니스의 연결고리"로서의 충분한 역할을 할 수 있는 지침서라고 할 수 있다. 따라서 이 책이 현재 중남미 국가들과 관련한 분야나 업무에 종사하는 일반인 뿐 아니라 향후 이 분야에서 꿈을 펼치길 원하는 학생들에게 많은 도움이 될 것으로 기대하는 바이다.

추천사

김원호 한국외국어대학교 국제지역대학원 교수

세계 면적의 15%를 차지하는 중남미지역에는 2018년 3월 현재 6억5천만 명 이상의 사람이 살고 있습니다. 중남미 지역 인구는 우리나라의 현실과는 달리 여전히 증가 추세이고 젊은 인구의 비중이 커서 성장 잠재력도 큽니다. 중남미 사람들의 중위연령(median age)은 29.5세에 불과해 2016년에 이미 40대에 접어든 한국과 비교하면 인구 구조 측면에서 훨씬 역동적이라고 말할 수 있습니다. 자원이 풍부한 땅과 바다, 젊은 연령대를 중심으로 성장하는 경제, 빠르게 진행되는 도시화의 흐름이 더해지면서 세계 최대의 인프라 시장으로 자리매김한 중남미는 이제 세계 경제의 떠오르는 '블루칩'으로서 우리가 반드시 주목해야만 하는 지역이 되었습니다.

과거 중남미는 우리에게 물리적 거리만큼이나 경제·사회·문화 등 모든 면에서 멀기만 한 지역이었습니다. 그러나 오늘날 중남미와 한국의 경제 협력 관계는 2004년 이래 체결된 칠레, 페루, 콜롬비아, 중미와의 자유무역협정(FTA)이 보여주듯 점점 더 긴밀해지고 있습니다. 경제 부문에서의 활발한 교류와 더불어 교통·통신 기술의 발달로 인해 서로 간의 문화적 거리 역시 급속히 줄어들고 있습니다. 중남미에서는 K-Pop을 좋아하는 사람들이 늘어나고, 한국에서는 페루와 쿠바가 인기 예능 프로그램의 단골로 등장하는 등 더 많은 사람들이 서로에 대해 친숙하게 느끼는 것 같습니다.

하지만 우리는 일반적으로 중남미 지역의 정체성을 잘 알지 못합니다. 이런 어려움은 아마도 정치·경제·사회·문화로부터 자연환경에 이르기까지 이 지역이 특유의 혼종성, 중층성을 갖고 있기 때문일 수 있습니다. 아타카마 사막의 황량함과 아마존 열대우림의 생명력, 전근대적 모습과 탈근대시대의 모습, 거대한 슬럼가와 초현대식 마천루, 오랜 종교적 믿음과 혁명에 대한 열정 등이 공존하고, 원주민부터 이민자까지 모든 인종이 부대끼며 살아가고 있는 중남미 지역을 간단하게 묘사하기는 쉽지 않습니다.

이러한 중남미를 대상으로 비즈니스를 하거나 다른 협력 관계를 맺으려면, 중남미의 관련법과 제도를 이해하는 것만큼이나 중남미 사람들의 일상에 내재된 사고와 관습, 전통, 생활양식 등과 같은 문화를 이해하는 것이 중요합니다. 세계 어느 곳을 대상으로 하든 마찬가지이겠지만, 특히 중남미에서 합리성에 기반을 둔 재화와 상품의 교류가 비즈니스라는 단순한 도식은 통용되기 어렵습니다. 중남미에서는 어떤 일이든 사람과 사람 사이의 관계, 서로에 대한 이해가 매우 중요하며, 일상에 내재된 문화적 요인과 그 의미를 충분히 이해할 때 더 큰 성과를 기대할 수 있습니다.

대한무역투자진흥공사(KOTRA)에서 30여 년을 근무하며 그중 3분의 2 이상을 중남미와 함께해 온 저자 권선홍 단장은 한국에서 대(對)중남미 비즈니스에 관한 한 손꼽히는 전문가 중 한 명일 것입니다. 그런 저자가 그동안의 경험과 지식을 오롯이 담아낸 『올라(Hola) 중남미 - 생활과 문화 & 비즈니스』는 중남미의 일상 문화에서부터 역사, 사회, 무역, 국제 관계에 이르는 폭넓고 실용적인 정보를 다루면서도 저자가 직접 체험한 에피소드를 적절히 담아내었습니다. 중남미를 대상으로 비즈니스를 하거나 계획하는 사람들이나 기타 중남미에 관심이 있는 사람이라면 누구나 쉽게 읽을 수 있으면서도 중남미에 대해 많은 것을 풍부하게 경험하게 될 것입니다.

아무쪼록 이 책이 중남미라는 기회와 미래의 공간을 살며시 열어주는 작은 열쇠가 되길 기원합니다.

일러두기

ㅣ 집필 목적

이 책은 저자가 평소 중남미 관련 업무를 해나가면서 중남미와 연을 맺고 있는 우리 기업체 임직원이나 여러 관계부처/공공유관기관 공직자들이 필요로 했던 사항들과 궁금해 했던 사항들, 또는 잘 몰라서 해프닝이 벌어졌던 사항들을 반영하여 알기 쉽게 강의식으로 정리해본 것입니다.

저자가 해외 일선 생활 현장이나 비즈니스 현장에서 겪은 일들과 보고 듣고 배운 그들의 문화 등이 그 안에 어우러져 있습니다. 이렇게 축적되고 업데이트 시킨 저자의 경험과 지식을 독자 여러분들과 공유함으로서 여러분들이 중남미와 민간 비즈니스 내지 공적 비즈니스를 추진하는데 조그마한 도움이 되어드렸으면 하는 소망과 목표의식을 갖고 집필하게 되었습니다.

따라서 아직 비즈니스는 모르지만 장차 중남미를 상대로 멋진 활약을 펼치실 중남미학과 학생들 또는 스페인어과 학생들에게도 앞길을 열어나가는 과정에 중남미 현장과 맞부딪혔을 때에 시행착오를 줄여주는 지침이 되어줄 수 있을 것으로 기대해 봅니다.

ㅣ 채택 어법

본 자료에서는 중남미 현지에서 실제 통용되는 어법을 따르기도 하고, 경우에 따라 표준어법에 맞춰 표기하기도 하는 등 두 가지 발음을 편의대로 사용했습니다. 예컨대, P를 현지에서는 모두 '쁘'로, T는 '뜨'로 발음합니다만 우리나라에서는 표준어법으로 '프', '트'를 채택하고 있어 경음과 격음을 엄밀히 구분하지 않고 섞어 썼습니다.

또한 우리 독자 여러분들이 현지에서 활동하는데 지침서 역할도 해드릴 수 있도록 요소요소마다 현지어 명칭(경우에 따라 영어 명칭)을 가급적 덧붙이고자 했습니다.

ㅣ 책자 구성

본 자료는 1권과 2권으로 구성되어 있습니다. 1권은 현지에서 살아가면서 부딪히는 다양한 생활문화 측면에서 볼 수 있는 재미있는 내용들을 부담 없이 읽으실 수 있도록 가벼운 터치로 접근했습니다. 반면 2권은 주로 비즈니스와 연관이 있거나 비즈니스를 하려면 알아둬야 할 중남미 사회 이슈 및 우리와의 경쟁국 관계들을 비교적 깊이 있게 파고 들어가는 심층정보들로 구성이 되어 있습니다.

2권에는 비즈니스 관련 사항은 물론 마약, 치안, 부정부패, 자연재해 등 중남미 사회가 안고 있는 문제들과 더불어 중남미 문화 핵심 키워드 중 하나인 종교이슈 및 중남미에서 큰 영향력을 행사하고 있는 아랍계/유대계 후손 이야기 등도 담겨 있습니다.

나아가 중남미가 우리나라를 비롯해서 스페인, 미국, 중국, 일본, 북한 등 우리 관심국들과 어떤 관계를 맺고 있는지 국제관계라는 큰 틀 속에서 중남미를 깊이 있게 이해함으로서 비즈니스 안목을 넓히는 데에도 도움이 될 것으로 봅니다. 그 연장선상에서 중남미지역 국제기구와 우리나라와 중남미 간 자유무역협정도 함께 살펴보면서 우리 기업들의 활용방안도 짚어봤습니다.

따라서 비즈니스에 대해서 관심이 없는 분이시라면 제2권은 따분하게 느껴질 수 있으니 제1권만 읽어보셔도 중남미 문화에 대한 갈증은 해소되실 겁니다.

ㅣ 글쓴이의 소망

발등에 불이 떨어져 미지의 중남미 시장을 개척해 나가는 분이라면 단숨에 읽어낼 수도 있습니다. 관심의 정도가 포인트가 되겠지요. 중남미와 업무 연관성이 높은 분들의 경우라면 한 번 쭉 읽어본 다음, 업무를 볼 때에 옆에 두고 필요할 때마다 꺼내 보시면 자그마한 도움이 되어드릴 것으로 봅니다. 이것이 글쓴이의 소박한 바람입니다.

꼬박 14개월 동안 나름대로 심혈을 기울여 집필했습니다만 저자의 필력 부족이나 정보 한계 등 여러 가지 제한 여건 속에서 내용이 만족스럽지 못한 부분이 있을 것으로 봅니다. 혹시 이런 부분이 있는 경우 의견을 보내주시면 (belgranokwon@google.com) 기회가 닿는 대로 보완토록 하겠습니다.

대단히 감사합니다.

목차

제3부 속속들이 파보면 감칠맛 나는 중남미 묘미

제4부 중남미 근무 경험담 및 흥미진진 에피소드(I)

- 중남미 생활현장 에피소드/ 주재원의 삶

입문

중남미 문을 활짝 열고 – 워밍업 준비

제1강 중남미는 우리에게 어떤 의미인가?

ı 중남미가 뭐지?

중남미에는 33개의 나라가 있습니다. 전체 인구는 6억2천만 명으로서 세계 인구의 8.5% 수준이며, 경제규모는 총 6조 달러에 육박하고 있으며, 이는 전 세계 경제규모(GDP)의 8% 정도입니다. 중남미를 잘 모르더라도 우리나라 국민에게 친숙한 베트남, 싱가포르, 인도네시아, 말레이시아, 필리핀, 태국 등 아세안(ASEAN/동남아국가연합)이 10개국, 인구 6억5천만 명에 경제규모가 2조5천억 달러 수준인 점을 이해하시면 중남미 수준을 가늠해보는데 도움이 되리라고 봅니다.

중남미의 주요 산업은 멕시코나 브라질처럼 제조업이 발달한 나라도 있으나 대체로 2차 산업 비중은 낮은 편이고, 광업, 농업, 목축업 등의 1차 산업이 비교적 높은 비중을 차지하고 있습니다. 동시에 유통업이나 금융업, 통신업, 건설업, 관광업 등 3차 산업도 상당한 비중을 차지하고 있습니다.

우리는 일반적으로 '중남미'를 중미와 남미를 단순히 합쳐놓은 개념으로 이해합니다. 그러나 중미는 무엇이고 남미는 무엇인지 깊이 들어가다 보면 헷갈리기 쉽습니다. '중남미'라는 개념을 제대로 이해하지 않은 채 다음 단계로 바로 넘어가면 내용을 제대로 소화시키지 못하고 얹힐 수 있습니다. 따라서 먼저 중남미에 대해 한 번 꼼꼼히 짚어 본 다음에 중남미가 우리에게 어떤 의미인가에 대한 답을 도출해보도록 하겠습니다.

| 지리적 중남미: 멕시코는 중미인가 북미인가? 카리브는?

미주 대륙을 북미와 중미, 남미로 나눠봅시다. 북미에는 미국과 캐나다 2개국이 있고, 여기에 가끔 멕시코까지 북미로 치기도 합니다. 멕시코는 북미가 되기도 하고 중남미로 편입되기도 합니다.

좀 더 개념을 확실히 해보기 위해 중미를 파고 들어가 보겠습니다. 중미(Centro América)에는 스페인어를 공용어로 쓰는 과테말라, 온두라스, 엘살바도르, 니카라과, 코스타리카, 파나마 등 6개국이 있고, 영연방의 일원으로 영어를 공용어로 쓰는 벨리즈도 지리적으로는 중미에 포함됩니다.

문제는 멕시코인데, 지리적 관점에서 멕시코를 중미로 보는 시각도 있고 북미로 보는 시각도 있습니다만, 역사적 관점까지 채용해서 보면 북미로 보는 설이 타당하리라 봅니다. 멕시코가 스페인에서 독립할 때만 해도 지금보다 영토가 배나 넓었는데 캘리포니아 주나 텍사스 주 등 많은 지역을 미국에 넘겨주면서 영토가 반 토막 났다는 사실과 아직도 북미에 접한 면이 중미에 접한 면보다 넓기 때문에 중미보다는 북미로 분류하는 편이 타당하다고 볼 수 있습니다.

또 하나 짚어봐야 할 것이 쿠바나 도미니카 공화국 등 미국 바로 아래에 위치한 카리브 섬나라들입니다. 지리적 개념에서 볼 때 중미는 일반적으로 중미 대륙에 속한 나라들만 해당되므로 이들을 중미로 보기가 어렵겠습니다. 이때 이들은 카리브(Caribe)라는 별도 범주에 들어가게 됩니다.

마찬가지로 남미(América del Sur)는 콜롬비아 및 베네수엘라로부터 시작해서 칠레, 아르헨티나까지 12개국이 남미대륙에 위치해 있습니다. 트리니닷 토바고 등 남미대륙에 근접해 있는 카리브 연안의 여러 섬나라들은 보통 남미로 분류되지 않습니다. 마찬가지로 카리브라는 별도 범주에 속하게 됩니다.

그렇다면 지리적 관점에서 볼 때에는 멕시코는 북미로, 쿠바, 도미니카 공화국, 아이티, 트리니닷 토바고 등 카리브 도서국들은 카리브로 분류되니 이들 국가들은 중남미 범주에 포함시키지 않는 것이 타당할까요? 그렇다고 자신 있게 답변할 분들은 아마 없을 듯합니다. 이 내용에 대해서는 다른 관점도 살펴본 후에 우리 함께 결론을 내리도록 잠시 유보해 두겠습니다.

문화적 중남미: 멕시코는 100% 중남미, 영어/불어 언어권은?

멕시코를 문화적 관점에서 보면 북미가 아닌 중남미로 분류하는 것이 100% 맞습니다. 스페인 식민지 문화와 스페인어권이라는 언어적 문화적 유대감이 강력한 연결고리 역할을 하게 되는 것입니다.

그런데 이 기준으로는 스페인어권인 과테말라, 온두라스, 엘살바도르, 니카라과, 코스타리카, 파나마 외에 벨리즈라는 영어권 국가는 엄밀한 의미에서 문화적 관점에서의 중남미에는 포함시키기 어렵게 됩니다. 마찬가지로 불어권인 아이티나 영어권인 트리니닷토바고 등도 문화적 관점에서 중남미로 분류하기 어려워질 수 있고, 남미대륙에 위치해 있긴 하나 스페인어권이 아닌 가이아나와 수리남도 문화적 관점에서 보면 중남미로 분류하기가 껄끄러워집니다.

대신, 쿠바나 도미니카 공화국 등 스페인어권 카리브 도서국들은 문화적 관점에서는 중남미라는 범주에 자연스럽게 편입이 됩니다. 그러면 도미니카 공화국과 붙어 있는 아이티는 불어권인데 문화적 관점에서 중남미에 포함시킬 수 있을까요? 글쎄요? 이것도 결론은 잠시 유보하겠습니다.

브라질은 포어권이긴 하나 포어와 스페인어는 상통하는 측면도 있고, 문화적으로도 상당한 동질성을 공유하고 있기 때문에 브라질을 중남미에서 배제시킬 수가 없습니다. 더구나 압도적 비중의 대국이란 점은 브라질을 빼고는 중남미를 논할 수 없게 만드는 힘의 원천이 됩니다.

다만 여타 중남미국들과는 달리 언어권을 달리하다보니 중남미 대표 내지 중남미 본부를 브라질에 두는 것에 대해서는 논란이 많습니다. 중남미 본부를 브라질에 두는 경우도 있지만 스페인어권 최대국인 멕시코에 두든가 남미 전통 경제권인 아르헨티나에 두든가, 아니면 남미 선진국인 칠레나 지리적 요충이며 남미 최대시장인 콜롬비아에 둘 수도 있습니다.

ㅣ 정치경제적 중남미(LAC): 라틴아메리카와 카리브

중미라고 하면 정치경제적 관점에서는 범위가 넓어지는 측면과 좁아지는 측면이 있습니다. 과테말라, 온두라스, 엘살바도르 등 북중미 3국(North Triangle / Triángulo del Norte)을 기본 축으로 해서 니카라과와 코스타리카 등 2개국을 더해 5개국이 중미공동시장(CACM)을 결성하여 기본적인 중미국 범주를 형성하고 있는 가운데, 여기에 파나마와 벨리즈 등 중미 대륙국은 물론 카리브 도서국인 도미니카공화국까지 포괄적 지역공동체인 중미통합체제(SICA)에 편입되어 있습니다. 이런 관점에서는 중미 범주가 넓어지는 반면 대국인 멕시코가 중미통합체제에서 배제되어 있음을 볼 때에는 문화적 관점에서의 중미보다 좁아졌다고 볼 수도 있습니다.

남미지역은 남미공동시장(MERCOSUR/메르코수르)과 태평양동맹(PA), 안데스공동체(CAN) 등 지역공동체가 결성되어 있으며, 카리브지역 도서국들은 카리콤(CARICOM)이라는 지역공동체가 별도로 있습니다.

정치경제적 관점에서 보는 중남미는 중남미대륙과 카리브 도서지역을 모두 포괄하는 광의의 개념으로 이해하는 것이 적절합니다. 중남미의 영어식 표현을 보면 남미는 South America, 중미는 Central America라고 합니다만 중남미라고 하면 보통 라틴 아메리카(Latin America)라고 많이 부릅니다. 혹은 좀 더 범위를 넓혀 "라틴아메리카와 카리브"라고 부르는 것이 가장 보편적입니다. 줄여서 영어로는 LAC(Latin America & the Caribbean), 스페인어로는 보통 ALC(América Latina y el Caribe)라고 표기가 됩니다.

* 요즘은 라땀(LATAM)이라는 표현도 등장합니다. Latin America의 줄임말 인데, 칠레의 LAN과 브라질의 TAM의 통합으로 탄생한 중남미 대표 항공사 이름도 LATAM입니다.

5대양 6대주라고 할 때에 카리브를 남미주에 포함시켜 놓지 않으면 갈 곳이 없어집니다. 혹자는 중남미는 라틴 아메리카만 중남미이며, 카리브는 중남미가 아니라고 주장하시는 분들도 있습니다만 이는 중남미를 협의로 보거나 아니면 대륙적 관점에서 그렇다는 것으로 받아들이면 되겠고, 광의로 본다면 카리브도 모두 포괄하는 개념으로 넓게 이해하는 것이 무리가 없겠습니다.

사실 카리브를 라틴 아메리카 범주에 포함시키기는 어렵습니다. 카리브 도서국들이 라틴 언어권 내지 라틴 문화권과는 거리가 먼 영어 사용국들이 많은 점이 상당한 영향을 미칠 것입니다. 그래서 LAC라는 표현이 광범위한 공감을 얻는 것입니다.

앞에서 결론을 유보해 두었던 주제가 두 가지 있었습니다. 카리브는 지리적 개념으로도 중남미로 편입시킬 수밖에 없다는 점은 이제 해결되었습니다. 그러면 아이티도 지리적 관점이나 정치경제적 관점에서는 중남미에 포함되는데, 문화적 관점에서는 어찌 해야할까요?

라틴(Latin)이라는 의미를 추적해보면 해답이 나올 겁니다. 라틴 언어권이란 스페인어는 물론 포르투갈어와 프랑스어, 이태리어 등 라틴어에 뿌리를 두고 있는 언어권인 만큼 불어권인 아이티도 라틴 아메리카에 자연스럽게 포함이 될 수 있습니다.

하지만 라틴 아메리카를 이베로(Ibero) 아메리카(*이베리아 반도국인 스페인 및 포르투갈과 두 나라의 식민 지배를 받았던 중남미 국가: 중남미권 중 스페인어와 포어를 구사하는 국가만 포함)나 히스패닉(Hispanic) 아메리카(*중남미 국가들 중 스페인어 사용국들만 포함) 등 용어와 결부시켜 보면 불어권은 중남미라는 울타리에서 가급적 배제시키려는 분위기가 읽혀집니다. 그래서 아이티는 불어권이긴 하나 중남미의 일원으로 살아남기 위해 이웃인 도미니카 공화국 및 여타 중남미 국가들과 더불어 살아가려는 노력을 하고 있습니다. 도미니카공화국에 전 국민의 1할인 백만 명이 넘는 아이티인들이 자리 잡고 있다는 점은 의미하는 바가 있습니다.

ㅣ 관리 편의적 중남미

마지막으로 한 가지만 더 짚어보면, 관리 편의성 관점에서의 중남미도 있습니다. 외교부 조직에 북미과, 중미과, 남미과 등 지역편제가 있는데 멕시코는 북미과에서, 콜롬비아는 중미과에서 관할합니다. 이는 지리적 관점이나 정치경제적 관점, 문화적 관점과는 상이한 조직관리 편의성 차원에서의 편제로 이해하시면 되는데, 이를 이유로 콜롬비아를 중미로 보시는 분도 있습니다.

ㅣ 중남미를 꿰뚫어보려면 우선 미국 및 스페인과의 관계를 알아야

중남미를 깊이 이해하기 위해서는 두 개의 커다란 관계 축을 알아두는 것이 필요합니다. 중남미와 스페인 간 관계 및 중남미와 미국 간 관계입니다. 여기서는 왜 미국과 스페인이 기본관계 축으로 설정되어 있는지 간단히 짚어보고 보다 상세한 내용은 "중남미 핵심 대외관계와 FTA"편을 참고하십시오.

ㅣ 중남미와 미국은 어떤 관계? 최대 교역투자 파트너, 히스패닉

'아메리카'하면 미국을 먼저 떠올리는 분도 있고 중남미를 먼저 떠올리는 분도 있습니다. 아메리카 대륙에 미국도 있고 중남미도 있기 때문입니다. 미국은 국명에 아메리카가 들어가 있는 만큼 아메리카는 곧 미국을 의미하는 것으로 사용되고 있습니다. 다른 아메리카인 중남미에 대해서도 미국은 각별한 애정 내지 욕심을 갖고 있는데 미국과 중남미는 어떤 관계일까요? 결정적으로 중요한 측면은 미국은 중남미의 최대 교역투자 파트너라는 점입니다. 중남미 대부분 나라의 최대 수출시장이자 수입시장, 외국인투자국이 거의 미국이기 때문입니다. 하지만 이는 우리 대부분이 익히 알고 있는 정보이고 여기서 이에 대해 논하는 것은 별 의미가 없어 보이니 생략하고, 양자 간 관계를 뿌리부터 파보기로 하겠습니다.

미국이 중남미에 관심을 갖게 된 것은 공식적으로 1823년부터입니다. 우리가 학교에서 배웠던 유명한 먼로 독트린이 발표된 해가 바로 1823년입니다. 미국이 1776년 영국으로부터 독립한 다음 상당한 국력을 축적하게 됨으로써 자신감을 갖게 되자 먼로 대통령이 유럽에 대해 중남미에 대해 간섭하지 말라는 선언을 한 것입니다.

1823년이라면 중남미 대부분 지역에서 독립이 쟁취되어 마무리되어가던 시점이었습니다. 스페인, 포르투갈, 프랑스, 영국 등 유럽 열강들로부터 중남미 독립을 보호하는 한편 중남미를 미국의 안마당으로 삼겠다는 의지가 표출된 것이었습니다.

그 이후 미국은 1836년 멕시코로부터 텍사스를 독립시킨 이래 1845년 합병을 하고, 1848년에는 멕시코와의 전쟁을 일으켜 과달루페 이달고 조약을 통해 캘리포니아, 애리조나, 네바다, 유타, 뉴멕시코, 콜로라도 등 당시 멕시코 영토의 절반을 멕시코로부터 탈취한데 이어 1898년에는 스페인과의 전쟁을 통해 스페인으로부터 쿠바를 독립시키고, 1903년에는 파나마를 콜롬비아로부터 독립시켜 운하주권을 얻어내는 등 중남미 진출을 본격화하였습니다.

미국이 중남미에 피해를 준 측면도 있고, 혜택을 준 측면도 있습니다. 대표적 혜택 사례를 들어보면, 콜롬비아 및 멕시코의 마약퇴치 및 치안개선에 많은 기여를 했습니다. 특히 한때 세계 마약왕으로 유명세를 떨친 콜롬비아의 파블로 에스코바르 제거에도 미국이 큰 기여를 했으며, 그 이후에도 "플란 콜롬비아"프로그램을 통해 콜롬비아 반군 격퇴에도 기여를 했습니다. 그 결과 2016년에는 정부와 반군 간의 52년 내전을 종식하고 평화협정을 체결하게 되었습니다.

한편 미국은 미주기구(OAS) 창설을 주도하여 중남미 민주주의 확립을 지원하는 한편 미주개발은행(IDB)을 통해 중남미 경제발전에도 일익을 담당하고 있습니다. 또한 미국이 캐나다와 함께 멕시코와 체결하여 1994년에 출범시킨 북미자유무역체제(NAFTA)는 현재 위기를 맞고 있긴 합니다만 미국의 멕시코 시장 진출에도 도움이 되었고, 역으로 멕시코의 미국 시장 진출에도 큰 도움을 준 것으로 평가되고 있습니다.

한편 이 즈음에서 흥미를 유발하는 주목할 만한 주제를 다뤄보고자 합니다. 잘 아시다시피 미국 내에 스페인어를 사용하는 히스패닉 인구가 스페인 본토보다 많은 5천만 명을 넘어섰습니다. 그중 2/3가 멕시코 사람인데 주로 미국 남서부 지역에 분포해 있는 점으로 봐서 과거 멕시코가 미국에 내준 땅을 다시 멕시코 인들이 차지하는 모양새를 보이고 있다는 점이 흥미롭습니다. 특히 낙태를 금지하는 가톨릭 교리상 인구증가세가 높아 2050년이면 히스패닉이 1억3천만 명의 인구로 미국 전체인구의 30%가 될 것이라는 점과 미국이 영어 외에 스페인어도 공용어로 채택하게 되리라는 예측을 보면 멕시코가 오히려 미국 깊숙이 침투해 들어 가는듯한 분위기까지 감지됩니다.

중남미와 미국 간의 관계는 워낙 복잡다단해서 파고들면 끝이 없으니 여기서는 위와 같이 단편적인 몇 가지 측면만 짚어보고, 보다 상세한 내용은 '중남미와 미국 관계'편을 참고하시기 바랍니다.

중남미와 스페인은 어떤 관계일까? 메르까도 나뚜랄!

스페인과 중남미는 불가분의 관계라 해도 과언이 아닐 것입니다. 스페인 카스티야 왕국의 이사벨라 여왕과 아라곤 왕국의 페르난도 왕이 결혼하여 스페인에 통일왕국이 건설되면서 콜럼버스를 통해 스페인의 중남미에 대한 식민지화 진출이 시작되었다는 것은 독자 여러분들도 잘 아실 겁니다.

그런데 영원할 것만 같았던 스페인의 중남미 지배가 무너지게 된 계기는 무엇일까요? 물론 중남미 독립운동입니다. 그러면 이 독립운동을 촉발하고 힘을 실어준 동인이 뭐냐 하면 여러 답변이 나올 겁니다. 여기서는 일반적인 시각 외에 독특한 답변을 드려보고자 합니다.

우리나라가 일본 지배를 받다가 해방된 데에는 미국이라는 결정적 변수가 있었던 것처럼 중남미 독립의 물꼬를 터준 결정적 변수는 프랑스가 아니었나 생각됩니다. 바로 나폴레옹이 중남미 독립의 계기를 마련해준 간접적 장본인이었기 때문입니다.

무슨 말인가 하면 프랑스 대혁명 이후 혁명체제가 느슨해진 틈을 타서 나폴레옹이 집권하게 됩니다. 그리고 그 나폴레옹이 스페인을 침공하여 왕을 폐위하고 자기 형(조제프 보나파르트 나폴레옹)을 스페인 왕으로 옹립했습니다. 그러니 스페인 지배를 받던 중남미가 프랑스인을 왕으로 떠받드는데 거부감을 가질 수 밖에 없었습니다. "잘 됐다"하고 이를 계기로 탈 스페인을 외친 것입니다. 그렇잖아도 스페인 본토 지배계급에 대한 불만이 쌓여오고, 미국의 독립과 프랑스 대혁명에 영향을 받고 있었던 터에 스페인 본국의 위기상황은 도화선에 불을 붙여준 격이 되었습니다.

브라질 경우 역시 나폴레옹이 독립과 큰 상관관계를 맺고 있습니다. 1807년 포르투갈이 나폴레옹에게 점령당하자 동 주앙 국왕이 브라질로 망명해 왕국을 수립합니다. 1820년 포르투갈에서 혁명정부가 수립되자 아들 동 페드루 국왕이 1822년 브라질 독립을 선언합니다. 따라서 여타 중남미 국가들이 아래로부터의 독립과정을 거쳤다면 브라질은 이와는 전혀 다른 위로부터의 독립과정을 겪은 것입니다.

중남미 독립 및 미국과의 전쟁(1898년) 패배로 스페인은 중남미를 손 털고 떠났습니다. 하지만 스페인이 중남미에 뿌린 씨앗은 무럭무럭 자라 중남미 문화 속에 깊이 파고들어가 있습니다. 수 백 년 동안 뿌려놓은 스페인의 유산은 중남미의 피와 몸의 일부가 되어버린 것입니다. 따라서 아무리 세월이 흘러도 중남미는 스페인과 언어적으로나 문화적으로 공생을 피하기 어렵지 않나 생각됩니다.

필자가 18년 동안 중남미 여러 나라와 스페인 등지에 근무하면서 절절이 느낀 점이 있습니다. 스페인의 후손들이 중남미 여러 나라의 지도층 및 중산층을 점하면서 살고 있는데, 스페인과 상당한 문화적 유대감 속에 스페인을 부지불식간에 모국으로 동경하는 한편 자신의 조상이 유럽이라는 자부심도 함께 표출하는 것을 보면서 스페인과 중남미 간 연결고리의 힘을 느끼게 됐습니다.

이러한 힘은 비즈니스에도 그대로 연결되어 스페인 기업은 중남미 각국에 금융이나 통신, 에너지 부문 등 산업 전반에 깊이 진출해 있습니다. 외국투자 기업이라기 보다는 현지 기업처럼 인식이 될 정도로 완전히 동화되어 끈끈함이 부러울 정도입니다. 그러다보니 중남미 현지 대규모 인프라 프로젝트들도 스페인 기업들의 수주 비중이 높을 수밖에 없습니다. 그래서 우리 기업들도 중남미 비즈니스 성공을 위해 스페인과 손을 잡으려 하는 경우가 많은 것 같습니다. 물론 손을 잡는다고 다 성공하는 것은 아닙니다. 오히려 알맹이는 스페인에게 뺏기고, 빈껍데기만 우리 기업이 가져와 피해를 보는 경우도 있으니 함부로 손을 내밀어서는 안 될 것입니다.

그런데 양자 간 관계를 놓고 볼 때에 이해가 잘 안 되는 기이한 현상이 종종 목격되고 있습니다. 필자는 프로젝트를 발주하는 중남미 각국 정부기관이나 기업들이 스페인 기업을 안 좋게 평가하는 경우를 종종 봐왔습니다. 스페인 기업의 문제점을 지적하면서 이 분야 세계적 기술을 가진 한국과 비즈니스 해보고 싶으니 제안서를 보내 달라는 경우들이 있었습니다. 그런데 나중에 결과를 보면 역시나 스페인 기업이 동 사업을 차지하는 겁니다. 한국이나 여타 경쟁국 기업을 지렛대 삼는 전략으로 스페인과의 공생관계가 구축되는 모양새이며 우리가 잘 모르는 끈끈한 흡인력이 있는 것입니다.

그 흡인력은 어떤 것일까요? 스페인에게 중남미는 메르까도 나뚜랄(Mercado Natural)입니다. 영어로 하면 내추럴 마켓(Natural Market)입니다. 중남미에게 스페인 역시 메르까도 나뚜랄 특성을 갖고 있습니다. 서로 다른 나라지만 언어적, 문화적 동질성이 많다보니 마치 한나라의 로컬 시장처럼, 좀 더 쉽게 얘기해서 자기 집 안방에서처럼 편안하게 비즈니스를 할 수 있다는 것입니다.

스페인과 중남미 간 상호 흡인력은 여기서는 맛만 보고 더 이상 진전시키지 않겠습니다. 보다 상세한 내용은 뒤에 나오는 '중남미와 스페인 관계'편을 참고

하시기 바랍니다.

| 중남미는 우리에게 어떤 의미인가? 빗장 걸린 매력적 시장!

중남미는 우리에겐 언어도 다르고 문화도 다르고 거리도 멉니다. 중남미는 맨 처음 소개된 바와 같이 6억 인구에 6조불 규모의 경제력을 갖고 있는 매력적인 시장입니다. 하지만 중남미는 역사상 단 한 번도 우리에게 주력시장이 되어주지 못하고 항상 잠재시장 내지 미래시장, 프런티어(frontier) 시장으로서의 지위만 묵묵히 누려왔습니다. 6조불이라는 경제력으로만 보면 큰 것 같지만 우리와의 교역규모를 보면 너무나 작습니다. 중남미 시장이 현재 우리에게 어떤 의미인지 그 위상을 알아보고자 G2(중국, 미국) 및 유럽과 더불어 우리 주력시장으로 분류되는 아세안(ASEAN) 10국(베트남, 싱가포르, 인도네시아, 말레이시아, 필리핀, 태국, 브루나이, 미얀마, 캄보디아, 라오스) 시장과 비교를 해보겠습니다. 2017년도 우리나라의 대중남미 수출액 규모는 280억불, 수입액은 170억불입니다. 우리나라 전체 수출(5,737억불)에서 점유하는 비중으로 보면 4.9%, 전체 수입액(4,785억불) 대비 비중은 3.5%입니다. 아세안의 경우 수출은 952억불로 16.6%, 수입은 538억불로 11.2% 비중을 각각 차지하고 있습니다. 아세안 인구규모는 중남미와 비슷한 수준이며, 경제규모는 중남미의 절반 수준입니다. 그럼에도 불구하고 우리와의 교역규모는 아세안(1,490억불)이 중남미(450억불)보다 3배나 큽니다. 그런데 왜 이런 일이 빚어질까요?

아세안 국가들은 지리적으로 가깝고 문화적으로도 같은 동양권이며 언어도 세계어인 영어 소통이 비교적 양호하다보니 우리가 접근하기에 부담이 덜한 시장인 반면 중남미는 지구상 끝에 있는 최원거리 지역이면서 문화적으로 전혀 다른 라틴 문화권이며, 언어도 세계어인 영어가 잘 통하지 않는 지역이다보니 발생하는 현상으로 보입니다.

중남미로 향하는 문은 지리, 언어, 문화 등에서 강점을 갖고 있는 미국이나 스페인에게는 활짝 열려 있으나, 그러한 강점이 없는 우리에게는 굵직한 빗장이 겹겹이 처져 있습니다. 우리가 중남미 시장 문을 연다는 것은 망망대해 태평양을 뗏목으로 건넌 다음 험준한 안데스산맥까지 무거운 짐을 지고 헐레벌떡 뛰어 넘어야 하는 지난한 과제로 다가옵니다. 반면 스페인이나 미국 또는 중남미 역내국끼리는 쾌속선을 타고 대서양을 넘거나 아예 배를 탈 필요도 없습니다. 케이블카만 타고 안데스산맥을 가뿐히 넘어가는 과제 정도로 다가오니 시장접근성의 차이는 비교가 안 됩니다.

스페인은 중남미와 교역규모는 작지만 중남미 시장에서는 미국에 버금가는 강자이며, 중남미 시장은 우리가 결코 만만히 봐서는 안 되는 어렵고 까다로운 시장입니다. 많은 인내심과 많은 준비를 요하는 시장입니다.

중남미 진출에 문화 이해가 왜 필요한가? 빗장 푸는 열쇠!

왜 우리 한국 기업은 중남미에 나가면 맥없이 무너지는 경우가 많을까요? 왜 스페인은 욕을 먹으면서도 비즈니스를 그렇게 잘 하는 걸까요? 중남미가 왜 우리에게는 빗장이 걸려있는 것일까요? 그 빗장을 바로 열 수 있는 방법은 없을까요? 어떻게 해야 뗏목을 쾌속선으로 바꿀 수 있을까요? 어떻게 해야 우리도 안데스 산맥을 케이블카를 타고 넘을 수 있을까요?

그 해결책은 앞서 말씀드린 3가지 사항이 충족이 되어야 열리게 됩니다. 그런데 지리적 장벽은 인간의 힘으로 해결이 어렵습니다. 앞으로 극초음속 비행기가 개발되고 대중화되면 장벽이 조금 낮아질 수는 있겠지만 우리 노력으로 극복하기에는 한계가 있습니다. 우리 노력으로 뚫을 수 있는 장벽은 두 가지입니다. 바로 문화적 장벽과 언어적 장벽입니다.

여기서는 문화적 접근법을 통해 문화 장벽을 허물어 보고자 합니다. 우리가 스페인이나 미국과 같은 강력한 힘을 갖기는 어렵습니다. 문화적(역사적)으로나 지리적으로 한계가 있습니다. 그 한계를 딛고 빗장을 열어젖히기 위해서는 상품경쟁력 등 핵심요소도 필요하지만 무엇보다 먼저 그들의 문화를 세세히 짚어가며 깊이 있게 이해하고 활용하는 전략이 절실합니다.

우리 기업은 중남미 시장에서는 미국이나 캐나다, 유럽 선진국(독일, 프랑스, 스페인, 영국, 이태리 등)은 물론 브라질 등 중남미 여타국과도 버거운 경쟁을 하고 있습니다. 중남미 시장을 잘 모르기 때문입니다. 피상적 지식만 갖고 덤벼서는 안 되는데 너무 쉽게 생각하는 경향이 있습니다. 그리고 네트워킹 노하우가 지나치게 약합니다. 우리는 네트워킹을 공식 네트워킹이 다인 것처럼 생각하는 경향이 있습니다. 그건 절대 아닙니다. 비공식 네트워킹 역시 잘 해야 합니다. 오히려 비공식 네트워크가 공식 네트워크보다 더 강력한 힘을 발휘하는 곳이 바로 중남미입니다. 그런데 긴밀한 네트워킹 노하우는 아무도 가르쳐주지 않습니다. 여러분이 문화를 깊이 있게 익혀 스스로 터득해야 합니다. 알면 트이고 모르면 막히는 게 중남미 비즈니스의 속성입니다.

필자가 중남미 근무 당시 우리나라 대기업들이 중남미 시장을 쉽게 보고 프로젝트 시장에 준비 없이 뛰어드는 경우를 봐왔습니다. 그러다가 고배를 마신 다음에서야 중남미가 결코 만만하게 봐선 안 될 상대라는 걸 깨우치고 물러나는 모습들을 봐왔습니다.

중남미 문화의 심층 이해는 비단 비즈니스맨에게만 국한된 것은 아닙니다. 중남미 각국 정부유관기관이나 지방자치단체들과 각종 경제협력 사업을 추진하는 우리나라 정부 부처나 지방자치단체 공무원 및 공공기관의 공직자들은 물론 대개도국 지식공유(KSP)사업 내지 공적개발원조(ODA)사업을 위탁 수행하는 대학 및 연구소 관계자 등 중남미와 연관 지어 사업을 수행하는 모든 분들도 이 책에서 소개하게 될 내용들을 두루 섭렵해 보실 것을 권해드립니다. 업무 수행에 큰 도움은 되지 못해도 군데군데 취약한 지점에서 소소한 도움이라도 되어드릴 수 있을 겁니다.

본 책자에 소개된 지식이나 경험 공유가 독자 여러분의 사업 성공을 기약해드릴 수는 없고, 다만 비즈니스를 추진하는데 있어 미약하나마 나침반 역할을 일부 해드릴 수 있을 겁니다. 해프닝이나 어처구니없는 실수를 줄이는 데에도 유용한 도구로 활용될 수 있을 것입니다.

이제 워밍업 준비를 마치고 중남미 문화 한가운데로 함께 들어가 보겠습니다. 아무쪼록 이 책자가 빗장을 푸는 열쇠가 되어 여러분을 쾌적한 길로 안내하여 드리는 소명을 다하기를 빕니다.

* 참고: 나라별 핵심 지표로 본 중남미 기초 상식

막상 워밍업 준비는 했지만 본격적으로 본 자료 입문 전에 중남미에 어떠한 나라들이 있고, 경제 수준은 어느 정도인지 기초상식은 알고서 출발하는 것이 순리일 듯싶어 주요 독립 주권국 20개국을 대상으로 국별 비교 일람표로 정리해보고 다음 순서로 넘어가도록 하겠습니다.

중남미 국별 경제규모(GDP) 및 인구, 1인당 국민소득(GDP), 수명

블록	국 명	GDP (U$억불)	1인당GDP (U$)	인구 (만 명)	1인당명목GDP (U$)	평균수명 (세)
남미 공동 시장	브라질	33,046	16,036	20,452	10,309	73.3
	아르헨티나	9,479	22,088	4,313	14,267	75.8
	우루과이	767	22,369	331	16,639	76.8
	파라과이	656	9,191	700	4,130	72.1
태평양 동맹	멕시코	23,897	19,600	12,101	7,993	76.9
	콜롬비아	9,573	14,912	5,010	6,217	73.6
	칠레	4,575	25,417	1,801	13,663	79.3
	페루	3,854	13,376	3,115	6,506	74.2
기타 남미 (안데스)	베네수엘라	5,606	17,487	3,062	8,004	74.3
	에콰도르	2,042	12,357	1,628	5,803	75.9
	볼리비아	801	6,856	1,052	3,550	66.6
중미 카리브	과테말라	1,323	7,935	1,618	4,150	71.3
	온두라스	430	4,997	895	2,620	73.2
	엘살바도르	547	8,550	651	4,470	71.9
	코스타리카	798	16,280	485	12,032	79.5
	파나마	907	23,101	376	14,515	77.2
	니카라과	335	5,253	646	2,210	74.1
	도미니카공화국	1,526	13,895	1,000	7,543	73.0
	아이티	207	1,931	1,100	719	62.3
	쿠바	-	-	1,125	-	78.9

* GDP(국내총생산) 및 1인당 GDP는 2016년 IMF(국제통화기금) 발표 PPP(구매력평가) 기준이며, 1인당 명목 GDP는 2017년 IMF산출 명목(nominal) GDP임.
인구는 2015년 통계치. 평균수명은 2014년 FAO 연감 상 2012년 통계치 기준.

참고로 우리나라의 경제규모(GDP)는 2017년도 PPP기준으로는 2조300억불로 멕시코에 버금가는 수준이나, PPP기준 1인당 GDP는 U$39,450불, 1인당 명목GDP는 U$29,115불로서 중남미를 모두 크게 앞서고 있는바 우리나라와 비교해보시면 중남미 각국의 경제규모나 1인당 국민소득 수치가 좀 더 현실적으로 다가올 수 있을 것입니다. (한국의 명목GDP는 1조6,374억불로 세계 12위, 1인당 명목 GDP는 세계 30위)

멕시코의 경우 1인당 GDP 양 수치 간에 현격한 차이가 나타나는 게 보일 것입니다. 명목GDP보다 PPP(구매력평가/purchasing power parity) 기준 GDP를 비교평가 기준으로 삼는 경우가 많은데, 이는 각국의 물가수준까지 고려하여 국민들의 생활수준이 보다 잘 반영되어 있기 때문입니다. 따라서 두 가지 지표 비교를 통해 좀 더 깊은 이해가 가능해질 수 있을 것입니다. (*남미공동시장(메르코수르)이나 태평양동맹 등 지역블록에 대해서는 국제기구 편을 참고하시기 바랍니다)

제1부

쉽게 풀어쓴 중남미 기초문화상식

HOLA

제2강 중남미 사람들의 가치관

ㅣ 까르뻬 디엠! (Carpe Diem)

"노세 노세 젊어서 놀아. 늙어지면 못 노나니. 화무는 십일홍이오. 달도 차면 기우나니라. 얼씨구절씨구 차차차…" 열심히 일해야만 입에 겨우 풀칠할 수 있었던 50~60년대 어렵게 살던 시절에 마음대로 뛰놀 수 없었던 당시 상황에서 노래로나마 마음껏 놀아보고자 갈망했던 유명한 노래입니다. 이게 바로 까르뻬 디엠(Carpe Diem)을 추구한 것으로 볼 수 있습니다. 인생은 일장춘몽이고 꽃은 열흘 이상 활짝 피어있지 못하니 삶을 즐기자는 내용입니다. 이걸 보면 우리에게도 까르뻬 디엠 문화가 아예 없는 게 아니구나 생각할 수도 있습니다만 우리는 실제 이런 삶을 살아볼 엄두를 내지 못하고 오히려 "잘 살아보세 잘 살아보세 우리도 한 번 잘 살아 보세 잘 살아 보세"하는 노래 가락에 맞춰 앞만 보며 정신없이 달려가는 세월을 살아왔습니다. 그 결과 빨리빨리 문화가 한국인의 보편적 정서로 자리 잡을 만큼 우리는 까르페 디엠과는 전혀 상반된 삶을 살아왔습니다. 우리의 일을 중시하는 문화는 한강의 기적을 일궈내 선진국 반열로 올라가고 있지만 행복지수는 나아지지 않고 있습니다. 반면 중남미 사람들은 경제적으로 부를 이뤄내지는 못했지만 행복지수는 세계 최고수준입니다. 그 비결이 바로 까르페 디엠 문화입니다. 지금 이 시점에서 중남미 사람들의 가치관인 까르페 디엠을 살펴보고 그들을 깊이 이해하면서 우리도 마음의 행복을 찾게 되기를 빕니다.

ㅣ 까르뻬 디엠이 뭐지?

중남미의 경우에는 우리와는 사정이 다릅니다. 까르뻬 디엠이 인생 최고의 가치입니다. 까르뻬 디엠이 무엇일까요? 쉽게 말해 "인생을 즐기자"입니다. 짧은 인생, 하나밖에 없는 인생을 실컷 즐기다 가자는 게 그들의 생활신조입니다.

이 말은 고대 그리스 쾌락주의 에피쿠로스학파 시인인 호라티우스(Horatius/Horace)가 "내일을 믿지 말고 오늘을 즐겨라"라고 그의 라틴어 작품집 Odes에서 설파한 말에 그 기원을 두고 있습니다. Carpe란 즐겨라, 잡아라, 이용하라(enjoy, seize, make use of)는 의미이며, Diem이란 현재, 오늘, 낮(present, day)이라는 의미입니다. 이와 대비되는 말로 Carpe Noctem(까르뻬 녹뗌)이란 말도 있습니다. 밤을 즐기라는 의미인데, 낮도 즐기고 밤도 즐기고 결국 삶을 즐기라는 의미에서는 일맥상통하는 말이 되겠습니다.

ㅣ 삶의 가치관과 우선순위

여러분은 살기 위해 일하나요? 아니면 일하기 위해 사나요? 살기 위해 일한다는 것이 보다 보편적인 답변일 것입니다. 하지만 중남미 사람들에게 우리 한국인의 자화상은 어떠한지 아십니까? 일하기 위해 사는 사람입니다.

왜 그렇게 보일까요? 우리가 일을 우선시하기 때문입니다. 휴가는 조금만 가고 야근을 밥 먹듯이 하면서 일은 엄청 많이 하는 모습들을 보다보니 그런 생각이 드는 것입니다. "한국인들은 불쌍하다. 일의 노예다. 왜 일을 위해 사나?"라는 평가를 자주 듣곤 합니다.

그러면 우리 시각에서 그들을 한 번 바라볼까요? 중남미 사람들은 낙천적이고 놀기 좋아합니다. 노는 데는 모두 프로선수 같습니다. 춤추기를 무척 좋아합니다. 우리처럼 노래 부르는 것은 별로 즐기지 않고, 사실 재주도 없습니다. 노래는 왜 그리들 하나같이 못 부르는지… 대신 춤은 몹시 좋아들 합니다. 참 잘 춥니다. 우리처럼 꿔다놓은 보릿자루가 아닙니다. 그래서 춤 문화가 무척 발달했습니다.

그들이 초대한 파티에 덥석 갔다가 혼난 경험도 있습니다. 그들은 파티를 한 번 했다 하면 보통 밤 9~10시부터 그 다음 날 새벽 3~4시까지 정신없이 춤을 추며 놉니다. 저녁밥은 어떤 때에는 밤 11시에 주는 경우도 있고, 새벽녘에 야참을 주기도 합니다. 몸을 마구 흔들어대다 보면 금방 허기가 지기 때문입니다. 워낙 늦게 저녁이 나오는 경우가 있다 보니 중남미에 사는 한국인 사이에서는 우스갯소리로 파티 초대 받으면 저녁을 미리 먹고 가야 한다는 말이 나올 정도입니다.

이렇게 놀기 좋아하다보니 파티 다음 날에는 출근을 하지 않거나 느지막이 나오는 경우도 있고, 아예 휴가를 내는 경우도 있습니다. 물론 책임감 있는 중남미 사람들은 파티는 파티고 일은 일이라는 자세로 업무에 제대로 임하는 경우가 많습니다. 하지만 물을 흐리는 일부가 있게 마련입니다. 월급을 받으면 내일을 위한 저축이란 게 별로 없고 바로 다 써버리는 사람들도 꽤나 있는 것 같습니다. 인생은 즐기는 것이라는 그들의 생활 철학 때문입니다.

그러다보니 중남미 사람들의 행복지수가 대부분 높게 나타나는 데, 이걸 보면 부럽기도 하고 한편으론 가난을 개척해서 극복하기보다는 체념하고 즐겁게 살아가려는 모습에서 안쓰러움이 느껴지기도 합니다.

어찌됐든 중남미 사람들을 오랫동안 접하다보면 일을 중시하는 우리와는 DNA가 다른 게 아닌가 생각될 때가 많습니다.

| 중남미 까르뻬 디엠의 뿌리

안데스 지역에 살던 잉카인이나 케추아인, 멕시코 및 과테말라 지역에 살던 아즈텍인 및 마야인 등 중남미 원주민들은 각자 자신들이 숭배하던 토속 신들이 있었습니다. 이 신들을 기쁘게 해드리고자 인신공양 등 토착의례가 행해지기도 했으며, 천주교의 성인을 기리는 의식과 결부되거나 아프리카로부터 유입된 흑인 노예들이 들여온 아프리카 토속신앙과도 어우러져 춤과 음식 및 화려한 장식, 행진 등 축제의 형태로 나타나기도 합니다.

이러한 축제는 고대 농경문화와도 맥을 함께 하면서 농사를 시작하거나 추수를 할 때, 또는 농작물 작황이 좋지 않은 경우나 좋았던 경우 등 여러 경우에 신에게 기원을 하거나 자축을 하는 형태로도 자주 열리게 됩니다.

인신공양 등 토착의례는 가톨릭 교리와 상충되어 탄압을 받게 됨에 따라 많이 사라지긴 했지만, 토착신앙의 뿌리는 살아남아 가톨릭 교리의 마을이나 도시를 보호해주는 수호성인과 융합되는 형태로 재생되어 사회적 유대를 강화해주면서 원주민사회를 효율적으로 지배하는 수단으로서 기능해오기도 합니다.

한편 개인적으로 세례를 받거나, 소녀에서 처녀로의 성년식 내지 결혼식 등 다채로운 가족행사를 통해서도 각자가 삶을 즐기며, 공동체 성원들 간 축복과 즐거움을 나누는 형태로 세대 간 대대로 전승되는 과정 속에서 까르뻬 디엠 문화가 중남미 사람들 가슴 속에 자연스럽게 자리 잡게 된 것으로 보입니다.

| 중남미 까르뻬 디엠 문화를 보는 시각

중남미에서 가장 인기 있고 유명한 톱 브랜드(top brand)가 뭔지 아십니까? 스콜(skol)과 코로나(corona)입니다. 모두 맥주 브랜드입니다. 스콜은 브라질, 코로나는 멕시코 브랜드인데, 맥주 브랜드가 여타 제품 브랜드들을 제치고 나란히 1,2위를 차지하고 있다는 것은 맥주를 즐기는 문화풍토를 여실히 반영하고 있다고 봐야합니다. 1,2위뿐만 아니라 중남미 톱10브랜드 중에서 무려 5개가 맥주브랜드이며, 나머지 5개도 핸드폰 사업자나 방송콘텐츠 사업자, 백화점, 유통점 등 일상생활과 밀접한 분야 내지 카르페디엠 문화를 즐기는데 필요한 분야들과 연관되어 있습니다. (톱 브랜드 상세 내용은 '문화에 풍덩 빠진 중남미 대표 브랜드 이야기'편 참고하세요.)

본 면에서 말씀드리고자 하는 포인트 내지 메시지는 그들의 인생가치인 까르삐 디엠을 폄훼하거나 오해해서는 안 된다는 겁니다. "이놈들이 일은 안하고 놀기만 하니 못살지"이런 얘기 하시는 분들이 계신데, 이런 선입견 갖고 그들은 대하는 것은 바람직하지 않습니다. 희망찬 내일을 위해 오늘도 힘든 하루를 참고 견디며 열심히 일을 해야 한다는 우리 가치관으로 내일보다 오늘을 중시하는, 일보다 즐기는 것을 좋아하는 그들의 가치관을 비난하는 자세로는 중남미 사람들과 긴 호흡 속에 비즈니스를 잘 수행해 내기가 어려워질 수 있습니다.

그런데 우리나라에도 1인 가구가 늘면서 욜로(Yolo) 문화가 젊은이들 사이에서 점차 확산되는 것 같습니다. 욜로(You Only Live Once)는 한번뿐인 인생을 즐기며 살자는 의미로 까르삐 디엠과 일맥상통합니다. 일상이 스마트해지는 4차 산업혁명시대를 맞아 우리의 이 같은 라이프스타일 변화가 대세가 될지, 일부 계층의 한때의 사조로 유행처럼 지나갈지는 두고 봐야겠지만 사계절이 뚜렷한 한국의 기후여건이 전혀 다른 여건을 토대로 뿌리박은 까르페 디엠을 순순히 받아주기를 기대하기엔 어렵지 않을까요?

| 편안한 잠자리 추구권이 후순위?

편안한 잠자리를 추구하는 권리 즉, 수면권 내지 안면권(安眠權)이 보호받지 못한다고 하면 아마도 경악을 금치 못하시는 분이 많을 겁니다. 중남미에서는 까르삐 디엠이라는 최고의 인생가치를 우선시하기 때문에 안면권이 후순위로 밀리는 경우가 많습니다.

금요일 밤이나 토요일 밤이면 으레 쿵작쿵작 스피커 음악에 맞춰 춤들을 추느라 우리 같은 외국인으로선 잠들기 어려운 경우가 많습니다. 때로는 낯 익은 강남스타일이 한밤중에 아파트 사이사이를 휘감기도 합니다. 이럴 때에는 귀를 틀어막아도 보고, 잠을 청하기 위해 묘안을 짜내보기도 하지만 별로 도움이 되지 않았습니다. 그칠 때까지 영화감상이나 하며 시간을 때우다 그치면 잠을 자곤 했습니다.

처음에는 아파트 관리사무소에 항의를 해보기도 했지만 아파트 내 시설을 이용해 밤늦게까지 춤추고 노는 것은 입주민의 권리이니 당신도 원하면 신청서를 제출하라는 답변이 돌아옵니다. 더구나 주말인데 즐기는 게 당연한 것 아니냐 하는 반응까지 보였습니다. 아파트 단지 내부 규정은 밤 12시까지인데 보통 새벽 2시까지는 봐주는 것이 통례라고 합니다. 하지만 새벽 3시가 되어도 계속되는 경우도 있었는데 항의해봐야 소용이 없었습니다. 어깨를 으쓱 하며 그들이 안 끝내는데 나더러 어떻게 하라고 따지느냐는 태도입니다. 미국이나 독일 또는 한국이나 싱가포르 등 사회규율이 엄격한 나라 같았으면 당장 경찰을 불렀을 것입니다.

습관은 참 무섭습니다. 몇 달 지나니 시끄럽게 떠들어대도 자장가라 여기며 잠을 청하니 그런대로 잠이 왔습니다. 왜 아파트 내 다른 현지인 입주민들이 아무도 항의를 안 하나 했더니 다들 으레 그러려니 체념하거나, 수면권을 주장하면 이상한 사람 취급받는다는 사실을 알고 있었던 것입니다.

어떤 분은 그래서 중남미가 사람 사는 맛이 난다고 좋게 평가하시는 분도 있습니다. 독일이나 싱가포르 같은 깐깐한 나라에서는 이런 인생을 즐길 수 없으니 우리도 이들과 더불어 즐기며 살자는 철학을 이미 습득한 것일 수도 있을 것입니다.

조심해야할 것은 이 쾌락권의 의미를 확대해석해서는 안 된다는 것입니다. 아무 때나 아무 절차도 없이 고성방가해도 되는 것으로 오해해서는 곤란합니다. 간혹 주중에도 심야파티가 벌어지는 경우가 있으나 보통은 주말이나 공휴일 이브에 행해지며, 아파트 관리사무소의 사전 승인을 받아놓아야 뒤탈이 없습니다. 행사장소를 지정장소로만 제한하는 경우도 있습니다.

현지 유력인사가 주최하는 행사와 영향력이 전혀 없는 외국인이, 그것도 동양인이 주최하는 행사에는 눈에 보이지 않는 차별이 존재할 수 있습니다. 심야 파티 규정은 까다로운 개최요건을 두고 있습니다. 보통 12시 이전에 끝내도록 되어 있고, 소음도 최고 데시벨 수준에 제한을 두기도 합니다. 이 요건을 느슨하게 적용하느냐 엄격하게 적용하느냐, 여기서 차이가 날 수 있습니다. 자신들은 시간약속을 잘 안 지키면서 외국인이 시간을 어기면 불쾌하게 생각하는 것도 같은 맥락으로 이해하시면 되겠습니다. 외국인이 주인 행세하려들면 텃세 저항이 수반될 수밖에 없지 않을까요?

체념의 미학과 행복지수

서울 시내 중심지에 그것도 강남 요지에 상류층만 이용할 수 있는 최고급 회원제 골프장이 떡하니 들어서 있다면 어떤 생각을 하시겠습니까? 최고 부유층이라면 부러움을 가지실테고, 접근조차 어려운 서민층이라면 당연히 반발심이 클 것입니다. 결국 국민적 반대로 설립 자체가 안 될 거고, 과거에 설립된 것이라면 철거될 운명을 맞이할 것입니다.

그런데 중남미에서는 이게 존속이 가능합니다. 집단권력의 힘입니다. 콜롬비아 수도 보고타 시내에는 소수의 상류층 인사들만 들어갈 수 있는 고급 회원제 골프장이 두 군데 있는데, 골프장 회원들이 대부분 유력인사들이다 보니 정부로서도 어쩌지 못하는 것 같습니다. 시민들 입장에서도 체념하고 사는 듯하는 분위기가 읽혀집니다.

* 한편 이와는 입장을 전혀 달리하는 경우도 있습니다. 정부에서 시민 편의시설로 골프장을 저렴한 수준에 개방하는 경우가 그런 예인데, 시민들이 골프장을 부유층의 전유물이 아닌 생활 스포츠 내지 주민 편의시설 정도로 가볍게 생각하는 경향도 있는 것 같습니다.

실례를 들어보겠습니다. 아르헨티나 수도 부에노스아이레스 시내에는 누구나 들어갈 수 있는 저렴한 대중 골프장이 있습니다. 사전 예약 없이 아무 때나 가도 칠 수 있을 만큼 골프인구가 많지도 않은데, 정부가 이를 유지하는 것을 보면 골프장을 시민 휴식처 정도로 생각하는 것 아닌가 하는 생각이 듭니다. 또한 시내 라플라타 강변 경치 좋은 곳에 실거리 골프연습을 할 수 있는 드라이빙 레인지들이 있고, 그 안에 가족들이 저렴하게 즐길 수 있는 분위기 좋은 식당도 있어 일반 중산층 시민들의 일상과 골프장이나 연습장이 제공해주는 푸른색 잔디정원이 잘 조화되는 모습입니다.

체념문화의 순기능 중남미 사람들은 체념의 미학을 갖고 사는 것 같습니다. 자기 분수를 알고 남을 넘보지 않습니다. 남이 내가 갖지 못한 것을 가졌어도 배 아파하지도 않고 그대로 인정을 해주는 모습입니다. 우리처럼 서로 비교해가며 마음 상해하지 않습니다. 부자는 부자대로, 서민은 서민대로 사는 방식을 달리 하는 것을 자연스럽게 받아들입니다. 빈자가 부자의 삶을 시기질투하지 않고 그들의 높은 삶의 질을 인정합니다. 상류층들의 집단권력에 대항해봤자 소용없다는 것을 이미 깨달았는지 아니면 그럴 필요조차 없다고 생각하는지 체념하며 나름대로 살아가는 방법을 터득한 것입니다. 경제적 풍요를 제대로 누리지 못하는 중남미 국가국민들의 행복지수가 대부분 높게 나오는 것을 보면 이 체념 문화가 큰 몫을 하고 있다고 볼 수 있겠습니다.

체념문화의 역기능 체념이 사회적으로 보면 계층 간 갈등을 줄여주는 좋은 측면도 있겠지만, 발전을 가로막는 요인으로 작용하는 경우도 있는 것 같습니다. 중남미 도로를 보면 군데군데 움푹 페인 곳이 많이 눈에 띕니다. 거기서 교통사고가 발생하기도 하고, 행인이 건너다가 다치기도 합니다. 함몰 도로(hueco/우에꼬) 때문에 타이어 마모가 심하다보니 중남미에서 타이어 수요가 많은 한 요인을 제공해 주기도 합니다.

그러나 몇 달이 지나도 그대로 방치해두는 경우가 허다합니다. 정부는 정부대로 넘어가고, 시민도 시민대로 그냥 넘어갑니다. 간간이 언론에 고발 르포기사나 방송이 나가기도 하지만 시정이 바로 되지는 않는 것 같습니다. 시민들도 불편함을 느끼지만 공권력을 향해 불평을 잘 토로하지 않거나 시정 요구를 하지 않는 것 같습니다. 정부가 잘 반응을 안 해주니 해봤자 소용없다며 체념하거나, 아예 시도조차도 귀찮다고 꺼리는 겁니다. 정부 몫이지 내 일이 아니라고 보는 것입니다. 그러다보니 우리 시각에서 보면 불편한 점들이 많이 널려 있는데 그대로 해를 넘기는 경우가 많습니다.

특히 인상적이었던 사례를 소개해 드리겠습니다. 항공기가 기체 결함이나 기상이변으로 뜨지 못하고 항공편이 취소되는 경우가 종종 있는데, 중남미 사람들은 아무도 이의를 제기하지 않고 다들 조용히 사라졌습니다. 외국인 혼자서 대책을 마련해달라고 해봤자 체념을 참 쉽게도 잘하는 국민들에게 길들여져 있는 항공사에게는 먹히질 않았을 것입니다. 필자도 몇 번 그런 경험을 했습니다.

산토도밍고 공항에서 포르토프랭스 행 비행기 고장으로 제시간에 뜨지 못해도 아무도 이의를 제기하지 않았고, 보고타 공항에서 뉴욕 행 비행기가 현지 사정으로 그날 항공편이 취소되고 다음날 항공편에 대해서도 아무런 대책을 세워주지 않는 상황에서도 누구 하나 항의하는 사람을 보지 못했습니다. 그 수많은 사람들이 조용히 바람처럼 사라졌습니다. 우리나라 경우 제주도 공항에서 폭설로 비행기가 못 뜨는 상황이 발생하면 공항에서 어떤 상황이 발생하는지와 비교해보면 이들의 체념문화가 좀 더 쉽게 피부에 와 닿을 겁니다.

체념을 쉽게 잘하는 문화에서는 공공서비스 부문에서도 소비자가 왕이 아니라 공급자가 왕이 되는 현상이 나타나는 것 같습니다. 단적인 예로 전기요금 고지서를 받지 못해 그달 전기요금을 못 내면 바로 전기가 끊길 수 있습니다. 그 생생한 사례를 "생활현장 에피소드" 편에서 보실 수 있으니 참고하십시오.

체념문화의 시사점 이렇듯 체념문화로 인해 불편하거나 발전이 더딘 부정적 측면도 있지만, 불편함을 묵묵히 감수해내는 중남미 인들의 모습에서 배워야 할 긍정적 측면도 있는 것 같습니다. 바로 이런 체념문화 때문에 마음의 평화를 찾는 것이 용이해지고 행복감도 되찾게 되는 것 아닐까요? 물론 범사에 감사하라는 기독교적 인생관도 한 몫 하리라 봅니다. 국민 대다수가 기독교 신자이다 보니 세상 모든 일에 대해 감사하게 생각하고 표현하는 것이 몸에 밴 것입니다. 지금은 정도가 많이 약해졌지만 비행기가 공항에 무사히 착륙하면 안도의 한숨을 쉬며 수고했다며 기장과 승무원들에게 박수를 쳐주는 중남미 승객들의 모습을 간간이 보게 됩니다. 이와 함께 그라시아스(Gracias/감사합니다)를 입에 달고 사는 그들의 모습에서 중남미가 행복지수로 세계 최상위 권을 차지하는 또 다른 원인을 보게 됩니다. 우리도 그들처럼 매사에 그라시아스(감사합니다)를 입에 달고 살다보면 어느덧 행복지수가 올라가 있지 않을까요? 우리 다함께 실천해 봅시다.

꒐ 중남미는 서양인가 동양인가? 가족주의와 저녁이 있는 삶

보통 동양은 가족주의, 서양은 개인주의 이렇게 알고 있는 경우가 많습니다. 필자도 중남미를 접하기 전까지는 그리 알고 있었는데, 미국이 서양을 대표하는 대국인만큼 서양이란 곧 미국을 의미하는 것이 아니었나 하는 생각이 들었습니다. 중남미는 우리가 얘기하는 전통적 서양의 개념과는 많이 다른 것 같습니다. 영어와 어순도 많이 다르고, 기질도 다르고, 삶의 방식이나 가치관, 사고방식 모두가 다릅니다.

중남미는 대체로 보면 참 가족적입니다. 가족 행사가 많고, 가족을 삶의 최우선순위에 두고 있기 때문에 그들에게 가족보다 회사 일을 우선시하라고 강요하게 되면 당장은 시늉을 하더라도 장기적 관점에서는 오히려 회사를 해치는 결과가 나올 수도 있습니다. 중남미 현지에 진출하여 영업을 하는 우리 기업이나 공공기관이 이런 일을 겪는 경우도 나옵니다. 중남미 현지에서는 현지 습속을 존중하고 슬기롭게 조화를 모색하는 방안을 찾아야 합니다.

중남미인들의 가족주의를 단적으로 보여주기 위한 설명도구로 만찬을 들 수 있습니다. 조찬이나 오찬 모임을 갖는 것에 대해서는 별 부담을 갖지 않는

데 비해 만찬을 하자고 하면 난색을 표하는 경우가 많습니다. 우리나라의 경우 업무상 만찬이 보편화 되어 있는데 반해 이들은 업무상 만찬을 꺼려하는 분위기입니다. 이들에게 만찬이란 가족이나 친지들과 함께 하는 것이지, 업무를 저녁까지 연장시켜 하기는 썩 내켜하지 않는 것입니다. 저녁이 있는 삶은 이들에게 매우 중요한 가치인 것 같습니다. 어쩔 수 없이 공식행사로 만찬을 하게 되는 경우 참석을 통보해 놓고도 막상 당일 나타나지 않는 경우도 발생하여 행사 관계자들을 당황하게 만들기도 합니다. 이런 때에 내놓는 이유들을 보면 가족이 다쳤다든가 아프다든가 하는 가족 관련 사항인 경우가 많습니다. 심지어 방한일정까지 확정 시켜놓고 나서 가족 관련 사유로 방한을 취소하는 경우도 비일비재합니다. 우리는 보통 업무를 가족보다 더 중시해온데 비해 그들은 가족에게 업무보다 더 높은 우선순위를 둡니다.

따라서 중남미 사람들의 가족 중시와 저녁이 있는 삶 문화를 존중해줄 줄 알아야 하며, 중요 행사를 앞둔 상태라면 사전에 잘 조율하여 업무에 지장이 없게끔 해두는 데에도 별도로 신경을 써야 합니다.

제3강 중남미 기후와 중남미 사람들의 기질

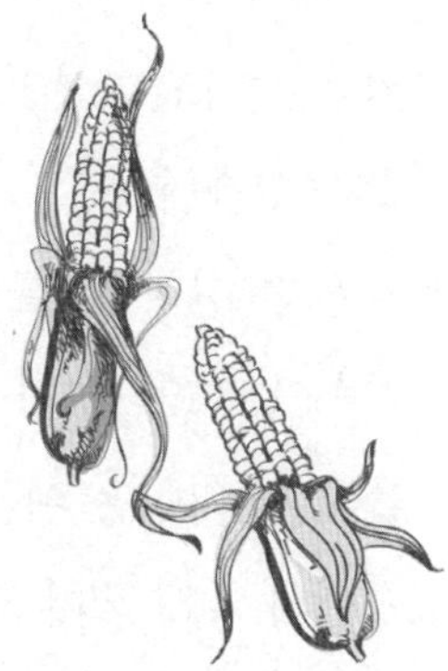

ㅣ 다양한 기후를 가진 중남미

중남미 하면 더위를 떠올리시는 분들이 의외로 많습니다. 아마도 뜨거운 햇살이 작열하는 카리브 섬 내지 남미 주요국들이 위치해 있는 적도 등이 먼저 떠오르나 봅니다. 그렇습니다. 중남미는 위도 상으로 볼 때에 대체로 무더운 날씨입니다. 적어도 해변도시나 저지대 도시들은 무덥습니다. 쿠바, 온두라스, 엘살바도르, 니카라과, 코스타리카, 파나마 등은 나라 전체가 대부분 열대에 속해 있고 1년 내내 덥습니다.

하지만 멕시코나 콜롬비아, 에콰도르, 볼리비아 등 고원국가의 경우 도시 위치에 따라 기후를 달리합니다. 아무리 적도 인근이라 해도 에콰도르 수도 키토나 콜롬비아 수도 보고타, 멕시코 수도 멕시코시티, 볼리비아 수도 라파스 등은 해발 2천 미터 이상의 고지대인 관계로 낮에는 따스하나 조석으로는 쌀쌀한 가을 날씨를 1년 내내 보이고 있습니다. 즉, 상추(常秋)의 도시들입니다.

과테말라의 수도 과테말라 시티나 멕시코시티 인근의 꾸에르나바까, 콜롬비아 제2도시인 메데진 등 해발 1천~2천 미터 사이 도시들은 1년 내내 살기 좋은 따스한 봄 날씨, 즉 상춘(常春)의 도시들입니다. 그 아래로 내려가면 1년 내내 덥습니다.

이렇게 고도에 따라 기후가 달라지다 보니 한 나라에서 여러 기후를 함께 즐길 수도 있습니다. 예컨대, 콜롬비아 보고타에 살다가 으슬으슬 추위가 느껴질 때에 차를 타고 두어 시간만 내려가면 뜨끈뜨끈한 인근 도시로 가서 무더위를 즐기고 오기도 하니 추위와 더위를 마음대로 고를 수 있는 행복도 누릴 수가 있습니다.

한편 칠레나 아르헨티나, 브라질, 우루과이 등 남반구에 위치한 국가들은 기후가 우리나라와는 정반대입니다. 우리가 여름일 때 거기는 겨울, 우리가 겨울일 때 그곳은 여름입니다. 따라서 이들 국가에서 크리스마스는 보통 무더위 속에서 맞게 되어 크리스마스 분위기는 전혀 다른 양상으로 나타납니다. 하지만 하얀 눈과 산타클로스 할아버지 복장으로 분위기 잡는 것은 공통적인 것 같습니다.

| 야누스신의 두 얼굴 I: 친절과 다혈질

필자가 18년 동안 접해본 중남미 여러 나라 사람들을 떠올려 보면 야누스신의 두 얼굴이 생각납니다.

필자가 제일 처음 경험해본 중남미 사람들은 과테말라 사람들이었습니다. 1년 내내 날씨가 온화해서인지 사람들 성품도 참 온화하고 친절했습니다. 우리나라는 잘 모르는 사람에게는 인사를 하지 않지만 과테말라는 처음 보는 사람에게도 눈만 마주치면 인사를 했습니다. 남녀노소 구분 없이 정감 있게 인사를 나누는 것을 보면 처음에는 다소 당황스럽기까지 했습니다. 길도 물어보면 다들 친절하게 알려주는 겁니다. 왜 내게 이렇게 잘 해줄까 하는 경계심까지도 생길 정도였습니다. 조금 지나고 보니 과테말라 국민성이, 아니 더 지나고 보니 중남미 사람들 대부분이 다 친절했습니다. 이는 우리나라 사람들과는 물론 중남미에 발을 들여놓기 전에 봐왔던 미국인들과도 확연히 구분되는 중남미 인들의 기질이었습니다. 미국인들로부터는 대체로 상당히 차갑다는 인상을 받은 반면 중남미 인들은 대부분 따뜻한 품성이 자연스레 뿜어져 나왔습니다.

하지만 야누스 신의 두 얼굴이라는 표현에서 짐작하셨겠지만 전혀 다른 모습도 있었습니다. 야누스는 로마신화에 나오는 하늘의 문지기 신입니다. 문을 앞뒤로 지키기 위해 두 얼굴을 갖고 있습니다. 중남미 사람들의 두 얼굴 중 친절과 대비되는 다른 얼굴은 다혈질, 바로 그겁니다. 평소에는 온화하고 친절하다가 운전대만 잡으면 난폭해지고 양보심이 실종되는 것을 보면 전혀 다른 사람들처럼 생각되었습니다.

필자가 중남미에서 운전을 하다가 한국에 귀국해서 보면 우리 한국인들이 어찌 그리 얌전히 운전을 잘 하고 양보심이 많은지 새삼 놀라게 될 정도였습니다. 미국이나 캐나다 등 선진국에서 근무하고 귀국한 분들을 보면 한국인들의 운전습관이 매우 거칠어 한국에서는 운전하기 힘들다는 얘기들을 하는데 필자의 경우에는 그 반대였습니다.

그럼에도 불구하고 필자가 18년을 줄곧 중남미를 자원하여 근무해온 것은 다혈질성 보다는 친절성이 더 크게 다가왔기 때문이었던 것 같습니다. 비록 치안 불안이랄지 앞으로 차근차근 다루게 될 다른 문제성 주제들도 많이 있기는 했지만 사람 사는 냄새가 좋았습니다. 온화한 기후건 무더운 기후건 쌀쌀한 기후건 관계없이 친절성은 온 중남미의 인간관계를 지배하는 가장 근본 기질이 아닌가 생각됩니다.

ㅣ 야누스신의 두 얼굴 II: 신사도와 마초주의

중남미에는 레이디 퍼스트 문화가 있습니다. 우리처럼 상급자 우선이나 연장자 우선이 아니라 여성 우선주의입니다. 의전이나 상하 간 위계질서도 있긴 하나 우리처럼 엄격하게 적용되진 않습니다. 중남미엔 레이디 퍼스트 주의와 함께 남성우월주의인 마초주의(machismo) 문화도 있습니다. 야누스 신의 두 얼굴처럼 레이디 퍼스트가 마치스모의 다른 얼굴인지 순수 신사도인지 명확한 구분은 어렵게 느껴집니다. 각자가 알아서 판단할 몫입니다.

필자가 콜롬비아 근무할 당시의 일입니다. 보고타시청의 도시교통본부장이 부본부장과 함께 우리와의 업무협의회 참석차 왔다가 사무실로 돌아가는 길이었습니다. 본부장은 남자, 부본부장은 여자였는데 상사인 남자분이 하급자인 여자 분에게 차문을 열어주고 자신은 반대편으로 돌아가 앉는 것이었습니다. 우리 한국인 버전의 의전으로는 상급자 우선인데, 이 원칙이 중남미 버전에서는 여성 우선으로 나타난 것입니다. 하급자이며 연소자인데 여성이라는 이유 하나 만으로 남성 상급자가 여성 하급자에게 예의를 갖추는 것을 보니 이것이 신사도구나 생각이 들었습니다.

또 다른 현장에서도 목격한 바가 있는데, 아르헨티나의 고급 레스토랑에서 있었던 일입니다. 아마도 기업체 직원들 간 친목회였던 것 같습니다. 직장 상사인 듯 보이는 나이든 남성이 부하직원으로 보이는 젊은 여성이 앉으려 하자 의자를 앉기 쉽게 두 손으로 살짝 빼주는 것이었습니다. 우리처럼 직위 중심의 위계질서 문화 속에서는 상상하기 힘든 광경이었습니다.

하나만 더 소개를 하겠습니다. 우리로 하면 부산 같은 콜롬비아의 제2도시 메데진에서 필자가 겪은 일화를 소개하겠습니다. 메데진 시의회 부의장이 우리 민관 합동사절단을 맞이하는 자리였습니다. 우리 사절단에 기업체 여직원이 있었습니다. 앉을 자리가 부족하면 직위가 높은 분들만 앉고 낮은 분들은 서있기 마련인데 제일 먼저 여직원에게 자리를 권하는 것이었습니다. 나이든 높은 분들 제치고 먼저 좌정하려니 여직원이 당황해 할 수밖에요.

하지만 의전도 따질 때에는 무척 신경을 쓰기도 합니다. 국방부 차관과 3성의 해군 부사령관 중 의전서열을 정하고자 했는데, 우리 경우라면 당연히 차관이 위겠지만 군부 위상이 높은 나라의 경우에는 장성을 우대하는 문화가 있습니다. 같은 차관이라 해도 장성 출신인지 민간 출신인지에 따라 의전 차별화를 하는 경우도 있었습니다. 당시 차관이 여성이었고 민간 출신이라 3성 장군 아래라는 부사령관실 입장과 여성 차관을 예우해 달라는 차관실 입장이 충돌하기도 했습니다. 따라서 여성 우선주의를 전가의 보도처럼 생각해서는 곤란할 수도 있으니 상황에 따라 판단하셔야 의전 실수를 줄일 수 있습니다.

ㅣ 야누스신의 두 얼굴 III: 시엠쁘레 감사와 눙까 죄송

중남미에서 오래 살다보면 그들과 우리 간에 현격한 문화 차이가 느껴지는 분야가 나오기 마련인데, 감사하다는 말은 입에 달고 사는 "시엠쁘레(Siempre) 감사"와 반면 죄송하다는 말은 일체 입 밖에 내지 않는 "눙까(Nunca) 죄송"은 그들의 공통된 국민성을 대표하는 케이스가 아닌가 싶습니다.

우리 관점에서 보면 별 것도 아닌 사소한 일에 감사하다는 표현을 남발하는 것 아닌가 하는 생각이 들 정도로 고마움을 표하는 경우가 매우 많습니다. 시엠쁘레란 영어의 always로서 "늘, 항상"을 의미합니다. 어떤 때에는 과장된 표현까지 서슴지 않고 쏟아내기도 합니다. 무차스 그라시아스(대단히 감사합니다) 내지 무치시마스 그라시아스(너무너무 감사합니다), 밀 그라시아스(천 번 만 번 감사합니다)라고 말입니다.

아마 기독교 문화에서 범사에 감사하라는 하나님 말씀을 실천하는 것일 수도 있으니, 감사하다는 말 표현에 인색한 우리들에게 좋은 본보기가 될 수 있습니다.

반면 우리 한국인들은 잘못한 경우 바로 인정을 하고 용서를 구하는 것이 통례인데 반해 이들은 무슨 잘못을 저지르고 나서도 자신의 잘못을 인정하는 경우는 없었습니다. 18년 동안 중남미 살면서 '죄송합니다. 다음부턴 이런 일 없도록 하겠습니다.'라는 말은 들어보지 못했습니다. 실례합니다(Permiso), 미안합니다(Disculpe), 아이쿠 저런(Que pena!/실례합니다의 의미로도 많이 쓰임) 등의 가벼운 표현 수위는 거침없이 나오는데, 정말 죄송합니다(Lo siento mucho)나 잘못했습니다, 용서해주세요, 다음부턴 이런 일 없도록 하겠습니다는 등의 무거움이 느껴지는 과오 인정 표현은 표출하지 않습니다. 그래서 "눙까(Nunca) 죄송"이라는 말이 나오는 겁니다. 눙까란 영어의 네버(never)로서 절대로 안한다는 부정어입니다. 이 때문에 열 받게 되는 중남미 진출 한국 기업인들과 현지인 채용 직원들 간 문제가 되어 법정에 서게 되는 경우까지 발생합니다.

왜 그럴까 그 이유에 대해 항간에 떠도는 설명이 있습니다. 중남미 사람들이 스페인 식민지 시절에 과오를 범하고 이를 인정하면 형벌을 받거나 심지어는 생명을 잃기까지 했기 때문에 과오 인정은 목숨을 버리는 것으로 간주하여 절대로 잘못했다는 말은 입 밖에 낼 수가 없고, 끝까지 변명으로 일관하게 된다는 것입니다. 이 말이 참인지 거짓인지는 확인해보지 못했습니다.

여기서 우리가 힌트를 얻어야 할 것은 잘못을 인정하라고 끝까지 다그쳐서는 안 된다는 겁니다. 호통을 친다거나 책상을 땅땅 치는 등 고압적 자세를 취했다가는 오히려 고소를 당하게 됩니다. 과오 인정에 대한 그들의 문화적 저항감 내지 불안감을 이해하고, 재발 방지에 초점을 맞춰 자존감을 해치지 않는 범위 내에서 교육을 하는 것이 바람직한 대응방향이며, 동시에 크게 잘못된 점은 서면으로 기록을 남겨 본인에게 개별 통지해두는 등 해당국 노동법에 따라 조치를 하면 됩니다.

제4강 중남미 언어

| 중남미에서도 영어가 잘 통하나?

영어는 세계어입니다. 그러니 중남미에서도 영어가 잘 통하리라는 기대 하에 스페인어를 모른 채 용감하게 시장에 진출하려는 분들이 의외로 많습니다. 스페인어 못해도 그럭저럭 영어 구사자들만 골라가며 상대하면 그럴 수도 있겠으나, 중남미에서 스페인어 실력없이 몸으로 현장을 누비다보면 놓치게 되는 정보가 부지기수이며, 영어로 번역된 정보에만 의존하다 보면 신속성이나 심층성, 다양성 등에서 크게 뒤떨어질 수밖에 없습니다. 무엇보다 큰 문제는 심도 있는 네트워킹이 제대로 안되고, 피상적 관계 형성에 그칠 확률이 높아진다는 것입니다.

한 번은 필자가 미주개발은행(IDB) 주관 행사에 초청받아 동 은행 본부가 있는 워싱턴에 연사로 방문한 적이 있었습니다. 미주개발은행이 한국 등 아시아 국가 기업인과 중남미 기업인간 비즈니스 기회 확대를 도모하고자 커넥트 아메리카(ConnectAmerica)라는 포털을 새로이 출시하면서 한국 기업과 중남미 기업

간 연결고리에 대한 이해도 제고를 위해 필자를 연사로 초청했던 것입니다.

행사 주관처인 IDB 측에서는 영어든 스페인어든 발표언어는 자유라고 했습니다. 저는 영어로 발표하는데 자신이 없어 서투른 스페인어로 발표를 했습니다. 그런데 제 앞서 발표하신 분이나 제 뒤에 발표하신 분 모두 스페인어로 강의를 진행하셨습니다.

상당히 놀랐습니다. 아니 미국의 심장부인 워싱턴에서 자체 행사를 진행하면서 영어가 아닌 스페인어가 주류 언어가 될 줄이야… 미주개발은행은 워싱턴 소재 국제기구이긴 하지만 총재나 임직원 대부분이 중남미 출신인 관계로 영어와 스페인어 모두 공용어로 쓰긴 하나 스페인어가 모국어라는 편안함 및 스페인어에 대한 자부심 탓에 스페인어가 보편적인 의사소통 수단인 것으로 보였습니다.

영어를 구사하는 중남미 사람들조차도 영어를 쓸 때에는 딱딱하게 사무적으로만 대하다가도 스페인어를 쓰게 되면 맘 속 얘기도 허심탄회하게 끄집어내는 경우도 있습니다. 또한 수출시장 개척을 위해 중남미를 방문한 우리 기업인과 중남미 기업인이 영어로 상담한 후 영문으로 후속 교신을 하려다보면 제대로 이어지지 못하는 경우가 종종 발생합니다.

이런 유형의 클레임이 KOTRA 중남미 지역 무역관들에 제기되는 경우가 자주 있습니다. 물론 스페인어 상담 후에도 이런 일이 발생하는 경우도 있습니다만 통역원을 통한 간접상담과 비즈니스맨 자신이 직접 스페인어를 구사해서 하는 직접상담과는 차이가 나기 마련입니다. 중남미 바이어가 아예 답변조차 안하고 피해버리는 것은 상품이 맘에 별로 안 든다든지, 수입자금이 부족하다든지, 거래 조건이 안 맞는다든지 하는 경우도 있지만 영어로 문장을 쓸려면 스트레스를 받다보니 이런 상황이 발생하는 경우도 있었습니다.

중남미에는 개발도상국이 많습니다. 개도국은 보통 국제적 원조를 받습니다. 우리나라도 예전엔 국제원조를 많이 받았었습니다. 선진국 반열에 올라선 지금은 우리 정부가 한국국제협력단(KOICA)이나 여타 정부 기관들을 통해 다양한 형태로 개도국에 원조(ODA)를 제공하고 있습니다. 중남미는 우리나라

외에도 다른 많은 선진국들로부터 원조를 공여 받고 있습니다. 가만히 있어도 여기저기서 원조를 주겠다고 제의해 오는 경우가 많다보니 수원국(受援國)이 우리는 아쉬울 것 없다는 고자세를 취하는 경우도 발생합니다. 갑을관계가 뒤바뀌는 기막힌 상황이 펼쳐지는 겁니다.

예컨대, 영문으로 된 여러 가지 신청서를 촉박하게 제출하라고 하면 시일이 크게 지체되는 경우가 많고 아예 시한을 넘겨버리기 일쑤입니다. 그래서 우리 측은 스페인어로 신청서를 받거나 웬만한 사항은 우리가 기재해서 보내주면 신청서를 제 때에 받아내기가 그만큼 용이해진다는 겁니다.

여기서 말씀드리고자 하는 핵심은 중남미와 민간영역 비즈니스를 하건 공적영역 비즈니스를 하건 스페인어는 필수라는 겁니다. 영어로 적당히 때우고 넘어가려는 자세로는 소기의 목적을 달성하기 어렵습니다. 외형상 그럭저럭 땜빵하며 현상유지는 할 수 있겠지만, 프로젝트 수주를 한다든지 하는 어려운 과업을 따내기는 불가능하다고 해도 과언이 아닙니다.

*** 토막상식: 스페인에서 사용되는 언어 - 스페인어 + 3개 언어**

이렇게 중남미에서는 스페인어가 대표 언어인데, 그러면 스페인에서는 모두가 다 이 스페인어를 쓰려니 생각될 것입니다. 하지만 그렇지가 않습니다. 스페인 사람들이 사용하는 언어는 중남미에서 말하는 스페인어 외에 3가지 언어가 더 있습니다.

즉, 스페인에서는 4개 언어가 사용되고 있는데, 마드리드를 중심으로 한 중부 까스띠야 및 아라곤 등 지역에서 사용하는 스페인어를 까스떼야노(Castellano)라고 부르며, 중남미 스페인어는 이 까스떼야노를 의미합니다.

한편 바르셀로나를 중심으로 한 까딸루냐 지방에서는 까딸란(Catalán)이라는 불어와 스페인어를 섞어놓은 듯한 언어를 사용하는데, 까스떼야노가 냉대 받는 듯 하는 강한 지방색이 느껴지기도 합니다. 스페인 땅인데 도로 표지판에 정작 스페인어(Castellano)가 없고 영어와 까딸란만 보이는 경우, 여기가 스페인이 맞나 고개가 갸우뚱해질 때도 있습니다만 그들에게는 까딸란이 스페인어라고 이해하면 될 듯합니다.

포르투갈과 인접한 갈리시아 지방에서는 가예고(Gallego)라는 포어와 스페인어를 섞어놓은 듯한 독자적인 언어를 쓰며, 프랑스와 피레네 산맥을 가운데 두고 인접한 바스크 지방에서는 에우스케라(Euskera)라는 여타 일반 라틴 계통 언어와는 전혀 다른 독특한 언어체계를 사용하고 있습니다. 물론 이들 지역도 스페인인만큼 까스떼야노도 통용되긴 합니다만 방언이 아닌 독자적인 언어체계가 별도로 구축되어 있다는 점은 주목해볼만한 사실입니다.

중남미에서 사용되는 언어는?

스페인어는 통속적 라틴어에서 발원이 되었으며, 라틴계 언어 중 가장 많은 사용 인구를 갖고 있습니다. 프랑스어와 이태리어, 포르투갈어 등도 라틴계 언어로 상호 유사성이 많아 서로가 자국 언어로 얘기해도 어느 정도 이해가 될 정도라고 합니다만 제한된 범위에서만 소통이 될 것입니다.

중남미에서 사용되는 말은 스페인어와 포르투갈어, 불어, 영어, 화란어, 과라니어, 께추아어, 크레올어 등 종류가 대단히 많습니다. 이중 대부분의 국가가 스페인어를 공용어로 사용합니다. 포어는 브라질에서만 사용되고, 불어는 아이티 및 불령 기아나, 과달루페, 마르티니크에서, 영어는 벨리즈 및 가이아나, 기타 카리브 도서국들, 화란어는 수리남과 쿠라사오 및 아루바 등 카리브 지역에서 사용됩니다. 과라니어는 파라과이에서 스페인어와 더불어 공용어로 사용되며, 케추아어는 잉카 제국의 공용어였습니다. 지금도 남미 토착민들의 최대 언어로 남아 페루와 볼리비아, 에콰도르에서도 스페인어와 더불어 공용어로 사용되며, 콜롬비아, 아르헨티나, 칠레 등의 일부 지역에서도 사용되고 있습니다. 크레올어는 아이티에서 불어와 더불어 사용되는 원주민 공용어로서 쓰기 쉽게 변형된 불어 비슷한 느낌이 듭니다.

푸에르토리코는 어떨까요? 미국 자치령이라 영어권이라 생각하시는 분들이 많으시죠? 400년 동안 스페인의 식민 지배를 받다가 미서전쟁(1898년)을 계기로 미국으로 넘어간 관계로 영어와 함께 스페인어가 공용어로 쓰이고 있긴 한데 스페인어 선호 경향이 강합니다.

중남미에서 사용되는 주요 원주민 언어

언어 이름	사용 인구(명)	사용 국가
께츄아어(Quechua)	900~1,400만	페루, 볼리비아, 에콰도르, 칠레, 아르헨티나, 콜롬비아
과라니어(Guaraní)	700~1,200만	파라과이, 볼리비아, 아르헨티나
아이마라어(Aymara)	200~300만	칠레, 볼리비아, 페루, 아르헨티나
나와뜰어(Nahuatl)	130~500만	멕시코
마야어(Maya)	90~120만	과테말라, 엘살바도르, 멕시코

ㅣ 스페인어라고 다 같은 스페인어가 아니다-다양한 중남미 스페인어

그러면 중남미에서 이 스페인식 스페인어를 그대로 쓰느냐 하면 그것은 아닙니다. 중남미 각국이 조금씩 변형된 스페인어를 사용하는데, 그중 가장 표준적인 스페인어가 콜롬비아식 스페인어라는 것이 정평입니다. 물론 정통 스페인식 스페인어로도 의사소통에 별 지장은 없습니다만 스페인식 억양상 바로 눈에 띄고, 중남미에서는 안 쓰는 문법을 고수하는 경우들이 있습니다. 그리고 스페인식 스페인어와 중남미식 스페인어 간 약간 차이가 있어 스페인 사람들이 중남미에 와서 단어의 서로 다른 쓰임새로 인해 혼란을 겪는 경우도 발생하며, 중남미 사람들 간에도 유사한 상황이 발생하곤 합니다.

아르헨티나식 스페인어(Rioplatense Spanish)나 쿠바 내지 도미니카식 스페인어 등은 각자 뚜렷한 특색이 있고, 이 때문에 다른 나라에서는 가끔 놀림을 받는 경우도 있습니다. 필자 자녀들도 중남미 여러 나라에서 수학했었는데, 나라를 옮겨갈 때마다 학교생활에서 실감을 했습니다. 가장 무난한 스페인어는 콜롬비아식 스페인어입니다. 그래서 우리나라 학생들도 스페인어를 배우러 콜롬비아로 유학 가는 경우가 많고, 콜롬비아 출신을 교수로 영입하기도 합니다. 필자 역시도 한국에서 스페인어 배울 때에 콜롬비아 교수에게서 배웠기 때문입니다. 콜롬비아, 멕시코, 아르헨티나, 과테말라, 도미니카 공화국 등에 근무해보니 왜 콜롬비아 인지 이유를 알았습니다. 발음이 정확하고, 표현이 미려합니다. 물론 콜롬비아라도 대서양(카리브) 해변도시 출신이라면 전혀 표준발음이 아닐 가능성이 커지므로 출신도 함께 봐야합니다.

하지만 현실적으로 히스패닉 중남미 대표 주자는 멕시코입니다. 인구가 1억 3천만이나 되고, 스페인어권 중남미 최대방송국인 텔레비사(Televisa)가 스페인어판 AV콘텐츠로 세계시장을 주도하는 한편 미국에도 멕시코계 히스패닉이 많기 때문입니다. 따라서 스페인어 교재나 방송 프로그램, 영화 더빙 등을 할 때에 멕시코인 발음을 채택하는 경우가 많습니다.

아르헨티나나 우루과이 사람들은 독특한 발음체계를 갖고 있어서 콜롬비아나 도미니카, 멕시코 등 중남미 다른 나라에 가서 아르헨티나식 발음을 내면 사람들로부터 주목을 받게 되고 심하면 놀림까지 당하게 됩니다. 쿠바나 도미니카 등 카리브 연안 국가들의 경우도 마지막 S발음을 대부분 생략하기 때문에 다른 중남미 사람들이 알아듣는데 간혹 어려움을 겪기도 합니다. 표준발음이라는 콜롬비아도 카리브 연안 지방 출신들은 대체로 쿠바식 발음을 합니다.

스페인식 스페인어와 멕시코식 스페인어, 아르헨티나식 스페인어를 주요 단어 몇 가지로 간단히 비교해보면 다음과 같습니다.

우리말	스페인식	멕시코식	아르헨티나식
딸기	fresa	fresa	frutilla
감자	patata	papa	papa
자동차	coche	carro	auto
컴퓨터	ordenador	computadora	computadora
택시	taxi	taxi	remis
버스	autobús	camión (de pasajeros)	colectivo
돈	dinero	dinero	plata
핫도그	perro caliente	hot dog	pancho
여보세요?	Diga?	Bueno?	Holá?

스페인에서는 papa는 교황의 의미로만 사용되는 관계로 중남미에 와서 감자를 papa로 부르는 걸 처음 보는 경우에는 경악합니다. papá는 아빠라는 의미로 공통적으로 사용됩니다. 필자가 일상생활하며 가장 큰 차이점으로 느낀 점은 전화 걸 때에 쓰는 '여보세요'라는 말이었습니다. 참 다양합니다. 여보세요는 보통 Aló(알로)?가 일반적입니다. 콜롬비아, 칠레, 베네수엘라, 과테말라, 도미니카공화국 등 대부분의 나라가 Aló(알로/여보세요)?를 쓰는데 반해 스페인에서는 "디가(diga/말씀하세요)", 멕시코에서는 "부에노(bueno/좋습니다)", 아르헨티나에서는 "올라(hola/안녕하세요)", 쿠바에서는 "오이고(oigo/듣고 있습니다)" 등 서로 다른 표현을 사용하는 점이 필자에겐 경이롭게 다가왔습니다. 우리나라에도 각 지방마다 방언이 있듯이 중남미 스페인어도 나라마다 특색을 달리 합니다. 그래서 스페인 사람도 중남미에 와서 스페인어로 비즈니스 하거나, 멕시코 사람이 아르헨티나 가서 비즈니스 하려면 통역이 필요하다는 우스갯소리도 나오고 있습니다.

제5강 중남미식 이름: 도대체 어떤 게 성이야?

문화권이 전혀 다른 중남미 관계자와 사업을 할 때 이름에 대한 상호 이해 부족으로 해프닝이 벌어지기도 합니다. 심할 경우 사업이 꼬이거나 잘 못 되는 경우도 있습니다. 그래서 지면을 많이 할애하여 깊이 있게 살펴보고자 합니다. 중남미식 이름이 우리와 다른 것은 물론이고 미국식 등 영어권 이름구조와도 전혀 다릅니다.

ㅣ 기본적인 성명 구조: (이름1+이름2) + (부계성+모계성)

우리 기업인이나 정부유관기관 관계자분들이 중남미 사업을 하면서 헷갈려 하시는 부분이 바로 이름 구조입니다. 간단한 영어식 이름구조에 익숙하다보니 라스트 네임(Last Name)이 곧 성이고, 퍼스트 네임(First Name)은 이름일 것이라고 짐작하고 쓰는 것입니다. 예컨대 버락 오바마하면 버락이 이름이고, 오바마가 성, 존 F. 케네디는 존이 이름, F는 미들네임(약자), 케네디가 성이라고 쉽게 이해가 될 것입니다.

그러나 중남미 사람들의 이름구조는 복잡합니다. 성명이 보통 4개로 구성되어 있습니다. 이름이 2개, 성이 2개입니다. (이름1+이름2) + (부계성+모계성)

칠레 대통령 이름을 예로 들어보겠습니다. 베로니카 미첼 바첼렛 헤리아(Veronica Michelle Bachelet Jeria)인데, 이중 성이 뭐냐고 하면 라스트 네임이 성이니 헤리아가 성이라고 답할 수 있습니다만 명백한 오답은 아니지만 정답으로 보기도 어렵습니다. 헤리아가 성이긴 하나 부계성은 아니고 모계성이기 때문입니다.

우리가 성이라고 할 때에는 보통 부계성을 대표성으로 내세우는 것처럼 중남미 역시 부계성을 대표성으로 합니다. 하지만 중남미는 공식 성명에 부계성은 물론 모계성을 반드시 쓰도록 되어 있습니다. 이 때문에 우리나라 사람들이 중남미에서 사는 경우 서류에 모계성까지 기재하는 경우가 종종 발생합니다. 예를 들어 제 경우 선홍권백으로 표기를 하는 것입니다.

위 이름을 좀 더 분석해보면 베로니카(Veronica)는 첫번째 이름, 미첼(Michelle)은 두 번째 이름, 바첼렛(Bachelet)은 부계성, 헤리아(Jeria)는 모계성입니다. 사람에 따라 첫 번째 이름을 주로 부르기도 하고, 두 번째 이름을 주로 부르기도 합니다. 가족들 간에는 첫 번째 이름을, 직장에서는 두 번째 이름을 쓰는 경우도 있고, 그 반대인 경우도 있으며, 통일적으로 둘 중 어느 하나만 쓰는 경우도 있습니다.

이름이 더 많아지는 경우도 있습니다. 두 가지 경우를 볼 수 있는데, 먼저 세례명이 있습니다. 보통 두 번째 이름(middle name)을 세례명(nombre de pila)으로 쓰는 경우가 많지만, 일반적인 두 번째 이름 뒤에 세례명을 아예 추가로 붙이는 경우도 있습니다. 일반적이지는 않지만 어찌 됐든 이름이 총 다섯 개 아니 10개 이상이 될 수도 있는 것입니다.

예컨대, 스페인의 유명화가 피카소의 풀네임(Full Name)을 보면 Pablo Diego José Francisco de Paula Juan Nepomuceno Crispin Crispiano de la Santísima Trinidad Ruiz y Picasso입니다. 너무 길어 자기 자신도 이름을 기억하기 어려울 것입니다. 남미 독립 영웅하면 딱 떠오르는 이름이 있지

요? 바로 시몬 볼리바르입니다. 이분의 정식 성명도 Simón José Antonio de la Santísima Trinidad Bolívar Palacios y Blanco로 매우 복잡합니다.

페루의 노벨문학상 수상자 바르가스 요사의 이름은 어떨까요? Jorge Mario Pedro Vargas Llosa인데 보통 Jorge와 Pedro는 빼고 Mario Vargas Llosa라고 부릅니다. 칠레의 노벨문학상 수상자 빠블로 네루다(Pablo Neruda)는 어떨까요? 놀랍게도 이는 필명이고 본명은 Ricardo Eliecer Naftalí Reyes Basoalto 입니다. 이름이 다섯 가지로 구성되어 있습니다. 이왕 노벨상 수상자 이름이 나왔으니 또 다른 수상자 이름을 보겠습니다. 콜롬비아의 가르시아 마르께스의 풀네임은 Gabriel José de la Concordia García Marquez입니다. 중남미 사람들은 이름이 참 복잡합니다.

ı 기혼여성의 성명 구조: 이름1 + 부계성 + 남편성

또 다른 경우는 기혼 여성의 경우 모두 그런 것은 아닙니다만 모계성을 떼어내고 대신 남편성을 추가하는 경우도 있습니다. 예를 들어 보면, 니카라과 여성 대통령이었던 비올레따 바리오스 데 차모로(Violeta Barrios de Chamorro)의 경우 이름이 비올레타, 부계성이 바리오스, 차모로는 남편성입니다. (남편은 빼드로 차모로) 이름이 복잡해지다 보니 두 번째 이름과 모계성은 생략한 채 쓰는 것입니다. 보통 차모로 대통령으로 불렸습니다. 이 경우 부계성보다 남편 성을 대표성으로 사용한 것입니다. 호칭 시에는 일반적으로 Ms. Chamorro 또는 Sra. de Chamorro라고 하면 될 것입니다.

대통령이었던 남편에 이어 아르헨티나 여성 대통령이었던 끄리스띠나 페르난데스 데 끼르츠네르(Cristina Fernandez de Kirchner)의 경우 끄리스띠나는 이름, 페르난데스는 부계성, 끼르츠네르는 남편성입니다. (남편은 네스또르 끼르츠네르) 그녀의 경우 대표적 성으로 부계성인 페르난데스를 써서 보통 페르난데스 대통령 내지 끄리스티나 대통령으로 불렸습니다. 남편성은 보통 de 라는 소속을 나타내는 전치사 뒤에 쓰므로 눈치 채실 수 있을 겁니다.

(물론 그렇지 않은 경우도 있으니 모두 그렇다는 식으로 오해를 하면 곤란할 수 있습니다. 남성들의 경우에도 de가 들어가는 경우가 있습니다. 하지만 너무 길어지니 더 이상의 설명은 생략하며, 기혼 여성이 남편 성을 쓰는 것은 점차 줄어드는 추세라고 합니다.)

이렇듯 이름이 복잡하다 보니 간소화해서 이름을 하나만 쓰고, 부계성과 모계성을 쓰던가, 아예 모계성을 빼고 부계성만 쓰는 경우도 많습니다. 따라서 이름이 3개로만 되어 있으면 첫 번째는 이름, 두 번째는 부계성, 세 번째가 모계성으로 이해하시면 되겠으며, 이름이 2개로만 되어 있다면 이름 + 부계성으로 이해하시면 됩니다.

정리해보겠습니다. 예컨대 Juan Jaime Guerra Ruiz라면 성은 게으라이니 Mr. Guerra라고 부르면 간단합니다. 만약 Alejandro Ruiz Guerra인 경우 성은 루이스이니 Mr. Ruiz가 되겠고, Esteban Pizarro라면 성은 피사로이니 Mr. Pizarro하면 됩니다.

ㅣ 변칙과 예외: 아스나르, 사파테로, 피카소 사례

그런데 지금까지 설명한 공식에 대입이 안 되는 변칙이 있습니다. 이름이 총 3개인데 이름만 2개를 쓰고, 성은 부계성 하나만 쓰는 경우도 있습니다. 예컨대 스페인 총리를 지낸 호세 마리아 아스나르(José María Aznar)의 경우 호세 마리아가 모두 이름이고 성은 아스나르입니다.

또 다른 변칙은 역시 스페인 총리였던 호세 루이스 로드리게스 사빠떼로(José Luis Rodriguez Zapatero)를 예로 들 수 있는데, 로드리게스가 부계성이니 로드리게스 총리라고 해야 마땅한데, 이 분은 특이하게도 모계성인 사파테로를 대표성으로 쓴 관계로 사빠떼로 총리로 불렸습니다. 로드리게스라는 성이 흔해빠진 성이라고 보고 차별화를 위해 사빠떼로를 애용한 것이 아닌가 생각됩니다.

스페인의 세계적 화가인 피카소의 경우도 마찬가지였습니다. 파블로 루이스 피카소(Pablo Ruiz Picasso)이니 부계성은 루이스(Ruiz)로서 Mr. Ruiz라고 불렀어야 하나 맘에 안 들어서인지 모계성인 Picasso를 대표성으로 선택하여 쓰다 보니 우리에게 피카소라는 이름으로 널리 알려지게 된 것입니다. 따라서 피카소 아들의 공식이름에는 루이스만 남고 피카소는 사라지고, 그 자리에는 엄마 성이 대신 들어설 것입니다. 아니면 후광효과 내지 유지를 받드는 차원에서 피카소를 어떻게든 집어넣을 수도 있습니다.

거꾸로 된 브라질의 성명 구조와 이(異)언어권 문화 충돌

또 하나의 예외는 브라질입니다. 중남미에서 유일하게 포르투갈어를 쓰는 브라질의 경우 스페인어식 성명구조를 쓰지 않습니다. 브라질은 모계성이 먼저 오고, 부계성이 나중에 옵니다. 즉, 이름 + 모계성 + 부계성 순이 되는 거죠. 이런 관습 차이로 브라질로 장가간 스페인어 문화권 남편 또는 스페인어 문화권으로 시집간 브라질계 아내가 자녀 출생신고를 놓고 멘붕에 빠지는 스토리가 화제가 되기도 합니다. 첫 번째 성을 부계성으로 인정하는 스페인 문화권과 두 번째 성을 부계성으로 인정하는 브라질 문화권의 충돌이 빚어지는 것입니다.

남녀평등주의 확산과 성명문화의 변혁

중남미 성명문화에 변화의 물결이 일고 있습니다. 오랫동안 굳건히 유지되어오던 가부장제적 남성우위문화가 남녀평등 주창에 밀려 성명문화가 일대 혁신을 맞고 있습니다. 스페인 및 스페인어권 중남미에서는 아이가 태어나면 당연히(por defecto/디폴트값으로) 부계성을 대표성으로 쓰며, 순서도 부계성 먼저, 모계성은 나중에 쓰도록 법으로 정해져 있습니다. 그런데 이제 부계성을 대표성으로 하든가 모계성을 대표성으로 하든가 부모 합의로 정하면 정부가 등록을 받아주며, 어느 성을 먼저 쓰느냐 여부도 부모가 정하기 나름으로 바뀌고 있습니다.

이러한 변혁은 2011년 스페인을 시작으로 2015년 8월 아르헨티나 등 중남미로 번져가고 있는 추세입니다. 스페인은 개인적으로 모계성을 대표성으로 한 사파테로 정부 시절인 2011년 이런 변칙이 더 이상 변칙이 아니고 원칙중 하나가 되도록 제도를 바꾸는 법안을 상정하여 2017년 6월30일부로 발효가 되었습니다. 미혼모의 경우 자녀는 엄마 성을 자신의 대표 성으로 쓸 수 있게 되었고, 일반 가정에서도 부부 합의로 엄마 성을 먼저, 아빠 성은 뒤로 성명구조를 바꿀 수 있게 된 것입니다.

그래서 이제는 성명구조를 놓고 브라질과 여타 스페인어 문화권간 문화충돌이 빚어지는 사례는 줄어들 전망입니다. 하지만 이런 혁신이 아직 중남미 전역으로 확산된 것도 아니고, 이미 도입된 스페인이나 아르헨티나 등 내부에서도 반발이 만만치 않아 지금까지 오랜 세월동안 전통적으로 유지해온 성명구조가 단기간에 바뀌기는 어려울 것으로 보입니다.

| 중남미와의 비즈니스 거래시 이름의 중요성: 한국 이름 소개법 - 한국과 중남미 간 이름구조의 차이로 인한 문제점 및 해소방안

중남미와 사업할 경우 이름 문제가 이 정도로만 그치지는 않습니다. 따라서 조금 더 지면을 할애하여 설명할 필요성이 진하게 느껴집니다. 아래 사례를 함께 보겠습니다.

필자 이름이 권선홍인데, 영문으로 표기하면 Kwon Sun Hung 또는 Kwon, Sun Hung, Kwon Sun-Hung, Sun Hung Kwon 등이 됩니다. 그런데 문제는 중남미 사람들이 한국인 이름구조를 모르다보니 별별 일이 생긴다는 겁니다. Mr. Kwon으로 불러주기 보다는 Mr. Sun, Mr. Hung, Mr. Hung Kwon 등 중남미 성명구조에 기인한 분석방식에 따라 희한하게 불리게 됩니다. 권씨가 아니라 선씨 내지 손씨나 순씨, 성씨 또는 홍씨 등을 연상케 하니 전화를 걸어 그런 이름으로 찾으려 하면 그런 사람 없다는 답변을 듣고 당황할 수밖에 없습니다. 행사 초청장도 이렇게 해서 오는 경우가 간혹 있습니다. 보통은 풀네임으로 오니 문제가 없으나 초청실무 담당자가 바쁘다보면 간소하게 적어서 보내오는 경우가 있습니다.

Sun Hung Kwon을 중남미 방식대로 분석해보면 Sun이 첫 번째 이름, Hung이 두 번째 이름인 것으로 인식하는 경우도 있고, 이것보다는 Sun을 이름으로, Hung을 부계성으로, Kwon을 모계성으로 인식하는 경우가 많다는 것입니다. 그러면 Kwon Sun Hung으로 표기했을 경우에는 Kwon을 이름으로, Sun을 부계성, Hung은 모계성으로 인식하는 것이 당연합니다.

즉, 우리만 중남미 사람들의 성명구조를 헷갈려 하는 것이 아니라 그들도 우리 성명구조를 무척 혼란스러워 합니다. 그들의 혼란을 줄여주려면, 즉 그들이 제대로 이해하도록 해주려면 바람직한 방법은 Sunhung KWON처럼 표기하는 것입니다. 그러면 Sunhung이 하나의 이름이고 모두 대문자로 표기한 KWON이 부계성이라는 것을 큰 어려움 없이 인식하게 되는 것입니다.

영어식 내지 스페인어식 이름을 알려주는 것도 방법이 될 순 있는데 이것 역시 문제가 있었습니다. 현지식 이름을 자기 직장 내 한국인 및 현지인 직원은 물론 외부 관계자 모두에게 확실히 인지시켜 놓으면 모를까 그렇지 않으면 한국인을 외국인 이름으로 찾기가 어려울 것입니다.

중남미 기업인들이나 정부부처 관계자들이 KOTRA나 대사관 관계자 접촉 시 혹시 한국 기업인 아무개 아느냐 하고 성만 대거나 현지식 이름을 대며 물어보는 경우가 종종 있습니다. 현지식 이름을 전혀 몰라 그런 이름 가진 사람은 모르겠다고 해버리면 한국 기업인에 대해 그만 의심을 해서 거래를 접어버리는 경우도 발생합니다. 그 한국기업인은 KOTRA나 대사관에서 자기를 잘 알고 좋게 평가하고 있으니 좋게 얘기해줄 거라는 기대감을 갖고 있었을 텐데 모르는 사람이라 해버리니 신뢰성에 흠이 갈 수 있습니다.

따라서 중남미와 비즈니스 거래할 경우 이름의 중요성을 과소평가해서는 안 된다는 점 이해되시나요?

*** 토막 상식: 현지 출생 주재원 자녀 출생등록**

현지에서 자녀를 출산한 주재원 부모는 우리 대사관에 출생신고를 하지만, 자녀가 태어난 병원에서도 출생신고를 해야 합니다. 이 출생신고서(Certificado de nacimiento)를 챙겨두지 않으면 나중에 자녀 학업 등 관련해서 후회할 일들이 생길 테니 꼭 받아둬야 합니다. 자녀의 공식 이름을 지을 때 스페인식 또는 브라질식 성명구조에 맞춰서 신고를 해야 합니다.

아버지 김갑돌과 어머니 이갑순 사이에 태어난 자녀 김길동의 출생 신고를 하려면 부모 이름도 함께 등록해야 하므로 친할머니성과 외할머니성도 등록해야 합니다. 예컨대, 아이 친할머니가 박씨고, 외할머니가 최씨라면, 아버지 김갑돌은 "갑돌김박"으로, 어머니 이갑순은 "갑순이최"로 먼저 등록을 하면, 자녀 김길동은 "길동김이"라는 공식 성명을 갖게 됩니다. 물론 "길동호세김이" 처럼 여기에 현지식 이름을 가미할 수도 있습니다.

브라질이라면 김갑돌은 "갑돌박김"으로, 이갑순은 "갑순최이"로 등록하면 김길동은 "길동이김"이라는 공식 성명을 갖게 될 것입니다.

ㅣ 거꾸로 된 성명구조의 이해: 중남미 국가 사절단 명단 독해법

이 정도에서 그치면 이름 문제가 그다지 골치 아픈 주제로 등장하지 못했을 겁니다. "이름1 + 이름2 + 부계성 + 모계성"이라는 구조가 보편적이라고 말씀을 드렸습니다만 거꾸로 뒤집어 "부계성 + 모계성 + 이름1 + 이름2"로 나타나는 경우도 자주 있어 주의가 필요합니다. 중남미에서 몇 년간 근무했던 분들도 아차 실수하는 경우가 이런 데에서 발생합니다.

예컨대 중남미에서 오는 사절단 명단을 보면 성들이 먼저, 이름들이 뒤에 위치한 채로 오는 경우가 종종 있습니다. 그 이유를 잠시 설명 드리면, 아마도 중남미는 같은 이름이 매우 많기 때문이 아닌가 싶습니다. 예컨대 환(Juan) 이나 호세(José), 까를로스(Carlos) 등 이름을 가진 중남미인은 부지기수입니다. 반면 성은 종류가 엄청 많아 우리 김이박처럼 겹치는 경우가 별로 없습니다.

그러다보니 명단 작성 시 이름부터 나오면 사람 찾기가 어려워질 수 있어 성부터 쓰는 것이 효율적일 수 있습니다.

정리 해보겠습니다. 명함에 기재된 성명의 경우 앞에 나오는 두 가지(또는 한 가지)는 이름이고, 뒤에 나오는 두 가지는 부계성과 모계성으로 이해하시면 틀림없으며, 명단에 기재된 성명은 부계성이 맨 앞에, 모계성이 그 뒤에, 이어서 이름1, 이름2 라는 순서대로 이해하시면 됩니다.

하지만 명단의 경우 항상 그런 것은 아닙니다. 그냥 일반적인 순서대로 기재되는 경우도 있습니다. 콤마를 써서 성과 이름을 구분하는 경우도 있으나 생략되는 경우도 있습니다. 따라서 일반적으로 널리 쓰이는 이름 몇 가지 알아두면 어떤 게 성이고 이름인지, 어떤 순서로 작성된 것인지 판단하는 데에 도움이 되실 겁니다.

*** 중남미 사람들이 많이 쓰는 보편적인 남자이름**

Santiago/산띠아고, Mateo/마떼오, Sebastian/세바스띠안, Alejandro/알레한드로, Diego/디에고, Nicolas/니꼴라스, Daniel/다니엘, Martin/마르띤, Benjamin/벤하민, Emiliano/에밀리아노, Leonardo/레오나르도, Joaquin/호아낀, Lucas/루까스, Gabriel/가브리엘, Adrian/아드리안, Bruno/브루노, Tomas/또마스, David/다빗, Agustin/아구스띤, Ian/얀, Ethan/에딴, Felipe/펠리뻬, Eric/에릭, Hugo/우고, Pablo/빠블로, Rodrigo/로드리고, Ignacio/익나시오, Simon/시몬, Carlos/까를로스, Javier/하비에르, Isaac/이삭, Manuel/마누엘, Vicente/비센떼, Jorge/호르헤, Antonio/안또니오, Fernando/페르난도, Andres/안드레스, Alvaro/알바로, Pedro/뻬드로, Sergio/세르히오, Mario/마리오, Fidel/피델, Cristian/크리스띠안 등

*** 중남미 사람들이 많이 쓰는 보편적인 여자이름**

Marta/Martha/마르따, Lucía/루시아, María/마리아, Martina/마르띠나, Paula/빠울라, Daniela/다니엘라, Sofía/소피아, Valeria/발레리아, Carla/까를

라, Sara/사라, Alba/알바, Natalia/나딸리아, Julia/훌리아, Valentina/발렌띠나, Camila/까밀라, Isabel/이사벨, Liliana/릴리아나, Ana/아나, Veronica/베로니까, Andrea/안드레아, Angela/앙헬라, Adriana/아드리아나, Claudia/끌라우디아, Cecilia/세실리아, Carolina/까롤리나, Elena/엘레나, Esther/에스떼르, Elisa/엘리사, Estela/에스뗄라, Esperanza/에스뻬란사, Irma/이르마, Ingrid/잉그릿, Iris/이리스, Ines/이네스, Olivia/올리비아, Olga/올가, Natalia/나딸리아, Noemi/노에미, Patricia/빠뜨리시아, Paz/빠스, Pilar/삘라르, Sandra/산드라, Silvia/실비아, Susana/수사나, Salomé/살로메 등

| 이름만으로 남녀 구별법: 모르면 아차 실수

마지막으로 한 가지만 더 짚어보고 마무리하도록 하겠습니다. 이름만 보고서는 남자인지 여자인지 구별이 잘 안 되어 실수 하는 경우도 종종 발생합니다. 공식 서한이나 이메일 보낼 때에 남자에게 Ms.라고 호칭한다든가, 여자에게 Mr.라고 호칭해서 보낼 수가 있는데 생각만 해도 얼굴이 화끈거립니다.

위에서 언급된 사례를 다시 들어 볼까요? 세 분의 여성 대통령 이름을 거명했었습니다. 베로니까(Veronica), 비올레따(Violeta), 끄리스띠나(Cristina) 등 세 분의 이름에서 공통점을 찾으셨나요? 모두 a로 끝나죠. 여성 이름은 이렇게 a로 끝나는 경우가 많습니다. 항상 예외는 있기 마련이니 a로 끝나도 남자인 경우가 있긴 하지만(예컨대 마리아 María는 여자지만 호세 마리아 José María는 남자) a로 끝나는 경우는 99.9%가 여자입니다.

반면 o로 끝난 경우는 거의 100% 남성이며, 마지막자가 a가 아닌 경우 예컨대 e로 끝나거나 s나 n 등 자음으로 끝나는 경우는 대체로 남성인 경우가 많긴 하나 여자인 경우도 더러 있어 위에서 열거한 남녀 이름 사례처럼 확인해보는 것이 안전합니다.

알레한드로(Alejandro)는 남성이지만 알레한드라(Alejandra)는 여자입니다. 루이스(Luis), 환/후안(Juan) 등은 남자, 루이사(Luisa), 화나/후아나(Juana) 등은

여자입니다. 비슷비슷하지만 끝 자 하나로 성별이 달라집니다.

문제는 우리나라 여성 고위 기업인이나 여성 고위공무원의 경우 중남미 인들과 교류 시 이름과 직책만 알려주면 상대측에서 남성(Mr. 또는 Sr.)으로 호칭하는 공한이나 메일을 보내와 우리 실무자들을 당황케 하는 경우가 종종 발생하곤 합니다. 면담 시 선물도 남성용으로 준비해뒀다가 여성임을 알고 무척 당황하는 경우도 나옵니다. 그래서 독자 분들의 상사가 여성일 경우 이름 뒤나 앞에 (Ms.)를 덧붙여 보내주는 것이 안전합니다. 아니면 스페인어로 여성을 상징하는 직위를 알려주면 더욱 확실할 것입니다. 직위 문제는 다음 장에서 다루도록 하고 중남미식 이름 강의는 이것으로 마치겠습니다.

제6강 중남미식 직함과 호칭: 도대체 이분 직책이 뭐지?

중남미 관계자와 교류를 할 때 알쏭달쏭한 것은 비단 이름뿐만이 아닙니다. 직함이나 호칭이 이름보다 더 신경을 써야 하는 부분이 됩니다. 아차하면 실수하기 딱입니다. 직함 관련 실수 안하고 의전 업무를 잘 처리하려면 어떻게 해야 할까요? 함께 살펴보겠습니다.

ㅣ 중남미의 가장 보편적인 직함, 헤렌떼(Gerente)가 부장? 사장?

헤렌떼(Gerente)라는 직위, 혹시 뭔지 아시나요? 중남미와 오랫동안 사업이나 교류를 해 오신 분이라면 익히 들어보셨을 겁니다. 헤렌떼는 영어로는 매니저(Manager)로 번역됩니다. 따라서 gerente = manager 등식이 성립되긴 하지만 그대로 받아들이기 껄끄러운 경우도 발생합니다. 우리가 보통 매니저 하면 어떤 직위를 떠올리시나요? 과장급? 차장급? 부장급? 정도로 생각하는 경우가 아마 일반적일 것입니다.

그런데 매니저, 즉 헤렌떼가 CEO를 의미하는 경우가 자주 있다는 겁니다.

필자가 18년 동안 접해봤던 중남미 기업인들의 직위를 보면 gerente가 참 많았습니다. 그런데 그 헤렌떼의 회사 내 지위는 천차만별이었습니다.

중남미 사람들의 직위 표시는 대체로 단순합니다. 영어식 과장된 표현은 그리 보기 쉽지 않습니다. 시니어 매니저, 시니어 이그제큐티브 바이스 프레지던트 등 직위 표시가 길고 복잡한 경우가 꽤 있습니다. 중남미의 경우 회사 사장도 헤렌떼, 이사도 부장도 헤렌떼 직위를 쓰곤 합니다. 경우에 따라 헤렌떼 헤네랄(Gerente General/제너럴 매니저)로 한 단계 올려 표기하는 경우도 종종 있습니다. 우리는 general을 붙이느냐 않느냐에 따라 예우가 달라지기도 하니 매우 중시하는데 비해, 중남미 사람들은 그다지 눈여겨보지는 않습니다. 물론 외국인들이 호칭에 민감하게 반응한다는 사실을 인지한 경우 헤네랄을 굳이 강조하는 경우도 있습니다. (장군은 영어식과 마찬가지로 헤네랄로 호칭되나, 여기서 얘기하는 헤네랄과는 다른 의미임)

그러면 사장이나 부장이 다 같이 헤렌떼를 쓰면 어떻게 구별하느냐 하면 나름대로 직위 구별법이 있습니다. 사장은 헤렌떼 뒤에 회사명만 쓰거나, 회사명이 이미 위에 나와 있는 경우 헤렌떼 뒤에 아무 것도 없습니다. 반면 부서장의 경우 헤렌떼 뒤에 부서명이 나옵니다.

콜롬비아 중앙은행 총재 직함을 뭐라고 쓰나 봤더니 Gerente로만 되어 있었습니다. 과테말라나 멕시코, 아르헨티나, 도미니카 공화국 등에서 만나본 회사 사장 직함은 Gerente 또는 Gerente General 내지 Presidente 등으로 보통 표기되며, Director 또는 Director General을 쓰는 경우도 드물게 있었습니다.

정부 부처 Director가 과장? 장관?

중남미 사람들의 직위 표시가 단순하다는 것은 그들이 의전에 큰 비중을 두지 않는다거나 직함 문화가 발달이 덜 되어 있다는 뜻으로도 해석할 수 있습니다. Director 직함에 대해서도 매우 많은 혼란이 있습니다. 특히 정부기관 관계자 직함의 경우 자칫 잘못하면 의전상 큰 실수를 저지르게 되는 해프닝이 벌어지곤 합니다.

디렉터(Director)는 중남미에서는 디렉또르라고 하는데, 이 director를 우리나라 공무원 직위 체계에서 보면 정부부처 과장급입니다. 중남미에서는 director는 정부부처 과장이 되기도 하고, 국장이 되기도 하며, 심지어는 장차관급을 무심하게도 Director라고만 간단하게 표기하는 경우도 있습니다.

의전 문제는 이런 데서 발생하게 됩니다. 재미있는 사례를 한 가지 설명 드리겠습니다. 콜롬비아 정부부처 중 막강한 힘을 가진 국가기획처(DNP)라는 특이한 기관이 있습니다. 보통 상공부나 교통부 등 일반 부처라면 Ministerio(영어의 Ministry)를 쓰고 그 수장인 장관은 Ministro(영어의 Minister)를 쓰니 전혀 헷갈릴 일이 없습니다. 그런데 국가기획처는 기관 속성이 Ministerio가 아닌 Departamento(영어의 Department)를 쓰고 있고, 그 수장인 처장(장관급)은 Director로만 씁니다.

국가기획처 기관 속성을 처가 아닌 청으로 이해하여 그 수장을 장관급이 아닌 차관급인 청장으로 보는 견해도 있지만, 아예 과장급 수준으로 오해하는 경우가 발생합니다. 한국에서 출장 온 어느 공무원 분을 이해시키는 데 상당한 애를 먹었던 기억이 납니다.

고위직 직함을 제대로 이해하기 위해서는 공을 들여야 됩니다. 정부 조직도(organigrama)와 국무회의 참석자격, 국무위원 간 위상, 기관 성격 및 역할 등을 종합 검토해본 후에야 비로소 올바른 판단이 가능해집니다. 겉으로 보이는 직함만 갖고서 선입견을 갖고 판단하는 것은 매우 위험하다는 점을 인식하셔야 합니다.

좀 더 확실한 이해를 위해 한 가지 예를 더 들어 보겠습니다. 국가기획처 처장 아래에 부처장(Sub Director)이 있습니다. 수브 디렉또르(sub director)는 영어로는 deputy director이며, 우리나라 공무원 직위체계로 보면 5급 사무관입니다. 그런데 부처장 이분은 차관급입니다. 조금 더 부연 설명 드리면 director(장관) 밑에 sub director(차관)가 있고, 그 밑에 다시 director(국장)가 나오고 그 아래 또다시 sub director(과장)가 나옵니다. 이러한 직함 체계의 특성을 모르면 어떠한 문제가 발생될지 아찔하시죠?

위에서 헤렌떼(gerente)를 설명드릴 때에 이미 말씀드렸으므로 디렉또르(director)가 장관이나 사장 등 기관 CEO인지 국장급 내지 과장급 등 부서장인지 판단하는 기준이 뭔지 눈치 채셨을 거라 봅니다. 디렉또르 뒤에 기관명만 있거나 아무 것도 없으면 그 기관의 CEO라는 의미이고, 부서명이 나오면 그 부서장이라는 의미입니다. 예외가 있을 수는 있겠지만 대체로 맞다 보시면 됩니다.

ㅣ 세끄레따리오(Secretario)는 비서? 장관? 차관?

우리나라 비즈니스맨들이나 공무원들이 크게 혼란을 겪는 직함이 또 한 가지 있습니다. 바로 세끄레따리오(Secretario)입니다. 영어로는 Secretary, 흔히들 비서로 번역되는 직함입니다. 중남미에서는 이 세끄레따리오가 물론 비서라는 의미로 쓰이기도 합니다만 정부 부처나 지방자치단체의 경우에는 고위직인 경우가 많습니다.

중남미에서 세끄레따리오라는 직함이 갖는 위상은 나라마다 다릅니다. 멕시코에서는 장관을 세끄레따리오(Secretario)로, 차관은 숩세끄레따리오(Subsecretario)로 호칭하며, 아르헨티나에서는 장관은 미니스뜨로(Ministro), 차관은 보통 세끄레따리오(Secretario)로 호칭됩니다. 콜롬비아에서는 장관은 미니스뜨로(Ministro), 차관은 비세 미니스뜨로(Vice Ministro)로 부르니 우리가 이해하기는 가장 쉬울 것입니다.

*** 중남미 주요국별 장차관 직함**

멕시코 : 장관 Secretario, 차관 Subsecretario

아르헨티나 : 장관 Ministro, 차관 Secretario

칠레 : 장관 Ministro, 차관 Subsecretario

콜롬비아, 페루, 베네수엘라 : 장관 Ministro, 차관 Viceministro

대통령 비서실장은 보편적으로 세끄레따리오 헤네랄(Secretario General)을 주로 씁니다. 정부부처, 예컨대 국방부의 secretario general은 사무총장으로서 차관급으로 예우됩니다. 지방자치단체에서는 세끄레따리오(Secretario)가 대체로 지방장관을 의미하는 경우가 많습니다. 우리나라로 치자면 본부장 내지 실장이 됩니다. 예컨대, 보고타시 (교통)본부장은 Secretario(de Transporte), 부본부장 내지 국장은 Sub Secretario, 과장은 Director 등 이런 식의 직함 체계를 갖고 있습니다.

국가별로 세분해서 보다 상세히 분석해볼 수도 있으나 너무 길어져 본 책자 전체 맥락에서 멀어질 수 있는 관계로 직함은 이 정도로 마무리 짓고, 일반 호칭 문제로 넘어가도록 하겠습니다.

ㅣ 남녀는 반드시 차별하라고? 엄연히 다른 남녀 호칭

일반 호칭 문제로 넘어가기 전에 반드시 짚고 가야할 것이 있습니다. 중남미는 남녀를 철저히 구분합니다. 이 구분은 태어나면서부터 시작되는데, 여아의 경우 갓 태어나면 가장 먼저 하는 것이 뭔지 아십니까? 그 어린 것의 귀를 뚫는 것(귀고리용)입니다. 소아과병원이나 거리에서 보면 귀고리를 매단 여자아이들을 흔히 보게 됩니다. 그 정도로 성을 철저히 구분합니다. 따라서 호칭도 예외가 아닙니다. 여자의 경우에는 반드시 여성임을 나타내는 호칭을 씁니다.

예를 들어보겠습니다. 바로 전 강의에서 배운 지식을 심화시켜 보겠습니다. 디렉또르(Diretor)는 남성입니다. 여성이라면 디렉또라(Directora)라고 a를 덧붙여줘야 합니다. 세끄레따리오(Secretario)는 남성이니, 여자라면 세끄레따리아(Secretaria)가 됩니다. 그러면 헤렌떼(Gerente)는? 이렇게 e로 끝나는 경우에는 여성형을 별도로 두지 않는 경우가 많습니다. 여성이라도 gerente 그대로 쓰는 것입니다. 간혹 남녀유별에 필이 꽂힌 분들은 굳이 헤렌따(gerenta)로 쓰는 경우도 보긴 했습니다만 일반적인 것은 아닙니다. 사장 또는 대통령의 의미인 쁘레시덴떼(Presidente)의 경우에도 쁘레시덴따(Presidenta)로 별칭을 부여하는 경우도 있는 반면 변화 없이 그대로 쁘레시덴떼로 쓰는 경우도 있습니다. 쁘레시덴따는 많이 쓰는 편입니다.

기혼여성의 경우 남편 성을 쓰지 않는 경우가 점차 많아진다고 말씀드린 바 있습니다. 그런데 공식서류 제출 시에 남편 성을 꼭 기재토록 의무화하거나 부인 성명 뒤에 남편 성을 추가로 붙여놓는 경우도 있습니다. 중남미는 혼인유지 여부(Estado Civil/Civil Status)를 중시해서 웬만한 서류에는 기혼인지, 미혼인지를 우선적으로 따지며, 현재 혼인 상태를 유지하는지, 별거중인지, 이혼했는지 등도 따집니다.

남편 명의로 된 아파트 임대차 계약을 하는데 별거중인 부인이 와서 주인으로 서명을 하고 임대료를 받아가는 경우가 있습니다. 나중에 남편이 이의 제기를 하는 경우 부부 법적다툼에 휘말려 이 돈은 날라 가고 다시 지불해야 하는 수도 있습니다. 그래서 주택 계약 시 이런 점도 확인해두는 것이 안전합니다.

언어에도 남성 언어와 여성 언어가 달라서 외국인의 경우 해프닝이 벌어지기도 합니다. 여성이 남성 언어를 쓰는 경우가 종종 발생합니다. 그러면 현지인들의 폭소가 터지거나 민망해 하거나, 아니면 외국인인 점을 이해하여 입가에 미소가 번지는 경우도 나타납니다. 예를 하나 들자면 "처음 뵙게 되어 반갑습니다."를 스페인어로 하면 남자는 엥깐따도(Encantado/또는 무초 구스또 Mucho gusto)를 쓰지만 여자라면 엥깐따다(Encantada)를 써야 합니다. (무초 구스또는 남녀 동일) 더 이상 깊이 들어가면 스페인어 강좌로 성격이 변질될 테니 여기서 멈추겠습니다만 어찌됐든 남자 호칭과 여자 호칭을 가려 써야 한다는 점은 알아두십시오.

ㅣ 학위 호칭 및 남녀구분: 독또르(라), 리센시아도(다), 잉헤니에로(라)

닥터 김 하면 의사 내지 박사를 떠올리게 됩니다. 우리나라에서도 닥터(Doctor)라는 호칭은 많이 쓰는 편이라 중남미 사람들의 학위 관련 호칭에 대해서는 이해가 용이할 것으로 봅니다. 하지만 우리는 doctor 호칭은 써도 학사나 석사 호칭은 사용하지 않는 반면, 중남미 일부국가들은 학위 호칭을 상당히 중시합니다.

리센시아도(Licenciado)는 주로 문과 출신 학사 내지 석사를, 잉헤니에로(Ingeniero)는 영어로는 엔지니어라는 의미로서 이과 출신 학사 내지 석사를 지칭합니다. 독또르(Doctor)는 박사 학위 소지자입니다.

이렇게 학위를 중시하다 보니 모두가 그런 것은 아니지만 명함에 표기를 하는 나라들이 있습니다. 보통 약칭으로 표기를 합니다. Lic. Gabriel Garcia, Ing. Jorge Serrano Elias 등으로 말입니다. 잉헤니에로 호르헤 세라노 엘리아스 (Ing. Jorge Serrano Elias)는 과테말라의 대통령이었는데, 미스터(Mr.)나 세뇨르(Sr.) 등 일반적 호칭 대신 잉헤니에로(Ing.)를 철저히 붙여 쓰곤 했습니다. 콜롬비아 등지에서도 Ing.나 Lic.같은 호칭은 어쩌다가 쓰긴 해도 잘 쓰지 않는 편이지만, 독또르(Dr.) 호칭은 반드시 박사 학위 소지자가 아니더라도 예우 차원에서 Mr.나 Sr. 대신 Dr.를 붙여서 불러주는 경우가 많았습니다. 필자 역시도 박사 학위가 없음에도 강연 나갈 때에는 Dr. Kwon으로 호칭해주는 경우가 종종 있었습니다.

남자와 여자 호칭이 다르다고 말씀드렸는데, 학위 호칭도 예외가 아닙니다. 여자 박사는 독또라(Doctora)로서 보통 Dra.로 약어 표기를 하고, 마찬가지로 잉헤니에라(Ingeniera), 리센시아다(Licenciada)가 됩니다. 이 학위 호칭은 중남미 모든 나라가 보편적으로 사용하는 것은 아니니 이정도로 마무리하겠습니다.

제7강 중남미 성공 비즈니스 에티켓

ㅣ 문화를 속속들이 이해하라

어느 나라나 비즈니스 세계에는 세계 공통의 에티켓이라는 것이 필요합니다. 중남미만의 특별한 에티켓이 있는 것은 아니겠지만 중남미 사람들의 문화를 이해하지 못하면 에티켓에 어긋나는 실례를 범할 수 있습니다.

가령 중남미 기업인이나 공직자와 상담약속을 하고 장소에 제 시간에 갔는데 상대측은 사전에 아무런 양해도 없이 30분이나 1시간 정도 늦게 나타나는 경우 어떻게 해야 할까요? 중남미에서는 흔히 발생하게 되는 경우인데, 중남미의 이러한 약속시간 미 준수 관행을 모르면 상대편으로부터 내가 무시당한 것은 아닌지 은근히 화가 날 수도 있습니다.

그래서 중남미 기업인이나 공직자 등을 만날 경우 발생하는 상황에 어떻게 대응하는 것이 바람직한지 비즈니스 성공 에티켓이라는 제목으로 살펴보고자 합니다. 에티켓과 관련된 사항들을 업무의 성공적 추진이나 비즈니스 성공을 위해 전략적 차원에서 짚어보는 것은 의미가 있으리라 보여 필자의 18년간의 스페인어 문화권 근무 경험을 바탕으로 강의를 진행코자 합니다.

중남미 성공 비즈니스 에티켓이 여기서 다뤄지는 내용에만 국한되는 것은 전혀 아닙니다. 중남미 사람들의 가치관 및 기질 이해와 더불어 직책과 남녀호칭 등 문화상식에 대한 심층이해가 병행되어야 함을 강조코자 합니다. 예컨대, 여자 이사를 남자 이사 직명으로 표기한다든가, 현지식 직함을 영어식으로 이해해서 최고위급 인사의 격을 대폭 낮춰 잡아 결례를 범한다든가 하는 것은 에티켓에 어긋나기 때문입니다.

| 만남의 시작은 정장으로

중남미 사람들은 나라마다 기후도 다르고 기호도 다르긴 합니다만 대체로 보수적입니다. 그래서 화려한 의상보다는 튀지 않는 무난한 색상을 선호하는 경향이 있습니다. 물론 멕시코시티나 보고타, 키토, 과테말라시티 등 선선한 날씨를 가진 고원 도시와 아순시온이나 산토도밍고, 아바나, 파나마시티 같은 열대 도시의 옷차림이 같을 수는 없습니다.

무더운 지방에서는 당연히 간소한 차림을 선호하고, 공식 석상에도 간소한 차림으로 나오기도 합니다만 격식과 예절을 따지는 문화풍토도 무시할 수 없습니다. 어떤 음식점에서는 정장 차림이 아니면 입장이 불허되는 곳도 있으며, 가정주부들이 장을 보러 동네 마트에 갈 때에도 옷을 제대로 차려입고 나가는 등 복식에 많은 신경을 쓰고 있는 것은 사실입니다. 결국 필자가 말씀드리고자 하는 요체는 업무상 만남의 시작은 정장으로 하는 것이 무난하다는 것입니다.

| 인사법: 악수와 볼 키스(Besito) 및 허그(Abrazo)

악수는 일반적인 인사법이라 중남미라고 예외는 아닙니다. 초면에는 남자나 여자나 보통은 가볍게 악수하는 것으로 넘어가니 문제될 게 없습니다. 이때에 주로 사용하는 인사말이 무쵸 구스또(Mucho gusto) 내지 엥깐따도/다

(Encantado/a)입니다. 두 표현 모두 만나 뵙게 되어 반갑다는 말이죠. 무쵸 구스또는 남녀 모두 그대로 사용하면 되나, 엥깐따도는 남자만, 엥깐따다는 여자만이 쓸 수 있는 표현이라는 점은 이미 말씀드린 바 있습니다.

그런데 안면을 트고 난 이후부터가 문제됩니다. 남자끼리는 별 문제 없이 악수만 하고 넘어갈 수가 있지만, 상대방이 여자일 경우는 얘기가 달라집니다. 남녀 간이나 여자들끼리는 대체로 악수 대신 허그(Hug/Abrazo)나 볼 키스(Besito)를 하게 됩니다. 남자 간에도 서로 아주 친밀하게 느끼는 경우라면 허그를 하는 경우도 있습니다.

껴안는 강도는 보통 여자 쪽이 정합니다. 일반적인 경우라면 살짝 껴안는 시늉만 하는 경우도 있고, 가볍게 몸을 끌어당겨 껴안기도 합니다. 그런데 여자 쪽에서 꽉 껴안는 경우에는 남자 쪽에서 같은 강도로 안아주는 것이 좋습니다. 상대가 자신의 강한 친근함을 보여주는 것인데 살짝 안아준다면 거리감을 느끼게 되고, 비즈니스 관계라면 불신감을 심어줄 수도 있습니다.

반대로 여자 쪽에서 살짝 끌어안는 시늉만 하거나 아예 허그 하고자 하는 의지가 없음에도 남자 쪽에서 꽉 끌어안게 되면 이것은 더 큰 결례가 될 수 있으며, 성적 수치심을 줄 수도 있으니 주의하셔야 합니다.

사례를 하나 들어보겠습니다. 보고타 근무 시절 한국에서 출장오신 어느 분이 그 행사에 참석하는 현지인 여성과 인사하는데 허그 문화에 대해 들어본 적이 있었던 것 같습니다. 상당한 미모를 가져 눈에 확 띄었습니다. 그 남자분이 악수를 하면서 갑자기 끌어안으니 그 여성이 당황해하는 빛이 역력했습니다. 상대는 전혀 준비가 되어 있지 않은 상황이었습니다. 동양인은 허그 문화가 없다는 점을 알고 아예 악수만 하고 마는 경우들도 종종 있습니다. 더군다나 초면에는 현지인끼리도 악수만 하고 마는 경우들이 훨씬 많습니다. 현지문화를 좀 안다고 획일적으로 적용하려 드는 것은 곤란한 상황을 만들 수 있습니다. 상황과 분위기를 잘 보고 그에 맞춰야 합니다. 이게 요령이고 에티켓 입니다.

허그를 할 때에 보통 볼 키스를 함께 하는데, 보통 오른쪽 뺨 내지 왼쪽 뺨을 서로 대고 입으로 쪽 소리를 냅니다. 경우에 따라 직접 뺨에 키스를 하는 경우도 있습니다. 상대가 매우 친근하게 느끼는 경우 볼에 직접 입술을 갖다 댔습니다. 여자 쪽은 뺨을 갖다 대려기만 하려는데 남자 쪽에서 친근감을 과시한다며 볼에 직접 키스를 시도하는 경우 멋쩍은 분위기가 연출될 수 있으니 남자는 항상 여성을 존중하는 마음으로 여성이 하는 대로 따라 하는 것이 바람직합니다. 중남미는 신사도의 나라라는 점을 항상 잊지 마십시오. 사례를 하나 소개해드리겠습니다. 필자 부부가 콜롬비아 근무 당시 휴가를 맞아 미국으로 여행길에 올랐습니다. 그런데 그 여행지 식당에서 콜롬비아 의사 부부가 옆자리에 앉게 되었습니다. 패키지 여행상품이라 우연히도 여행 일정이 같았습니다. 초면에는 악수만 하고 말았는데, 친해지고 나니 그 다음부터는 인사가 확연히 달라졌습니다. 의사 부인은 필자를 꽉 끌어안고 볼에 직접 키스까지 하는 것이었습니다. 깜짝 놀랐습니다. 남편이 바로 옆에 있는데 직접 볼에 대고 키스를 하니 얼굴이 후끈거렸습니다. 너무 겸연쩍어서 볼에는 못하고 뺨만 부딪히며 쪽 소리만 냈습니다. 그 다음날도 똑같은 상황이 재연됐습니다. 이때에는 필자도 할 수 없이 똑같이 했습니다. 그런데 필자 아내 쪽은 상황이 달랐습니다. 여자 쪽에서 가볍게 허그고 하고 볼 키스를 하지 않으니 그 의사도 가벼운 허그만으로 끝났습니다.

허그 및 볼 키스는 보통 1회로 그치는 경우가 보편적인데, 왼쪽 허그와 오른쪽 허그를 번갈아가며 2회를 하는 경우도 종종 목격됩니다. 보통 스페인 본토 사람은 2회를, 중남미 사람은 1회를 하는 경우가 많다 보니, 스페인 사람과 중남미 사람이 만나 인사하는 것을 보면 중남미 사람은 1회만 하고 끝내려는데 스페인 사람은 한 번 더 하려는 자세를 취하다가 멋쩍어 하는 경우도 발생했습니다.

우리 같은 동양인은 중남미 사람들이 허그 하려는 자세를 취하는데 본의 아니게 냉랭한 자세로 있게 되는 경우가 발생합니다. 문화가 다른데다 전혀 습관이 되어 있지 않기 때문이죠. 중남미 여성이 한국 남성에게 허그 하려는 자세를 취할 경우, 또는 중남미 남성이 한국인 여성에게 허그 하려는 자세를 취하는 경우 깜짝 놀라 뒤로 물러서거나 당황해하는 모습을 보임으로써 상대를 무안하게 만드는 경우가 종종 발생합니다. 이때에 상대방이 아, 동양인이라 이런 문화가 생소해서 그러려니 하고 관대히 이해하고 넘어가주는 경우가 일반적이지만, 문화를 존중받지 못했다는 서운함 내지 거부당했다는 불쾌함 또는 동양인의 문화적 몰상식을 가슴 속에 담아두는 사람도 있습니다.

중남미 남성이 한국 여성에게 먼저 허그 자세를 취하는 경우는 보통 그 남성이 현지 행사 호스트 내지 메인 면담자로서 방문객들에 대한 예의 차원에서 여성들에게 먼저 허그를 취하기도 합니다. 첫 대면에서는 보통 악수로 끝내지만 그 내방객이 호스트 자신이 크게 관심을 갖는 주제를 갖고서 방문한 사절단이나 개인인 경우라면 처음부터 허그를 하는 경우도 볼 수 있습니다. 그런가 하면 자신이 별로 관심 갖는 주제가 아니면 이미 알고 지내는 사이라 하더라도 악수만으로 끝내든가 마지못해 허그를 형식적으로 하고 끝내는 경우도 나옵니다. 이런 경우는 보통 남녀를 떠나 내방객보다는 호스트 측이 허그나 볼키스를 주도하게 됩니다.

이문화 몰이해나 이해는 했어도 문화를 행동으로 올바로 실천하지 못한다면 비즈니스를 성공으로부터 멀어지게 하는 요인으로 작용할 수도 있습니다. 문화란 이해를 넘어 실천이 요체입니다.

ㅣ 첫 만남과 호감, 첫인상 관리 - 첫인상을 좋게 하려면?

스페인어-한글 명함 및 호감 주는 메일 프레임을 활용하라

우리는 한국에서 외국인들과 인사를 나눌 때 그들의 명함에 한글이 들어간 경우를 종종 보게 됩니다. 그럴 때에 어떤 느낌이 드시나요? 어 미국인인데 한글 명함을? 의아하기도 하고 신기하기도 하면서 한편으론 한국 문화와 언어를 존중받은 것 같은 고마움이 느껴지기도 합니다. 물론 반복되다보면 무뎌지기도 할 것입니다.

중남미라고 예외는 아닙니다. 그들도 외국인이 비록 스페인어는 못한다고 하더라도 스페인어 명함을 내밀면 영어 명함과는 다른 긍정적인 느낌을 갖게 됩니다. 물론 사람 성격에 따라 차이는 있지만 현지 주재원도 아닌 한국에서 갓 건너온 출장자가 스페인어 명함을 준비해왔다는 데 대해 자국 문화와 언어가 존중을 받았다고 느끼게 되는 것입니다. 필자가 중남미 바이어나 공직자를 상대로 한국인으로부터 스페인어-한글 명함을 받는 것과 영어만의 명함을 받는 것의 차이점을 물어본 적이 있었는데, 대부분 스페인어-한글 명함에 호감이 가고 좀 더 오래 기억된다고 하셨습니다.

미국의 히스패닉 잘 아시죠? 그들은 미국에 살면서도 영어가 아닌 스페인어를 쓰면서 단합된 힘을 과시하곤 합니다. 중남미 사람들 대부분이 스페인어에 대해 자부심이 매우 강합니다. 따라서 스페인어 명함은 당신의 자부심을 내가 존중한다는 의미로 그들에게 전달이 될 수 있습니다.

하지만 대부분의 우리 한국 출장자들은 영어 명함만 내놓습니다. 세계 보편적 언어인 만큼 아무 문제없습니다만 특별한 호감을 기대하기는 어렵습니다. 그래서 현지어 명함이 의미를 갖게 됩니다. 특히 스페인어 명함 뒤편에 한글 명함도 곁들여 놓으면 간혹 한국어 표기에 관심을 갖고 자신의 이름을 한글로 표기해달라는 주문을 내놓기도 합니다. 여기서 한 발 더 나아가 아내 이름이나 자녀 이름까지 한글로 표기해달라는 경우도 접해본 바 있습니다. 한글이 신기해서 그럴 수도 있고, 아니면 원활한 관계 구축 수단으로 삼고자 그럴 수도 있을 것입니다. 어찌됐든 명함이라는 자그마한 수단을 통해 관계가 부드럽게 잘 풀려나갈 수 있는 가능성을 보여주는 것입니다.

메일 역시 마찬가지입니다. 메일을 주고받을 때 자신의 이메일 프레임 안에 스페인어 문구를 살짝 넣어두면 의외로 호감 반응이 나타나기도 합니다. 필자는 여수 엑스포 조직위 근무 시절에 메일 프레임 내에 bienvenido(환영합니다)와 suerte(행운을 빕니다)라는 문구를 영어와 병용했었는데, 엑스포에 참여한 스페인이나 독일 등 국가관 관계자와의 미팅에서 메일 프레임이 인상적이어서 특별히 기억에 남는다는 평가를 받기도 했습니다. 이를 계기로 협조관계도 원활하게 잘 풀려나갔습니다.

| 명함을 안줄 때 애로 대처법

명함은 인간관계의 기본인 만큼 어느 나라나 첫 인사 때 명함을 주고받는 게 관행입니다. 하지만 중남미에서도 이러한 국제 관행이 그대로 통용되리라고 여기면 곤란합니다.

중남미 대부분의 나라가 명함 주고받는 데에 문제는 없습니다. 그런데 콜롬비아나 페루 등 여러 나라에서 명함을 건네주기만 하고 받지는 못하는 경우들이 왕왕 발생하여 곤혹스럽게 만드는 일이 비일비재합니다.

예컨대, 중남미로 출장 가서 정부 고위인사 면담에 참석하면 추후 결과보고서를 작성해야 할 것입니다. 그러면 회의에 어느 누가 참석해서 각자 어떤 발언을 했는지 성명과 직함을 제대로 알아야 합니다. 그런데 우리는 명함을 줬는데 상대로부터 받지 못했다면 당연히 애로가 발생할 것입니다.

중남미 사람들 상당수는 명함의 중요성을 잘 인지 못하고 있는 것이 현실입니다. 특히 정부 유관기관 관계자들은 더욱 그렇습니다. 민간 비즈니스맨 중에도 그런 경우가 가끔 있긴 합니다.

*** 알아봅시다! 중남미 공직자들이 명함을 잘 안주는 이유**

도대체 왜 명함을 주지 않는지 필자가 만난 몇몇 사람을 대상으로 물어봤습니다. 답변을 정리해보면 다음과 같습니다.

첫째, 명함을 대수롭지 않게 생각하다보니 잊어버리고 미처 못 챙기는 사례도 있습니다. 가장 보편적인 이유가 될 것입니다.

둘째, 명함을 직장 내에서 공식적으로 만들어주지 않고 개인적으로 알아서 만들어 쓰라는 곳도 있다 보니 명함이 떨어져도 새로 만들 시간이 없거나, 돈이 아깝다는 생각이 들거나 하면 차일피일 미루게 되고, 그리 하다보면 오랜 시일을 명함 없이 지내는데 익숙해지게 되는 사례도 있었습니다. 우리나라는 소속 회사나 기관에서 만들어주는 것을 당연하게 생각하는데 중남미에서는 이걸 당연하게 생각하는 문화가 아닌 것 같습니다.

셋째, 내가 명함을 아무한테나 마구 주다보면 혹시 엉뚱한 데에 잘 못 활용되는 것은 아닌가 하는 불안감과 의구심이 들어, 가지고 있으면서도 주기를 꺼려하는 경우도 있습니다. 경찰청장 등 고위인사 명함은 특히 인기가 있는데, 유력인사와 마치 친분이 있는 것처럼 명함을 보여줘 법망을 빠져나가기 위한 수단으로 활용하는 경우도 있습니다. 그래서 혹시나 비리에 연루되는 모양새로 비춰질까 몸조심하자는 취지로 명함을 안주려는 경향도 있습니다. 우리나라 고위관리도 물론 이러한 경우가 있겠지만 다른 나라 사절단을 상대하면서 단장에게까지도 명함을 안주는 경우는 극히 예외입니다.

그러면 명함을 주지 않는 경우 어떻게 하는 것이 좋을까요? 가장 무난한 방법은 자신의 명함을 하나 더 주면서 거기에 이름과 직책, 이메일 주소, 전화번호 등을 적어달라고 요청하면 대부분 흔쾌히 적어 줍니다. 주소 및 핸드폰 번호까지 적어달라고 하는 것은 무례하게 비칠 수 있으니 과도한 요구는 자제하는 것이 좋습니다. 또 한 가지 방법은 상황에 따라 참석자 리스트 양식을 만들어 기재해 달라고 돌리는 것도 좋은 방안이 될 수 있습니다.

중남미 타임! 당당한 지각에 관용을 베풀라 - 휴먼 비즈니스

"아니 이게 뭐하는 겁니까? 이런 자세로 어떻게 비즈니스를 하겠다는 겁니까? 벌써 10분이나 지났는데 연락도 없고…" 필자가 오랜 기간 중남미 지역 무역관에 근무하면서 현지출장 온 우리 기업인들로부터 간혹 받게 되는 항의 내용입니다.

KOTRA는 우리 기업의 해외수출 등 제반 비즈니스 지원을 위해 전 세계 128개 도시에서 무역관을 운영 중이며, 중남미 지역에만 해도 13개국 14개 도시에 무역관이 있습니다. 무역관은 우리나라 각 지방자치단체나 각종 협회, 단체 등이 구성하여 파견하는 무역사절단을 맞이하여 수출상담회나 설명회, 전시회, 상품전 등을 개최 및 지원하는 역할을 하고 있습니다. 그런데 사전에 상담약속을 다 잡아놓고 재확인까지 한 상태에서 중남미 바이어들이 상담장에 아예 나타나지 않거나 30분 이상 늦는 경우도 비일비재하게 발생합니다. 그러면 중남미 특성을 모르는 우리 업체분들은 상식적으로 이해가 안 되니 무역관에 화를 내는 경우가 많습니다.

이 뿐만이 아닙니다. 중남미 현지에서 정부 주관으로 개최되는 행사도 거의 항상 늦습니다. 귀빈들이 관행적으로 참석들을 늦게 하다 보니 우리나라처럼 제 시각에 행사가 시작되는 경우는 거의 찾아볼 수 없습니다. 심지어 대통령 참석 행사까지도 예정된 시각보다 30분 내지 1시간 늦게 시작하는 경우도 있습니다.

중남미에서 대사라고 하면 현지 위상이 매우 높습니다. 그래서 대부분 극진한 예우를 해줍니다. 그런데 시간 약속을 잡고 정부유관기관을 방문하게 되면 아무리 대사라 해도 10~20분 정도 기다리게 하는 일은 다반사입니다. 필자 역시도 하도 당해 보니 기다리는데 익숙해져 30분 이내에만 만나주면 시간 벌었다는 느낌마저 들었습니다.

그런데 우리가 주관하는 행사건 그들이 주관하는 행사건 간에 30분 내지 1시간 정도 늦게 참석해서 행사를 지연시키게 되면 미리 온 여러 손님들에게 미안하다는 말을 한마디 당연히 해야 하는데도 교통체증 때문에 늦었다는 변명만 하고 사과표현은 과감히 생략해버리는 현지 고위인사들도 있습니다.

그럼에도 불구하고 우리가 요인과의 면담 장소에 만에 하나라도 늦게 가는 경우에는 어떤 일이 벌어질까요? 그들이 시간 개념이 없어 항상 늦으니 우리도 늦게 가면 되겠네 하고 가볍게 생각하시는 분들이 계실 겁니다. 그러다가는 상황이 얽혀버릴 수 있습니다. 면담주제가 자신의 주된 관심 영역이 아니라면 10분 정도도 기다리지 않고 바로 나가버려 면담 약속을 다시 잡아야 한다거나 짓궂게도 1시간 이상 기다리게 만들어버리는 경우도 있습니다. 비즈니스를 하려면 텃세는 어느 정도 각오하고 대비해야 합니다.

| 중남미 생태계 적자생존 전략 – 휴먼 비즈니스

본 강의 핵심을 말씀드리기 위해 다시 비즈니스 상담 얘기로 돌아가겠습니다. 중남미 바이어가 약속장소에 늦게 나타나는 경우 어떻게 대응해야 할까요? 더구나 늦게 온데다가 미안하다는 말도 안하고 교통체증 탓만 하면 화가 날만도 할 것입니다. 하지만 화난 모습을 보여서는 안 됩니다. 비즈니스를 바로 접겠다는 뜻이 아니라면 결코 자신의 감정을 드러내서는 안 됩니다. 오히려 아무 일도 없었다는 듯 어서 오라며 반갑게 맞이해주면서 한국도 차가 워낙 막혀서 가끔씩 늦는다고 따뜻한 말 한마디 해주면 상담이 술술 잘 풀려갈 수도 있습니다. 아니면 나를 만나러 고생해서 여기까지 오신 만큼 귀하에게만큼은 값을 특별히 깎아주겠다는 등 유머를 구사하는 것이 오히려 비즈니스로 잘 연결될 수 있는 전화위복이 될 수도 있습니다.

메마른 비즈니스보다 인간적인 휴먼 비즈니스가 중시되는 중남미 생태계에서 상대국 문화를 깊이 이해하고 배려해주는 모습은 매우 중요합니다. 바로 여러분 자신을 위해서 말입니다.

중남미 사람들의 다혈질에 대해 설명 드린 바가 있는데, 1시간 정도도 못 참고 자리를 떠나버린다든가, 화난 표정으로 맞이한다든가 하면 그들의 다혈질성이 드러나게 됩니다. 비즈니스 성사 가능성이 희박해진다고 보면 아마 맞을 겁니다. 거래하고자 하는 물품의 가격이나 품질 경쟁력이 좋다고 해도 자신을 불편하게 만드는 소통이 부족한 사람과는 아예 비즈니스를 하지 않으려는 경향이 강합니다. 물론 제품이 월등한 경쟁력을 인정받고 있다거나 시장 내 인지도가 매우 높은 상황이라면 얘기는 달라질 것입니다.

| 스페인어 상담자료 준비는 철저히, 대화는 상대 기업인과 눈 맞추고

충분한 상담자료 없이 상담에 임하는 것은 무기도 없이 전쟁에 임하는 것과 마찬가지입니다. 특히 중남미에서 스페인어로 된 상담자료 없이 영어 자료에만 의존해서 상담하고자 하는 것은 성공을 장담하기 어려워질 것입니다. 비록 통역원을 통해서 상담을 하더라도 충분한 스페인어 상담 자료를 준비해가는 것이 기본 에티켓입니다. 외관이 그럴듯하거나 고급스럽지는 않더라도 의사결정에 필요한 수준의 내용을 담고 있으면 될 것입니다.

중남미 기업인들 상당수가 영어에 능통한 편이긴 하나 영어 구사가 서툴면서도 영어를 조금 한다고 말하는 기업인들도 많아 이들에게 영어 자료를 제시하면서 중요 내용까지 영어로 대화를 풀어가고자 하면 불안감 때문에 깊은 대화는 꺼려할 수도 있을 것입니다.

이 때문에 통역원을 끼고 스페인어로 상담을 진행하는 경우가 많은데, 이때에 우리 기업인이 상대 바이어와 눈을 맞추며 얘기하는 것이 아니라 통역원만을 상대로 대화를 풀어가는 자세를 취하는 경우도 의외로 많았습니다. 이는 결코 좋은 인상을 주지 못하게 되며, 상대에게 잘못된 시그널을 줌으로써 상담 결과에도 부정적 영향을 미칠 수 있으니 주의가 필요합니다.

| 초보는 본론부터, 프로는 차를라 부터 - 아이스 브레이킹

상대를 만나자마자 간단히 인사만 하고 바로 본론으로 직행하려고 서두르는 경우를 종종 보게 됩니다. 시간 제약이 심한 경우에는 어쩔 수 없겠지만 일반적인 경우라면 좀 더 느긋하게 여유를 갖고 충분한 여담으로 분위기를 끌어올리는 것이 중남미식 에티켓입니다. 중남미에서 프로 비즈니스맨이 되시려면 여담 즉, 차를라(charla/small talk)에 강한 면모를 갖춰야 합니다.

해당국 자랑거리를 찾아 찬사를 보내주는 것도 좋고, 날씨나 해당국 스포츠, 노래, 춤, 음식, 관광지, 유명 인사 등을 주제로 대화의 창을 활짝 열어젖히는 노력이 요구됩니다. 냉랭한 분위기에서 바로 상담 모드로 들어가는 데 대해 중남미 기업인들은 익숙하지 않기 때문에 워밍업이 좋아야 상담 분위기가 무르익게 됩니다. 다만 분위기를 가라앉게 하는 부정적인 내용보다는 즐거움을 선사할 수 있는 긍정적 콘텐츠가 좋을 것입니다. 상담분위기를 달궈주기 위한 아이스 브레이킹 대화 소재 힌트를 구해보시려면 비즈니스 상담 윤활유 편을 활용해보시기 바랍니다.

ㅣ 구두 기대 금물: 말의 신뢰성 - 구두 언질은 에누리하라!

중남미 사람들의 말의 신뢰성

현지 출장을 가서 대면 상담할 때에는 우리 회사 제품에 많은 관심을 보이다가 한국 돌아가서 후속 상담을 하고자 하면 말이 달라지거나 아예 회신조차 기피하는 경우들을 자주 보게 됩니다.

중남미인들은 만나서 얘기할 때에는 과다하다 싶을 정도로 좋은 반응을 보여주는 경우가 많습니다. 별로 내키지 않으면서도 노(No)라는 말을 딱 부러지게 못하고 면전에서는 괜찮아 하는 듯한 긍정적 반응을 보이다가도 돌아가서 서면으로 교신하게 되면 언제 그랬냐는 식의 차가운 비즈니스 마인드로 돌아선 바이어 태도에 적잖이 당황해하며 무역관에 SOS를 긴급 타전해 오시는 분들도 있습니다.

무역관이 접촉해보면 그때서야 본심을 드러냅니다. 제품이 좋긴 한데 가격이 비싸다든가, 자기가 원하는 제품이 아니라든가, 현지 상황을 너무 앞서나간 제품이어서 시장이 아직 형성되지 않았다든가, 시장에서 먹힐 것 같지 않다든가, 지금 당장은 수입 계획이 없으니 나중에 연락을 하겠다든가, 거래조건이 맘에 안 든다든가(예컨대, 독점권을 요구했는데 안줘서 곤란하다든가, 120일 외상이 필요한데 거절당했다든가 아니면 현금 동원능력이 부족하다든가) 하는 여러 솔직한 이유들을 듣게 됩니다. 아니면 엉뚱하게도 통역원의 의사전달 착오에서 빚어진 해프닝으로 끝나기도 합니다. 바이어가 빙빙 에둘러 부정적으로 의사 표시한 것을 행간의 뜻을 못 읽고 긍정적 의사표시로 잘못 알아듣기도 하는 일이 발생하는 것입니다.

말의 신뢰성을 높이는 방법

따라서 대면 상담기회를 제대로 살리기 위해서는 구두 협상 후에 현장에서 메모를 하여 쌍방이 확인 서명을 하자고 하면 바이어 의중을 간파해볼 수 있습니다. 이를 꺼려하면 그 원인을 밝혀 현장에서 또는 그 다음날 방문 상담 기회를 별도로 잡아 좀 더 깊은 대화를 나눔으로서 말의 신뢰성을 높여갈 수 있을 것입니다. 그런데 네 말을 못 믿겠으니 서면으로 남겨놓자는 태도로 다짜고짜 덤벼드는 것은 자칫 상처를 주거나 판을 바로 깰 수도 있으니 신중하게 상황 판단을 잘 해보시기 바랍니다.

| 구두(口頭)발언은 액면 할인 - 말의 신뢰성 문제 대응책

중남미 사람들은 개인 간 성격차가 있긴 하나 마주본 상태에서는 여간해서는 부정적 표현을 쓰지 않기 때문에 상담을 진행하다가 상대가 긍정적 시그널을 보내주었다고 해서 그 말을 액면 그대로 받아들이는 것은 곤란할 수 있으니 가급적 충분한 여유를 두고 에누리해서 받아들이시는 것이 바람직합니다.

예컨대, 내일 또는 다음 주에 회신을 주겠다고 한 구두 약속을 그대로 믿으면 안 됩니다. 액면이 내일이나 다음 주라면 다음 달이 될 수도 있고 그 이상이 될 수도 있겠구나 하고 할인을 해서 받아들이는 것이 바람직하다는 겁니다. 적어도 50% 이상은 할인이 되어야 합니다. 느긋하게 90% 이상 에누리하는 것이 맘 편할 수도 있습니다. 물론 액면 그대로 진행이 되는 경우도 있을 것입니다. 다만 경우의 수를 따져봤을 때에 확률이 높지 않다는 말씀을 드리는 겁니다.

마냐나(내일)라는 말을 곧이곧대로 믿고 답변을 집요하게 요구하는 것은 에티켓에 어긋나는 것으로 현지 기업인들은 생각하는 경향이 있습니다. 기피인물 내지 기피기업으로 낙인 찍혀버릴 수도 있으니 상당한 주의가 요망됩니다.

이럴 경우에는 인내심을 갖고 느긋하게 기다리거나 보완자료만 보내주면서 부담주지 말고 넌지시 떠보거나, 아니면 KOTRA 무역관을 통해 바이어의 진의를 확인해보는 작업이 필요합니다. 무역관이 접촉해보면 그때 가서야 앞서 말씀드린 것처럼 본심을 털어놓는 경우들이 종종 나옵니다. 그런데 대놓고 면전에서 이러한 부정적인 평가는 잘 내놓지 않다보니 불필요한 기대와 오해가 생기는 것입니다.

*** 알고 갑시다! - 모르면 독이 되는 마냐니스모**(Mañanismo)

오늘 할 일을 내일로 미루지 마라는 소리는 들어봤어도 내일 해도 될 일을 굳이 오늘 하려고 하지마라는 얘기는 금시초문이시죠. 마냐나(Mañana)는 아침(morning)이라는 뜻도 있습니다만 여기서는 내일(tomorrow)이라는 의미입니다. 마냐니스모란 일을 바로 바로 처리하지 않고 내일~내일 하며 자꾸 미루는 중남미 관행을 의미하는 말입니다.

신분증이나 면허증 발급 등 관공서 행정 처리는 물론이요, 인터넷 개통이나 신용카드 발급 등 일반 업무도 한국을 떠올리며 신속한 처리를 기대해서는 안 됩니다. 마찬가지로 양국 정부기관 간 협력을 위한 양해각서(MOU) 문안 검토 작업도 차일피일 미루며 시간을 끄는 경우가 많고, 비즈니스 거래 관련 회신작업도 마냐나하며 마냥 늦춰지는 경우가 빈발합니다.

따라서 마냐나라는 말의 의미를 제대로 이해하지 않고 곧이곧대로 믿고 일을 추진하다가는 낭패를 보게 될 수 있으니 시간 관련해선 한 수 접어주는 느긋함이 반드시 필요합니다.

ㅣ 효과 만점, 선물을 잘 주고받는 법

중남미 공직자나 기업인들과 선물을 주거나 받을 때 어떻게 하는 것이 좋을까요? 선물교환은 보통 면담 말미에 하게 되는데, 면담 대표뿐만 아니라 주요 참석자들까지 챙겨주는 것이 좋습니다. 가급적이면 핵심인사 비서도 챙겨주는 것이 훗날을 위해 좋습니다. 그런데 주요인사 면전에서 주는 것은 자칫 오해를 살 우려도 있으니 별도로 살짝 전해주는 것이 바람직 할 것입니다.

선물을 증정할 때 이름까지 새겨서 주면 효과는 더 돋보일 것입니다. 중남미 일부 기관에서는 정기 간행물을 관리 대상 주요 인사들에게 보낼 때 매 간행물마다 받는 이의 이름을 박아서 나의 존재를 소중히 여겨준다는 느낌을 선사해줍니다. 잡지 표지 중앙 또는 상단에 이름을 새겨 넣고, 첫 페이지 열면 또 거기에 내 이름이 척 나타납니다. 출판인이 나에게 인사말을 건네는 듯 하는 즐거운 착각에 빠지게 하는 것입니다. 이러한 커스터마이즈된(customized) 맞춤형 간행물이나 책자를 받게 되면 감동을 받지 않을 수가 있을까요? 필자도 이런 간행물을 처음 받아봤을 때 신선한 느낌과 함께 이런 정성을 기울인 곳이 어딘가 하고 다시 한 번 확인해보게 되었습니다. 그러니 기억에 오래 남을 수밖에요.

선물 역시 이러한 정성이 들어가면 감동을 줄 수 있습니다. 핵심 고객이라면 이러한 접근법이 효과적일 수 있습니다. 공직자에 대한 너무 값비싼 선물은 뇌물로 여겨질 수 있기 때문에 역효과가 날 수도 있고 하니 주의해야 합니다.

주요 인사들의 경우 선물을 여러 군데에서 자주 받습니다. 따라서 겉으로는 반색하며 좋아하는 척해주지만 속마음은 별로 달가워하지 않는 경우가 많습니다. 기억에 오래 남는 선물을 받는 경우는 드물기 때문에 누구한테서 어떤 선물을 받았는지 금방 잊어버리게 됩니다. 그러니 솔직히 선물 효과를 살리기 어렵습니다.

하지만 타인의 선물들과 차별화된 나의 정성이 녹아들어간 맞춤형 선물이라면 쉽게 잊지 못할 것입니다. 잘 포장된 선물을 증여할 때에는 선물 내용에 대해 간략한 설명을 곁들이는 것이 좋습니다.

선물을 받으면 즉석에서 열어보는 것이 관례입니다. 중남미 사람들로부터 큰 선물은 기대하지 않는 것이 좋습니다. 우리는 보통 전자소품이나 인삼제품, 고급 전통공예품 등을 선물하는 경우가 많으나 중남미 사람들은 기관 자체 발간 기념책자나 그 지역 특산 공예품 내지 잡화, 특산 음식물 등을 선물하는 경우가 많습니다.

선물 내용도 그러려니와 포장도 조잡한 경우가 많아 한국인의 평균적 기대가치에 크게 못 미치는 경우가 많습니다. 별것도 아닌 무거운 것을 한국까지 들고 가려니 부담도 되고 실망스러울 수도 있겠지만 중남미 시각에서는 예의를 다한 것인 만큼 기분 좋게 받을 줄 아는 자세와 긍정적인 즉석 선물 평을 하면서 선물을 받는 것이 바람직합니다. 그저 고맙다는 말만 하지 말고 할리우드 액션 아니 할리우드 언사도 좋으니 반드시 합당한 긍정적 평을 해주는 것이 선물을 주고받는 효과를 높여줍니다.

선물을 주고받은 인사가 내게 매우 중요한 의미를 갖고 있는 분이라면 후일 이 선물을 집이나 회사에 소중하게 보관하고 있다가 동 인사 방한 기회에 초청하여 보여주면 감격하는 모습을 보게 될 수 있을 겁니다. 끈끈한 네트워킹으로 가는 연결고리 역할을 귀찮게 여겼던 하찮은 선물이 해줄 수도 있는 것입니다. 중남미 휴먼 비즈니스는 이렇게 엮어가는 것이 좋습니다. 책자를 선물로 받는다면 표지 다음 면에 서명을 해달라고 해서 보관해두었다가 회사나 자택 장식장에 소중하게 비치된 모습을 보여주면 더 효과적일 것입니다.

필자가 겪은 사례 한 가지 공유해보겠습니다. 우리 기업이 관심을 갖는 프로젝트 발주를 앞두고 있는 중남미 어느 도시 시장님을 만나고 헤어질 때에 그분으로부터 선물을 받았습니다. 조그맣고 헐해 보이는 팔찌였습니다. 그 지방에서 만들어 전국으로 판매하는 특산품이라고 합니다. 서울 남대문 시장 좌판에서 파는 싸구려 팔찌의 이미지여서 별로 차고 싶지는 않았지만 시장이 직접 팔목에 채워주니 기쁜 표정으로 어쩔 수 없이 차고 나왔습니다. 이걸 사무실 책상에 고이 보관했다가 나중에 다시 면담하는 날 차고나갔더니 바로 알아보고 매우 기뻐하셨습니다. 자신도 팔찌 낀 팔을 보여주며 특산품 홍보에 활용하려는 듯 사진을 찍기도 했습니다. 그 사업이 외부요인으로 공전하는 바람에 비즈니스로 연결되지는 못했지만 네트워킹에는 상당한 도움이 되었습니다.

| 식사 초대 노하우

중남미 사람들은 여간해선 외국인을 자택으로 식사 초대를 하지 않습니다. 우리가 공식 또는 비공식 오찬이나 만찬 또는 조찬 등 외부 식사자리에 초대받아 가는 경우는 매우 많지만, 각별한 이해관계가 있거나 절친한 사이가 아니라면 자택으로 식사 초대를 받는 경우는 드뭅니다.

유력 공직자나 뭔가 비즈니스 기회를 추구하는 유력 기업인이라면 자택으로 외국인 손님을 단체나 개별적으로 초청하는 경우는 종종 있습니다. 이렇게 초청을 받아 가는 경우 선물을 준비해가되 초청 당사자보다도 그 배우자를 안중에 두고 선물을 준비하는 것이 필요하며, 딱 제 시간에 정확히 도착하는 것보다는 5분 정도 약간 시간을 살짝 넘겨 도착하는 것이 바람직합니다. 중남미에서 약속 시간은 "까지"가 아니라 "부터"라는 말이 우스갯소리로 떠돌기도 합니다.

보통은 우리 한국인이 현지인 유력 공직자 내지 유력 기업인을 자택으로 초청하는 경우가 일반적입니다. 이런 역할을 가장 많이 수행하는 곳은 단연 대사관저입니다. 필자도 대사관저 식사자리에서 현지 유력 공직자 내지 유력 기업인을 만나본 경우가 종종 있었습니다. 이외에도 국방무관 사택이나 무역관장 사택, 지사장 내지 현지법인장 자택에서도 현지인 대상 식사 초대가 이루어집니다.

이렇게 중남미 현지 인사를 자택으로 초청하는 경우 어떠한 에티켓이 필요할까요? 대사관저 초청 만찬의 경우 최고수준의 의전관행이 정착되어 있는데, 일반인이 이대로 따라 하기는 여러 모로 한계가 있으니 각자 상황에 맞게끔, 초청 목적에 부합하게끔 나름대로의 방식대로 상식에 입각해 추진하는 것이 바람직할 것으로 봅니다.

단지 주의할 것은 자택 초청은 가족을 인사시킬 수도 있다는 의미가 부지불식간에 내재되어 있기 때문에 당사자 본인만 대상으로 하기보다는 부부를 초청하는 것이 바람직한 경우가 있으며, 이에 맞춰 호스트 쪽에서도 배우자와 함께 손님을 맞이하는 것이 필요해질 수 있습니다.

초대를 하려면 충분한 시간을 두고 사전에 전화나 왓츠앱(WhatsApp) 메신저(세계1위 메신저로 중남미에서도 최고 인기)를 통해, 또는 대면 자리에서 초대 희망의사를 비치고 수용 가능성을 확인해본 후 날짜가 확정되면 약도 내지 상세 주소가 들어간 정식 초청장을 메일이나 인편전달(현지 주재시) 등 방식으로 전해주는 것이 필요합니다.

아무리 아날로그 시대가 저물고 디지털 시대, 나아가 4차 산업혁명 시대에 이르렀다고 해도 중남미는 격식을 중시하는 문화가 강하게 남아있습니다. 그렇기 때문에 아직까지는 오프라인 초청장을 주고받는 절차가 필요한 것으로 보입니다. 좀 더 세월이 많이 흐르면 메신저로만 초청장을 보내주어도 문제없는 시대가 도래 할 것입니다. 필자도 행사 초청장을 이미 온라인상으로 받아 인지하고 있음에도 실물 초청장을 고급스럽게 꾸며 별도로 보내오는 경우가 많았습니다.

식사 분위기를 잘 이끌어 가려면 무엇보다 대화소재가 풍부해야 합니다. 우리 한국인들은 외국인과의 식사 자리를 부담스럽게 여기고 말문도 잘 열지 않는 경우가 많습니다만 초대를 했으면 즐겁고 유익한 경험을 선사해야 하는 만큼 화젯거리에 대한 사전준비가 필요합니다.

이때 주의해야 할 것은 금기를 깨지 말라는 것입니다. 다뤄서는 안 되는 주제를 꺼내 들면 분위기가 썰렁해집니다. 이 정도는 충분히 극복 가능할 만큼 그동안 충분히 신뢰가 쌓였다면 얘기는 달라지겠지만, 그렇지 않다면 별도 강의에서 소개해드리는 바람직한 대화 소재 등을 충분히 활용하시는 것이 좋습니다.

다음은 음식인데, 한국인 집에 초청을 받은 만큼 한국 특유의 음식을 맛볼 기대를 갖고 올 것입니다. 그러니 서양인이 먹기에 부담이 없을만한 음식으로 준비를 하되, 의외로 전통 한국음식에는 손도 못 대는 식성이 까다로운 인사들도 있는 만큼 불고기나 숯불구이 등 무난한 음식들을 필수적으로 갖춰놓는 것이 중요합니다.

한국 음식 중 중남미 사람들이 특별히 관심을 갖는 음식 한 가지를 말해보라면 신선로를 들겠습니다. 대사관저에서 현지인 유력인사들과 함께 한 자리에서 살펴본 바에 의하면 신선로가 사실 특별한 맛을 선사해주는 것은 아니지만 외양부터 특이한 생김새며 궁중에서 왕이 즐겨먹던 요리라는 설명에 호기심을 갖고 대하는 경우들을 종종 봐왔습니다. 나중에 어떤 음식이 가장 인상에 남느냐는 필자 질문에 신선로라고 답변하는 경우들이 꽤 있었습니다.

술 문화 공유

식사 초대를 자택에서 하는 경우라면 포도주가 무난한 것으로 보입니다. 아르헨티나나 칠레 등 포도주 생산국이 아니더라도 중남미 어느 나라에서도 포도주는 흔히 볼 수 있으며, 포도주에 대한 거부감도 없기 때문에 무난한 술로 볼 수 있습니다.

중남미 인사들은 포도주에 대해 어느 정도 수준에 올라있는 경우가 많긴 하나 한국인들처럼 최고급만을 찾지는 않습니다. 초대 인사가 내게 특별히 의미가 있으며, 포도주에 대해 훤히 꿰고 있고 최고급 포도주만을 즐겨 마시는 경우가 아니라면 굳이 최고 값비싼 포도주를 준비할 필요는 없고, 중상급 수준이면 무난하리라 봅니다.

포도주를 기분 좋게 마시려면 술잔도 크게 한 몫을 하므로 부딪쳤을 때 청명하고 경쾌한 소리가 나는 고급 포도주잔을 준비해두는 것이 좋습니다. 그리고 또 한 가지 챙겨놓아야 할 것이 있습니다. 바로 건배사입니다. 그 상황에 걸맞은 시의적절한 건배사를 읊는 것은 격을 한층 높여줍니다. 어떤 건배사를 제창할지는 초청 목적에 알맞게 미리 생각해두셔야 합니다.

간혹 보면 크림 위스키나 색깔 있는 칵테일 등 특별한 주종을 선호하는 분들이 있습니다. 본인에게 직접 취향을 확인해볼 수도 있고, 아니면 주변 사람들에게 탐문을 해보는 수도 있겠습니다만 여기까지 신경 쓰기는 사실 버겁게 느껴지므로 상황에 따라 판단하시면 되겠습니다.

어떤 분들은 소주를 한국을 대표하는 술이라며 내놓는 분들도 있습니다만 현지인들의 평가는 대체로 부정적이었습니다. 물론 말로는 좋다고 하지만 실제 속마음은 아닌 겁니다. 또 마시겠냐고 물어보면 깜짝 놀라며 고개를 가로 젔습니다. 속마음을 읽을 줄 알아야 합니다.

식사 초대를 자택이 아닌 외부 현지식당에서 하는 경우, 그리고 개인 단독 초청이 아닌 단체 초청인 경우라면 사정이 달라질 수 있습니다. 어떤 술을 마실지는 보통 식당 분위기에 따라 달라지며 나라별로 고유 술이 있는 만큼 그 술을 마시게 되는 경우의 수가 늘게 됩니다.

예컨대, 멕시코에서는 떼낄라(tequila)를, 페루나 칠레에서는 피스코(pisco)를, 콜롬비아에서는 아과디엔떼(aguardiente)를, 쿠바에서는 럼(ron) 칵테일을, 아르헨티나나 칠레에서는 포도주를 택하는 것이 무난해질 수 있습니다. 주변 분위기가 그렇게 이끌어 가는 것입니다. 물론 식당이 어디냐에 따라 칵테일이나 위스키 내지 무난한 맥주가 선호되기도 합니다. 초청받은 손님이 그 식당이 특별히 잘한다고 소문난 술을 택할 확률이 높아진다고 봐야합니다. 또 그렇게 유도하는 것이 바람직합니다. 만족도가 높아지기 때문입니다.

그런데 한국 식당의 경우라면 분위기가 많이 달라집니다. 특히 사람이 여럿이고 초반의 냉랭한 분위기를 확 달구고 싶다면 쇼를 가미한 소맥 폭탄주를 선보이는 것이 대안이 될 수도 있습니다.

어떤 나라에 가면 반드시 어떤 술을 마셔야 한다는 식의 말을 그대로 받아들이는 분들도 있는 것 같습니다. 고정관념에 매몰되어서는 곤란하며, 여러 상황에 따라 융통성 있게 대처하는 감을 기르는 것이 중요합니다.

제8강 중남미 출장시 고려해야 할 기초상식

해외출장 시 필요한 일반적인 준비사항은 여행 관련 책자에 상세히 나와 있으니 생략하고, 여기서는 아시아나 중동, 북미, 유럽 등 여타 지역에 비해 중남미 출장 시에 특별히 유념해야 할 기초적 사항들을 중심으로 살펴보고자 합니다.

ㅣ 날씨 및 복장 문제

중남미는 위도 상으로 적도 인근 지역이 많다 보니 모두 열대로 알고 출장 가시는 분들이 의외로 많았습니다. 보고타로 출장 오시는 분들이 반팔 셔츠만 갖고 와서 감기에 걸리는 경우도 있었습니다.

중남미는 기후대가 다양합니다. 파나마, 쿠바, 도미니카 공화국, 파라과이, 엘살바도르, 온두라스 및 콜롬비아의 까르따헤나 등 만년 여름인 곳이 있는가 하면, 콜롬비아의 메데진이나 과테말라시티처럼 상춘의 도시도 있으며, 멕시코시티나 콜롬비아의 보고타, 에콰도르의 키토처럼 일 년 내내 가을 날씨를 보이는 곳도 있습니다.

보고타의 경우 아침저녁으론 섭씨 10도 이하로 떨어지는 경우가 매우 많고, 비도 오고 바람까지 불면 상당히 쌀쌀해져서(체감온도 섭씨 2~3도 정도) 여차 하면 불청객이 바로 찾아옵니다. 그래서 보고타노(보고타 시민)들은 낮에 집을 나설 때에는 보통 섭씨 20도 내외여서 가볍게 입고 나가지만 저녁때 들어올 때를 대비해서 스웨터나 두툼한 잠바를 챙겨갑니다. 고산지대다 보니 날씨가 급변하는 경우가 많습니다. 해가 쨍쨍 쬐다가 갑자기 먹구름이 몰려오기도 합니다.

한편 아르헨티나의 부에노스아이레스, 칠레 산티아고, 브라질 상파울루, 우루과이 몬테비데오 등 남반구 도시들은 한국과 정반대의 4계절을 갖고 있습니다. 한국이 여름인 6, 7, 8월은 겨울, 한국이 겨울인 12, 1, 2월은 여름이 되는 것입니다. 이 점에서는 호주나 뉴질랜드처럼 위도를 같이 하는 여타 남반구 국가들과 동일한 모습이 되어, 한여름 더위에 크리스마스를 맞이하게 됩니다.

남반구 중남미 도시들은 시간대도 완전 반대입니다. 12시간 시차이다 보니 부에노스아이레스의 경우 낮 12시가 한국의 전날 밤 12시가 되며, 밤12시는 한국의 낮 12시가 됩니다. 이 점에서는 호주나 뉴질랜드처럼 경도를 달리 하는 여타 남반구 국가들과는 전혀 다른 모습이 됩니다.

중남미 국가 중 남반구 도시와 북반구 도시 간 차이점 관련 재미있는 현상들이 있는데, "중남미 주재원으로 잘 적응해서 살아가는 법"편에 소개된 토막상식 항목을 참고하시기 바랍니다.

ㅣ 콘센트 문제

나라마다 전원 코드 방식이 다르다보니 돼지코라 불리는 단순 어댑터나 만능 어댑터 준비는 필수입니다. 물론 고급 호텔에서는 각 객실마다 어떤 코드도 삽입 가능하게끔 자상하게 배려해둔 곳도 있지만 대부분 어댑터를 필요로 합니다. 대체로 110V 전용이며, 일부 220V 겸용도 있으나 극히 제한적이고, 같은 110V라 하더라도 생김새가 달라 만능 유니버설 어댑터를 휴대하고 다니셔야 낭패를 보지 않을 겁니다.

| 현지 휴무일 정보

중남미는 나라마다 다르긴 하나 대체로 공휴일이 많은 편입니다. 독립기념일 등 국가 공휴일도 있고 가톨릭 국가 특성상 성모수태일 등 종교휴일도 다양합니다. 따라서 출장을 가고자 한다면 기간 중 공휴일 유무를 확인해야 낭패를 보지 않게 됩니다. 필자가 중남미 근무당시 겪어본 바에 의하면 공휴일인줄 모르고 출장을 왔다가 무척 당황해 하는 경우들을 보게 됩니다.

또한 하계휴가나 동계휴가철도 잘 살펴야 합니다. 한국에도 하계휴가가 있으니 이에 대해서는 어느 정도 고려를 하시는데, 동계휴가는 익숙하지 않다보니 놓치시는 분들이 종종 있습니다. 중남미는 국가별로 차이가 있긴 하나 보통 12월 15일부터 다음해 1월 15일까지 한 달간은 업무가 마비되는 경우가 보통입니다. 정부 공공기관이나 민간기업 모두 정도의 차이가 있긴 하나 정상적으로 업무가 이뤄지지 못한다는 사실은 반드시 염두에 두셔야 합니다.

우리나라는 연말 휴가에 대해서는 어느 정도 용인이 되지만 새해 벽두부터 휴가를 간다는 것은 생각하기 어렵습니다. 그런데 중남미에서는 연초 휴가가 당연시되는 그런 분위기입니다. 1월 6일 동방박사의 날(Reyes Magos/레예스 마고스)이라는 종교휴일이 있는데, 우리나라 어린이날에 부모가 어린 자녀에게 선물을 사주거나 함께 놀아주는 것처럼 이 날도 그런 의미가 있습니다. 원래는 세 분의 동방박사가 하늘의 별을 보고 갓 태어난 아기예수를 찾아가 예물을 바치며 탄생을 축하한 날을 기념해서 스페인에서 종교축제(1월5일 전야제)를 벌이던 전통을 멕시코 등 중남미 여러 나라들이 이어받아 1월6일이 공휴일로 지정되어 있는 경우가 많습니다.

어린이나 이들을 둔 부모에게는 성탄절보다 더 큰 축제로 여겨지는 경우도 있을 정도로 이 날을 지나기 전까지는 우리나라의 연말 분위기가 그대로 이어지며, 이 날을 지나고서도 한참동안 휴가 분위기가 이어져 1월 15일, 심하면 1

월말까지 진행되는 경우도 나타납니다. 2월부터 모든 게 정상으로 돌아간다고 생각해도 과언이 아닐 정도로 중남미에서 12월부터 1월은 출장가기에 부적절한 시기이며, 긴급한 연락도 주고받기 어려워질 수 있으니 주의하셔야 합니다.

국가별 공휴일에 대해서는 KOTRA 각 중남미 무역관 홈페이지(www.kotra.or.kr)에 안내되어 있으니 언제든 바로 확인해보실 수 있습니다. 본 책자 '기독교를 알아야 중남미가 보인다.'편에서 중남미 종교휴일에 대해 소개되어 있으니 참고가 되실 겁니다.

중간 경유지 휴식

중남미는 한국과 지구상 반대편에 있어 가장 멉니다. 아프리카보다 더 멉니다. 비행기로 한 번에 가는 경우는 멕시코가 유일한 경우입니다. 다른 나라들은 반드시 미국이나 캐나다 또는 유럽 등 중간 기착지를 경유해야 중남미에 발을 디딜 수 있습니다. 비행시간 및 공항 내 환승/대기시간을 합하면 20시간 이상 소요되는 경우도 흔하므로 비즈니스석이 아닌 이코노미 석으로 여행하는 분들은 중남미 여행 한 번 잘못하고 나면 몸져누울 수 있습니다. 보통 뉴욕이나 LA, 애틀랜타 등지에서 갈아타고 들어가게 되는데, 공항 내에서 몇 시간을 대기하다가 중남미 비행기로 갈아탄 다음 5~15시간 정도 또 여행하다 보면 탈이 나기에 십상입니다. 젊고 건강할 때에는 그나마 버틸 수 있는데 나이 들고 체력이 허해진 상태에서는 건강을 잃을 수도 있는 만큼 중간 휴식에 주의하셔야 합니다.

LG나 삼성 등 일류대기업들은 글로벌 기업답게 장거리 여행할 경우 직원들에게도 비즈니스 석을 제공해주니 별 문제 없겠지만 공무원이나 공기업, 중소기업 직원들은 알아서 각자 휴식을 챙겨야 합니다. 중간 경유지 공항 인근 호텔에서 하룻밤 묵고 가는 것이 무난한 방법인데, 여의치 않을 겨우 공항 내 적절한 휴식처를 발굴하거나, 기내 삼등석에서 숙면을 취하는 요령 터득(?) 등도 방법이 될 것입니다.

우리 현실은 녹록치 못해 알면서도 무리를 하는 경우가 다반사인 것 같습니다. 중소기업의 경우 나이든 CEO분들도 경비 절감을 위해 이코노미를 타시는 분들도 많은 것 같습니다. 중간 휴식 문제를 어찌 모르겠습니까마는 자고로 시간은 돈이라는 격언을 금과옥조로 삼아온 우리 기업인에게는 한가한 소리로 들릴 수도 있을 것입니다. 하지만 건강을 잃으면 모든 게 부질없는 것이 아닐까요?

| 치안 문제

사실 미국이나 유럽, 중남미 등 여러 곳을 여행하다보면 우리나라처럼 치안이 좋은 나라가 없다는 사실에 놀라게 되며, 아마도 감사한 마음을 갖게 될 겁니다. 중남미는 특히나 치안이 안 좋습니다. 거의 대부분의 나라가 그렇습니다. 멕시코, 브라질, 과테말라, 온두라스, 엘살바도르, 베네수엘라, 콜롬비아, 페루, 아르헨티나, 파라과이 등등 정도의 차이는 있지만 오십보백보입니다. 그나마 사정이 나은 곳이라면 칠레와 쿠바, 코스타리카, 우루과이 정도겠지만 여기도 마음 놓을 수 있는 곳은 아닙니다.

현지에 도착하게 되면 강도나 납치를 당할 수 있으니 택시를 타는 것도 조심해야 하고, 핸드폰이나 지갑, 여권 등 분실 내지 소매치기를 조심해야 하고, 야간에는 길거리를 배회하지 말아야 한다는 등의 주의를 당부 받게 됩니다. 다 같은 사람들이고, 중남미 사람들이 친절하고 온화하니 괜찮겠지 생각하면 오산입니다. 중남미는 빈부격차가 심하다보니 치안이 안 좋을 수밖에 없습니다. 사람이 좋다는 것은 우리 기업인이나 공무원들이 접하는 수준의 평상시 일반 국민들이 그렇다는 것이지, 소외계층이나 사회 불만 계층은 어느 나라에나 있지 않겠습니까? 중남미가 특히 심한 것입니다.

ㅣ 식수 문제

중남미에서 물 갈아 마시고 배탈 나는 경우가 많습니다. 특히 수돗물을 그대로 마실 경우 석회수나 아메바 등이 있어 배탈 나기 십상이므로 주의가 필요합니다.

사먹는 물(agua/아과)에는 보통 두 종류가 있습니다. 가스가 있는 꽁가스(Con gas)와 가스가 없는 싱가스(Sin gas)입니다. 우리가 보통 먹는 식수는 싱가스이며, 꽁가스는 사이다에서 단맛을 뺀 탄산수 정도로 보시면 됩니다. 기호에 따라 꽁가스 드시는 분들도 많습니다만 잘 모르시면 "아과 싱가스"로 주문하시는 게 무난합니다.

ㅣ 고산증 문제

고산증을 유발하는 고지(高地) 문제는 중남미 모두의 문제는 아니고 일부 국가에만 국한됩니다. 보통 해발 2천 미터 이상을 고지로 봅니다. 물론 그 이하 높이라도 이상 증세가 나타날 수 있으니 몸을 피곤하게 만들지 않도록 조심하셔야 합니다.

대표적인 고지로 볼리비아의 라파스(3,600m/ 공항은 4,200m), 에콰도르의 키토(2,850m), 콜롬비아의 보고타(2,650m), 멕시코의 멕시코시티(2,250m) 등이 전형적인 고원 도시로 손꼽힙니다.

고지에서는 산소 부족으로 두통이나 호흡곤란, 불면증 등 고산증세가 나타날 수 있으며, 술도 저지에서는 잘 드시던 분들도 고지에서는 이상 증세가 나올 수 있으니 과음은 금물입니다. 중남미에서 낭만적인 밤을 만끽하려다 앰뷸런스로 실려 가는 경우도 나옵니다.

고산 도시로 출장 가서 혹시 머리가 아프다면 아스피린이 도움이 될 수 있으며, 어지럽거나 호흡하기 곤란하면 호텔 프론트 데스크에 산소 호흡기를 부탁해보시고, 대사관에 산소호흡기가 비치된 경우도 있으니 대사관 도움도 요청해보실 수 있을 겁니다. 보고타 등의 경우 KOTRA 무역관을 찾아가셔도 산소를 간이 공급받을 수 있습니다.

하지만 주의하실 점이 있습니다. 고지인줄 모를 때에는 멀쩡히 잘 지내다가 고지라는 점을 인지하고 난 후에 이상반응을 호소하시는 분들도 나옵니다. 다분히 심리적인 요인이 큰 데, 3천 미터 이하는 대부분 고지 증세 못 느끼고 무사히 넘어가는 경우가 일반적입니다. 산소가 부족하다는 점을 너무 심각하게 받아들일 경우 신체가 과민반응을 보일 수도 있으니, 다 같은 사람 사는 덴데 하며 편안하게 생각하시는 것이 바람직합니다.

무역사절단으로 참가하는 기업인들 중 여기가 백두산 높이인데 호텔마저 고층을 주면 어떻게 하느냐며 저층으로 낮춰달라고 하는 경우들이 나옵니다. 그런데 15층이나 5층이나 사실 거의 차이가 없습니다. 과도한 불안감은 자신에게 오히려 독이 될 수 있으니 평정심을 잃지 않도록 하는 것이 중요합니다.

ㅣ 풍토병 문제

중남미 열대 저지의 경우 고산증이 없는 대신 황열병, 말라리아, 뎅기열, 지카 바이러스 등 풍토병이 있으니 각별히 주의하셔야 합니다. 일부 국가는 황열병 예방접종카드가 없으면 입국이 불허되는 나라들도 있으니 반드시 확인해보셔야 합니다. 보고타에서 코스타리카로 여행하려다 출국이 안 된 경우도 있었습니다.

필자도 도미니카 공화국 근무 시절에 뎅게(Dengue)라고 불리는 모기에 물려 입원했던 적이 있었습니다. 황열병과는 달리 사전 예방약이 없다보니 모기에 물리지 않도록 조심하고, 특히 면역력이 떨어지지 않도록 몸이 극도로 피곤한 상태를 만들지 말아야 합니다. 과로는 면역력을 떨어뜨리므로 중남미 출장시 고지건 저지건 과로는 절대 금물입니다. 상세한 내용은 '역사를 바꾼 풍토병 이야기'편을 참고해보십시오.

제2부

중남미와 한국 간 재미있는 문화 차이

HOLA

제9강 중남미의 재미있는 관습

| 소녀에서 여인으로! - 낀세아녜라(Quinceañera)

스페인의 유명가수 훌리오 이글레시아스(Julio Iglesias)가 부른 "소녀에서 여인으로(데니냐 아무헤르/de niña a mujer)"라는 유명한 곡이 있습니다. 들어보셨나요? 소녀였던 딸이 여인이 되어 아빠 곁을 떠나갑니다. 사랑하는 딸이 커가자 아빠는 딸이 자신의 곁을 떠날 날이 두려워집니다. 더 이상 성장이 멈추기를 바래보기도 합니다. 하지만 야속한 세월은 흘러가 딸을 자신의 곁에 두고 볼 수 없게 됩니다. 사랑하는 딸에 대한 진한 그리움이 여운으로 깔립니다. 이처럼 소녀가 여인이 된다는 것은 가족을 중시하는 중남미 사람들에게 매우 중요한 의미를 갖습니다. 아빠의 섭섭한 마음을 담아 니냐(소녀)가 무헬(여인)이 됨을 축복해주는 낀세아녜라 전통의 유래와 내용 및 시사점 등을 함께 찾아보십시다.

중남미에 살다보면 낀세 축제(Fiesta de Quince) 내지 낀세아녜라(Quinceañera)라는 독특한 행사를 종종 접하게 됩니다. 우리에겐 없는 매우 생소한 개념입니다. 낀세란 스페인어로 15를 의미하며, 낀세 축제란 만 15세 기념 생일파티인데 여자만 해당이 됩니다. 즉, 열다섯 살 처녀가 낀세아네라이며, 애칭으로 낀세아네리따(quinceañerita)로 불러주기도 합니다. 열다섯 살을 기점으로 소녀(Niña)가 여인(Mujer)으로 인정받게 되는데, 이러한 성인식을 나라에 따라 낀세아네라(멕시코, 콜롬비아 등) 또는 낀세축제(Fiesta de quince/아르헨티나, 페루 등)라고 부르는 겁니다. 서로 혼용되기도 합니다.

아스텍 전사의 모태, 미사와 왈츠의 융합 - 낀세 축제 유래

낀세 축제는 B.C.500년경 아스텍 제국에서 발원한 것으로 알려져 있습니다. 나라와 종족을 지키는 전사(戰士/warrior)가 중요시되던 시기였습니다. 남자는 15세가 되면 어엿한 전사가 되었으며, 여자는 이제 아이를 낳을 수 있는 미래 전사의 어머니로 비춰졌습니다. 15세를 기점으로 생물학적으로나 상징적으로 소녀(niña/니냐)가 여인(mujer/무헤르)으로 바뀌는 것을 공동체 내에 알리고 성인으로서의 책임을 부여했었습니다.

이러한 아스텍 문화 토양을 바탕으로 스페인 가톨릭 문화가 접목되어 경건한 미사 형식과 경쾌한 왈츠가 융합된 오늘날의 낀세 축제로 발전된 것입니다. 이 낀세 축제는 중남미 여러 나라에서 시행되고 있는데, 한 번 둘러보도록 하겠습니다.

*** 흥미진진한 중남미 주요국별 낀세 축제, 어떻게 진행되나?**

우리나라에 돌잔치가 있듯이 중남미엔 낀세가 있습니다. 다만 여자에게만 열다섯 돌잔치를 베풀어준다는 점이 이채롭습니다. 낀세 축제는 필자가 살았던 나라들에서 흔히 볼 수 있었습니다. 이 나라들을 중심으로 대표적인 유형을 살펴보겠습니다.

멕시코 낀세

멕시코 낀세 축제는 종교색이 강합니다. 가장 먼저 하는 것이 감사 미사를 드리는 겁니다. 만15세 생일을 맞은 소녀는 최초로 화장을 하고, 우아한 핑크색 내지 흰색 드레스를 입고, 보석 등 화려한 장신구로 치장한 후에 부모(생물학적 부모) 및 대부모(종교적 부모)와 동료, 친척 등과 함께 성당에 도착하여 감사 미사를 드립니다. 이 미사에서 대부모가 묵주(로사리오)나 성직자로부터 축복받은 목걸이 및 왕관(tiara)을 소녀에게 증정하게 되는데, 이로써 소녀는 직계 가족들에게 공주로서의 이미지를 각인시켜주게 되는 것입니다. 동료들은 남녀가 쌍을 이뤄 보통 7쌍 내지 15쌍이 참가하는데, 공주를 모시는 시종 역할을 하게 됩니다.

미사를 거치며 소녀가 여인이 됩니다. 성인으로서 대우를 받게 되어 성인 파티에 참석하거나, 화장한 모습으로 대중 앞에 나설 수 있게 되며, 보석 등 장신구를 달거나 하이힐을 신는 것 등이 허용됩니다. 그래서 미사가 끝난 다음 축하 리셉션 파티가 열리게 되는데, 그 장소로는 보통 주인공 집이나 호텔, 카지노, 공공장소 등이 선택됩니다.

축하 파티는 하객들이 모두 자리를 메운 다음 주인공의 공식 입장으로 개시되며, 부모나 대부모의 사회로 축배를 들고 나서 주인공과 아빠 간 왈츠 춤을 추게 됩니다. 아빠 다음에는 직계가족 및 대부모와 남자 시종 역할을 한 동료들, 기타 친구들과 돌아가며 춤을 추게 됩니다. 이때에 '최초의 하이힐'(쁘리멜 따꼰 알또/Primer tacon alto) 및 '최후의 인형'(울띠마 무녜까/Ultima muñeca) 증정 행사가 진행되기도 합니다. 최후의 인형 증정식은 이제 성인이 됐으니 더 이상의 인형은 없다는 의미로 마야 문화에 뿌리를 두고 있습니다.

도미니카 공화국 낀세

도미니카 공화국의 경우 멕시코와 비슷한 과정을 밟는데, 감사 미사로서 시작된다는 점은 같으나 왈츠 춤을 추는 순서가 주인공과 아빠가 첫 스타트를 끊는 것이 아니라 왈츠 마무리 단계에서 피날레 의식으로 딸과 아빠가 왈츠를 춥니다. 처음에는 주인공과 파트너가 왈츠 개시를 하되, 하객들도 거의 동시에 왈츠를 추며, 카리브 지역답게 메렝게와 팝, 살사 등 요소를 가미하여 왈츠를 춘다는 특색을 갖고 있습니다.

콜롬비아 낀세

멕시코의 경우 가족 친지 모두가 주인공과 함께 행사장에 도착하는데 비해 콜롬비아는 주인공 소녀가 아빠와 함께 등장하면 미리 대기해있던 엄마와 여타 친척 및 친구들이 주인공 부녀를 영접하면서 축제가 시작됩니다. 주인공이 아빠와 먼저 왈츠를 추고, 오빠나 남동생 또는 대부와 삼촌들이 그 다음 순서가 됩니다. 이어 친구들과의 댄스로 이어지다가 라이브 밴드 음악으로 바뀌게 되는데, 밤 시간이 깊어지면 드디어 오라 로까(Hora Loca/광란의 시간)의 장이 펼쳐지게 됩니다. 하객들은 우스꽝스런 가발이나 가면을 쓰고 빠른 템포 음악에 맞춰 호각 등을 불며 분위기를 한 것 고조시킵니다.

아르헨티나 및 페루 낀세 (*우루과이, 파라과이, 볼리비아도 유사 유형)

주인공(낀세아녜라)이 아빠와 함께 도착 후 잔잔한 음악이 깔리고 행사장 공식 입장으로 축제가 시작됩니다. 아빠가 먼저 주인공과 함께 왈츠 춤을 추고 친구나 친척에게 인계를 합니다. 댄스는 1차부터 4~5차시기까지 나눠어 진행되며, 식사는 중간 중간 제공됩니다.

2차 댄스 후 디저트 시간에 주인공의 생일 회고 비디오 영상이 공개되며, 경우에 따라 15양초(Quince Candela) 의식이 진행되기도 합니다. 양초 15개를 주인공이 자신의 인생에 가장 많은 영향을 미쳤다고 판단되는 15명에게 양초를 하나씩 나눠주고, 각자가 그녀에게 어떤 도움을 주었는지 회고하며 감사 인사를 하는 것입니다. 보통 건배 및 케이크 절단을 종료단계 식순으로 하고 피날레 댄스를 추며 축제는 막을 내리게 됩니다.

주인공 의상은 결혼식 신부 의상을 떠올리면 됩니다. 하객 복장도 결혼식 하객 정장으로 보시면 됩니다. 축제장에는 풍족한 음식과 주류가 준비되어 있습니다. 입고 먹고 마시는 것은 중남미 어느 나라나 별 차이가 없을 겁니다. 낀세 축제는 어느 나라건 보통 6시간 정도 진행이 되니 체력이 뒷받침되어야 초청을 받더라도 축제를 끝까지 가볼 수 있겠지요?

히스패닉, 대부, 가문, 이벤트 - 낀세 축제와 시사점

중남미의 오랜 전통이 되어온 낀세 축제는 21세기에도 지속되고 있으나 조금씩 변화되는 모습을 보이고 있습니다. 예컨대 15세 이전 소녀시절에는 금기시되던 대중 앞에서 춤을 추는 행위 같은 것도 타파되는 추세에 있고, 하이힐도 행사 후에 신는 것이 아니라 처음부터 신고 나오는 사례 등도 늘고 있습니다.

낀세 축제는 비단 중남미뿐만 아니라 미국에서도 시행되고 있는데, 텍사스 등 미국 남부 지역에 멕시코 이주민을 비롯한 히스패닉들이 많이 살다보니 중남미의 전통적인 낀세아녜라 문화가 미국 경제에 일익을 담당하고 있습니다.

낀세 축제에 비용이 얼마나 들어갈까요? 중산층의 경우 보통 미화 5~6천불 정도 소요되는데, 부모가 자금이 부족하면 친지나 대부(代父/Compadre/Padrino/Godfather)의 도움에 많이 의지하게 됩니다. 부유층의 경우에는 보통 1만5천불, 많게는 3만 불 이상도 쓴다고 합니다. 왜 이렇게 차이가 나는가 하면 모든 걸 고급으로 격상시키는 탓도 있지만 신문 광고료가 차지하는 비중도 크다고 합니다. 중남미 신문들을 보면 낀세아녜라 개최 공고가 많습니다. 자신의 성공을 과시하며 가문을 빛내고 싶어 하는 의욕도 한 몫 한다고 볼 수 있겠습니다.

낀세 축제를 전문적으로 대행하는 이벤트 회사도 있습니다. 낀세 축제에서 비즈니스 힌트를 얻고자 하면 더 멋있게 더 창의적으로, 소중한 내 딸을 위한 축제에 돈을 아낌없이 쓰고자 하는 상류층 중남미 및 미국 내 히스패닉 아빠들을 사로잡을 기발한 상품과 아이디어가 요구됩니다.

| 꼼빠드라스고

가톨릭과 꼼빠드레 낀세 축제에서 대부 얘기가 나왔지요? 대부(代父)는 꼼빠드레(Compadre) 또는 빠드리노(Padrino)로 표현되며, (영어로는 Godfather) 꼼빠드라스고(Compadrazgo)는 대부관계(代父關係)를 의미합니다. 중남미는 가톨릭 국가라는 점은 잘 아실 겁니다. 가톨릭이든 개신교든 기독교 국가에서 세례는 중요한 의식입니다.

피정복민의 복종 유도 세례 - 대부제도의 기원 대부 제도는 15세기 신대륙 발견이후 유럽에서 중남미로 이식되어온 것입니다. 원주민 정복 과정상 필요에 의해 현지 원주민 신앙과 조화된 형태의 가톨릭 세례가 피정복민들의 복종을 유도하기 위한 종교의식으로 치러지면서 대부관계 즉, 꼼빠드라스고가 중요한 역할을 담당하게 된 것입니다. 우리나라 천주교 신자들 사이에서도 세례명을 쓰고 대부를 세우는 등 종교적 뿌리를 함께 하는 분들에겐 친숙한 제도가 될 것으로 보입니다. 다만 중남미의 경우 뿌리가 깊고 전 국민적으로 광범위하게 시행된다는 점에서 차원을 달리하는 것 같습니다.

나도 누군가의 대부가 될 수 있을까? 어린 자녀가 세례를 받을 때 대부모(Compadres)를 세우게 됩니다. 대부모는 아무나 될 수 있는 것이 아닙니다. 어느 정도 경제적 여유가 있어야 합니다. 대부모가 된다는 것은 대자녀 즉, 생물학적 자녀가 아닌 종교 자녀의 인생을 뒷바라지 해주겠다는 책임을 떠맡는 것을 의미하기 때문입니다. 신앙생활 후견은 물론 교육과 결혼 및 낀세 축제등도 챙겨줘야 합니다. 그야말로 평생을 가족처럼 끈끈한 연을 맺게 되는 겁니다. 그래서 경제적 사정이 넉넉지 못한 생물학적 부모는 사회적 명망이 있거나 경제적 여유가 있는 분을 대부모로 모시기 위해 많은 노력을 들이게 됩니다.

꼼빠드레(대부)라는 말이 스페인에서는 종교적 요소를 배제한 단순히 최고의 친구(best friend)라는 의미로도 일부 쓰이고 있고, 아르헨티나나 파라과이 등에선 허풍쟁이 내지 떠버리 등 부정적 의미로 쓰이는 경우도 일부 있습니다. 대부가 있으면 대모(代母/꼬마드레/Comadre)도 있기 마련입니다. 대모를 맡는다(Comadrear)는 말이 영어의 가십(gossip/험담, 수다)과 같은 의미로 통하는 걸 보면 대부모와의 관계가 항상 원만하기는 어렵고, 현실적으로 보면 갈등이 빚어지는 경우가 많음을 보여준다고 하겠습니다.

불균등 상호부조 - 대부관계의 사회적 의미와 변화 그럼에도 불구하고 일반적으로 중남미 각국 가정이나 미국 내 히스패닉 가정에서 대부로 위촉된다는 것은 평생의 광영(great lifelong honor)으로 받아들여진다는 점에서 중요한 의미를 갖습니다. 그래서 능력이 되는 분들은 열 명 이상 많은 대자(代子)를 갖게 되는 경우도 있으며, 이는 그의 사회적 위상 제고에도 자연스레 도움이 됩니다. 이 부분에서 뚫기 어려운 중남미 시장 진출과 연관 지어 우리에게 함축하는 의미를 찾아보실 수 있을 겁니다.

대부모 제도는 일종의 상호부조 시스템으로 볼 수도 있으나, 우리 한국인에게 익숙한 균등 상호부조와는 거리가 먼 불균등 상호부조라는 점에서 경제적 불평등성을 일부 해소해주는 사회적 순기능과 함께 끈끈하고 강력한 비공식 연줄로 작용함으로써 특정 개인에게는 유익을, 사회에는 불이익을 주는 역기능 또한 갖고 있다고 볼 수 있겠습니다.

멕시코 등지에서 대부가 되기 위해 성대히 치러왔던 대부 연회 등 행사는 이에 소요되는 막대한 비용 부담으로 점차 축소되는 등 변화를 맞고 있기도 합니다만, 동 제도는 칠레, 페루, 콜롬비아, 파나마, 멕시코, 브라질 등 중남미 여러 나라에서 오늘날까지 살아 숨 쉬고 있습니다.

다만 시간을 잠식당하기 싫어하는 바쁜 현대생활에서 일부 침해적 요소가 지적되고 있는 종교적 색채는 약해지는 추세에 있습니다. 그렇지만 대부 관계 전통은 어린 자녀들을 돌보고 보호해주는 문화유산으로 계승되고 있으며, 영적 유대관계와 사회적 관계를 형성하는데 효과적인 수단으로서 기능하고 있는바 먼 안목과 긴 호흡으로 중장기적 비즈니스 연결고리로도 활용해볼 수 있겠습니다.

ㅣ 산후조리?

계속 가족얘기가 나오고 있으니 출생에 관한 문화차이도 짚어보겠습니다. 중남미 사람들과 우리나라 사람들 간 신체구조 내지 의식구조에 분명 차이가 있는 것 같습니다. 산후조리 문제에 대한 중남미 의사나 간호사들의 시각을 보면 현격한 시각차가 드러납니다. 때로는 경악을 금치 못하기도 합니다. 산후조리? 그게 뭔데요?

필자는 중남미에서 자녀 출산을 지켜봤습니다. 미국 원정출산이나 한국 임시귀국출산도 검토해봤으나, 그간 만나본 현지 의사들의 실력에 믿음이 간 탓인지 필자가 몸담고 있는 나라의 현지의술을 믿고, 불안해하는 아내를 달래 현지출산을 강행했습니다. 병원설비나 의사 실력 모두 양호했습니다. 무사 출산은 성공했습니다. 그런데 기막힌 문제가 하나 발생했습니다.

아기를 낳고 출산실을 나와 회복실로 옮기자 간호사가 샤워하라고 하였습니다. 그런데 샤워실 가서 보니 찬물만 나오는 겁니다. 따뜻한 물 나오게끔 해달라고 했더니 별 이상한 사람 다 봤네 하는 반응을 보였습니다. 사실 과테말라가 더운 나라도 아닙니다. 조석으론 쌀쌀할 때도 있으니까요. 때론 손이 곱기까지 합니다.

문화의 충격이란 게 바로 이런 거구나 하는 생각이 들었습니다. 정말 황당했습니다. 한국식 문화에서는 아무리 무더운 여름이라 해도 출산 직후는 물론 산욕기 중에는 찬물 샤워가 금기로 되어 있다는 점을 설명했습니다. 그런데도 지금까지 아무런 문제도 없었다며 찬물로 샤워하라고 채근하였습니다. 의사를 불러달라고 했으나, 의사도 동일한 반응이었습니다. 그래서 동양인은 서양인과 신체 구조가 다르다는 찬물 샤워 불가론을 고집하자 어렵사리 따뜻한 물로 샤워할 수 있었습니다.

골격이나 근육량에 차이가 있어서 서양인은 출산 후 찬물샤워에도 산후풍과 같은 출산 후유증이 없다고들 합니다. 우리나라 여성들보다 체구가 큰 앵글로색슨계 서양인과 달리 중남미 사람 등 라틴계 서양인은 우리와 체구가 비슷한데도 찬물샤워에 아무런 문제가 없다는 걸 보면 뭐라고 설명할 수 있을까요?

더구나 출산 당일 바로 퇴원해서 빨래하고 밥하는 등 정상 생활하라는 겁니다. 병원에 오래 있는 게 안 좋다며 빨리 나가라는 것입니다. 산통의 수고를 충분히 인정받지 못하고 산후 조리 필요성조차 인정받지 못하는 중남미 여성들이 갑자기 불쌍하다는 생각이 들었습니다. 하지만 필자 사무실에 근무하던 현지인 여직원은 네 아이 엄마인데, 산후조리 개념조차 몰라 산후조리 안하는 것을 당연하게 받아들이는 모습, 바로 그것이 문화충격이었습니다.

ㅣ 피냐타(Piñata)

출산을 했으니 생일 파티도 해줘야합니다. 자녀들은 어느 나라나 부모에게 가장 소중한 존재니까요. 자녀 생일을 맞게 되면 부모로선 뭔가 기념이 되고, 아이에게 행복감을 만끽하게 해줄만한 뭔가를 찾게 됩니다. 중남미에서는 그 뭔가가 바로 삐냐따입니다. 과테말라, 멕시코 등 중남미 여러 나라에 고유문화로 정착되어 있습니다.

자녀 친구들이 모일 장소를 정해서 그곳 천정에 삐냐따로 불리는 커다란 종이 샌드백 같은 것을 미리 달아둡니다. 종이 백 모양은 보통 월트 디즈니 만화 캐릭터 등 어린이들에게 친숙한 아이콘 모습을 띠고 있습니다. 친구들이 보통 자신들의 부모와 함께 모두 모이면 생일을 맞은 자녀가 막대를 들고 삐냐따를 힘껏 때립니다. 그때 친구들은 힘내라는 구호를 외치며 응원해줍니다. 서너 차례 치면 종이 백이 찢어지며 그 안에서 선물들이 조금씩 떨어지게 되는데, 박수 치며 야단이 납니다. 한두 차례 더 타격을 가하면 선물이 와르르 쏟아지게 됩니다. 아이들은 동심에 푹 빠져 환호하며 선물들을 줍느라 행복감을 만끽하게 됩니다.

선물은 주로 과자, 사탕 등이 주종이며, 장난감이나 학용품이 일부 들어가는 경우도 있습니다. 고급품을 쓰느냐 저가품을 쓰느냐 하는 문제와 1인당 평균 선물 양을 어느 정도로 하느냐 하는 것은 부모 경제력에 따라 조금씩 달라집니다. 부모 대신 유치원에서 치러주는 경우도 있고, 부모가 직접 별도 장소를 섭외하여 개최하는 경우도 있습니다.

선물들로 꽉 채우는 바로 그 종이 샌드백도 삐냐따인데, 이러한 행사 자체를 삐냐따라고 부르기도 합니다. 이러한 행사용품을 전문적으로 공급하는 상점이 별도로 있는데, 삐냐떼리아(piñateria)라고 부릅니다. 중남미에서는 이 삐냐떼리아가 쏠쏠한 재미를 보고 있습니다. 필자도 자녀에게 삐냐따 행사를 치러주느라 여러 삐냐떼리아를 둘러봤는데 각양각색의 피냐타를 선보이며 아이들과 부모들을 유혹하고 있었습니다.

우리나라에도 이런 문화가 도입되면 아이들이나 부모들의 행복지수가 더 높아질까 하는 생각도 해봤는데, 우리나라는 워낙 비교들을 많이 하다 보니 아이들이 오히려 상처를 받는 경우도 생기겠다는 우려도 들었습니다. 비교를 잘 하지 않는 중남미 사람들에게는 이 삐냐따 제도가 가족과 친구들 모두의 행복지수 제고에 크게 기여하는 것으로 보입니다. 비록 가진 게 없어도 소박하고 조촐한 삐냐따 행사를 통해 행복감을 느끼는 그들로부터 배워야할 점이 분명 있는 것 같습니다.

삐냐따 행사에서도 엄연한 적자생존의 법칙이 존재합니다. 그래서 행사 주최 측에서는 행동이 굼떠 조금밖에 못 주은 친구를 위해 별도로 준비했던 선물을 더 얹어 줍니다. 그래서 결국 아이 친구 모두가 행복감을 느끼게끔 해줌으로써 자녀는 물론 친구들까지도 모두가 즐거운 추억으로 간직할 수 있도록 따뜻한 기획을 합니다. 삐냐따가 끝나면 케이크는 물론 햄버거나 피자 등으로 보통 흔히들 하는 생일 파티가 이어집니다.

| 4층과 13층

이제 비즈니스 관련 관습으로 넘어가기 전에 가족과 비즈니스 모두 해당되는 습속을 살펴보도록 해보겠습니다. 우리나라에서는 4층이 없는 경우가 있듯이 중남미에서는 13층이 없는 빌딩이나 아파트 등이 많습니다. 왜 그럴까요? 우리가 4자를 불길하게 생각하듯이 그들은 13자를 불길하게 생각합니다.

가톨릭을 믿는 중남미에서 13이라는 숫자의 의미는 예수 그리스도가 십자가에 못 박혀 운명한 날로서 모두가 불길하게 생각하기 때문에 13층에는 아무도 입주하려 하지 않습니다. 그래서 사무실이건 아파트건 13층이 없는 건물을 흔히 보게 됩니다. 4자 기피나 13자 기피나 모두 미신이라고 볼 수도 있겠지만, 이게 그대로 현실에 반영이 되니 그들과 비즈니스를 하려면 유념해야 합니다.

| 월금 기피증

또 하나 유념해야 할 것이 월금 기피 현상입니다. 월요일과 금요일 행사 개최를 기피한다는 의미입니다. 필자가 첫 부분에 설명 드렸던 중남미 사람들의 가치관 까르뻬 디엠(Carpe Diem)과 연관 지어 생각해 보시면 이해가 되실 겁니다. 휴일 늦게까지 춤추며 놀다보면 월요일 오전 행사 참여가 어려워지는 경우가 발생하는 겁니다.

그럼 금요일은? 인생은 즐기기 위해 사는 것이므로 일도 곧 즐기기 위해 하는 것입니다. 금요일이 되면 분위기가 들뜨게 됩니다. 금요일 오후부터 주말 모드로 들어가는 경우가 많습니다. 그러니 금요일 오후 행사에 참여도가 저조해질 수밖에 없습니다. 특히 13일과 겹치는 금요일은 행사 개최를 더욱 기피합니다. 필자 중남미 근무 시절 함께 일하는 현지인 직원들이 가끔 주의를 주었습니다. 오늘 13일의 금요일이니 아무데도 가지 말고 조심해서 귀가하라고요.

중남미에서 어떤 행사를 시급히 개최하고자 할 때에 시내 요지에 있는 합리적 가격대의 고급호텔 내 목 좋은 행사장을 잡는 것은 하늘의 별따기입니다.

화요일이나 수요일, 목요일이라면 거의 불가능하다고 봐야 합니다. 적어도 몇 달 전에 동나버리기 때문입니다.

그런데 월요일 오전이나 금요일 오후라면 행사장을 구할 수 있는 가능성이 커집니다. 모두가 기피하다보니 막판에서야 나가는 경우가 많기 때문입니다. 하지만 행사 성공 가능성은 당연히 희박해 집니다. 성공시키려면 훨씬 더 많은 노력을 들여야 합니다. 하루 전날까지만 해도 분명히 참석하겠다고 확약하고서도 당일이 되면 이 핑계 저 핑계로 안 와버리니 구멍이 숭숭 뚫린 좌석을 보며 한숨을 쉬지 않으려면 미리미리 대비책을 세워둬야 합니다.

우리는 시작시점을 중시합니다. 그래서 1월초부터 휴가를 가는 경우는 드뭅니다. 그런데 중남미에서는 12월 중순부터 1월 중순까지는 대부분 휴가철로 분류됩니다. 월요일도 우리는 각종 회의다 해서 중시합니다만 중남미에서는 주말 끝자락과 연결되어 있습니다. 월금 기피증을 허투루 생각하지 마십시오. 특히나 중남미에서 중요한 행사를 개최한다면 말입니다.

| 낀세나(Quincena)

우리는 보통 한 달에 한 번 급여를 받습니다. 그래서 급여 하면 바로 월급을 생각하게 되는데, 멕시코 등 중남미 여러 나라에서는 급여 하면 바로 이 낀세나를 떠올리는 분들도 많습니다. 낀세나는 15를 의미하는 숫자 낀세에서 나왔는데, 보름마다 한 번씩 받는 급여 형태입니다. 주급과 월급의 중간 형태인 격주급이 될 것입니다. 물론 우리나라나 북미, 구주 선진국에서도 격주급을 받는 사례가 있습니다만 중남미에서는 나라에 따라 또는 업종에 따라 다르긴 하더라도 상당히 선호되는 급여체계로 보입니다.

중남미에서 왜 낀세나가 발달하게 되었을까요? 그들은 내일보다 오늘을 중시하고, 낙천적이고 즐기기 좋아하는 DNA를 타고났기 때문이 아닐까 생각됩니다. 그들은 급여를 받으면 바로 쓰고 보는 성향이 있습니다. 물론 그중에는 쓰지는 않고 열심히 저축만 하는 중남미인도 있습니다만 주된 성향이라 보기는 어렵습니다. 그래서 월급제로 하다 보면 첫 2주 동안 돈을 다 써버려 잔여 2주간이 문제가 되는 경우가 나오기 때문에 인사관리 및 직원복지 차원에서 한 달에 두 번씩 급여를 타가는 낀세나가 발달한 것이 아닌가 싶습니다.

필자가 멕시코 근무하던 시절, 현지인 직원이 월급을 낀세나로 바꿔달라고 요구를 하더군요. 월급 타기 마지막 1주일을 버티기가 너무 힘들다는 이유였습니다.

그런가 하면 일급 사례도 꽤 있습니다. 하루 벌어 하루 먹고사는 극빈층의 경우 장장 15일을 기다릴 수가 없습니다. 일부 파출부들의 경우 매일같이 출근하면서도 매일매일 봉급을 타갑니다. 살기가 너무 힘들다보니 세제나 분유, 과자사탕, 팬티, 양말 등을 슬쩍슬쩍 빼가기도 합니다. 보통은 알고도 모른 척 눈감아줍니다. 그러다가 세제나 분유 등을 통째로 가져가라고 주면 그 다음부터는 그런 일이 없어지기도 하고 사람에 따라 더 심해지는 경우도 나와 주인과 갈등이 깊어지기도 합니다.

ㅣ 아고스또(Agosto)

아고스또는 영어의 오거스트(August)이니 8월이라는 의미입니다. 8월이 의미하는 바는 무엇일까요? 바로 여름 휴가철입니다. 중남미에서 아고스또를 한다(hacer el agosto)는 표현을 종종 씁니다. 8월을 한다니 도대체 무슨 의미인지 감이 안 잡히는데, 여기에는 두 가지의 의미가 내재되어 있습니다.

하나는 사업상 소소한 대박을 터트리는 겁니다. 노천 행사장에 수만 명이 운집해 있는데 갑자기 소나기가 퍼부으면 미처 준비 못한 참가자들이 너도나도 우산을 서둘러 사야하는 상황을 연상해보세요. 그리고 또 다른 상황을 볼까요? 축구장에서 뛰던 선수가 머리를 다쳐 피를 흘리다가 붕대로 싸맨 후 절묘한 골을 성공시켜 자국 팀의 승리를 견인한 경우 그가 우상이 될 것입니다그럼 탁월한 장사 수완을 발휘해서 챔피언 붕대라고 이름 지어 붕대를 팔고, 팬 수만 명이 축구장에서 자기 팀의 투혼 강조를 위해 붕대를 사서 머리에 감는다면 그 장사꾼의 붕대 매출은 크게 뛸 것입니다. 실제로 멕시코청소년 월드컵에서 벌어졌던 일입니다.

이렇게 행운이 따라줘서 사업에서 대박을 거머쥐는 경우 "아고스또를 해냈다"고 표현하는 겁니다.

원래는 포도 재배를 하던 스페인 농부들이 8월 달에 좋은 포도를 다량 수확해서 비싼 값에 팔아 큰 수익을 남기는 데에서 유래했다고 합니다.

또 하나는 스페인이나 중남미 사람들이 휴가를 중시하다보니 8월을 휴가의 달로 정해놓고, 이 한 달 동안 실컷 쓸 돈을 11개월 동안 벌어들이는 것입니다. 1년간 벌어 8월 한 달에 몽땅 쓰며 즐기자는 것이 그들의 꿈입니다. 중남미에서 휴가철은 나라에 따라 다른데, 7월이나 8월에 1차 휴가를 쓰고, 연말연시(12월 15일-1월15일)에 2차 휴가를 가는 경우가 많습니다. 짧게는 1-2주에서 길게는 한 달간 가기도 합니다. (여기서 한 가지 팁을 얻으셔야 합니다. 중남미에서 비즈니스를 하려면 연말연시는 반드시 피하라는 것을. 이 기간에 출장을 가시면 실패하기 쉽습니다. 공직자는 물론이고 기업인들도 만나기가 어렵습니다. 설사 약속이 잡혔다고 해도 갑자기 구실을 달아 깨질 가능성도 배제할 수 없습니다. 실제로 그런 사례가 발생하여 한국에서 세일즈 출장 오신 분이 난감해했었습니다.)

따라서 아고스또를 하겠다는 것은 나도 휴가를 가겠다, 돈을 벌어 인생을 즐기며 살겠다는 의지가 읽히는 문화적 표현이 되는 것입니다. 독자 여러분들도 중남미 관련 비즈니스에서 짭짤한 아고스또를 해내시고 휴가도 즐기시길 빕니다. 우리 모두의 아고스또를 위하여 살룻(건배)!

제10강 중남미 술 문화

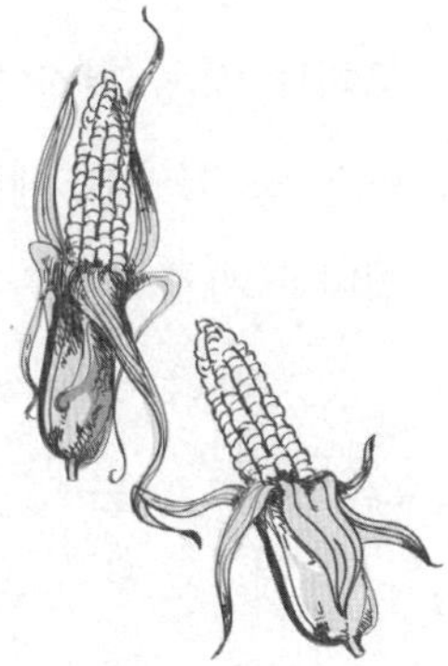

ㅣ 중남미 사람들이 즐겨 마시는 술은?

중남미 사람들이 마시는 술 종류는 참 다양합니다. 브라질이나 멕시코, 도미니카 공화국, 콜롬비아 등 많은 나라들이 고유 맥주 브랜드를 갖고 있으며, 각자 자기나라 맥주가 세계 최고의 맥주로 뽑힌 적이 있다는 자부심을 갖고 있습니다. 따라서 중남미를 방문하여 비즈니스를 할 때에는 그 나라 고유 브랜드 맥주를 시음해보고 좋은 평가를 해주면 좋은 관계를 다져가는 데에 도움이 될 수 있습니다. 중남미 사람들은 국가 자존심이 매우 강해서 외국인이 자국 문화상품에 대해 좋은 평가를 해주면 흐뭇해합니다. 중남미 10대 브랜드에서도 맥주 브랜드가 5개나 차지하고 있는 점에서 중남미 사람들이 맥주를 얼마나 좋아하는지, 여기서 어떠한 시사점을 찾아볼 수 있는지 생각해보시기 바랍니다.

하지만 중남미를 대표하는 술은 맥주가 아닙니다. 칠레나 아르헨티나를 가게 되면 대표주인 포도주를 시음해 보는 것이 바람직하며, 말벡이니 까베르네 소비뇽이니 하는 포도주 품종에 대해서도 기초 상식은 이해하고 드시는 것이 좋습니다.

쿠바나 도미니카 공화국 등 열대 카리브 국가들의 경우 럼과 칵테일 문화가 발달해 있습니다. 미국의 대문호 어네스트 헤밍웨이가 쿠바 거주 당시 즐겨 마셨던 모히또(mojito)는 쿠바는 물론 중남미를 대표하는 럼 칵테일이라고 볼 수 있습니다. 콜롬비아로 출장 와서 일단 맛을 보신 우리 기업인이나 공무원들도 모히토 맛을 잊지 못해 다시 발걸음 하는 경우도 있었습니다. 특히 조그마한 박을 말려 만든 예쁜 바가지에 인심 좋게 가득 부어주는 모히토가 출장자들 입맛을 사로잡기도 했습니다.

포도주나 맥주, 럼 등은 세계 여러 나라에서 맛볼 수 있는데 반해 중남미만의 고유한 술도 있습니다. 멕시코를 대표하는 떼낄라(Tequila)와 페루 및 칠레를 대표하는 피스코(Pisco), 콜롬비아를 대표하는 아과덴떼(Aguardiente/아구아르디엔떼) 등을 예로 들 수 있습니다. 와인, 럼, 테킬라, 피스코 등 주요 술 종류 관련 이야기는 국별 대표 아이콘.편에 담겨 있는바 참고하시기 바랍니다.

ı 중남미에서 폭탄주가 통할까?

중남미에도 우리 폭탄주 같은 문화가 없는 것은 아닙니다. 숩마리노(잠수함)라고 얼추 비슷한 것은 있는데 별로 알려져 있지 않고, 보편적이지도 않습니다. 다만 우리 폭탄주 문화를 소개해주면 대체로 잘 받아들이는 편입니다. 특히 폭탄주 제조과정을 직접 체험하게 해주면 좌중 분위기가 후끈 달아오르기도 합니다. 맥주잔을 10여잔 쫙 늘여놓고 소주잔 내지 위스키 잔을 그 위에 올려놓은 다음 손가락으로 도미노 현상을 시연하는 장면을 중남미 사람들이 신기해하고 재미있게 받아들이는 경향이 있습니다. 그들이 직접 체험토록 분위기를 잘 만들어주면 네트워킹에 도움이 될 겁니다. 폭탄주를 그들의 놀이문화와 접목시켜보면 재미있는 결과가 나올 수 있습니다.

| 안주는 가라. 깡술 문화와 기타 와인문화 등

중남미 사람들은 대체로 술을 잘 마십니다. 앞에서 언급했던 것처럼 춤추며 마시며 즐기는 것을 낙으로 삼고 살기에 술은 삶과 떼려야 뗄 수 없습니다. 그런데 의외로 안주 문화가 없거나 잘 발달해 있지 않습니다. 맨 깡술(강술)을 마시는 경우도 자주 목격됩니다.

필자가 콜롬비아 지방도시에 강의를 나갔던 때였습니다. 한국과 콜롬비아 간 자유무역협정(FTA) 체결(2012년) 이후 콜롬비아에서는 한국 시장에 대한 관심이 크게 일고 있었습니다. 이와 관련 현지 협회나 대학 등 주관으로 행사를 개최하면서, 한국과 비즈니스 기회 및 방법을 주제로 강의 요청이 쇄도하여 여러 도시로 강의를 다니게 되었습니다.

한국의 비즈니스 문화를 소개하는 부분에서 폭탄주가 언급이 되었는데 청중들의 관심이 집중되는 분위기가 조성되었고, 그 날 저녁식사 자리에서 시연회까지 열렸습니다. 그런데 문제는 식사가 끝나고 자리를 옮겨 본격적인 술자리가 열리는데 안주가 전혀 없이 강술들을 마시는 겁니다.

앞에서도 언급이 되었습니다만 새벽까지 춤추며 즐기길 좋아하고, 평소 쇠고기 등 기름진 육류 중심 식생활 때문인지 안주 없이도 새벽까지 끄떡없이 잘 버티더군요. 중남미에서 술자랑은 함부로 할 게 못되는 것 같습니다.

하지만 강술 문화가 중남미의 대표적 술 문화라고 얘기할 수는 없습니다. 술 종류도 다양하듯이 다양한 술 문화의 하나에 불과합니다. 예컨대, 아르헨티나나 칠레는 물론 강술 문화가 발달된 콜롬비아 등조차도 격조 높은 와인 문화가 매우 발달해 있습니다. 와인문화는 프랑스나 스페인, 미국 등 세계적으로 보편화된 일반 와인문화가 중남미에서도 적용된다고 보시면 될 것 같습니다. 테킬라나 피스코 등 중남미 고유주도 있으니 중남미 술 문화 관련 초청 에티켓 등 다른 각도에서 보고자 하시는 분은 성공 비즈니스 에티켓 편과 중남미 비즈니스 상담윤활유의 주요국별 대표아이콘 편도 아울러 참고해보시기 바랍니다.

| 중남미 사람들의 건배사

이제 건배사를 잠깐 살펴봅시다. 중남미에서 가장 보편적인 건배사는 살룻(Salud)입니다. 건강이라는 뜻인데 우리말의 건배의 의미로 쓰입니다. 독자 여러분들도 공식 석상이나 비공식 술자리에서 무난하게 써먹을 수 있는 표현입니다. "살룻 뽀르 아미스땃!(Salud por amistad!)"처럼 "우정을 위하여 건배!" 또는 "살룻 뽀르 네고시오 엑시또소!(Salud por negocio exitoso!)", "사업 성공을 위하여 건배!"하는 식으로도 사용할 수 있습니다.

이 살룻(Salud)을 브라질에서는 사우지(Saúde)라고 하고, 불어권에서는 상떼(Santé), 영어권에서는 치어스(Cheers)라고 합니다.

*** 토막 상식: '건강'이 건배사가 된 유래**

건강이란 표현이 어떻게 서양의 대표 건배사로 자리 잡게 되었는지 그 유래를 살펴보면 흥미로운 점이 있어 소개해 드립니다.

첫 번째는 고대 로마인들이 신에게 인사드릴 때에 "건강"을 외치던 것이 친지나 연인 앞에서 하는 것으로 발전된 것이라는 설이 있고, 두 번째는 고대 그리스인들이 친구들과 함께 술을 마시며 친구들의 행운과 번영을 기원하는 의미로 사용되기 시작했다는 설, 세 번째는 건배를 할 때에 "건강"이라고 외치면 신체적 건강을 유지할 수 있다고 믿는 19세기 초에 형성된 미신에서 유래했다는 설 등이 있습니다.

다른 건배사들로는 뭐가 있을까요? 공식적인 자리건 비공식 술자리건 중남미 기업인이나 공직자들과 서먹서먹한 분위기를 빨리 깨고 후끈 달아오르게 하고 싶을 때가 있겠지요? 그럴 때에 써먹을 수 있는 표현으로 '폰도 블랑꼬(Fondo Blanco)'가 있습니다. 폰도는 바닥이고, 블랑꼬는 희다는 의미이니 흰색 바닥을 드러내자, 곧 원 샷과 같은 표현으로 보시면 되겠습니다. 몇 순배 돌면 금방 친해집니다. 하지만 이 표현은 살룻처럼 중남미 어디에서나 보편적으로 통하는 표현은 아니므로 설명이 필요할 겁니다. 필자도 콜롬비아에서 배워 써먹어봤는데 반응이 참 좋았습니다. 외국인이 그것도 동양인이 자기들의 고유 건배사를 외쳐대니 신기하기도 하고 재미도 있었던 것입니다.

다른 건배사를 하나만 더 볼까요? '아리바 아바호 알센뜨로 아덴뜨로(Arriba, abajo, al centro y adentro)!' 건배 제창자가 일어서서 모두 술잔을 들게 하고 술잔을 머리 위로(아리바) 올리는 시늉을 했다가 머리 아래로(아바호) 내립니다. 이어 팔을 쭉 뻗어 술잔을 상대방 머리 중앙 부분으로(알센뜨로) 가져갔다가 자기 입안으로(아덴뜨로) 쭉 털어 넣는 것입니다. 건배 동작에 맞게 화음을 맞춰 건배사를 큰 소리로 또박또박 제창해야 분위기가 삽니다. 보편적인 표현이므로 중남미 어느 나라나 통용이 될 것으로 보입니다.

제11강 중남미의 독특한 사회 운영 시스템

중남미 문화에는 대부분 나라에서 통용되는 보편적인 사항도 있고, 일부 국가에서만 시행되는 특이사항도 있습니다. 중남미 문화를 특징짓는 특이사항들을 살펴보는 작업은 그들의 사고방식을 좀 더 깊이 있게 이해하면서 나름대로 각자 제 위치에서 시사점을 찾아볼 수 있다는 점에서 의미가 있겠습니다.

| 제비뽑기로 군복무를? 인생은 요행!

인생은 요행하면 복권 얘기인가 생각되실 수 있겠지만 제비뽑기를 통한 독특한 징병제도 이야기입니다. 필자가 보고타 근무 시절 시내 요지에 군부대가 있었고, 그 부대 바로 앞 아파트에 살았던 적이 있습니다. 그런데 매일 아침 6시에 기상나팔이 울려 퍼졌습니다. 옛날 우리 군대생활하며 듣던 것과 유사했습니다. 저녁 6시에는 항상 국가가 울려 퍼집니다. 국가는 군부대에서만 흘러나오는 것이 아니었습니다. TV나 라디오 방송들도 저녁 6시와 밤 12시가 되면 국가를 틀어주는 채널들이 많이 있었습니다. 국가를 하도 많이 듣다 보니 나중엔 따라 부르기도 했습니다. 우리 애국가는 뭔가 애절한 느낌이 드는데 반해 콜롬비아 국가는 경쾌했습니다.

군부대 앞이라 군 입대를 위해 모여든 입영 대상자들과 그 가족들의 모습도 간간이 눈에 띄였습니다. 부둥켜안고 작별을 아쉬워하는 가족들의 모습에서 우리와 정서적으로 닮았다는 느낌도 들었습니다. 그래서 어떤 징병제를 실시하고 있는지 알아봤습니다. 알고 나니 왠지 씁쓸함이 느껴졌습니다.

중남미는 대부분 징병제를 시행하고 있습니다. 군 복무기간은 일부 예외적인 경우를 제외하면 보통 12개월 내지 24개월인데, 제비뽑기를 해서 군복무 여부가 결정되는 특이한 제도를 운영하는 나라들이 많은 것 같습니다. 멕시코, 칠레, 콜롬비아 등이 대표적 사례라 할 수 있는데, 어떤 내용인지 함께 살펴보겠습니다.

칠레 군복무 추첨제

칠레의 경우, 우선 모병시스템을 통해 자발적 지원을 받아본 다음 목표 인원에 미달하는 경우 만18세 이상 남성을 대상으로 병무청(DGMN) 주관으로 추첨(Sorteo)을 실시합니다. 이 추첨은 매년 10월 전반부에 시행되며, 추첨 결과는 일간지와 홈페이지에 공지됩니다. 추첨결과 징집 대상자 명부에 포함되었으나 사정상 군복무를 할 수 없는 경우에는 30일 이내에 대체복무를 신청하거나, 요건을 충족하는 경우에는 아예 면제를 신청할 수도 있습니다.

멕시코 군복무 추첨제

멕시코의 경우, 매년 11월중 어느 일요일을 골라 각 시도별 특정장소에서 만18세 이상 남성을 대상으로 전국적으로 제비뽑기(Sorteo)를 시행하며, 동 추첨식에 참여하지 않으면 흰색을 뽑은 것으로 간주되어 군복무 하는 것으로 자동 결정됩니다. 제비뽑기는 보통 공이나 구슬 등을 이용하는데, 기본적으로 흰색과 검은색이 이용되며, 푸른색을 추가하는 경우도 있습니다. 이름을 부른 후 추첨함에서 흰색 공이 나오면 군복무대상자(Encuadrado)로 분류되어 이듬해 초부터 훈련을 받게 되며, (푸른색은 해군이 있는 지역의 경우에만 추가되는 것으로 해군 복무 대상자가 됨) 검은 색 공이 나오면 대기자(A Disponibilidad)로 분류됩니다. 1년의 대기기간 중 비상상황 발생 등 경우 군복무에 투입이 될 수도 있으나 보통은 면제되는 경우가 많다고 합니다. 이렇게 면제가 되는 경우에도 대기자로서 군 복무를 마쳤다는 증명서를 발급해준다고 합니다.

콜롬비아 군복무 추첨제

콜롬비아의 경우에도 유사한 제비뽑기 징병시스템을 갖고 있는데, 군복무자로 추첨이 되더라도 일정 금액을 납부하고 면제를 받는 제도가 있다고 합니다. 필자가 보고타 무역관장으로 근무할 당시 현지인 직원으로부터 본인이 그렇게 면제를 받았다는 경험담을 듣고 충격을 받았습니다. 더구나 우리에겐 불법이 아닌가 생각되는 그러한 방법이 합법적인 수단으로 인정된다는 말을 들으니 중남미와 우리나라는 사고방식 프레임 자체가 다른 측면이 있다는 점을 새삼 실감하게 되었습니다. 이러한 징병제 관련 문화 차이를 이해하는 것도 중남미 비즈니스에 약간이나마 도움이 되리라 생각됩니다.

우리나라의 경우 미군 카투사 모집에 추첨 제도가 적용되는 사례가 있기는 하지만 사행성(Aleatorio) 요소가 군 징병제도의 근간으로 작용하는 중남미 시스템과는 차이가 있는 것으로 보입니다.

소득이 자동 재분배? 독보적인 구역 계층화 시스템

해외 시장 공략을 위해서는 고객을 잘 알아야합니다. 부유층 고객인지 중산층인지 서민층 고객인지에 따라 마케팅도 차별화가 필요할 테니까요.

콜롬비아는 인구가 5천만에 육박하는 큰 시장을 갖고 있습니다. 중남미 국가 중 대표적인 친미 성향 국가로 알려져 있을 정도로 좌파와는 거리가 멉니다만 계층화(Estratificación)시스템이라는 소득 재분배 성격의 정책을 구사하여 국민들로부터 대체로 좋은 평가를 받고 있습니다. 우리나라를 포함해서 대부분의 나라들이 차별화를 꺼려해서 우리나라에서는 성공하기 힘든 제도일 것으로 보이는데 콜롬비아에서는 어떻게 운영되고 있는지 함께 살펴보도록 하겠습니다.

1~6구역 구역계층별 공공요금 차별 징수제도

각 도시별로 1계층부터 6계층까지 계층(구역) 구분을 합니다. 사실 계층(Estrato)이라는 표현을 쓰고 있지만 그 내용은 블록 내지 구역입니다. 개인 소득 수준이라는 인적 구분이 아닌 주거지를 중심으로 한 공공시설 이용 편의성 내지 생활 안전성, 서비스 접근도 등 지역적 개념이기 때문입니다. 그래서 계층을 알기 쉽게 구역이라는 용어로 바꿔 설명 드리고자 합니다.

1구역은 그 도시 내에서 가장 낙후된 구역, 6구역은 가장 살기 좋은 구역입니다. 인구분포도를 보면 3구역과 2구역이 많고, 구역이 올라갈수록 숫자는 당연히 줄어듭니다. 1~4구역이 전체 인구의 90%정도 됩니다(*1구역 16%, 2구역 29%, 3구역 34%, 4구역 11%, 5구역 7%, 6구역 3%*). 콜롬비아도 중남미 여느 나라와 같이 치안이 대체로 불안한데, 특히 1-2구역은 더욱 불안해서 외국인이 살기는 어렵습니다. 따라서 우리 같은 외국인은 보통 4~6구역에 삽니다.

그런데 세상에 공짜는 없는 법이니 생활여건이 좋은 만큼 그 값을 치러야 합니다. 주로 상류층이 사는 5, 6구역에서는 빈민층이 사는 1,2구역보다 훨씬 비싼 공공요금을 내야 합니다. 수도료 및 전기료 등이 구역별로 차별화되어 있고, 비싼 요금이 감당 안 되면 요금이 더 싼 구역으로 이사 가야 합니다. 예컨대 6구역 4인가족의 경우 두 달에 한 번씩 내는 수도료만 해도 한화로 10만원을 상회하는데, 1구역으로 옮기면 같은 양을 써도 요금이 절반 이하로 뚝 떨어집니다. 1~3구역 주민은 정부 보조금을 받고(할인요금), 5~6구역 주민은 사회기여금을 내는(할증요금) 효과가 요금체계로 반영되는 것입니다. 중산층인 4구역은 보조금도 안 받고 기여금도 안내니 공공요금 100%가 그대로 적용됩니다.

계층화(Estratificación)라 불리는 구역 책정은 5년에 한 번씩 조정을 합니다. 3구역이 4구역으로 상승하기도 하고, 그 반대로 4구역이 3구역으로 떨어지는 경우도 발생합니다. 구역 상승은 그 지역 주민들에게는 희소식이기도 하면서 안 좋은 소식이 될 수도 있는 두 가지 얼굴을 하고 있습니다. 동네 생활여건이 좋아진 만큼 공공요금을 더 내야하기 때문입니다. 그래서 주민들이 생활환경 개선사업에 반대하는 희한한 경우도 나오게 됩니다.

생활환경 변화를 정확히 제때에 반영하기는 어려운 측면도 있습니다. 그래서 생활여건은 좋은데 비해 등급은 낮은 데가 선호되는 현상도 나타납니다. 공공요금 절감을 희망하는 입주자들을 위한 주택업자들의 마케팅 포인트가 되기도 합니다.

이 계층화 시스템은 사회적으로 보면 소득재분배 기능을 자연스레 수행하고 있는 순기능적 역할을 갖고 있습니다. 고소득층이 저소득층의 공공요금 일부를 대신 내준다는 식으로 이해를 하게 되면 빈민층과 부유층간 괴리가 좁혀질 수도 있습니다. 중남미가 대체로 그렇듯이 콜롬비아도 행복지수가 높은데, 가난해도 스스로를 부자와 비교하지 않고 오히려 잘사는 사람들보다 공공요금을 덜 내서 좋다는 식의 긍정적 사고가 높은 행복지수를 견인하는 요소가 아닌가 생각됩니다.

콜롬비아의 독특한 계층화 시스템은 기업들의 마케팅에도 영향을 미쳐, 1구역과 6구역의 마케팅 전략은 차별화될 수밖에 없습니다. 유통 상권을 보면 5-6구역은 중/고가품 위주로, 1-3구역은 저가품 위주로 편성되는 것은 당연한 논리입니다.

중남미에서도 콜롬비아만이 갖고 있는 독특한 시스템으로 평가(IDB)되고 있는 계층화 시스템을 좀 더 깊이 있게 접근해보고자 하시는 분은 개조요점식으로 정리된 아래 심층자료를 활용하여 보시기 바랍니다.

※ 심층자료 : 계층화(구역 책정) 제도 내용, 정책 근거 및 평가

□ 구역별 공공요금 부과율

구역	공공요금 부과율	보조금/기여금 비율
1구역(최열악지구)	50%	정부보조금 50%
2구역(열악지구)	60%	정부보조금 40%
3구역(중간열악지구)	85%	정부보조금 15%
4구역(중간지구)	100%	보조금 0%, 기여금 0%
5구역(중간고급지구)	120%	기여금 20%
6구역(고급지구)	120%	기여금 20%

(자료원: 유엔중남미경제위원회CEPAL / 콜롬비아'94년 142호법)

□ 주요 도시의 구역별 인구 분포 (단위 : %)

도시	1구역	2구역	3구역	4구역	5구역	6구역
콜롬비아(평균)	15.9	28.9	34.4	11.0	7.1	2.7
보고타	9.0	34.0	37.8	11.7	4.2	3.3
메데진	7.2	35.2	33.2	10.4	10.0	4.2
깔리	15.8	29.3	32.3	12.2	7.6	2.0
부까라망가	9.0	21.7	27.2	32.9	3.3	5.9
까르타헤나	28.0	32.2	23.2	7.2	4.8	4.6

(자료원: DANE/콜롬비아 통계청)

□ 계층화 제도의 시행 근거 및 시행 주체의 법적 의무

• 법적 근거 : 142호법('94년), 505호법('99년), 732호법('02년)

- 142호법에 대한 헌법재판소의 합헌 판정(1997년)

• 시행주체별 법적 의무

- 각 도시별 구역 구분 작업 및 시행은 각 지자체장의 의무

- 지자체장의 조치에 따른 공공요금 부과는 각 해당 징수기업의 의무

□ 계층화 제도의 공과 및 평가

• 장점

- 사회적 차원 : 빈부격차 완화 기능, 낙후지역 집중투자 가능

- 기업적 차원 : 공공서비스 회사는 블록별로 책정된 요율을 적용해서 징수 하기만 하면 되므로 편리
- 개인적 차원 : 빈곤층의 경우 낮은 요율 적용으로 가계부담 경감

• 단점

- 주거시설 기준 빈촌과 부촌 공식 차별화 문제
- 인프라 개선(구역상승)에 대한 주민들의 부정적 입장, 발전 저해
- 빈촌 거주 고소득층의 경우 보조금 부당 수혜
- 부촌 거주 저소득층의 경우 보조금 수혜 불가
- 빈촌에 사는 경우 낙인찍히는 모멸감 문제

• 평가

- 개인 소득 및 납세 실적과 무관하게 주거지 기준만 적용은 문제
- 1구역 18%, 2구역 36%, 3구역 66%는 4-5구역 소비수준 시현
- 많은 문제점이 지적되고 있음에도 순기능 인정되어 제도 정착

남녀 은퇴(Jubilación) 차별이 합법?

중남미의 은퇴연령 성차별

남자는 62세, 여자는 57세 ! 이게 뭔지 아시나요? 콜롬비아에서의 은퇴 연령입니다. 남자와 여자를 완전 차별한 것입니다. 당초 남자는 60세, 여자는 55세였던 것이 두 살씩 늘어난 것으로서 장기적으로는 남자는 65세로, 여자는 62세로 늘어날 것이라고 하는데, 은퇴 연령은 늘어나도 남녀차별은 그대로입니다.

그런데 이런 노골적인 남녀차별제도가 콜롬비아만 해당되는 것이 아니라 중남미 국가 약 절반이 유사한 상황이라는 점에서 중남미의 특성으로 분류해도 되지 않을까 싶습니다.

IDB(미주개발은행/BID) 자료에 의하면 아르헨티나, 브라질, 칠레, 온두라스,

자메이카 등의 은퇴 연령은 여자는 60세, 남자는 65세로 되어 있으며, 콜롬비아와 파나마는 여자는 57세, 남자는 62세로 되어 있습니다. 베네수엘라, 쿠바, 엘살바도르 등은 여자는 55세, 남자는 60세이며, 코스타리카는 여자는 60세, 남자는 62세로 각각 규정하고 있습니다.

왜 차별하지? 은퇴연령 남녀차별 사유

여기서 우리는 한 가지 의문을 갖게 됩니다. 왜 중남미 여러 나라들은 헌법상 남녀차별이 금지되어 있음에도 이토록 은퇴연령상 남녀차별을 하고 있을까요? 이와 함께 또 다른 의문이 고개를 듭니다. 연금을 일찍부터 받으면 더 유리한 것 아닌가 하는 생각이 들 수도 있습니다.

콜롬비아는 OECD(경제개발협력기구) 가입을 추진 중인데, OECD에서 은퇴연령상 남녀차별 철폐를 촉구하는 상황이라 가입을 위해서라도 결국 철폐를 해야 하지 않을까 싶기도 합니다. 하지만 칠레도 OECD 가입을 했음에도 차별적 은퇴제도를 유지하고 있는 것 같습니다. 차별 제도를 운영하는 국가 내부에서도 차별 철폐 움직임이 오래전부터 있어왔고, IDB(미주개발은행) 역시 차별 해소를 요구하는 상황이지만 좀처럼 개선되지 않고 있습니다.

은퇴 연령이란 연금을 받기 시작하는 나이를 의미하는바, 여성의 은퇴연령이 빠르다는 것은 남자보다 먼저 일에서 면제되고 연금도 먼저 받게 되니 여성에게 유리한 제도라고 설명이 되고 있습니다. 여성이 전통적으로 아이를 낳아 키우고, 가사에 종사해오던 노고에 대한 보상 내지 육아/가사로 인한 노동시장 참여 부진에 대한 보조금의 의미를 담고 있다고 합니다. 육아로 인한 경력 단절 피해에 대한 보상도 된다는 의미입니다.

브라질형과 칠레형

IDB내 사회보장 전문가가 기고한 글을 보면 중남미 국민연금 제도는 일정혜택형인 브라질형과 기여형인 칠레형으로 나뉩니다. 차이점을 예를 들어 보면, 브라질형은 30세에 직업을 갖고 연금 가입하여 30년간 연금을 붓다가 60

세에 은퇴하여 연금을 수령하는 경우나, 35세부터 일을 시작해 30년간 연금을 붓다가 65세에 은퇴하여 연금을 받는 경우나 동일한 혜택, 즉 같은 액수의 연금을 받게 되는 경우인 반면, 칠레형은 똑같이 30년을 근무하여 연금가입기간이 같더라도 65세에 은퇴하여 연금을 받는 경우가 60세에 은퇴하여 연금을 받는 경우보다 더 많은 금액을 받는 경우입니다. 즉, 생애 잔여기간을 따져 나이가 들어 은퇴할수록 받게 되는 연금이 더 많아지는 것입니다.

브라질형의 경우라면 일찍부터 연금을 받을수록 이익이 되므로 일찍 은퇴하는 여성에게 유리한 제도가 됩니다. 하지만 칠레형의 경우라면 일찍 은퇴할수록 손해이므로 여성에게 불리한 제도가 될 수밖에 없습니다. 평균수명 관련해서 여성이 남성보다 7년 정도 더 오래 살기 때문에 (예컨대, 콜롬비아의 경우 여성 76.6세, 남성 69.2세) 현행 제도와는 반대로 여성의 은퇴연령을 남성보다 더 늘려야 한다는 주장도 나오고 있습니다.

남녀 은퇴연령 차별 외에도 은퇴 시부터 받게 되는 연금액에도 남녀 간 현격한 차이가 나고 있는데, 같은 기간을 근무하고서도 여자가 남자보다 훨씬 작은 금액을 받고 있습니다. 나라마다 사정이 다르긴 한데 콜롬비아의 경우를 예로 들어보면, 30년 근무하고 퇴직하여 받게 되는 국민연금(노령연금/pension de vejez)은 평균치가 남자는 59만7천 페소, 여자는 43만 페소로 여자가 남자보다 38.7% 덜 받는 것으로 나타나고 있습니다. 이렇게 차별이 나는 이유는 여성의 낮은 고위직 접근도 및 남성 대비 낮은 급여 수준이 주요 원인으로 지적됩니다.

중남미의 국민연금제도는 나라마다 상황을 달리하는데, 참고로 콜롬비아의 연금체계를 간단히 살펴보고 맺도록 하겠습니다. 콜롬비아는 공적연금과 사적연금(민간연금)으로 이원화되어 있으며, 이중 하나를 택일하도록 되어 있는데, OECD는 연금시스템 단일화를 요구하고 있습니다. 민간연금을 받기 위해서는 3가지 조건을 충족해야 합니다. 첫째, 연령조건, 둘째, 근무기간(최소 1,300주/25년), 셋째, 불입액 등입니다. 공적 연금은 이중 2가지 조건(연령조건, 근무기간) 충족이 필요합니다. 연금을 최저임금 이하로는 지급이 불가한 상황이나 OECD

는 연금을 최저임금 이하로 지급토록 법령 개정을 요구하고 있다고 합니다.

높은 교육열, 낙후된 제도

따르릉! 새벽 5시다. 스쿨버스 타야지, 어서 일어나!

교육은 국가백년지대계라고 중남미 각국이 초점을 맞추는 분야이기도 합니다. 과거에는 중남미 정부가 국민을 다스리기 쉽게 우민화 정책을 펴서 문맹률이 높고 교육수준이 낮았다는 얘기들을 들어왔습니다만 지금은 교육입국을 통한 국가발전에 국정 우선순위를 둘 정도로 교육부문에 대한 관심 및 투자비중은 높아가고 있습니다.

칠레는 GDP의 4.2%를, 멕시코는 5.3%를, 아르헨티나는 6%를 국가교육예산으로 쓰고 있으며, 콜롬비아의 경우 산토스 2기 정부(2014-2018)에서 국가 3대 강령을 평화, 형평, 교육으로 정할 정도로 교육에 큰 비중을 두고 있습니다.

중남미 일반 가정의 자녀교육 열기 또한 높음을 실감할 수 있습니다. 새벽 5시부터 눈 비비고 일어나 6시에 스쿨버스를 타면서 하루가 시작되는 강행군을 하는 것이 중남미 중상층 가정 초등학생 자녀들의 모습이 되어가고 있습니다. 집 근처 일반 공립학교 대신 질 높은 교육 향유를 위해 거리가 멀더라도 사립학교로 보내려는 부모가 많아지고 있는 것입니다.

필자 부부도 쌔근쌔근 잘 자고 있는 어린 아이를 새벽 5시에 막상 깨우려니 너무 짠한 생각이 들어 주저주저 했던 기억이 납니다. 그래도 어떻게 합니까? 낙오시킬 수는 없으니 모질게 흔들어 깨울 수밖에요.

낙후된 교육 시스템, 그리고 비즈니스 기회

그런데 부모들이 왜 이렇게까지 힘들게 자녀들을 사립학교로 보내려고 하는 것일까요? 그것은 정부의 노력에도 불구하고 공교육 현실을 보면 암담하기 때문입니다. 사립학교를 선호한다는 것은 국공립학교 교육시스템에 문제가 있어 교육의 질이 낮기 때문입니다. 그러면 교육의 질이 왜 낮을까요? 핵심은 바로 초중등교사들의 턱없이 낮은 보수로 인한 자괴감과 마땅한 교재조차 개발되어 있지 못한 교육현장에 있지 않나 생각됩니다.

OECD가 발표한 초등학교 교사 초임연봉 비교표를 보면 중남미의 현주소가 나타납니다. 멕시코는 15,000불대, 아르헨티나는 16,000불대, 칠레는 17,000불대로 나타나 있고, 유럽 등 선진국의 경우 소위 짬밥이 늘면 급여인상폭도 커지는데 비해 중남미는 인상폭도 미미해 선진국과는 갈수록 격차가 더 벌어지는 구조입니다. 상기 급여체계가 중남미 타 직종과 비교해서 낮지 않은 수준이라면 상대적 박탈감은 덜하겠지만 실상은 나라별로 최하위 그룹에 속하는 경우까지 나오다보니 어떻게 교사들의 자존감을 기대할 수 있겠습니까?

예컨대 콜롬비아의 경우를 볼까요? 콜롬비아 교육자 연합회(Fecode)를 근거로 2016년2월 보도된 자료(laotracara.co)에 의하면, 국공립학교 초중등 교사 월평균 급여는 150만 페소(2013년에는 미화 800불선이었으나 평가절하로 2016년에는 500불대) 수준이었으며, 정부 발표 치에 근거해보면 월 평균 250만 페소(한화로 100만원 수준)로 나타나고 있습니다.

필자가 초등생 학부모인 콜롬비아인 직원에게 상황을 물어보니 이런 대답을 하였습니다. "교사 급여수준이 워낙 낮다보니 아무도 선생님이라는 고결한 직업을 가지려하지 않으며, 어쩔 수 없는 한계상황에서 교사가 되기 때문에 학교 수업의 질도 낮을 수밖에 없다."라는 것이었습니다.

문제는 여기서 그치는 게 아니라 학생들의 기본 교과서조차도 제대로 갖춰지지 않은 상태에서 교육이 이뤄지다보니 교사 개개인의 역량에 따라 교육의 질적 수준에 차이가 날 수밖에 없는 구조라는 점 또한 심각한 문제인 것 같습니다.

이러한 문제는 우리 기업에 사업기회를 제공해주기도 합니다. 디지털 교재 및 교구 개발 사업에 대한 충분한 수요가 창출될 수 있다는 것입니다. 이미 우리나라는 콜롬비아 등 중남미 여러 나라에 대해 교육정보화 시스템 구축사업을 추진한 바 있습니다. 이러한 사업과 연계한 후속타로 디지털 교재 보급 사업이 틈새시장으로 각광을 받게 되는 것으로 보입니다.

| 사제지간 수평문화?

한국 학교와 중남미 국제학교 내지 현지 영어 학교들 간 가장 큰 차이라면 문화적 차이가 아닐까 합니다. 한 번은 놀라운 경험을 했습니다. 도미니카 공화국 근무당시 이야기입니다.

필자는 자녀 수업료 납부차 학교를 방문했었습니다. 어느 남학생이 교무실에 오더니 선생님 의자에 앉아서는 선생님 책상 위에 구둣발을 올려놓는 경우를 목격하고 동공이 확장되어 놀란 가슴을 쓸어 담고 있었습니다. 더욱 놀라운 것은 잠시 후 교무실로 들어온 선생님의 태도였습니다. "나 여기 앉아서 작업 좀 해야 하는데 자리 좀 비켜줄 수 있겠어요?"하고 정중히 얘기하는 모습이 너무나 낯 설었습니다. 요청을 듣자 학생이 벌떡 일어서 나갔습니다. 물론 죄송하다거나 미안한 표정이나 말은 없었습니다. 그런데도 선생님의 입에서 나온 말은 "Gracias(감사합니다)"였습니다.

어떻게 이런 일이 가능할까요? 선생님들의 학생들에 대한 무한한 사랑? 어린 학생들도 어른과 동등한 인격체로 대우해준다는 교육자적 원칙? 학생들과의 트러블 발생을 꺼려해서? 아니면 이를 대수롭지 않게 생각하거나 개의치 않는 문화적 분위기? 또는 관대한 성격? 우리나라 같으면 이런 버르장머리 없는 x하며 바로 구타 모드 내지 욕설 모드로 들어가 분위기가 험악해졌을 텐데, 문화가 달라도 이렇게나 다른가 하는 충격을 받았습니다.

이게 결국 동양의 공자철학으론 이해불가 수준인 서양의 사제지간 수평문화 영향이 아닐까요?

아니면 막강한 권력 내지 금력을 가진 부모를 둔 탓에 뒷배를 믿고 힘없는 선생님을 무시한 것이라는 해석도 현지에서 나오고 있는 것도 사실입니다. 심지어는 학생이 부모 힘을 통해 선생님을 갈아치우는 일까지 벌어진다는 소문도 있었습니다. 하지만 이렇게 해석해버리면 선생님들의 위신 문제도 있고, 일부 소문을 확인도 없이 일반화해버리는 것 역시 문제가 있습니다. 결국 보편적 해답은 선생이나 학생이나 동등한 인격체로 보는 수평문화에서 찾는 것이 순리가 아닐까 싶습니다. 중남미에서는 우리나라처럼 어른이라고, 또는 나이가 많다고 우대해주는 문화가 전혀 없는 것은 아니지만 상당히 희박합니다. 물론 어른만 입장이 허용되는 까다로운 음식점 등도 존재하지만 청소년이나 어른이나 동등한 인격체로 대우를 받는 문화가 부분적으로 형성되어 있는 것은 사실인 것 같습니다.

ㅣ 개방된 성 문화: 쌍쌍 졸업파티와 우니옹 리브레

페루 수도 리마에서 겪었던 일화를 소개할까 합니다. 필자는 페루 내무부와의 정부간(G2G) 수출계약 건으로 리마를 출장 중이었습니다. 시내 호텔에 투숙 중이었는데, 학생들이 몰려왔습니다. 선생님들이 출석부를 부르며 학생들을 줄 세웠습니다. 남학생과 여학생이 짝을 지어 줄을 서있는데, 남학생들은 넥타이를 맨 정장 차림이었고, 여학생들은 학생이 이런 옷을 입어도 되나 할 정도로 고개가 갸우뚱거려질 만큼 가슴이 파인 섹시한 드레스 차림이었습니다.

그럴 수도 있겠거니 생각했는데 줄서있는 학생 커플들이 서로 끌어안고 키스를 하는 것이었습니다. 아니 이럴 수가… 기가 막혀 그들에게 무슨 행사냐고 물어봤습니다. 고등학교 졸업파티였습니다. 학생들 간 짝이 없을 경우에는 외부에서라도 짝을 데려와야 이 파티에 참석할 수 있고, 밤 10시에 시작해서 새벽 3시에 끝날 예정이라고 하였습니다.

중남미를 방문해보면 모든 나라들에서 개방된 성문화를 실감하게 됩니다. 공산국인 쿠바조차도 개방적인 성문화 모습을 풍기고 있었으니까요. 차마 글로 옮기기조차 민망한 상황도 목격될 정도였습니다. 국가적 정체성과 국민적 정체성이 극한적 불일치 속에 묘한 조화를 이루는 모습에서 머리가 복잡해지기도 했습니다.

과테말라에서 겪었던 일화를 잠시 소개해 보겠습니다. 맥도날드 햄버거집 앞에 긴 줄이 섰습니다. 그런데 필자 가족 바로 앞줄에 서있던 남녀 커플 한 쌍이 무료함을 달래기 위해서였는지 샘솟는 애정을 주체하기 어려웠는지 포옹하며 뜨겁게 키스를 나누었습니다. 비단 그 커플만이 아니었습니다. 다른 커플들도 길거리 많은 사람들이 지나다니는 곳에서 내게는 애인이 있다는 것을 자랑이라도 하듯 거리낌이 없었습니다. 그런데 이러한 광경이 특이하게 다가왔던 것은 중남미 생활 처음이었기 때문이라 그랬었고, 그 이후 중남미 어느 곳에서든 흔하게 보다보니 더 이상 눈에 들어오지도 않았습니다. 이제는 우리나라에서도 그 수준까지는 아니더라도 유사한 광경이 심심찮게 목격되니 더 이상 문화충격으로 표현되기는 어려워지는 분위기인 것 같습니다.

이러한 개방적 성문화는 우니옹 리브레(Union Libre/자유결합/동거)로 클라이맥스를 찍게 되며, 수많은 미혼모 문제를 야기하게 됩니다. 우니옹 리브레란 결혼하지 않고 동거하는 자유결합을 의미합니다. 단순히 결혼식 비용을 마련하지 못한 준비 안 된 빈곤층 커플이거나, 결혼이라는 속박 속에 얽매이기를 꺼려하는 경우 또는 함께 살아보고 결혼을 결정하기 위한 예비단계로, 아니면 덜컥 사고를 치고 임시방편으로 내지 부모로부터 결혼 승낙을 받지 못해 차선책으로 등등 우니옹 리브레는 광범위하게 중남미 젊은이들의 각광을 받고 있습니다.

하지만 법적 속박이 없다보니 남자는 미련 없이 훌쩍 떠나버리는 경우가 많아 편모 가정이 숱하게 발생합니다. 그래서 중남미에서 살다 보면 미혼이라고 하는데 자녀들을 두고 있는 중남미 여성들을 흔히 보게 됩니다. 중남미 여성들은 중남미 남성들이 바람기가 많다는 불만들을 쏟아놓으며, 일편단심 민들레 같은 한국인 남성이 아니라면 싱글로 살겠다는 우스갯소리도 하곤 합니다. 아마 함께 근무하는 한국인이나 한류 드라마 영향을 받은 탓이 있습니다.

*** 중남미의 에스타도 시빌(Estado Civil) 중시 문화**

중남미에서 신분증을 발급받으려면 호구 조사서를 채워 넣어야 합니다. 에스따도 시빌(Estado Civil/혼인 여부)이 필수 기재 항목으로 들어가 있기 마련인데, 우리나라처럼 기혼과 미혼으로 간단하게 되어 있는 것이 아닙니다. 나라마다 경우마다 조금씩 차이가 있긴 하나 보통 미혼, 혼인유지, 동거, 별거, 사별, 이혼 등 항목이 세분되어 있습니다. 현재 혼인을 유지하고 있는지 아닌지에 특별히 관심을 갖는 모양새인데, 국가가 개인 사생활을 왜 이렇게 깊이 들여다보나 하는 의구심까지 들기도 합니다. 이것이 중남미 문화의 또 다른 단면 입니다.

중남미 선거와 비즈니스 규제

대선이나 총선, 지자체장 내지 지방의회 선거 등등 중남미 각국에서도 선거가 시행되고 있으며, 이를 규율하는 선거법이 있기 마련입니다. 선거라는 게 워낙 민감한 이슈다보니 비즈니스에 미치는 영향도 달리 나타날 수밖에 없습니다. 우리 기업이 중남미에 진출하고자 하는데 선거철을 맞아 예상치 못한 특별 규제로 비즈니스에 타격을 받는 경우도 발생하는바 선거가 비즈니스에 어떠한 영향을 미치는지 살펴보는 것도 의미가 있을 것으로 보입니다.

선거전 수의계약 금지법: 가란띠아 법

예컨대, 콜롬비아에는 가란띠아 법(Ley de Garantías /Ley966 de 2005)이란 게 있습니다. 선출직 공무원이나 고위공직자들이 예산이나 임명권, 용역 발주 등을 통해 선거 결과에 영향을 미치지 못하도록 규제하는 공정선거법인데, 선거 4개월 전부터 발효됩니다. 즉, 선거일이 10월 25일이면 6월 25일부터 법 적용이 시작되는 것입니다. 대선의 경우 1차로 끝나지 않고 결선까지 간다면 이 법 적용 기간은 그만큼 더 길어집니다.

가란띠아법이 일단 발효되면 공개경쟁 입찰방식만 허용되고, 평상시엔 수의계약으로 진행이 되던 사업들도 그 때부터 전면 금지되기 때문에 각종 선거를 앞두고 있을 경우에는 가란띠아법을 늘 염두에 두고 사업을 추진해야 낭패를 보지 않게 됩니다.

선거와 비즈니스 규제

선거와 비즈니스 관련, 카터센터의 중남미 선거 비교연구 자료를 보면 흥미로운 내용이 있어 문답 형식으로 소개해 드리고자 합니다. 자율이냐 규제냐를 놓고 어느 나라가 어떤 성향인지 파악하는 데에 약간이나마 도움이 되지 않을까 하여 소개합니다. 하지만 법령은 살아서 계속 변화되고 있으니 개별 국별로 확인해보는 것이 안전할 것입니다.

1) 중남미에서 외국기업이 특정후보에게 선거자금을 대주는 것은 불법일까 합법일까? 답은 국별로 달라집니다. 불법으로 처리되는 국가도 있고 합법으로 처리되는 국가도 있습니다. 브라질, 칠레, 콜롬비아, 멕시코, 페루 등 대부분의 나라가 이를 금하고 있으나, 아르헨티나, 볼리비아, 에콰도르 등은 허용하고 있습니다.(P42)
2) 선거자금 익명 기부는 허용되나요? 대부분 나라에서 금지되어 있습니다만 아르헨티나와 니카라과, 도미니카 공화국 등에서는 허용됩니다.(P68)
3) 후보가 쓸 수 있는 선거자금 한도가 있나요? 브라질, 칠레, 콜롬비아, 에콰도르, 멕시코, 파라과이 등은 한도가 정해져 있는 반면 아르헨티나, 페루, 베네수엘라, 볼리비아, 우루과이, 도미니카공화국 및 중미 6개국 등은 한도가 정해져 있지 않습니다.(P119)
4) 후보 재무정보의 선거관리기관에 대한 고지는 의무인가요? 대부분의 국가가 고지를 의무화한 반면 아르헨티나, 과테말라, 니카라과, 도미니카공화국 등은 의무가 아닙니다.(P141)
5) 공직자의 선거운동 참여는 불법인가요? 네, 그렇습니다. 대부분 나라에서 금지하고 있습니다. 그러면 허용하는 나라도 있나요? 네, 아르헨티나와 니카라과입니다.(P222)
6) 선거기간 중 후보 입회하의 공공사업 기공식은 허용되나요? 이 부분에서 중남미가 두 파로 쫙 갈리네요. 금하는 나라는 아르헨티나, 브라질, 콜롬비아, 에콰도르, 엘살바도르, 과테말라, 멕시코, 페루, 도미니카공화국이고,

허용하는 나라는 볼리비아, 칠레, 코스타리카, 온두라스, 니카라과, 파나마, 파라과이, 우루과이, 베네수엘라입니다.(P228)

| 연고주의와 실적 지상주의

네뽀띠스모와 직업공무원제

중남미에는 네뽀띠스모(Nepotismo)가 만연되어 있는 것 같습니다. 네뽀띠스모란 연고주의로서 장관이나 국회의원 등 고위공직자가 지인 등 연고가 있는 사람을 공직에 중용하는 제도입니다. 공직을 맡기 위한 실력을 갖추지 못한 경우에는 상당히 많은 논란거리가 되기 쉽고, 언론으로부터도 공격의 화살을 맞는 등 여론을 의식하지 않을 수 없어 광범위하게 퍼지기에는 한계가 있을 수밖에 없습니다. 필자가 여기서 네뽀띠스모를 강의주제로 다루고자 하는 것은 동 제도의 일반적인 해악을 논하고자 하는 것은 아닙니다. 본 책자 큰 틀에서 벗어나지 않도록 중남미 비즈니스와 연관하여 알아보고자 하는 것입니다.

네뽀띠스모라도 친지가 객관적으로 검증 가능한 충분한 실력을 갖춘 인물이라 하면 그래도 문제 소지가 없어지는 것은 아니지만 현지 풍토상 크게 무리가 되지는 않을 수 있습니다. 이런 네뽀띠스모가 고위 공직 중용 시스템으로 자연스럽게 받아들여지는 분위기라면 어떨까요? 공개경쟁을 통해 선발하는 직업공무원제도가 있기는 해도 제대로 정착이 안 되어 있다면 네뽀띠스모 의존도가 높아질 수밖에 없지 않나 하는 생각도 듭니다.

중남미와 우리나라 공직 구조상 큰 차이점이 바로 이 부분인 것 같습니다. 우리나라는 직업공무원제도가 정착이 되어 있어 정권이 바뀌더라도 실무 국과장선에서는 안정적인 행정 수행이 가능한데 비해 중남미에서는 실무 국과장급 까지 바뀌는 경우를 많이 봐 왔습니다.

실제 사례를 하나 들어보겠습니다. 필자는 콜롬비아 근무를 두 번 했습니다. 1차 근무 당시 가까이 지내던 국가기획처(DNP) 및 지자체(보고타시 및 메데진시, 파스토시 등) 교통부 고위공직자들이 있었는데, 2년 뒤에 2차 근무하러 다시 갔더니 이 분들이 그 공직에서 물러나고 다른 분들로 채워져 있었습니다. 보직 변경 정도가 아니라 아예 옷을 벗은 것입니다. 그간 열심히 네트워킹 한다고 공들여 쌓아놨는데 허망한 느낌이 들었습니다.

장차관급이나 적어도 1급(실장급) 정도 되는 분들이라면 정무직 내지 준정무직으로 보고 우리나라에서도 그러니 이해가 되겠는데, 국장급 내지 과장급까지 물갈이를 해버리는 것은 공직의 안전성 및 계속성을 크게 해치는 문제점이 나타날 수밖에 없습니다. 같은 기관 내지 타 기관으로라도 옮겨 계속 근무라도 하면 그나마 사정이 나을 텐데 아예 공직을 그만 두게 하니 심각한 문제가 아닐 수 없습니다.

정무직 높은 분들은 이런 문제가 안보일 수 있겠지만 실무 레벨에서는 참 답답했습니다. 양국 기관 간 업무협조약정(MOU) 맺은 게 있어 이를 근거로 협력을 추진해 보고자 했는데 연결이 안 되는 겁니다. 전 정권에서 채택했던 사업이나 약정들을 의도적으로 무시해버리는 경향까지 나타나긴 하나, 이러한 정무적 측면보다 아예 사실 인지를 못하는 경우가 더 문제가 아닌가 싶습니다. 이는 직업공무원제가 아닌 네뽀띠스모로 국과장급 충원을 하다 보니 주기적으로 빚어질 수밖에 없는 문제가 아닌가 싶습니다.

그런데 이보다 더 큰 문제는 공직 비리 문제입니다. 중남미 국가의 부패 문제가 심각하다는 점은 익히 알려져 있는데 그 뿌리가 뭔지 제 나름대로 근원을 살펴봤습니다. 불휘 기픈 남간 바라매 아니 뮐쌔 새미 기픈 므른 가마래 아니 그츨쌔 라는 용비어천가 구절이 생각납니다. 이런 주제로 명문장을 인용하기가 세종대왕님께 송구스런 생각이 들기도 합니다만 이 주제에서 머리에 맴돌아 삼가 역인용을 하겠습니다.

부패 근원은 바로 중남미의 공직 충원 시스템이 아닌가 싶습니다. 우리는 5급이나 7급 등 직업공무원으로 시작해서 장차관 내지 국장급까지 오르는 길이 열려있는 반면 중남미는 장차관은커녕 국장까지 올라가는 길도 거의 막혀 있다는 것이 현지인들의 설명이었습니다. 더구나 하위직 기간은 긴데 반해 고위직에 머물 수 있는 기간이 짧다보니 일단 고위직 충원이 되면 그 기간을 최대한 어떻게 잘 활용해볼까 하는 생각을 하게 된다는 것입니다. 장관이 바뀌면 국과장급까지 자기 사람으로 외부에서 데리고 들어와 자기 임기동안 요직에 심어놓고 함께 일하다가 장관이 물러나면 그 분들도 바로 또는 시차를 두고 물러나게 되는 경우가 많습니다. 근원적인 제도가 그러하니 아무리 공직비리 척결을 위해 감시하는 눈초리들이 여기저기 널려 있어도 뿌리 깊은 나무를 흔들기가 어렵고, 가뭄에도 부패의 샘은 마르지 않게 되는 것입니다.

과열된 실적지상주의의 폐해

중남미 실적지상주의와 관련하여 깊이 생각해볼만한 주제로 팔소 뽀시띠보(falso positivo)를 간략히 소개할까 합니다. 이는 문자대로 해석하면 긍정적 거짓이라는 의미인데, 중남미에서 경악을 금치 못하게 한 실적지상주의 폐해를 다룬 군 관련 대형 스캔들이었습니다.

의도와는 달리 국가 자존심에 상처를 줄 수 있는 만큼 어느 나라인지 굳이 밝히지는 않겠습니다. 반군들과 내전을 겪은 나라가 중남미에 여러 나라가 있는데 그중 하나로만 알아두시면 되겠습니다. 반군들과의 내전 상황에서 군이 반군 소탕을 위한 정책을 펴다가 애꿎은 민간인들이 반군으로 몰려 희생당한 사례인데, 워낙 규모도 크고 사회적 파장이 엄청나서 2008~9년 현지 언론의 주된 관심 기삿거리가 되었습니다.

2008년 취직자리를 찾던 19명의 젊은이들이 어느 날 홀연히 사라집니다. 그중 일부는 그 다음날 시체로 발견되고, 나머지는 2~3일후에 시체로 발견됩니다. 지방 농장 인부 일자리로 알고 갔다가 반군 복장을 입혀 살해된 후 군의 반군과의 교전 중 사살된 실적으로 발표가 됩니다.

반군 시신 1구당 포상금이 한화 200만원 수준으로 2005년 국방부 지침으로 발표되면서 반군에 대한 무차별 살해가 확산됩니다. 여기서 반군뿐만 아니라 죄 없는 민간인도 희생양이 되는 부작용이 심각한 양상을 띠게 된 것입니다. 물론 동 사건 관계자는 체포되어 처벌을 받게 되었지만, 꿩 먹고 알 먹는(포상+승진) 실적지상주의 폐해에 대한 경종을 울려주기에 충분했습니다.

| 중견 공무원 해외출장에 대통령실 승인이 필요?

발목 잡히는 중남미 공무원 방한 초청

중남미 사업을 하다보면 발목을 잡는 돌출 장애물들이 많아 하나에서 열까지 꼼꼼히 챙겨야 합니다. 그 돌출 장애 요소 중 하나가 대통령실의 공무원 출장승인을 득하는 일입니다. 정부 부처 장차관은 물론 국과장급 관료들도 대통령실 승인을 받도록 제도화된 나라가 있습니다. 지자체 경우도 마찬가지입니다. 주정부나 시정부 인사 역시 지자체장의 승인을 받아야 하는 겁니다. 예컨대 콜롬비아 사례를 소개해 드리겠습니다.

KOTRA에서 해외 주요국 정부 발주처 인사들을 한국으로 초청하여, 관심있는 우리 기업 관계자 분들을 모셔놓고 프로젝트 설명회 연사로 활용하는 경우가 종종 있습니다. 설명회 참석자 유치 및 발표자료, 동시통역 수배 등 행사 준비는 물론, 여권 및 미국 중간경유 비자 취득, 항공권 발권 및 숙소 예약 등 모든 준비를 갖춰놓은 상태에서 출국 하루 이틀 전에 대통령실 승인을 받지 못해 방한출장이 어렵게 되었다는 통보를 받게 되면 속이 시커멓게 타버립니다.

물론 진짜로 그런 경우도 있고, 둘러대는 경우도 있을 겁니다. 하지만 중남미에서 한국으로 출장 가는 것이 여간 어려운 게 아닙니다. 보통들 초청기회를 놓치고 싶어 하지 않습니다. 그래서 가려고 들 애씁니다. 그런데 대통령 실에서는 발주처와 정보수요자간 부적절한 관계 형성에 대한 우려 내지 출장의 불요불급을 따져가며 시큰둥한 반응을 보일 수 있는 거죠. 문제는 이런 사례가 지방공무원 내지 지방공기업 임직원의 경우에도 해당된다는 겁니다. 시장이나 주지사의 승인을 받아야 해외출장을 나갈 수 있는데 중앙공무원이 대통령실 승인을 받아야 하는 것과 같은 논리입니다. 그래서 돌다리도 두드리며 나아가야 합니다. 나라마다 경우가 다를 테니 우리가 모르는 숨어있는 절차가 남아있는지 미리미리 확인해봐야 합니다. 중남미 대관(對官)업무가 그리 녹록하지 않습니다.

중남미 공직자 방한초청 레터 보내는 법

따라서 방한초청 레터 작성에 상당히 유의해야 합니다. 양국 간 상호 호혜적 관점에서 본 사업이 진행되며, 공식 체한일정과 함께 연사의 여행 경비는 한국 측이 부담하되, 민간기업 부담은 없으며 전액 한국 정부 예산으로 추진한다는 등의 내용이 언급되도록 하여 초청 대상 공직자들이 부담을 갖지 않도록 하는 한편 출장을 심사하는 윗전에는 출장 승인 보류 빌미를 주지 않도록 초청문구에 신경을 써야 합니다.

초청 레터는 출장자 본인 앞으로 해서는 안 되며, 직속상사 앞으로 또는 기관 최고위층 앞으로 해서 보내줘야 합니다. 초청 대상자들이 보통 이런 식으로 작성해서 초청장을 보내줄 것을 희망합니다. 본인 앞으로 해달라는 경우는 확인해보는 것이 좋습니다. 의외로 당사자들조차 자기 조직의 해외출장 절차에 대해 잘 모르는 경우들이 있습니다. 앞에 말씀드렸던 그런 사유(연고주의로 인한 잦은 인사교체)가 작용하는 것입니다. 나중에 정정해서 상사 명의로 다시 보내달라는 경우가 발생합니다. 그러면 타이밍을 상실해버려 초청사업을 바로 접어야 합니다.

기업이 정부 발주처 관계자를 직접 방한 초청코자 하는 것은 주의하셔야 합니다. 돈 대주고 뺨 맞는 기막힌 수가 나올 수 있습니다. 중남미는 부패지수가 높습니다. 그런 만큼 부패를 감시하는 눈초리들이 여기저기 깔려 있는데, 공직비리 수사처나 검찰청, 감사원 등 사정기관은 물론 공직비리 취재 전문 언론매체도 있고, 사업 수주경쟁 대열에 합류했거나 탈락한 경쟁업체 등이 전 방위적으로 망원경과 현미경을 들이대고 있습니다.

그러니 발주처 관계자들은 바짝 몸을 사리기 마련입니다. 업체들을 만나기 꺼려하고, 방한초청도 부담되어 수락이 어렵습니다. 묘안을 내서 방한초청에 성공하더라도 잘못 꼬이면 초청했던 기업은 막상 본 사업 입찰에 참가자격을 박탈당하는 경우도 발생하게 됩니다. 그래서 중남미 사업에 경험이 많은 노련한 기업들은 KOTRA를 적절히 활용하곤 합니다. 이런 애로가 있다면 주저 말고 코트라 무역관을 찾아가 방법을 협의해 보십시오. 코트라가 안전한 방향을 제시해드릴 겁니다.

제12강 사람 사는 동네가 정겨운 중남미촌, 더불어 사는 법

지구촌에는 각양각색의 사람들이 부대끼며 살고 있습니다. 때로는 훈훈한 모습으로, 때로는 각박한 모습으로 말입니다. 우리들도 베이비부머 세대의 어릴 적 시절에는 사람 사는 냄새가 좋았는데, 도시화가 진행되며 각박해졌다는 얘기들을 많이 듣게 됩니다. 북미나 유럽 등도 접해보면 각박하다는 느낌들을 받습니다. 필자가 여수엑스포 조직위 근무 당시 국가관으로 참여하는 유럽 각국 관계자들과 몇 달간 집중적으로 부대껴본 경험이 있습니다. 환경적 요인도 당연히 작용했겠지만 그 이전에 겪어봤던 중남미 사람들하고는 많은 차이점을 느끼게 되었습니다. 물론 예외가 있긴 하지만 중남미 사람들은 정겨운 모습으로 다가오는 경우가 많습니다. 어떤 모습인지, 그들과 더불어 어떻게 살아가야 될 것인지 몇 가지 사례들을 통해 함께 살펴봅시다.

재채기와 살룻(Salud)

우리나라에서는 여러 사람이 모여 있는 장소에서 누군가 재채기를 한다고 해도 아무도 신경을 쓰지 않습니다. 하는가 보다 하고 무심히 지나쳐 버리거나 행여 내게 뭔가 튀지 않을까 우려스런 눈초리로 쳐다보기도 합니다. 중남미에서는 그렇지 않습니다. 회사 직원들 간 회의석상에서나 외부 관계자와의 면담 자리 등 지인 내지 업무 관계자는 물론 전혀 모르는 사람들이 모여 있는 대합실이나 시내버스 등 대중교통수단에서도 적용이 되는 얘기입니다.

누군가 재채기를 하면 다른 어느 누군가는 "살룻(Salud)"하면서 인사치레를 하는 경우가 많습니다. 그게 예의이기 때문입니다. 살룻이 어떤 의미인지는 이미 앞에서 건배사 강의하며 설명 드린바 있는데 기억나시나요? 건강이라는 의미입니다. 재채기를 하면 "건강에 주의 하세요"라는 의미로 큰 소리로 살룻을 외쳐주는 겁니다. 건배할 때 쓰는 살룻과 같은 말인데 이렇게 다른 상황에서도 쓰이는 것입니다. 우리 같은 외국인으로서는 중남미 사람들의 따뜻한 정감이 느껴지는 부분입니다. 이때에는 "그라시아스(Gracias)"라고 감사하다는 말을 반드시 해야 합니다. 이것 역시 예의이니까요. 그러면 상대방은 보통 "데나다(De nada/아닙니다, 천만에요)"라고 겸양 표현을 하거나 미소로 대합니다.

| 문을 잡아주는 작은 배려

우리나라는 모두가 바쁜 일상 속에 몸을 맡기다 보니 어디를 가더라도 서둘러 가야 해서 출입문을 밀었다가 통과 후에는 바로 놓는 경우가 많습니다. 그럼 바짝 뒤따라오던 분에게 본의 아닌 실례를 범하게 되는데 대부분은 으레 그러려니 하고 개의치 않죠.

중남미에서는 누가 됐건 관계없이 누군가 바짝 뒤따라오면 앞사람이 문을 열고 나가거나 들어간 다음 뒷사람이 지나도록 문을 잡아준 후에야 문을 놓는다는 겁니다. 그런 작은 호의를 베풀어주면 대부분 고맙다는 인사를 합니다. 인사성이 참 밝구나 하는 생각이 들기 마련입니다.

이런 예의는 남자건 여자건 관계없이 지켜야 하는 예의지만, 특히나 남자의 경우 뒤에 여자 분이 따라 들어오는 경우라면 반드시 이런 호의를 베풀어야

욕을 먹지 않습니다. 바쁘다는 핑계로 문을 그냥 놓아버리면 매우 무례한 행위로 간주될 수 있습니다. 치노 말 에두까도(Chino Mal Educado/ 못돼먹은 동양인)가 되는 것입니다.

마찬가지 논리로 승강기 탈 때에는 열림 버튼을 누르고 있으면서 다른 분들이 먼저 타도록 양보하는 경우가 많습니다. 내릴 경우에도 상황에 따라 달라지겠지만 보통 다른 사람들이 먼저 내리도록 배려해줍니다.

ı 모르는 사람끼리도 정답게 인사해?

우리나라나 미국 등 대부분의 나라에서 모르는 사람끼리는 인사하지 않습니다. 사람 사는 냄새가 물씬 나는 인간미 넘치는 중남미에서는 모르는 사람들끼리도 인사를 자연스럽게 잘 합니다.

필자가 중남미 생활을 오래 하다 보니 가끔 미국이나 캐나다 방문을 해보면 사람들이 참 냉랭하게 느껴질 때가 많습니다. 아, 여기는 중남미가 아니지 하며 새삼스레 중남미의 친절성이 그리워지곤 합니다. 그래서 그런지 중남미는 어느 나라를 가든지 친근하게 생각되는데 중남미를 벗어나면 비로소 외국에 와있다는 생경한 느낌이 들었습니다.

한 번은 시내버스를 타봤는데 내 앞 승객이 버스에 오르며 부에노스 디아스(Buenos Dias/영어의 Good Morning)라고 인사를 하니 상당수 승객들이 이구동성으로 부에노스 디아스 하며 맞장구를 쳐주었습니다. 보통 중남미 시내버스는 치안이 불안해서 부자들은 잘 안타고 주로 중산층 이하 서민들이 이용하는데, 각박한 삶의 순간순간 여유를 찾으며 모르는 사람들끼리도 이렇게 인사하며 지내니 그래서 행복지수가 높은가 보구나 하는 생각이 들게 마련입니다.

승강기 안에서도 마찬가지입니다. 처음 보는 사람인데도 친하게 알고 지내는 사인인양 "오늘 날씨 참 좋지요"라며 말을 걸어오는 경우가 많습니다. 여기서 맞장구 쳐주면 대화가 계속 이어집니다. 내릴 때에는 좋은 하루 되세요(부엔디아/Buen Dia) 내지 다음에 봐요(아스따 루에고/Hasta luego)라는 인사말을 자주 듣게 됩니다. 필자가 먼저 내릴 때에는 안녕히 가세요(껠레바야비엥/Que le vaya bien) 내지 잘 지내세요(께에스떼비엥/Que este bien) 등의 인사말을 해주었습니다. 전혀 모르는 사이인데도 말입니다. 로마에 가면 로마법에 따르라는 말처럼 우리도 이런 예절을 알아두고 호응을 해주는 게 좋지 않을까요. 이웃과 자연스럽게 네트워킹도 하고 말입니다. 나중에 알고 보면 이웃이 의외로 도움이 되는 경우도 나옵니다.

| 처음 본 미녀가 내게 미소를?

필자가 처음 중남미 생활을 갓 시작한 과테말라에서 겪었던 일화입니다. KOTRA 무역관이 입주해 있는 건물 옆으로 지나가던 길이었는데, 맞은편에서 걸어오던 미녀가 필자와 눈이 마주치자 환한 미소를 지어주는 게 아니겠습니까? 저는 순간 뒤를 돌아보았습니다. 제 뒤에는 사람이 없었습니다. 그럼 내게? 젊은이의 가슴이 쿵덕쿵덕 뛸 것입니다. 왜 내게 미소를? 내 얼굴에 뭐가 묻었나? 내가 동양인이라 신기해서? 내가 마음에 들어서? 아니면 외국인인 내게서 뭘 뜯어내려고? 별별 생각이 머리를 스치었습니다. 그러는 사이에 미녀는 입가에 미소를 띤 채 필자를 그냥 지나쳐 갔습니다.

그런데 그 이후에도 이러한 상황은 데자뷔처럼 반복이 되었습니다. 알고 보니 모두가 그런 것이었습니다. 제 아내도 모르는 남자나 여자로부터 미소 내지 윙크를 받고는 적잖이 당황했었다고 합니다.

이러한 향긋한 문화충격이 잘 소화되고 나니 필자도 그때부턴 처음 보는 여인이라도 눈이 마주치면 싱긋 웃어주며 맞장구를 쳐주곤 했습니다. 모르는 남자끼리도 눈이 마주치면 당연히 인사를 합니다. 다른 중남미 국가도 대동소이하였습니다. 중남미가 비록 치안은 안 좋아도 사람들이 참 정겹다는 느낌이 들게끔 대해주기 때문에, 독자 여러분들도 중남미와 계속 연을 쌓아 나가다보면 시나브로 중남미 애호가가 되어버린 자신을 발견하게 되는 날이 아마 오게 되지 않을까요?

한 가지 애로점이라면 한국에 돌아와서는 중남미 문화에 배인 자신을 빨리 털어내야 하는 과제가 주어지곤 했습니다. 한국에서 중남미 사람들처럼 처음 보는 여자나 남자에게 미소를 지어보인다면 이상한 사람으로 낙인이 찍히겠지요? 새삼스레 한국인에 대한 재발견이 이루어지며, 적응을 위해 자연스레 또는 의도적으로 문화 복원을 시도하는 자신을 보며 중남미가 문뜩 그리워지기도 합니다.

제13강 알아두면 유용하게 써먹는 일상 실용상식

화장실 문은? M이 Man(남자용)? Woman(여자용)?

중남미에 출장 가서 화장실을 가보면 M과 H로만 표기되어 있는 경우를 종종 보게 됩니다. 남성 출장자라면 M이 남자(Man)를 의미하는 것으로 보고 H는 뭐지, 영어의 W인가 하면서 잠깐 고민 끝에 M으로 들어가는 경우가 나오게 됩니다. 그러다가 여자 비명소리가 나면서 황급히 뛰쳐나오게 됩니다.

스페인어 기초 상식이 없다보면 이런 일이 심심찮게 벌어지게 됩니다. M은 무헤르(Mujer)의 약자로 여자를 의미하며, H는 옴브레(Hombre)의 약자로 남자를 의미합니다. 남성 화장품 보면 프랑스어인 옴므(Homme)로 표기되어 있는 경우가 있습니다. 옴므와 옴브레는 같은 의미입니다. 뿌리가 라틴어로 같다보니 유사한 경우가 꽤 됩니다.

일부 호텔이나 행사장, 외국인이 많이 드나드는 고급음식점 등에서는 영어식으로 M과 W로 표기하는 경우도 있고, 현지 식으로 M과 H로 표기하는 경우도 있습니다. 보통은 신사(Caballeros)와 숙녀(Damas)로 또는 그림까지 곁들여 친절히 표기하는 경우가 많지만, 짓궂게 C와 D로만 표기하는 경우도 간혹 볼 수 있습니다.

호텔욕조 C꼭지가 Cold(찬물)야? Hot(뜨거운 물)이야?

흔히 겪는 또 다른 사례를 하나 더 보겠습니다. 오랜 항공여행 끝에 중남미 호텔에 도착해서 상담이나 회의 참가 전에 잠깐 시간 내어 따끈한 물로 샤워를 하고자 욕실에 들어가게 됩니다. 그런데 수도꼭지가 우리가 미국 등 해외출장 시 일상적으로 봐왔던 C와 H가 아닌 C와 F로 나뉘어 있으면 어찌 해야 할까요? 보통 C는 Cold, H는 Hot 이므로 헷갈릴 일이 없는데, C와 F의 선택지만 있는 경우 보통 C는 아닐 거 같고 해서 H와 비슷한 F를 틀게 됩니다. 그러면 결과는 아무리 기다려도 찬물만 나오는 것입니다. 중남미 호텔 욕실에서 C는 Caliente(깔리엔떼)의 약자로 영어의 Hot과 같은 의미이며, F는 Frio(프리오) 약자로 영어의 Cold와 같습니다.

10억이야 조야? 중남미인들 조차 헷갈리는 숫자 비욘(billón)

스페인어의 billón(비욘)은 영어의 billion(십억)과 같은 말이지만 경우에 따라 trillion(조)의 의미로 쓰이기도 합니다. 스페인어에도 trillón(뜨리욘)이라는 단어가 별도로 있습니다만 그 말 대신 billón을 쓰는 경우도 종종 있어 주의가 요망됩니다.

중남미 대부분 나라에서 billón은 십억의 의미로 사용되고 있습니다만 사람에 따라서 billón을 조의 의미로 사용하는 사람들이 의외로 많이 있습니다. 스페인어 문화권에서는 십억은 mil millones(밀 미요네스/thousand millions)로 쓰는 경우도 흔하게 볼 수 있는데, 혹자에 따라서는 billón은 mil millones(십억/백만X천)와 동일하게 보는 경우도 있으며, millones de millones(조/백만X백만)로 인식하는 경우도 있기 때문에 그 수치가 중요성을 띠는 경우라면 확인을 해 보는 것이 필요합니다.

중남미 현지인들조차 헷갈려하기 때문에 유능한 한국인 통역 분들이라도 실수하는 경우가 나오기 마련입니다. 비욘을 10억 단위로 보고 통역하면 기대보다 과도하게 숫자가 작아진다거나, 반대로 조 단위로 보고 통역하면 숫자가 너무 커지는 경우 등에는 통역원이 비욘에서 혼선을 빚은 것이라 보고 질문을 해보는 것이 정보의 정확성을 높여주게 될 겁니다.

현지에서 통용되는 국제기구 현지어 명칭

미주개발은행을 중남미 현지에서는 뭐라고 부르는지 아십니까? 우리 기업인들이나 공직자들은 영어 표기에는 익숙하지만 현지어(스페인어) 표기에는 무척 낯설어 하는 경우가 많습니다. IDB하면 바로 알아보지만 BID하면 이게 뭐지 하며 감을 잡지 못하는 것입니다. 중남미에서는 IDB보다도 BID라는 명칭에 익숙해져 있습니다. BID을 "베이데"라고 부르는 분들도 있긴 한데 그냥 "빋"으로 부르는 경우도 많습니다. 중남미 거래처가 이 사업은 빋(비드) 자금으로 추진된다고 얘기하면 바로 미주개발은행을 떠올려야 합니다.

중남미와 비즈니스를 하시려면 국제기구나 무역협정의 스페인어 명칭도 알아두시는 것이 도움이 됩니다. IMF는 중남미에서는 FMI(에페에메이)로 표기되며, OECD는 OCDE(옥데 또는 오세데에)로, WB(세계은행/World Bank)는 BM(베에메 또는 방꼬 문디알/Banco Mundial)로 통칭됩니다. NAFTA(북미자유무역협정)는 TLCAN(뜰깐, 뗄레깐 또는 떼엘레쎄 데아메리카델노르떼), FTA(자유무역협정)는 TLC(떼엘레쎄/Tratado de Libre Comercio) 등입니다.

그럼 정치외교 분야 용어도 잠깐 살펴보겠습니다. 오누(ONU)가 뭔지 들어보셨나요? 중남미에서 살다보면 신문방송에서 수시로 듣고 보게 되는 단어인데, 국제연합 UN(유엔)을 의미합니다. 오딴(OTAN) 이라는 단어도 간혹 접하게 되는데, 북대서양조약기구 NATO를 지칭하는 말입니다. 중남미에서 굵직한 정치적 현안이 발생하면 개입하는 기구가 있습니다. 바로 중남미 민주주의 수호자인 미주기구입니다. 미주기구는 국제사회에서는 보통 OAS로 통칭되지만, 중남미에서는 오에아(OEA)로 불립니다. 마지막으로 하나만 더 알아보겠습니다. 세팔(CEPAL)이 뭔지 들어보셨나요? 영어로는 에클락(ECLAC)으로 표기되는 유엔 중남미경제위원회를 의미합니다. 중남미 관련 정보를 캐내려고 하다 보면 가장 많이 접하는 정보가 아마도 세팔 자료가 아닐까 싶을 정도로 중남미에서는 그 위력이 대단합니다. 에클락이라고 하면 대부분 잘 못 알아듣습니다. 여기서 락(LAC)이란 라틴아메리카와 카리브를 뜻하는 약칭이며, 우리말로는 그냥 "중남미"로 표기하는 것이 보통이나 "라틴아메리카와 카리브"로 원문대로 정확하게 표현하시는 분도 있습니다. 세련미를 즐기시는 개인 취향 문제가 아닐까 싶습니다만 독자 여러분이 각자 취사선택해서 쓰시면 되겠습니다.

기타 알아두면 유용한 현지어 표현

비즈니스 상담에 앞서 양념으로 대화에 오르는 월드컵은 중남미 사람들에게는 매우 관심 있는 주제가 아닐 수 없습니다. 대부분 축구를 무척 좋아하기 때문입니다. 월드컵은 스페인어로 꼬빠 문디알(Copa Mundial)이라고 합니다. 줄여서 문디알 이라고만 하는 경우도 있습니다.

스페인어를 모르시더라도 중남미 현지에서 통용되는 명칭은 알고 계셔야 합니다. 비즈니스맨 여러분들이 중남미 기업인과 상담시 바이어가 영어 구사가 되면 영어로 하겠지만, 영어가 안 되면 보통 통역원을 대동하여 상담을 하게 됩니다. 영어가 되더라도 영문 명칭이 생각이 안나 그냥 스페인어 명칭으로 얘기해버리는 경우도 가끔 보게 됩니다. 통역원이 스페인어는 구사해도 현지 전문용어에 익숙하지 않아 종종 실수하는 것을 보게 되는데, 이럴 때에 재치 있게 대응할 수 있는 힘을 갖게 됩니다.

흔히 접하는 실수 사례 두 가지만 들어 볼까요? FTZ(자유무역지대)는 해외투자에 관심을 가져본 분이라면 잘 아시겠지만 중남미에서는 쏘나 프랑까(Zona Franca)라고 합니다. 통역원들이 대체로 이해가 부족한 전문용어다 보니 Zona Franca를 자유무역지대(Free Trade Zone)로 제대로 번역해내지 못하는 경우가 종종 있습니다.

다른 하나는 까르따 데 끄레디또(Carta de crédito)입니다. 무역대금 결제조건에 대해 얘기하는데 통역원은 이게 뭔지 잘 몰라, 시중에서 흔히 잘 쓰이는 따르헤따 데 끄레디또(Tarjeta de crédito)로 이해하여 신용카드로 통역을 하는 경우가 흔히 나옵니다. tarjeta가 카드인데, 까르따(carta)라는 발음이 카드를 연상시키는 것이죠. carta de crédito는 신용장 즉, L/C를 지칭하는 용어입니다. carta는 letter이니 carta de credito는 바로 letter of credit이 되는 것입니다.

L/C같은 단어는 국제적 용어인 만큼 중남미에서도 통용되려니 안이하게 생각해선 안 됨을 일깨워주고 있습니다. 중남미 현지에서 통용되는 전문용어에 친숙해지는 것이 중요하다는 말씀을 본 면을 빌어 재차 강조하고자 합니다.

콜럼버스와 꼴론(Colón)

미주 대륙을 발견한 크리스토퍼 콜럼버스를 모르는 분은 아마 없겠지요? 그런데 끄리스또발 꼴론(Cristobal Colón)이 누구냐 하면 대답을 잘 못합니다. 같은 사람입니다. 단지 영어로는 콜럼버스이며, 스페인어로는 꼴론 이라고 하는 것입니다.

콜론이 뭔지 알아두시면 중남미 문화가 좀 더 친근하게 다가오게 될 겁니다. 중남미 각국에서는 이 콜론이라는 명칭을 많이 쓰기 때문입니다.

우선 중남미 최대의 자유무역지대인 콜론 자유무역지대가 파나마에 있고, 파나마 운하의 대서양쪽 출구에 위치한 항구도시인 콜론시도 있습니다. 한편 아르헨티나 수도 부에노스아이레스에 세계3대 오페라극장인 콜론 극장이 있어 아르헨티나 사람들의 문화갈증 해소에 큰 도움을 주고 있습니다.

중남미에서는 보통 페소를 화폐단위로 많이들 쓰는데, 특이하게 콜론을 화폐단위로 쓰는 나라도 있습니다. 코스타리카 공식화폐도 콜론이고, 엘살바도르도 자국 화폐를 폐지하고 달러화 경제로 진입하기 전에는 콜론이라는 화폐를 썼습니다.

이처럼 콜론은 사람의 성명이나 지명, 건물명, 화폐단위 등 여러 용도로 널리 사용됩니다. 콜럼버스가 중남미 사람들에게 정복자나 수탈자 등 부정적 이미지보다는 개척자 내지 발견자로서 좋은 이미지로 받아들여지는 것 같은 느낌이 듭니다. 물론 어찌 보면 당연한 얘기일 수도 있습니다.

*** 콜럼버스와 유럽을 구해준 중남미 감자 및 고추 이야기**

콜럼버스는 1차 항해에서 스페인으로 돌아갈 때에 중남미산 곡물을 가져갔습니다. 감자와 옥수수 및 고추 등이었는데, 이 감자와 옥수수가 처음에는 유럽인들의 관심의 대상이 되지 못해 오랫동안 찬밥 신세를 면치 못하다가 18세기 들어 유럽에 흉년이 들어 심각한 식량위기가 발생하자 감자가 갑자기 인기를 끌게 됩니다. 맬서스의 인구론도 이때에 나옵니다. 결국 감자는 유럽을 기근에서 구해주는 훌륭한 역할을 해냈습니다.

고추는 유럽에서 일본으로 전해졌다가 임진왜란 때 일본을 통해 우리나라에 들어왔는데, 이것도 콜럼버스의 신대륙 발견 덕분으로 볼 수 있습니다. 그때 전해진 고추가 고추장과 김치 등 우리 민족 고유음식으로 발전하게 되었으니까요.

비서의 날과 비즈니스

비서의 날은 1952년 미국에서 시작된 이래 전 세계에 널리 퍼져있는 데, 미국이나 우리나라 등 여러 나라들은 매년 4월 마지막 수요일을 비서의 날로 정하고 있습니다.

중남미에서는 비서의 날이 나라마다 달라집니다. 멕시코는 7월 세 번째 수요일, 브라질과 베네수엘라는 9월 30일, 아르헨티나와 우루과이는 9월 4일, 칠레는 12월 3일, 콜롬비아와 페루, 에콰도르, 볼리비아, 파라과이, 파나마, 니카라과, 코스타리카, 과테말라, 엘살바도르, 온두라스, 도미니카공화국 등은 모두 4월 26일입니다.

중남미에서는 비서의 날을 잘 챙겨주는 경향이 있을 정도로 비서의 역할은 중요합니다. 비서에게 밉보이면 핵심인사와의 의사소통에 동맥경화 현상이 나타날 수도 있습니다. 비서가 비즈니스가 잘 돌게끔 하는 선순환 역할을 하는 경우도 있는가 하면, 멈추게 하는 악역을 맡는 경우도 있습니다. 비서의 날을 마크해 두었다가 별도로 선물을 보내주는 등 정성을 기울이면 비서를 내 편으로 만드는데 효과가 있을 겁니다.

비서의 날 선물로 중남미 현지에서는 사탕이나 꽃, 스파 이용권 등을 축하 카드와 함께 보내주는 것이 일반적입니다. 마침 현지 출장 중이라면 근사한 식사나 파티에 초대해보는 것도 좋겠습니다. 무심코 지나치거나 날짜를 헷갈리기 쉬운 비서의 날을 국별로 알람을 설정해 두었다가 여러분의 성공 비즈니스에 잘 활용해 보시기 바랍니다.

금기 용어 및 바람직한 대화 소재

마약이니 게릴라니 치안불안이니 하는 용어는 중남미 사람들의 마음을 불편하게 만듭니다. 자신들의 약점인데 이를 건드리면 기분이 좋을 리가 없습니다. 상대가 먼저 꺼내면 몰라도 우리 쪽에서 먼저 꺼내는 것은 금기사항입니다.

국별로 금기시되는 용어나 주제도 있습니다. 예컨대 아르헨티나에서 포클랜드라는 단어를 쓰면 안 됩니다. 한국인에게 독도 대신 다께시마라는 용어를 쓰는 외국인에게 호감이 갈 리가 없는 것처럼 중남미에서는 포클랜드라는 말은 멀찌감치 던져버리고 말비나스(Malvinas)라는 명칭을 사용해야 합니다. 영어를 쓰더라도 말입니다. 이 말비나스 해전 당시 미국이 영국 편을 들었다가 아르헨티나는 물론 전체 중남미로부터 신뢰를 잃게 되었습니다. 반면 스페인은 같은 유럽국인 영국을 지지하지 않고 중남미를 지지해줘 높은 점수를 딴 사례가 있습니다. 또한 아르헨티나에서 아르헨티나에 대해 부정적으로 평가하거나 영국을 긍정적으로 평하는 것은 삼가는 것이 좋습니다. 마라도나가 아르헨티나인들의 열광적 사랑을 받게 된 결정적 계기가 뭔지 살펴보면 의미가 이해되실 겁니다.

콜롬비아에서 베네수엘라나 에콰도르, 니카라과 등을 좋게 얘기하는 것도 좋을 게 없습니다. 그 반대 역시 마찬가지입니다. 국경 분쟁 등으로 사이가 썩 좋은 것은 아니므로 아예 언급을 안 하는 것이 낫습니다. 칠레와 페루, 칠레와 볼리비아 등도 역사적 앙금이 국민정서에 남아있고, 칠레와 아르헨티나 역시 국민감정이 썩 좋은 것은 아닙니다. 이웃나라와 잘 지내기가 사실 어렵습니다.

그리고 자기 나라의 문제점이 있는 것을 알고 있어도 외국인 입에서 험담이 나오는 것을 곱게 볼 사람은 없습니다. 예전에 필자가 보고타 무역관에 근무할 때에 독일 대사가 콜롬비아의 문제점에 대해 비판적 논조로 얘기한 적이 있었는데, 자존심이 상한 현지 언론들이 들고 일어나 그 입 닫고 네 나라로 돌아가라고 성토하였습니다.

대화 소재로 무난한 주제들은 중남미 사람들의 친절성, 온화하고 청명한 날씨, 중남미의 자랑인 풍족한 태양과 해변(Sol y playa) 및 수많은 관광자원, 중남미 미녀들의 미스유니버스와 미스월드 석권, 삼바나 탱고, 살사 등 중남미의 정열적인 춤, 세계를 쥐락펴락하는 중남미 축구 및 축구 스타 등 중남미 사람들이 자랑스럽게 생각하는 내용들이 될 수 있으며, 아울러 서로의 취미(개인적 취미, 국민적 취미, 여가활동)를 대화소재로 올릴 수도 있겠습니다.

아울러 소재로 택할 수 있는 것이 한국과의 우등 비교입니다. 예컨대, 한국은 과일 값이 엄청 비싼데 반해 여기는 매우 싸서 실컷 먹을 수 있어서 좋다(수박 1통 값이 5~10배 차이)든가 쇠고기 값이 너무 비싸 한국에서는 잘 못 먹는데 여기서는 스테이크 값이 라면 값하고 비슷해서 실컷 먹으며 행복감을 느낀다는 등 먹거리 값 비교도 무난하며, 한국은 자연자원의 혜택을 거의 못보고 있는데 중남미는 자원이 풍부해서 부럽다, 이게 중남미의 숨은 매력이다, 게다가 중남미 사람들은 언어도 같고 문화도 같아 뭉치기를 잘해서(태평양동맹이나 메르코수르 등) 중남미가 앞으로 세계를 주름잡는 날이 올 거라는 등의 희망적인 미래비전 제시 멘트도 상담 분위기를 좋게 해주는 데에 한 몫을 할 수 있습니다.

콤마와 점(punto), 우리와 거꾸로?

중남미 사람들과 한국인 간 차이점이 많은데요, 콤마와 점을 사용하는 방식에서 차이가 확연하게 납니다. 우리는 소수점을 찍을 때 콤마(,)가 아닌 점(.)을 씁니다. 예컨대 금리가 1.5%라고 표기할 때 1.5%(일점오)로 쓰지 1,5%(일콤마오)로 쓰지는 않습니다.

그런데 중남미 사람들은 하나같이 점 대신 콤마를 쓰는 겁니다. 즉, 1.5%가 아니라 1,5%로 표기가 되는 것입니다. 개인들뿐만 아니라 국가 공식 통계자료나 신문지상에서도 마찬가지입니다.

중남미에서 흔히 쓰게 되는 개인 당좌수표를 발행할 때에 금액을 숫자와 알파벳 두 가지로 쓰는데, 숫자는 각 세자리마다 우리는 점(.)이 아니라 콤마(,)를 찍는데 반해 중남미에서는 그 반대입니다.

예컨대, 결제해야 할 금액이 오백만 페소라고 하면 우리는 5,000,000으로 적는데, 중남미 사람들은 5.000.000으로 적는다는 것입니다. 특히 센트 단위 소수점을 쓰는 경우 주의를 해야 합니다. 예를 들어, 칠천오백페소 삼십센트(센따보)를 숫자로 표기하려면 한국이라면 7,500.30으로 쓰지만, 중남미라면 7.500,30으로 쓰게 됩니다.

개인 당좌수표는 중남미 생활필수품?

우리나라와는 달리 중남미에서는 법인 당좌수표나 개인 당좌수표를 많이 씁니다. 민간 기업이든 공직자가 됐든 주재원으로 중남미 파견 나가 살다보면 수표를 써야 하는 상황에 노출되는 경우가 빈번합니다. 현금은 치안이 위험해서 큰 금액을 갖고 다니기 곤란하고, 신용카드는 상대방이 받기를 꺼려하는 경우를 자주 접하게 되는데, 그 대표적인 사례가 의료비 지불과 월세 지불입니다.

개인 의원이나 집주인들이 한결같이 신용카드 결제를 거부하고 수표 결제를 선호합니다. 아파트 월세를 매달 또는 분기별 내지 반기별 등으로 계약서 내용에 따라 지불하게 되는데, 은행 계좌이체를 이용하는 경우도 있긴 하나 직접 대면해서 이것저것 집수리가 필요한 부분에 대해 얘기해서 애로를 해소하는 좋은 기회가 되기도 하므로 보통은 수표 결제를 선호하게 됩니다.

물론 집주인들이 개인인 관계로 수수료까지 물어가며 신용카드로 결제받기 어려운 상황은 어느 정도 이해가 되지만, 큰 병원에서 환자를 상대로 의료행위를 하는 의사들까지 신용카드를 거부하고 수표나 현금을 요구하는 상황은 쉽게 납득이 되지 않을 겁니다. 물론 병원에서는 소액이라도 신용카드를 받습니다.

중남미는 대체로 의료비를 병원에 직접 지불하는 부분과 의사 개인에게 별도로 지불하는 부분으로 나뉘어 내게끔 되어 있는데, 입원료 및 약제비, 의료장비 사용료 등은 병원에 내므로 이 부분은 신용카드로 지불이 가능한데 반해 의사 개인에게 지불하는 수수료(honorario)는 대부분 신용카드를 받지 않기 때문에 개인 당좌수표가 없으면 중남미에서 살기가 여간 불편한 게 아닙니다.

슈퍼마켓이나 웬만한 점포에서도 개인수표를 받는 곳이 많아서 개인수표는 중남미에서 의외로 널리 유용하게 사용됩니다만 부도 위험으로 받기를 꺼려하는 경우도 상당히 많은 관계로 개인수표에만 전적으로 의존하는 것은 바람직하지 않고 신용카드와 병행 사용하는 것이 좋습니다.

중남미는 수기 영수증 천국?

중남미에서는 어느 나라나 수기 영수증이 참 많습니다. 물론 전자 영수증을 받는 경우가 수기 영수증을 받는 경우보다 훨씬 많기는 합니다만 병원의 의사 수수료나 아파트 월세 등을 내고 나서 수기 영수증을 받게 되는 경우가 많으며, 현지 영업을 하는 한국식당 등에서도 대부분 수기 영수증을 받게 됩니다.

그런데 날짜가 잘 못 기재된다든가 이름이 잘 못 표기된다든가 금액 숫자가 잘 못 들어간 경우들이 나오기 마련인데, 그러면 수기 영수증을 재발행해주기도 하지만 그냥 영수증에 두 줄로 긋고 그 위에 정정해서 주기도 합니다. 수기 영수증 자체에 대해서도 신뢰성이 떨어지는데 거기다가 또다시 수기 정정까지 해서 받게 되면 황당하다는 느낌이 듭니다.

수기 영수증이라도 병원명과 의사 이름 및 주소, 연락처 등이 나타나 있고 제목에도 영수증이라는 표기 등이 인쇄되어 있는 정식 영수증 양식에 수기로 금액과 날짜, 환자 성명 등을 기재해서 주면 그나마 영수증으로서 기본 요건은 갖춘 편으로 그럭저럭 봐줄만 한데, 그냥 시중에서 파는 줄만 처져있는 백지 영수증 양식에 손으로 기재해서 주거나 아예 백지에다가 쓱쓱 적은 다음 서명해서 영수증이랍시고 주면 정말 황당하다는 느낌을 지울 수가 없게 됩니다. 그런데 이게 중남미 현주소입니다.

의료비 일부를 소속 기관이나 회사로부터 합법적으로 보전을 받는 주재원이라면 실비 정산을 위해 영수증 처리를 해야 하는 만큼 이런 경우에는 고민이 될 겁니다. 본사 경리부나 감사실로부터 당연히 의심을 살 것입니다.본인의 이미지도 본의 아니게 실추될 수도 있고 말입니다.

이런 경우에는 순순히 물러서지 말고 최소한 자체 인쇄한 영수증 양식이나 상호 정보라도 나타나 있는 레터헤드지에 기재해달라고 요구를 해보는 것이 필요합니다. 그러면 슬그머니 그나마 조금 나은 기본 정보가 들어가 있는 영수증 양식을 서랍에서 꺼내 써서 줍니다. 그럴 때마다 탈세가 일상화되어 있다는 느낌을 강하게 받게 되는데, 설득할 때에는 이 영수증을 이 나라에서 쓰지 않고 한국으로 보낼 거라고 하면 효과를 볼 수 있습니다.

제3부

속속들이 파보면 감칠맛 나는 중남미 묘미

제14강 엄마 찾아 삼만리와 히스패닉 아메리카! 중남미의 저력

ㅣ 엄마 찾아 삼만 리와 19세기 초 지하철: 아르헨티나 드림!

엄마 찾아 삼만 리 라는 소설을 아마 독자 여러분들도 들어보셨을 겁니다. 아르헨티나의 과거 영화를 이해하기 위해 곧잘 인용되곤 하는데, 이 소설과 아르헨티나의 저력이 어떻게 연결될까요?

이 소설은 유럽의 아페니니 산맥에서 남미의 안데스 산맥까지 엄마 찾아 삼만 리의 여정을 떠나는 주인공 9살 소년 마르코가 1882년 이태리 제노아에서 아르헨티나 부에노스아이레스로 갔다가, 바이아 블랑까, 로사리오, 꼬르도바 등 여러 도시를 갖은 고생을 하며 찾아다닌 끝에 드디어 안데스 산맥 지대에 위치한 뚜꾸만에서 병상에 누워있는 엄마를 만나게 되는 감동 스토리입니다. 삶의 의지가 약했던 엄마는 아들을 보고나서는 힘을 얻어 병마를 물리치고 고향인 제노아로 함께 돌아가게 됩니다.

이태리에서 아르헨티나로, 왜?

그런데 왜 마르코 엄마는 유럽(이태리)에서 배를 타고 망망대해를 건너 저 멀리 남미(아르헨티나)까지 갔을까요? 그것은 아르헨티나 드림 곧, 남미 드림을 꿈꿨던 것입니다. 좀 더 구체적으로 얘기해서 돈 벌기 위해서였습니다. 현지 수입으로만 살기 어려우니 아르헨티나에서 가정부 일자리를 얻어 가게 된 것이었습니다.

당시 이태리, 스페인, 프랑스 등지의 수많은 남부 유럽인들이 아르헨 드림을 꿈꾸며 아르헨티나로 몰려들었습니다. 아르헨티나에는 돈이라는 의미(라틴어 아르젠툼은 은/銀을 의미)도 담겨있어 아르헨티나는 드림을 꿈꾸기에 안성맞춤인데다 아르헨티나 농장주들은 이런 유럽 이민자를 크게 반겼습니다. 이러니 아르헨 드림이 유럽 이민자 선호 현상과 맞물려 봇물을 이루게 된 것입니다.

폭발적 인구 증가/ 세계 8위 부국

1870년 아르헨티나 인구는 180만 명밖에 안 되는 소국이었습니다. (*참고: 당시 이태리는 2,700만 명, 스페인은 1,600만 명, 한국은 1,400만 명, 미국은 4,000만 명, 독일은 3,900만 명, 프랑스 3,800만 명, 영국 3,100만 명, 일본은 3,400만 명)

200만 명 수준이던 1890년부터 인구가 폭발적으로 늘어나기 시작하여, 1900년에는 470만 명을 기록하더니 1920년에는 900만 명을 돌파하는 기염을 토해내며 급속도로 성장한 결과 1910년에는 1인당 국민소득 수준이 4,000불(당시 이태리의 1.5배)을 기록, 세계 8위의 부국으로 부상(浮上)하게 됩니다.

부상 - 19세기 초 지하철/ 세계최대 육류수출국/ 유럽식량창고

부에노스아이레스 지하철이 1913년에 완공되었다니 유럽의 부러움을 살만도 했을 것입니다. 지금도 그 지하철이 숩떼(Subte) 라는 이름으로 운행되고 있어 도시 교통체증 해소에 기여하고 있습니다.

1880~90년대 유럽의 도시화 진전으로 쇠고기 수요가 크게 증대되었고, 증기선 등 수송수단의 발전 및 냉장/냉동기술의 개발에 따른 냉동화물선 보급으

로 1900년대 초반에는 거대 팜파스를 가진 아르헨티나가 세계 최대의 육류 수출국으로 발돋움하게 되었습니다. 게다가 작황여건이 좋은 비옥한 흑토지대 탓에 비료 없이도 잘 자라는 밀 등 곡물도 수출하게 되면서 유럽의 식량창고 역할을 톡톡히 해내는 등 아르헨티나는 19세기 후반부터 급속한 경제성장을 구가하다가 20세기 초에는 세계 10대부국의 반열에 오르게 됩니다.

추락 - 페로니즘/ 미국 패권/ 섣부른 개방정책

그렇게 승승장구하며 잘 나가던 아르헨티나가 1929년 세계 대공황으로 유럽시장이 붕괴되는 직격탄을 맞아 휘청거립니다. 하지만 2차 대전 이후 유럽이 식량 및 육류 수출 시장으로 재부상하면서 1947년에는 1인당 GDP가 다시 세계 10위권으로 진입하는 등 호황기를 다시금 구가하게 됩니다. 그러나 1946년 집권한 후안 페론과 에바 페론의 포퓰리즘 정책(페로니즘) 후유증과 세계시장 내 수출경쟁에서도 미국 패권에 밀려나면서 경제는 차츰 활력을 잃게 됩니다. 특히 페로니즘에 반기를 든 기업가들의 반발로 기업가들의 국외이주 및 부유층 자금이탈로 심각한 재정난에 빠지게 됨으로서 과다한 외채 차입과 대규모 통화 발행으로 만성적 인플레가 유발됩니다.

그 이후에는 비델라 군부정권의 무리한 신자유주의 정책(경제개방, 금융자유화, 국영기업 민영화 등)에 따른 부작용 등이 복합적으로 작용한 결과 아르헨티나의 1인당 국민소득 수준은 10위권에서 50위권 수준으로 서서히 추락하게 됩니다.

*** 아르헨티나의 과거 영광의 재현을 꿈꾸는 에바 페론 향수**

에바 페론에 대한 아르헨티나 국민들의 평가는 극단적으로 갈리는데, 부유층은 그녀를 개인 사치와 퍼주기로 나라 경제를 파탄시킨 장본인으로 폄훼합니다. 페론이란 이름은 국가를 몰락의 길로 이끈 포퓰리즘의 대명사로 매도당하며 세인들 입에 오르내리곤 합니다. 그에 반해 서민층은 그녀를 성녀로 그리워하며 진한 향수를 피력합니다. 지금도 부에노스아이레스 시내 중심지 레꼴레

따에 있는 그녀 묘소를 가보면 다른 묘지와는 달리 항상 많은 꽃들이 놓여있는 점이 필자의 눈길을 끌곤 했습니다. 특히 묘지가 우리가 흔히 봐오던 그런 묘지와는 전혀 분위기를 달리하는 독특함이 인상적이었습니다. 마치 사람이 사는 마을처럼 스페인 식민시대 건축양식의 집 모양을 띠고 있었습니다. 그런 집들이 수십 채씩 가지런히 서있는 모습은 영혼들이 그 안에서 살고 있을 것 같은 묘한 느낌까지 주었습니다.

"돈 크라이 포미 아르헨티나(Don't cry for me, Argentina)"라는 노래 잘 아실 겁니다. 스페인어 실제 가사는 "노요레스 뽀르미 아르헨띠나(No llores por mi, Argentina)"로 불립니다. 부에노스아이레스 시내에 있는 탱고 공연장에 가보면 이 노래가 거의 예외 없이 등장하는 것을 보게 됩니다. 다른 탱고공연과는 확연히 다른 분위기가 연출되는데, 그도 그럴 것이 이 노래는 그녀가 암에 걸려 죽어가면서 자국 국민들을 향해 보내는 강렬한 메시지를 담아 그녀의 요절을 애도하는 곡이다 보니 분위기가 엄숙해서 모두들 숨을 죽이며 감상하는 모습이었습니다. 나를 위해 울지 말라고 했지만 정작은 나를 잊지말아달라는 애절함이 깊숙이 스며있습니다.

이런 사례들을 보며 필자가 느꼈던 점은 에바 페론은 아직도 아르헨티나 국민들 가슴속 깊이 살아 숨 쉬고 있다는 것이었습니다. 즉, 에바 페론은 한때 세계 10위권 내에 들었던 막강했던 당시 국력을 상기시켜주는 인물로서 과거 아르헨티나의 영광과 저력을 보여주는 예라 할 수 있겠습니다.

여전한 G20 회원국의 면모

아르헨티나의 저력은 현재 어느 정도일까요? 1인당 국민소득 수준이 세계 50위대로 내려앉긴 했지만, 경제규모로 보면 브라질 및 멕시코에 이은 중남미 3위 경제권이자 G20 회원국으로 국제무대 전면에 나서고 있습니다. 비옥한 토지가 많은 국가영토는 우리나라 28배에 이를 만큼 광활하고, 소 두수가 사람 수보다 많아 아무리 먹어도 별로 줄어들지 않는다고 합니다. 국민이 먹고 사는데 전혀 문제가 없을 만큼 풍부한 식량자원은 물론 석탄, 석유, 천연가스 등의 천연자원 또한 풍부하여 언젠가는 과거의 영화를 재현할 저력을 가진 국가로 인정받고 있습니다.

이 뿐만이 아닙니다. 이 나라가 세계적으로 자랑하는 것들이 있습니다. 부에노스아이레스 시내 최중심지에 노폭 110미터에 왕복 22차선의 세계 최대의 도로로 평가되는 '7월 9일 대로(아베니다 누에베 데 훌리오/Av. 9 de Julio)'가 있습니다. 독립 100주년을 기념하여 1911년에 완공된 도로인데, 당시 하늘을 찌를 만한 국가 위상이나 국민의 자존감이 얼마나 높았을지 가늠이 됩니다.

밀라노의 라스칼라 및 뉴욕의 메트로폴리탄과 더불어 세계3대 오페라 극장인 꼴론 극장(Teatro Colon)이 바로 이 7월 9일 대로변에 있습니다. 1889년에 착공되어 1905년에 완공된 대표적인 바로크 양식 건물로서 중남미 최고의 문화 예술 전당 역할을 하고 있습니다.

경제위기 극복과 국가적 배짱

아르헨티나는 디폴트 선언을 하면서 고통의 세계적 분담을 외칩니다. 1997년 우리나라가 외환위기를 맞아 IMF 구제금융 체제로 들어가면서 우리는 고통의 국민적 분담을 외치며 허리띠를 졸라맸습니다. 그러나 아르헨티나는 접근법이 달랐습니다. 고통을 우리(아르헨티나) 국민에게만 전가시킬 수는 없으니 세계적으로 분담하자며 외채 탕감을 선진채권국들의 모임인 파리클럽에 당당히 요구합니다. 이를 보며 한편으론 나라가 어찌 이리도 몰염치할 수 있나 하는 생각이 들면서도 한편으론 그 배짱 이면에 있는 국가 저력이 부럽기도 했습니다.

노벨과학상 수상

아르헨티나의 두둑한 배짱과 그 이면에 도사리고 있는 국가저력의 또 다른 단면을 엿볼 수 있게끔 하는 것이 바로 노벨 과학상 수상입니다. 아르헨티나는 노벨 생리의학상 및 화학상 분야 모두에서 수상자를 배출한 중남미 유일의 국가입니다. 여기에 대해서는 "세계적 명성의 중남미 노벨상 수상자"편 강의를 참고하시기 바랍니다.

아르헨티나가 향유했던 눈부신 과거가 더 이상 과거에만 머물러 있지는 않고 언젠가는 비상(飛上)하여 과거의 영광을 재현할 것이라는 느낌이 피부에 와 닿는 것은 아마도 이러한 저력이 밑바탕에 깔려있기 때문일 겁니다.

자연자원으로 본 중남미의 저력

중남미의 저력을 살펴보려면 저력을 구성하는 여러 가지 요소를 종합적으로 따져봐야 합니다. 하지만 범위가 너무 커지니 여기서는 자연자원과 인적자원 및 잠재시장성 측면만을 중심으로 가볍게 살펴보겠습니다.

중남미는 전 세계 자연자원의 보고라고 할 수 있을 정도로 많은 자원을 품고 있습니다. 수자원의 30%, 임업자원(산림)의 23%, 구리의 48%, 철광석의 19%, 석유의 13% 등이 매장되어 있고, 대두의 50%이상이 중남미에서 생산됩니다.

석유, 구리, 은, 리튬 등은 중남미가 세계 1위

중남미는 석유, 가스, 석탄 등의 에너지자원과 구리, 철, 알루미늄 등의 광물자원 및 산림 등 식물자원의 보고입니다. 중남미 500대 기업 중 186개 기업이 천연자원 관련 기업이고, 이들 기업의 매출액 합계가 중남미 500대 기업 매출액의 46%를 차지합니다.(KIEP연구보고서13-28) 2016년 5월 IDB(미주개발은행) 자료를 보면 중남미 500대 다국적기업의 22%가 석유광물기업이고, 이중 석유부문이 매출액의 1/4을 담당하고 있습니다.

세계 1위의 석유 매장국 베네수엘라

석유 하면 중동을 떠올리게 됩니다만 중남미도 전 세계 매장량의 1/5을 보유하고 있습니다. 중남미의 사우디라 할 수 있는 베네수엘라는 세계 최대의 석유 매장국 및 중남미 최고의 석유 수출국 지위를 갖고 있습니다.

뻬데베사(PDVSA/석유공사)로 대표되는 베네수엘라는 가솔린 가격이 물 값보다 싸다는 말이 나왔을 정도로 석유가 풍족하다보니 이를 배경으로 한 때 중남미 최대의 부국 반열에 오르기도 했습니다. 다만 국내외적으로 선심성 정책이 도를 지나치다보니 유가하락과 더불어 경제가 파국으로 치닫는 비극을 맞고 있습니다. 하지만 풍부한 석유자원은 베네수엘라가 언제든 다시 우뚝 일어설 수 있는 저력을 갖게 해주는 원천이 되는 것으로 보입니다.

세계 1위 구리 나라 칠레

세계 최대의 구리기업인 Codelco로 대표될 수 있는 칠레는 구리 생산 세계 1위, 몰리브덴 생산량은 세계 2위라고 합니다. 전 세계 구리의 47%가 중남미에 매장되어 있다니 대단합니다. 2016년 구리 매장량 통계 기준으로 보면, 칠레가 2.1억 톤으로 압도적인 세계 1위를 점하고 있고,(2위는 호주로 8,900만톤) 페루가 8,100만 톤으로 3위, 멕시코가 4,600만 톤으로 4위를 차지하고 있습니다.

세계 1위 은 보유국 페루

전 세계 은의 45%가 중남미에 있는데, 페루가 세계 1위의 은 보유국 지위를 갖고 있습니다. 2017년에 발표된 2016년 통계 기준으로 페루는 세계 2위의 은 생산국이자 세계 2위의 구리 생산국이기도 하며, 아연과 주석 등은 세계 3위입니다. 이 때문에 페루는 중남미 중에서도 자원부국으로 알려져 있습니다. 페루 총 수출의 60% 정도를 광물자원이 차지하고 있을 정도입니다.

2016년 은 매장량 통계 기준, 페루가 12만 톤으로 세계 1위, 칠레가 7만7천 톤으로 4위, 멕시코가 3만7천 톤으로 6위, 볼리비아가 2만2천 톤으로 8위를 각각 차지하고 있습니다.

세계 1위 은 생산국 멕시코

2016년 멕시코는 5,600톤의 은을 생산하여 세계 1위에 올랐습니다. 멕시코의 Fresnillo사 및 Goldcorp사가 세계 시장을 주도하는 은 생산 기업으로 알려져 있습니다. 이어 페루가 4,100톤으로 2위인데, 대부분 안타미나 광산

(Antamina Mine)에서 생산되고 있습니다. 이 광산은 호주의 BHP 빌링턴, 스위스의 글렌코어, 캐나다의 Teck Resources, 일본의 미쓰비시 등 4개사 합작으로 생산이 이루어지고 있는데, 원래는 구리가 주종인 광산으로서 은은 구리 부산물로 채굴된다고 합니다. 참고로 칠레는 1,500톤으로 4위, 볼리비아는 1,300톤으로 8위를 기록하고 있습니다.

세계 1위 리튬 보유국 볼리비아

핸드폰 원료로 각광받는 리튬은 68%가 중남미에 매장되어 있는데, 볼리비아와 칠레에 엄청난 물량이 매장되어 있습니다. 소금사막으로 유명한 볼리비아 우유니에 전 세계 리튬의 1/4인 890만 톤이 있고, 칠레 아타카마 사막에도 690만 톤의 물량이 소금호수 형태로 묻혀있다고 하니 풍부한 부존자원을 가진 중남미의 저력이 확연히 느껴집니다.

세계 2위의 철광석/알루미늄 국가 브라질

중남미 최대의 석유기업인 페트로브라스(Petrobras)로 대표되는 브라질의 경우 중남미 2위의 석유 생산국이며, 철광석이 대표적인 수출 광물자원입니다. 광물자원이 풍부해서 니오븀은 생산량 세계1위이며, 철광석 및 탄탈, 알루미늄은 세계2위를 기록하고 있습니다. 망간, 흑연, 마그네사이트 등은 생산량이 세계 3위라고 합니다.

멕시코 및 콜롬비아, 에콰도르 등도 상당량의 석유 자원을 보유하고 있습니다. 에코페트롤(Ecopetrol)로 대표되는 석유개발 후발주자 콜롬비아의 경우 활발한 석유광구 신규개발을 통해 석유 생산량 및 수출량이 점차 늘어나 이제는 1일 생산량이 100만 배럴을 넘어서게 되어 효자산업의 역할을 톡톡히 하고 있습니다.

그런데 효자가 갑자기 불효자가 되기도 합니다. 석유 생산이 늘고 수출도 늘어남에 따라 국가 경제의 석유 의존도가 높아지다 보니 어느 순간 세계적 저유가 추세가 경제에 큰 충격을 주는 겁니다. 하지만 콜롬비아 역시 유가 회복 및 풍부한 자원을 기반으로 곧 충격에서 벗어나게 되리라는 것은 어렵잖게 짐작할 수 있습니다.

YPF(이뻬에페)로 대표되어온 아르헨티나는 가스 생산이 남미 1위, 원유 생산은 남미 3위이며, 동, 금, 은, 아연 등 광물자원의 잠재매장량은 세계 6위라고 합니다.

우리나라에서는 L상사와 S사 등이 칠레와 콜롬비아 등 중남미 석유개발 사업에 뛰어들었다가 아픔을 맛보기도 했는데, 부존자원이 빈약한 한국으로서는 많은 위험을 무릅쓰면서까지 머나먼 외국에서 자원 개발 원정을 해야 하는 현실이 안타깝게 느껴지기도 합니다. 이런 측면에서 보면 안방에서 비교적 편안하게 자원 개발을 할 수 있는 중남미의 저력이 우리와는 차별화되는 힘이 됨을 실감하게 됩니다.

세계 최고의 동식물 다양성: 브라질-콜롬비아가 세계 1-2위

중남미는 동식물 다양성 측면에서 세계 최고입니다. 전 세계 생물 종의 40% 이상이 중남미에 서식하고 있다 보니, 브라질 및 콜롬비아가 세계 1,2위를 차지하고 있으며, 이 종의 다양성은 화장품이나 의약품 내지 건강식품의 원료 개발에도 풍부한 소재를 제공해주는 원천이 되고 있습니다.

필자가 콜롬비아 근무 시절, 생필품을 사기 위해 시장에 나가보면 한국에서는 물론이요 미국이나 스페인, 여타 중남미 등지에서도 보지 못한 희귀한 과일이 무척 많아 눈과 입이 호사를 누린 적이 종종 있었습니다. 한국과 콜롬비아 간 FTA 체결 이후 콜롬비아 기업인들의 한국 시장 진출에 대한 관심이 뜨거워지면서, 한국에서 나지 않는 이 다양한 과일들을 어떻게 한국으로 수출할 수 있는지에 대한 전략을 고민하는 모습도 종종 보아왔으며, 이에 대한 자문도 간간이 제공해주곤 했습니다.

또한 화장품 원료가 풍부하고 여성들의 미용에 대한 관심 또한 매우 커서 화장품 시장도 커나가고 있는 상황에서 내수뿐만 아니라 수출에 대한 관심 역시 커지고 있습니다. 한국의 화장품 기업이 어떻게 글로벌 기업으로 성장하게 되었는지 그 비결을 공유하게끔 발표해달라는 부탁을 받고 아모레 화장품 경영진을 접촉하여 콜롬비아 화장품 업계 관계자를 대상으로 발표기회를 갖기도 했습니다.

사실 한국을 벤치마킹 하고자 하는 콜롬비아 기업인들의 의욕은 매우 높습니다. 삼성이나 LG, 현대차 등이 한국의 로컬 기업에서 세계 속의 글로벌 기업으로 우뚝 서게 된 비결을 알려달라는 요청 또한 무역관(*코트라 해외지사)에 접수되기도 했습니다.

풍부한 자원을 바탕으로 글로벌 기업으로 커나가고자 하는 중남미 기업들의 노력은 결국 뜻을 이루게 되지 않을까요? 우리에겐 위협이 되겠지만 독자 여러분들의 노력 여하에 따라 기회로 만들 수도 있지 않을까 생각됩니다.

인적자원으로 본 중남미의 저력

국가 인적자원이라고 하면 양적 요소인 인구 규모가 될 수도 있고, 질적 요소인 교육의 질 등 살펴봐야 할 인자가 꽤 많겠지만 여기서는 인구 규모에 국한해서 강의를 진행할까 합니다. 인적자원의 질적 측면에서 노벨 문학상이나 생리의학상, 화학상, 평화상 등 노벨상 수상자가 중남미에서 많이 배출된 점도 인적자원으로 본 중남미의 저력을 구성하는 요소가 되겠으나, 이는 별도 항목으로 분리하여 진행코자 합니다.

중남미 전체 인구가 6억 명이라고 해도 그 저력이 솔직히 별로 크게 와 닿지는 않을 겁니다. 그런데 인구증가율 지표와 히스패닉이라는 변수를 함께 검토하다보면 인구 측면에서의 저력을 실감하는데 좀 더 도움이 되지 않을까 싶습니다.

2.57의 높은 인구 증가율

중남미는 우리나라나 여타 선진국들과는 달리 출산율이 높은 편입니다. 높은 이유는 무엇일까요? 중남미 사람들의 종교는 가톨릭이 압도적인데, 가톨릭 교리 상 낙태가 허용이 안 되는 점과 "우니옹 리브레"(union libre/동거)가 보편적으로 용인되는 사회 분위기 탓이 아닐까 합니다.

필자가 만나본 수많은 중남미 사람들을 보면 자녀가 3-4명씩 되는 경우도 많이 봐 왔는데, 중남미 주요국별 출산율 지표를 보면 수긍이 가실 겁니다. 2012년 UN 자료를 근거로 2005-10년 출산율을 보면, 아르헨티나는 2.25, 볼리비아는 3.5, 브라질 및 칠레는 1.9, 콜롬비아는 2.45, 에콰도르는 2.75, 과테말라는 4.15, 멕시코는 2.37, 파라과이 3.08, 페루 2.6, 베네수엘라 2.55 등이며, 중남미 전체로는 2.57입니다.

북미나 유럽은 어떠할까요? 미국은 2.06, 캐나다 1.63, 영국은 1.88, 프랑스 1.97, 스페인 1.41, 독일은 1.36 등입니다. 이를 보면 향후 인구 추세 및 중남미의 상대적 인구 증가를 가늠해볼 수 있습니다.

놀라운 히스패닉 세력의 확산

멕시코는 1억3천만 명의 인구를 가진 대국이며, 경제규모도 우리나라를 앞서고 있습니다. 미국에도 스페인어를 사용하는 히스패닉 인구가 5천만 명을 넘어섰는데, 그중 2/3가 멕시코 인이라고 하니 멕시코의 저력은 이미 미국을 충분히 긴장하게 할 만큼 커진 것이 아닌가하는 생각이 듭니다.

마이애미는 미국인가 중남미인가?

마이애미나 뉴욕, LA 등 주요 미국 도시들을 가보면 공항이나 호텔, 음식점, 은행, 쇼핑센터 등에서 스페인어를 자주 접하게 됩니다. 특히 정도가 심한 것이 마이애미입니다. 필자가 마이애미를 여러 차례 방문해봤는데, 주변에서 온통 스페인어가 들려 사실 영어를 쓸 일이 거의 없었습니다. 미국이 아닌 중남미 도시인 것처럼 착각이 들 정도로 히스패닉 인구가 많다는 점을 실감하게 됩니다.

필자가 과테말라, 멕시코, 아르헨티나, 도미니카 공화국, 콜롬비아 등지에서 근무를 하면서 한국 내 수출상담회 개최를 위해 그곳 바이어들을 한국으로 초청하는 작업을 여러 차례 수행하면서 느낀 점이 있습니다. 마이애미가 북미 여타 도시에 비해 북미 사업 거점으로서의 역할은 해내기 어려운 상황입니다. 하지만 중남미 거점으로서의 역할은 해낼 수 있으리라는 기대는 많이 받고 있습니다. 그도 그럴 것이 중남미 수입상 상당수가 마이애미를 주 무대로 하여 나가 있다 보니 마이애미에서 출발하여 서울로 들어가겠다는 답변을 받게 되는 경우가 의외로 많았습니다. 당시 코트라는 아르헨티나 소재 무역관이 파라과이와 우루과이를 관장했었는데, 파라과이 바이어를 아순시온이 아닌 마이애미에서 유치해서 한국으로 보내는 일까지 벌어지는 현실이 놀라웠습니다.

중남미 바이어들을 접촉해보면 마이애미에 계좌를 갖고 있는 경우가 꽤 많았습니다. 사례를 하나 들어보자면, 2001년 말부터 경제위기가 터지자 아르헨티나 정부는 은행계좌 예금인출 동결조치를 발동합니다. 이러한 비상 상황이 발생하여 자국 내 수입대금 결제가 어려워지자 우리나라의 그 나라 수출액은 90%나 곤두박질칩니다. 미국 등 제3국에 외화계좌를 터놓지 못한 수입상들은 수입을 전면 중단할 수밖에 없었습니다. 그 중 마이애미 등 제3국 은행에 계좌를 터놓은 수입상은 이를 모면할 수 있었습니다.

이러한 현실로 인해 중남미 각국 도시 간에는 직항편이 없는 경우가 많은데 반해 마이애미는 중남미 주요 도시들과 직항 편으로 대부분 연결이 되어있기 때문에 중남미 지역본부 회의를 마이애미에서 개최하기도 합니다. 마이애미가 우리 기업의 중남미 지역본부로서의 역할도 해낼 수 있는 것입니다.

마이애미를 중심도시로 하는 플로리다 주에 히스패닉 인구가 450만 명이라니 그럴 만도 할 것입니다(2012년 기준). 참고로 뉴욕에 350만 명, 시카고를 중심으로 하는 일리노이 주에도 200만 명의 히스패닉 인구가 있습니다.

히스패닉 아메리카 시대의 도래

더 놀라운 것은 LA를 중심으로 캘리포니아 주에는 1,450만 명이, 텍사스 주에는 1천만 명의 히스패닉이 살고 있습니다. 히스패닉 아메리카 시대의 도래가 먼 훗날의 얘기만은 아닌가봅니다. 히스패닉의 출산율이 2.4(2010년 기준)로 미국인 평균 출산율 2.0을 앞지르니 2050년이 되면 1억2천만 명을 넘어서 미국 국민의 30%에 육박하게 될 것이며 미국에서 스페인어가 영어와 더불어 공용어가 될 것이라는 전망이 힘을 얻는 것 같습니다.

한편 미국 내 히스패닉 문화 및 스페인어 확산 등으로 지금까지 지켜온 미국 고유의 정체성이 흔들리는 것은 아닌지 우려하는 앵글로색슨계 미국인들에게는 암울한 전망으로 다가가는 것 같습니다. 다른 소수민족들처럼 영어를 쓰며 미국 문화에 동화되는 것이 아니라 그들만의 언어와 문화를 고수하는 히스패닉이 골칫거리가 아닐 수 없을 것입니다. 더구나 히스패닉 인구의 2/3를 점하는 멕시코의 세력 확장은 19세기 미-멕 전쟁 이후 미국이 멕시코로부터 헐값에 넘겨받은 땅들에 대한 주권에도 영향을 미치게 되지 않을까 우려도 될 것입니다.트럼프 대통령이 멕시코 불법이민 차단 정책을 펴는 것도 이러한 맥락에서 접근해보면 미국인들의 불안 심리가 엿보입니다.

중남미 사람들은 스페인어에 대한 애착이나 자긍심이 강해 우리 같은 동양인들이 스페인어를 구사하면 한편으론 고맙게 생각하거나 친근하게 대해주는가 하면 물건 값을 깎아주는 경우도 있었습니다. 중남미보다도 미국 내에서 특히 그런 경향을 느꼈습니다. 반면 많지는 않지만 자기들끼리는 스페인어를 쓰지만 외국인과는 영어만을 고집하는 경우도 있습니다. 일종의 자격지심이 작용하는 경우도 있고, 반대로 과시욕구로 표출되는 경우나 단순히 영어를 실전에서 연습해보려는 욕구 등 이유는 다양한 것 같습니다. 어찌됐든 미국 땅에서도 꿋꿋이 스페인어를 자랑스럽게 사용하는 히스패닉 인구의 증가는 중남미 본토 인구의 증가와 더불어 앞으로 무시할 수 없는 중남미 인들의 저력이 되고 있는 점은 분명해 보입니다.

중남미는 계속 떠오르기만 하는 잠재시장?

첫째 강의에서 말씀드린 것처럼 중남미는 총 33개국, 6억 명으로서 세계인구의 8.5% 수준이며, 경제규모로 보면 총 6조 달러에 육박하고 있고, 이는 전 세계 경제규모(GDP)의 8.7% 비중을 점하고 있습니다.

그러면 우리나라에서 보는 중남미의 위상은 어떨까요? 위상이란 게 막연하고 광범위하니 좀 더 핵심에 접근해서 우리나라 수출기업 입장에서 보는 중남미의 시장으로서의 위상은 어떨까요? 우리나라 전체 수출에서 중남미가 차지하는 비중을 중심으로 살펴보면서 중남미의 과거와 현재 그리고 미래를 시장성 측면에서 조망해 봄으로써 강의 제목에 부응해 보고자 합니다.

한국의 연간 총 수출액은 2014년 5,726억불로 사상 최고치를 기록한 이래 2년간 내리막길을 걷다가 3년만인 2017년에 강한 회복세를 보이며 교역규모 1조불 시대에 재진입하였습니다. 1조불 규모를 유지하기도 사실 버거운데 2조불은 불가능한 것 아닌가 하는 얘기도 나오지만 한국인은 저력이 있기 때문에 난관을 헤쳐 나가면서 2030년까지는 2조불 시대가 개막되지 않을까 희망 섞인 기대를 가져봅니다. 물론 세계 경제가 호황을 누리고 특별한 통상규제를 받지 않아야 가능한 얘기 일 것입니다.

중남미는 우리나라의 300~400억불 수출시장

한국의 대중남미 수출은 2011년 401억불을 기록하여 정점을 찍었으며, 그 이후 300억불 및 200억불 대까지 밀리며(2016년 254억불) 침체되는 모습을 보이고 있습니다. 그런데 88올림픽이 개최되었던 해로부터 매5개년 간 대중남미 수출이 우리나라 전체 수출에서 차지하는 비중을 보면 중남미 비중이 크게 늘어났음을 볼 수 있습니다.

1988~1992년 기간 중 중남미 수출 비중은 3.9%를 점하는데 그쳤으나 2007~2011년 기간 중에는 7.4%로 대폭 올라갔음을 통계(무역협회)는 보여주고 있습니다. 비록 2012~2016년에는 6.1%로 밀리는 양상을 띠고 있긴 합니다만 점차 회복이 될 것으로 보이며, 중남미 수출비중이 커진 것은 중남미가 언젠가는 두 자릿수 비중을 점함으로써 계속 잠재시장에만 머물러 있지는 않을 것이라는 측면도 보여준 것이라 생각됩니다.

한국에게 중남미란 88년도만 해도 수출액이 16억불에 불과한 존재감이 없는 시장으로서 우리나라 전체 수출(607억불)의 2.6% 밖에 안 되는 미약한 수준이었습니다. 90년대에 KOTRA 중남미 무역관 근무자들의 소망은 수출실적

100억불 돌파였습니다. 2000년대 초반까지 중남미 지역 무역관장 회의의 주된 주제는 100억불 돌파 전략이었습니다. 필자도 중남미 시장이 100억불을 돌파해주기를 손꼽아 기다렸습니다. 그러다가 2005년 들어 전년도 기준 100억불을 돌파했다는 통계가 발표되자 환호했던 기억이 납니다.

그 추억이 역사의 뒤안길로 접어들 무렵, 2011년에는 중남미 최초로 브라질이 단독으로 100억불을 돌파(118억불)하는 위업을 보여주었고, 2014년에는 멕시코가 100억불 고지를 단독 점령하는 신기원을 이룩했습니다.

잠재시장 지위에서 주력시장 지위로: 1천억불 시장을 지향하며

중남미는 오래전부터 떠오르는 미래시장 내지 잠재시장으로서 선점이 필요하다는 얘기들을 해왔습니다. 90년대로부터 20년이 지난 2010년대와 비교해 보면 절대시장규모도 커지고 우리의 수출시장으로서의 위상도 높아진 만큼 잠재시장으로서의 값어치는 톡톡히 해냈다는 평가를 받을 수 있습니다. 하지만 중남미가 더 이상 잠재시장에만 머무르지 않고 중국이나 미국, 아시아 시장까지는 아니더라도 유럽시장과는 어깨를 견줄 수 있는 주력시장이 되는 날도 언젠가는 오지 않을까 기대해 봅니다.

세계 인구는 갈수록 증가세가 둔화되고 있습니다. 중남미 역시 피임약 사용 확대 및 여성의 사회참여 확대에 따라 인구증가세가 약해지고 있긴 하나, 우니옹 리브레(자유 동거)가 널리 용인되는 사회적 분위기와 낙태를 죄악시하는 종교문화 탓에 상대적으로 더디게 둔화됨으로써 중남미 인구 비중은 상대적으로 늘어나게 될 것으로 전망됩니다.

2005-10년 기간 중 중남미 출산율은 2.57명을 기록했고, 2025-30년에도 2.10명이라는 여전히 높은 출산율을 기록할 것으로 전망되고 있는 한편, 중남미의 낙후된 의료체계 개선으로 평균수명도 점차 선진국 수준을 따라가게 될 것이라는 점이 이를 뒷받침한다고 볼 수 있습니다. (2010-15년 기간 중 중남미 평균수명은 남성의 경우 70.7세, 여성은 76.6세) 인구는 곧 시장규모의 한 척도가 되는 만큼 중남미 시장이 세계 시장에서 차지하는 비중이 더욱 확대되어 나갈

것으로 보입니다.

더구나 중남미는 자연자원이 세계적 기준으로 풍부한 저력을 갖고 있으니 이를 바탕으로 시장 크기를 점차 키워 잠재시장에서 주력시장으로 부상하여 300~400억불 시장이 1,000억불 시장으로 도약할 날이 올 것으로 기대가 모아집니다.

하지만 시장규모를 보는 시각이 상대적이다 보니 1천억 불 시장이 된다 해도 여타 지역 시장도 함께 커진다면 주력시장으로 부상하기엔 한계가 있습니다. 1조불 시대 1천억 불과 2조불 시대 1천억 불은 그 위상이 다를 테니까요. 어쩌면 지리적 한계로 인해 우리에게는 영원한 잠재시장으로 남을 지도 모르지만 한편으론 아시아 대륙과 미주대륙을 두시간만에 이어주는 극초음속 비행기 등 눈부신 기술 발전에 힘입어 원격지 약점은 서서히 극복이 되지 않을까 기대해봅니다.

제15강 문학과학강국 중남미! 세계적 명성의 노벨상 수상자

경제발전으로 높아진 국가위상과는 달리 우리나라에서는 아직 수상 전력이 없는 노벨문학상이나 노벨의학상/생리학상을 비롯하여 노벨평화상 등 중남미에서는 많은 노벨상 수상자(Ganador)를 배출해 냈습니다. 이를 보면 중남미가 우리보다 후진국이라는 생각을 떨쳐내고, 그들에게서 뭔가 배우려는 자세가 필요해 보입니다.

| 중남미 노벨문학상 수상자: 총 5국(태평양동맹4+1) 6명

중남미 최초의 노벨문학상 수상자는 여류 시인인 칠레의 가브리엘라 미스트랄(Gabriela Mistral/1945년 수상)입니다. 그녀를 시작으로 중남미는 6명의 노벨문학상 수상자를 배출했습니다. 마야인들의 신비주의적 생활 및 전통문화와 사회적 저항의식을 결합하여 묘사한 소설로 중남미 마술적 사실주의의 원조가 된 분이 그 다음 수상자입니다. 마술적 사실주의 하면 콜롬비아의 가르시아 마르께스를 떠올리는 분들이 많을 텐데, 그 원조는 과테말라의 미겔앙헬

아스뚜리아스(Miguel Angel Asturias/1967년 수상)입니다. 과테말라가 마야문화의 원류인 점과 관련이 있어 보입니다.

이어 우리에게도 잘 알려진 바 있는 파블로 네루다(1971년 수상/칠레)와 가브리엘 가르시아 마르께스(1982년 수상/콜롬비아), 옥타비오 파스(1990년 수상/멕시코), 마리오 바르가스 요사(2010년 수상/페루)에 이르고 있습니다.

수상자 6명중 칠레가 2명으로 중남미에서는 노벨문학상 최다수상국의 영예를 안고 있고, 과테말라, 콜롬비아, 멕시코, 페루 등 총 5개국이 노벨문학상을 수상했습니다. 그러고 보니 태평양동맹 4국(칠,콜,멕,페)이 모두 노벨문학상을 수상한 점이 두드러져 보입니다. 반면 메르코수르(브,아,우,파)에서는 수상자를 전혀 배출해내지 못했군요.

수상자중 세상에 널리 알려져 독자 여러분들도 들어봤음직한 네루다부터 바르가스 요사까지 대표적 수상자를 간략히 살펴볼까 합니다.

빠블로 네루다(Pablo Neruda/1904~1973)

Pablo Neruda(71년 수상/칠레)는 민중 시인이자 사회주의 정치가로서 본명은 리카르도 레예스(Ricardo Reyes)인데, 시인이 되는 것을 반대한 아버지의 탄압을 피해 파블로 네루다 라는 필명(Pen name)을 1920년부터 쓰게 되었다고 합니다. 이 필명은 체코 작가 얀 네루다(Jan Neruda)에게서 영감을 얻은 것이라고 합니다.

초현실주의 시인으로서 스무 편의 사랑의 시와 한 편의 절망의 노래로 대표되는 20세기 가장 위대한 시인이라는 평가를 가보(Gabo/가르시아 마르께스)로부터 받았으며, 주로 외교관으로 활동하다가 주불대사와 상원의원을 거쳐 공산당 대통령후보로 지명되기까지 했습니다. 그러나 아옌데를 대통령 후보로 추대한 이후 73년 피노체트 쿠데타로 아옌데 정권이 붕괴되자 병상에서 격렬하게 항의하는 시를 쓰다가 독살설이 불거진 가운데 사망했습니다.

칠레의 여류시인으로 노벨상 수상자인 가브리엘라 미스트랄도 외교관이었는데, 파블로 네루다도 그녀가 맡고 있던 주스페인 영사 후임으로 외교관 생활을 한 것을 보면 중남미 외교관과 시인은 통하는 면이 있는 것 아닌가 하는 생각까지 듭니다.

가브리엘 가르시아 마르께스(Gabriel Garcia Marquez/1927~2014)

조국인 콜롬비아에서는 가보(Gabo) 또는 가비또(Gabito)라는 애칭으로 주로 불리는 Gabriel Garcia Marquez는 '백년의 고독'(Soledad de cien años/67년 발표)이라는 작품으로 수상(82년)을 했습니다. 일상 현실에 꿈과 마술적 요소를 혼합, 중남미 문학사에서 가장 유명한 붐 소설가로서 중요한 위치를 차지하고 있습니다. 이 작품은 마꼰도(Macondo) 라는 가상의 마을을 배경으로 부엔디아 가문의 역사를 그린 소설로서 마술적 사실주의(realismo mágico)의 최고봉으로 평가받고 있습니다.

가보는 최고명문인 콜롬비아 국립대 출신으로서 극단적인 반 피노체트(칠레 독재자/우익) 및 친 카스트로(쿠바 독재자/좌익) 성향을 보였고, 쿠바 국영통신사에서 해외특파원 생활을 하는 등 저널리스트로서 활동하다가 오랫동안 암과 투병했습니다. 말기에는 노인성 치매까지 겹쳐 2014년 멕시코에서 세상과 작별을 고했습니다.

하지만 그가 남긴 마술적 사실주의(Realismo Mágico/레알리스모 마히꼬)는 콜롬비아가 외국인 관광객을 유인하기 위한 국가적 관광 홍보 포인트로 효과적으로 사용되고 있습니다. 노벨문학상이 관광산업 진흥에 기여하는 효과가 큰 것 같습니다. 가보(Gabo)는 가보(家寶)가 아니라 국보(國寶)인 것입니다.

옥따비오 빠스(Octavio Paz Lozano/1914~1998)

Octavio Paz(90년 수상/멕시코)도 파블로 네루다처럼 외교관이자 시인이었습니다. 뉴욕과 파리 등지에서 외교관 근무를 하며 '고독의 미로'(el Laberinto de la Soledad)라는 유명한 작품을 남겨(1945년) 뉴욕타임지로부터 멕시코인의 성격을 고독의 마스크를 뒤에 감추고 있는 허무주의자(nihilist)로 분석한 작품이라는 평을 받았습니다.

주일 상무관, 주제네바 상무관 등을 거쳐 주인도 대사 등을 역임했으며, 駐인도 멕시코 대사 근무 중에 멕시코 정부의 학생시위 유혈진압사태에 항의하여 사퇴할(1968년) 만큼 멕시코 반체제 지식인이자 초현실주의 시인으로 활동한 분입니다. 카스트로와 피노체트를 동격으로 싸잡아 비판하기도 했습니다.

외교관직을 떠난 이후 1970년대에는 케임브리지대, 코넬대, 하버드대 등지에서 교수를 맡기도 했으며, Plural지와 Vuelta지 등 잡지사를 운영하다가 1990년에는 '57년~87년 기간 중 저술한 작품을 모아 시집을 발간했고, 그 해 노벨상을 받게 됩니다.

마리오 바르가스 요사(Mario Vargas Llosa/1936~)

중남미 출신으로는 가장 최근에 수상자가 된 Mario Vargas Llosa(2010년 수상/페루)는 페루 San Marcos 국립대 및 마드리드 Complutense 대학 등을 졸업하고, 1963년 '도시와 개들'(La Ciudad y los perros/영어로는 영웅의 시대/the Time of the Hero)이라는 소설을 처녀작으로 수많은 작품을 남겨 1994년 세르반테스 문학상을 수상한데 이어 2010년 노벨 문학상까지 수상하게 됩니다.

바르가스 요사는 주로 정치사회적 주제를 다루며, 페루 대선에 직접 출마(90년 후지모리 후보와 대선 경쟁)하고, 차베스 종신집권계획을 비난하는 등 현실정치에도 적극 참여했습니다. 초기에는 좌파적 색채를 띠고 쿠바의 카스트로 혁명정부를 지지하기도 했으나 곧 그의 정책에 환멸을 느껴 우파 자유주의로 기울었습니다.

지금까지 봐온 것처럼 중남미는 다수의 노벨문학상 수상자를 배출할 만큼 수준 높은 문학적 토양을 보유하고 있다고 볼 수 있습니다. 우리나라도 문학적 수준은 높은데도 불구하고 수상이 안 되는 것을 보면 번역 상 한계가 있는 것은 아닐까 하는 안타까운 생각이 듭니다.

※ 두 노벨상 수상자들의 불화 미스터리 일화

중남미 노벨수상자간 일화를 하나 소개해 드리겠습니다. 중남미에서는 미스터리로 분류해놓을 정도로 매우 유명한 일화로 남아 있습니다. 페루의 바르가스 요사와 콜롬비아의 가르시아 마르께스(가보)간에 벌어진 일인데, 미스터리가 풀리지 않은 채 가보가 2014년 4월 타계하면서 가보가 무덤까지 가져간 미스터리로 언론의 관심을 다시 환기시킨 유명한 일화인 만큼 독자 여러분께 소개해 드리고자 합니다.

1967년 두 소설가는 베네수엘라에서 만나 친구가 됩니다. 친구관계를 잘 유지해오다가 바르가스 요사는 1971년 스페인 마드리드 콤뿔루뗀세 대학 박사학위 논문으로 가보 연구서(Garcia Marquez :historia de un deicidio)를 출간했는데, 이 논문이 그만 가보의 마음을 상하게 했나 봅니다. 그 이후 친구관계에 틈이 생겼으나 만남은 계속되다가 1976년 2월 멕시코 유명 미술관(Palacio de bellas artes)에서 가보가 바르가스 요사가 날린 주먹 펀치를 맞고 결국 파국을 맞이한 일화입니다.

결별 이유에 대해 여러 가지 버전이 전해지고 있는데, 두 소설가가 파리에 살고 있을 때에 양 가족들이 허물없이 매우 친하게 지내던 중 바르가스 요사의 부부갈등문제에 가보 부부가 섣불리 잘못 나섰다가 바르가스 요사의 분노를 사게 되었다는 설이 유력한 것으로 전해지고 있습니다.

76년 사건이 벌어지고 난 이후 두 사람 간에는 유명한 "신사 침묵협정" (pacto de silencio entre caballeros)이 암묵적으로 맺어집니다. 가보는 이 묵시 협정에 따라 2014년 임종 시까지 침묵을 지켰고, 바르가스 요사 역시 침묵협정을 지킬 것임을 천명하다보니 세간의 궁금증은 더욱 증폭된 상황으로 남아 있습니다.

노벨 생리의학상 및 화학상 수상: 총 3국 5명(아르헨이 3명!)

노벨 생리의학상의 경우 아르헨티나가 2명, 베네수엘라가 1명 수상을 했습니다. 아르헨티나는 1947년 부에노스아이레스 대학 출신의 베르나르도 우사이(Bernardo Houssay)가 글리코겐이 포도당으로 전환되는 화학적 변화를 발견하여 당뇨병 치료 분야에 기여한 공로로 중남미 최초로 노벨생리의학상을 수상했습니다.

1980년에는 베네수엘라 출신 미국인 바루 베나세라프(Baruj Benacerraf)가 항체생성(면역반응)을 유전적으로 통제하는 세포의 표면구조를 발견한 공로로 생리의학상을 수상하였으며, 1984년에는 아르헨티나 생화학자 세사르 밀스타인(César Milstein)이 면역체계 개발 및 단세포항체 형성원리 발견 공로로 노벨 생리의학상을 수상했습니다.

노벨화학상의 경우 아르헨티나 1명, 멕시코 1명 등 총 2명이 수상을 했습니다. 1970년 부에노스아이레스 대학 출신의 프랑스계 아르헨티나인 생화학자 루이스 를루아(Luis Federico Leloir)가 탄수화물의 생합성에서 당 뉴 클레오타이드의 존재와 기능을 발견한 공로로 중남미 최초로 노벨화학상을 수상했고, 1995년에는 염화불화탄소(CFC) 기체가 오존층을 파괴할 수 있다는 사실을 밝혀낸 공로로 멕시코 출신 미국 화학자 마리오 몰리나(Mario Molina)가 노벨 화학상을 수상했습니다.

아르헨티나가 중남미에서 유일하게 생리의학상 및 화학상 모두 수상자를 최초로 그리고 최다로 배출시켜 과학 분야 중남미 최대 명문 국가로서의 면모를 과시하고 있습니다. 노벨과학상 부문에서 무려 3명이나 수상을 했다는 점에서 아르헨티나의 저력을 다시 한 번 느끼게끔 됩니다. 아울러 수상자를 복수로 배출해낸 부에노스아이레스 대학은 중남미 최고 명문대임을 입증해주고 있는 것 같습니다. 노벨과학상은 중남미 3국(아,베,멕) 5명(생리의학상3, 화학상2)이니 노벨문학상(5국6명)과 합하면 총 8개국 11명인데, 멕시코 만이 유일하게 2개상을 모두 받았으니 평화상을 빼고 중남미 노벨상 수상 국가는 총 7개국 11명이 되겠습니다.

중남미 노벨평화상 수상자: 5국 6명

노벨평화상에서도 아르헨티나의 강세가 두드러집니다. 중남미에서 5개국 6명이 수상했는데, 아르헨티나가 2명, 멕시코, 코스타리카, 과테말라, 콜롬비아 등이 각 1명씩 배출했습니다.

노벨상 수상자를 통틀어보면 아르헨티나 5명, 멕시코 3명, 콜롬비아, 칠레,

과테말라가 각 2명, 베네수엘라, 코스타리카, 페루 각 1명으로 총 8개국 17명으로 집계됩니다. 3가지 부문 모두에 고루 수상자를 배출시킨 멕시코나 최다 수상자 배출국인 아르헨티나의 저력이 노벨상을 통해서도 여과 없이 나타나는 것 같습니다.

1936년 아르헨티나 부에노스아이레스 대학 출신의 유력정치인(국회의원, 외교장관, 법무장관, 부에노스아이레스 대학총장 등 역임) 까를로스 사베드라(Carlos Saavedra Lamas)가 앙숙간인 파라과이와 볼리비아 간 분쟁 조정 공로로 중남미 최초로 노벨평화상을 수상했습니다.

1980년에는 아르헨티나 라플라타 대학 출신으로서 예술가이자 민권운동가인 아돌포 페레스(Adolfo Perez Esquivel)가 중남미 군사독재에 맞서 비폭력적 방법으로 민주주의 수호 및 인권 신장 공로로 노벨평화상을 수상했습니다.

1982년에는 멕시코 국립자치대(UNAM) 출신의 고위외교관 알론소 가르시아(Alonso Garcia Robles)가 UN 비무장위원회 멕시코 대표로서 중남미 전역을 비핵지대로 만든 틀라텔로코 조약(Treaty of Tlateloco)을 성사시킨 공로로 노벨평화상을 수상했습니다.

1987년에는 코스타리카 대학 출신의 오스카르 아리아스(Oscar Arias Sanchez) 대통령이 중미 지역 분쟁 해결 공로로 노벨평화상을 받았습니다.

1992년에는 과테말라의 마야 원주민 후손인 리고베르타 멘추(Rigoberta Menchu Tum) 여사가 토착원주민들의 인권 및 권리 향상을 위해 공헌한 공로로 노벨평화상을 받았습니다. 중남미 노벨상 수상자 가운데 유일한 원주민 출신이며, 칠레 미스트랄에 이어 여성으로서는 두 번째입니다.

2016년에는 콜롬비아의 후안 마누엘 산토스(Juan Manuel Santos) 대통령이 52년간에 걸친 내전을 종식시킨 공로로 노벨평화상을 수상했습니다. 당시 국민투표 결과 반군과의 평화협정이 부결되어 수상이 어려울 것으로 전망되기도 했으나 수상 이후 고비를 잘 넘겨 국회 비준으로 평화협정이 발효된바 있습니다.

중남미는 놀고먹기만 하는 후진국들? 획일적 고정관념!

중남미에 대한 우리 국민들의 시각이나 중남미를 찾는 우리나라 공직자들 및 업계 관계자들 대부분 중남미에 대해 편향된 시각을 갖고 있는 경우를 많이 보게 됩니다. 중남미를 조금 아는 분들의 경우 우리는 개미, 중남미는 배짱이라는 인식이 지배적인 것 같습니다. 필자 또한 예외는 아니었습니다. 그런데 중남미에서 숱한 경험들을 하며 오랫동안 그들을 접해본 바에 의하면 획일적 인식의 오류를 발견하게 됩니다. 재계나 관계, 학계 인사들의 사고방식이나 행동철학은 일반적 고정관념을 깨는 높은 수준에 올라 있었습니다. 우리는 보통 경제 분야만 놓고서 중남미가 우리나라보다 한참 뒤쳐진 지역으로 인식하곤 하는데, 노벨문학상이나 과학상 수상 현황만 보더라도 중남미는 우리가 결코 무시할 수 없는, 우리가 뭔가를 배워야 하는 저력을 가진 곳이라는 생각을 떨치기 어렵게 됩니다.

제16강 재미있는 중남미 도시 이야기

ㅣ 중남미에서 가장 선진화된 도시는?

중남미의 대표적인 유력 잡지사인 칠레의 AmericaEconomia는 2016년 자체 개발한 도시 선진화지수(ICUR)를 기준으로 중남미 도시 순위를 매긴 바 있어 여기 소개해 드립니다. 도시 선진화 지수는 도시 인프라 지수, 인력지수, 환경지수, 비즈니스 접근성 등 여러 지표를 종합해 만든 도시 평가 지표인데, 이를 기초로 선발된 가장 선진화된 도시는 단연 칠레 수도 산티아고입니다.

1위) 칠레 산티아고 (87.02) 2위) 멕시코시티 (80.99)
3위) 브라질 상파울루 (80.10) 4위) 콜롬비아 보고타 (77.36)
5위) 아르헨티나 부에노스아이레스(75.01) 6위) 파나마시티(74.88)
7위) 페루 리마(70.88) 8위) 우루과이 몬테비데오(70.75)
9위) 칠레 발파라이소-비냐델마르(70.73) 10위) 콜롬비아 메데진(68.34)
11위) 코스타리카 산호세(68.09) 12위) 칠레 콘셉시온(67.53)

13위) 브라질 리우데자네이루(67.21)
14위) 멕시코 몬테레이(66.71)
15위) 푸에르토리코 산환(64.20)
16위) 멕시코 과달라하라(64.16)
17위) 브라질 브라질리아(63.27)
18위) 콜롬비아 깔리(61.58)
19위) 콜롬비아 카르타헤나(61.48)
20위) 콜롬비아 바랑키야(60.05)
21위) 브라질 꾸리찌바(59.97)
22위) 멕시코 께레따로(59.84)
23위) 브라질 벨로 오리존찌(58.92)
24위) 브라질 캄피냐스(58.87)
25위) 브라질 포르투 알레그레(58.81)
26위) 에콰도르 키토(58.75)
27위) 멕시코 푸에블라(58.64)
28위) 페루 아레키파(58.62)
29위) 멕시코 레온((57.26)
30위) 도미니카공화국 산토도밍고(57.06)
31위) 멕시코 티화나(56.88)
32위) 아르헨티나 코르도바(56.87)
33위) 멕시코 시우닷 후아레스(56.21)
34위) 페루 트루히요(56.02)
35위) 브라질 살바도르 데 바이아(56.01)
36위) 과테말라 시티(55.13)
37위)니카라과 마나구아(55.00)
38위) 에콰도르 과야킬(54.82)
39위) 브라질 헤시페(54.63)
40위) 아르헨티나 로사리오(54.52)
41위) 볼리비아 라파스(54.38)
42위) 엘살바도르 산살바도르(54.13)
43위) 브라질 마나우스(53.85)
44위) 브라질 포르탈레자(53.77)
45위) 파라과이 아순시온(53.71)
46위) 볼리비아 산타크루스(53.61)
47위) 브라질 쿠이아바(52.61)
48위) 브라질 나탈(52.12)
49위) 브라질 벨렝(52.04)
50위)온두라스 테구시갈파(51.62)

* 순위권 밖 주요 대도시: 베네수엘라 카라카스(42.96)

콜롬비아와 베네수엘라의 격차 원인은? 親시장 대 反시장!

상기 순위를 보면 10위권 도시에 칠레와 콜롬비아가 각 2개 도시, 멕시코, 브라질, 아르헨티나, 파나마, 페루, 우루과이가 각 1개 도시를 갖고 있습니다. 지수가 60점 이상인 20위권으로 확대해보면, 콜롬비아가 총 5개 도시, 칠레, 멕시코, 브라질이 공히 3개 도시씩 랭크되어 있습니다. 아르헨티나, 파나마, 페루, 우루과이에 이어 신규로 등록된 코스타리카와 푸에르토리코가 각 1개 도시씩 진입이 되어 있습니다.

20위권에 5개 도시나 진출시킨 콜롬비아의 약진이 두드러지는 반면 이웃나라인 베네수엘라는 수도 카라카스마저 50위권에도 진입하지 못해 베네수엘라의 실추된 위상을 여실히 보여주고 있습니다. 친미주의 노선의 대표주자인 콜롬비아와 반미주의의 대표주자인 베네수엘라가 극명한 대조를 이루는 모습입니다. 그 원인을 노선 차이로만 돌릴 수는 없겠고 전자의 시장친화 정책과 후자의 반시장적 정책 간 격차가 더 큰 비중을 갖는 것입니다.

중남미 최대 도시는 어디일까요? 대도시가 많은 나라는?

중남미에 64개 대도시, 브라질에 19개 대도시

2016년 UN통계치를 기준으로 인구 100만 명을 상회하는 중남미 대도시(metropolitan city)를 보면 총 64개 도시이며, 이중 브라질에 무려 19개 도시가 몰려있습니다. 인구 순으로 상파울루, 리우데자네이루, 벨루오리존치, 포르투알레그레, 브라질리아, 헤시피, 살바도르 데 바이아, 포르탈레자, 꾸리찌바, 깜피냐스, 고이아니아, 벨렘, 마나우스, 빅토리아, 산투스, 나탈, 마세이오, 카타리넨세, 조앙 페소아 등입니다.

최대도시는 2,200만 명의 멕시코시티

인구가 가장 많은 대도시는 2,210만 명을 기록한 멕시코시티입니다. 브라질 상파울루는 2,180만 명으로 2위, 아르헨티나 부에노스아이레스가 1,580만 명으로 3위, 브라질 리우가 1,296만 명으로 4위, 페루 리마가 1,088만 명으로 5위, 콜롬비아 보고타가 995만 명으로 6위, 칠레 산티아고가 731만 명으로 7위, 브라질 벨루오리존치가 548만 명으로 8위, 과테말라시티가 510만 명으로 9위, 멕시코 과달라하라가 497만 명으로 10위를 점하고 있습니다. 인구 1,600만 명의 소국인 과테말라에 인구 5백만의 대도시가 있다는 점이 돋보입니다.

* **중남미 주요도시 건설자**(정복자) **및 건설시기**

멕시코시티(1521년) 에르난 코르테스, 리마(1533년) 프란시스코 피사로, 보고타(1536년) 곤살로 히메네스 데 께사다, 부에노스아이레스(1536년) 페드로 데 멘도사, 산티아고 데 칠레(1539년) 페드로 데 발디비아, 리우데자네이루(1565년/당시 브라질 수도) 산세바스티안 데 리우데자네이루 신부(스페인) * 상파울루는 16세기 후반에 마을로 시작, 18세기 초에 도시화.

멕시코 9개, 베네수엘라 7개, 콜롬비아 6개, 아르헨티나 3개

인구 1백만 명 이상의 대도시를 국별로 계속 살펴보면, 멕시코가 9개(멕시코시, 과달라하라, 몬테레이, 푸에블라, 톨루카, 티후아나, 레온, 후아레스, 토레온)로서 브라질에 이어 2위를 차지하고 있습니다.

베네수엘라가 7개(카라카스, 마라카이보, 발렌시아, 바르끼시메또, 마라카이, 과이아나, 산크리스토발)를 보유하여 3위를 점하고 있고, 콜롬비아는 6개(보고타, 메데진, 깔리, 바랑끼야, 부까라망가, 까르따헤나)로 4위, 아르헨티나가 3개(부에노스아이레스, 코르도바, 로사리오)로 5위를 점하고 있습니다.

의외로 인구가 3,150만을 약간 상회하는 베네수엘라가 5천만에 육박한(4,850만 명) 콜롬비아나 4,400만 명의 아르헨티나보다 대도시가 더 많다는 점이 이채롭습니다.

칠레, 페루, 에콰도르, 볼리비아, 온두라스 각 2개, 아이티는 0개!

인구 1,800만의 칠레(산티아고, 발파라이소)나 인구 3,200만의 페루(리마, 트루히요), 1,600만의 에콰도르(키토, 과야킬) 등도 각각 2개 도시를 갖고 있습니다. 그런가 하면 인구규모가 1천만을 갓 넘어선 1,100만의 볼리비아(라파스, 산타크루스)나 아직 1천만에 못 미치는 900만의 온두라스(테구시갈파, 산 페드로 술라) 등도 각 2개 도시를 갖고 있습니다.

기타 우루과이(몬테비데오) 및 파라과이(아순시온) 등 남미 소국과 중미 국가(과테말라시티, 니카라과 마나과, 엘살바도르의 산살바도르, 코스타리카 산호세, 파나마시티) 및 카리브 주요국(도미니카공화국 산토도밍고, 쿠바 아바나)이 각 1개씩 갖고 있습니다. 그런가하면 인구 350만 명의 우루과이에도 대도시가 있음에도 인구가 1천만 명이 넘는 아이티(1,100만 명)에는 대도시가 하나도 없다는 점(수도인 포르토 프랭스 85만 명)이 의외인 것 같습니다.

중남미 최고의 마천루 도시는? 마천루가 가장 많은 나라는?

파나마시 20채 높이가 200미터 이상 되는 마천루(rascacielos) 빌딩을 가장 많이 품고 있는 중남미 최고의 마천루 도시는 파나마시입니다. 무려 20채나 품고 있습니다. 2000년대 후반 및 2010년대 초반에 마천루 건설 붐이 일었던 결과입니다.

멕시코시 4+3채, 카라카스 2채, 몬테레이 1+3채, 보고타 1+2채, 산티아고 1채 그 다음이 멕시코시로서 2016년 기준 4채이며, 건설 중인 빌딩이 3채입니다. 베네수엘라 카라카스에는 2채가 있으며, 멕시코 몬테레이는 2016년 기준 1채이나 3채가 더 지어지고 있어 곧 4채로 올라설 예정입니다. 콜롬비아 보고타는 현재 1채이나 2채가 건설 중이며, 멕시코 과달라하라, 콜롬비아 카르타헤나, 칠레 산티아고는 각 1채씩 보유하고 있습니다.

브라질과 아르헨티나는 마천루가 0채? 의외긴 합니다만 덩치 큰 브라질에 마천루가 아직 없는 것으로 나타나고 있습니다. 현재 발네아리오 깜보리우 시에 7채가 대거 지어지고 있다고 합니다. 에콰도르 키토도 곧 2채를 보유한 도시로 발돋움할 예정입니다. 아르헨티나도 아직 마천루가 없는데, 부에노스아이레스에 1채가 건설 중이어서 곧 체면치레는 할 것으로 보입니다.

마천루 빌딩 보유국별 순위 주요국별로 보면 파나마가 20채로 단연 1위이며, 멕시코가 현재 6채 + 추가 8채, 콜롬비아가 2채 + 2채, 베네수엘라가 2채 +

1채, 칠레가 달랑 1채로 그치고 있으며, 브라질은 현재는 없으나 7채 진행 중, 아르헨티나도 현재는 0채이나 곧 1채 보유국이 될 전망입니다.

중남미 최고의 마천루 빌딩은 어디에? 칠레? 파나마? 멕시코? 중남미에서 가장 높은 빌딩은 2013년에 완공된 칠레 산티아고의 Gran Torre Santiago 빌딩입니다. 높이가 300미터로서 64층입니다. 층수로는 2012년에 완공된 파나마의 246미터 높이의 78층 빌딩 Yoo & Arts Tower가 1위입니다. 하지만 2021년이 되면 멕시코시에서 올라가고 있는 Torre Colon 빌딩이 309미터 높이(층은 65층)로서 칠레로부터 1위 자리를 양보 받게 될 전망입니다. *참고: 롯데타워 554m(123층)

ㅣ 살기 위험한 중남미 도시는? 세계 26개 위험도시 중 23개가 중남미!

카라카스가 세계 최악의 위험도시 멕시코의 시민공공안전형사사법 위원회(CCSPJP)가 2017년 5월 발표한 자료를 보면 세계에서 가장 위험한 50대 도시가 선정되어 있는데, 이중 43개 도시가 중남미에 위치해 있습니다. 위험 도시 선정은 현재 전쟁 상황에 있는 도시는 제외하고, 인구 10만 명당 피살자 수를 기준으로 한 것인데, 세계 최악의 도시는 130명의 피살자 수를 기록한 베네수엘라 수도 카라카스(Caracas/130.35)가 차지하고 있습니다.

세계 최대의 매장량을 가진 천혜의 석유자원으로 돈방석에 올라 한 때 중남미 최고수준의 부자 도시였던 카라카스가 저유가 체제의 장기화라는 국제적 맥락과, 거듭된 대내외 포퓰리즘 정책 및 경제정책의 실패, 민주화 탄압, 살인적 인플레 등 국내적 요인이 맞물려 깊은 나락으로 추락한 사례는 참으로 가슴 아픈 일이 아닐 수 없습니다. 국가 지도자의 역할과 국가경영 노선이 정말 무서운 것임을 실감하게 됩니다.

2위는 놀랍게도 멕시코 태평양변에 위치한 아름다운 관광도시 아카풀코(Acapulco/113.24)로서 마피아 본산이 되어 있다는 소문을 확인시켜 주고 있습니다. 필자는 90년대 후반 멕시코 근무 당시 아카풀코의 아름다움을 짝사랑했었는데, 세계 2위의 위험도시 오명을 뒤집어쓰다니 안타까움을 금할 수 없습니다.

3위는 온두라스의 경제수도로 불렸던 산 페드로술라(San Pedro Sula/112.09)입니다. 필자가 90년대 초반 과테말라 근무 시절, 현지로 출장을 가서 한국기업 제품 카탈로그 전시상담회를 개최했었는데, 당시 온두라스 바이어들의 호응이 무척 좋아 장래 비즈니스 가능성을 밝게 해준바 있었던 기억 때문인지 세계 3위의 불명예 소식이 씁쓸하게 다가옵니다.

전 세계 26개 위험도시중 23개가 중남미 세계에서 가장 위험한 50대 도시 중 인구 십만 명당 피살자 수가 50명 이상인 고위험 도시를 2년치 자료를 비교하여 정리해보면 아래와 같습니다.

순위	도시	국가	2017피살지수	2015피살지수
1	Caracas	베네수엘라	130.35	119.87
2	Acapulco	멕시코	113.24	104.73
3	San Pedro Sula	온두라스	112.09	111.03
4	D.C./Tegucigalpa	온두라스	85.09	73.51
5	Ciudad Victoria	멕시코	84.67	30.50
6	Maturín	베네수엘라	84.21	86.45
7	San Salvador	엘살바도르	83.39	108.54
8	Ciudad Guayana	베네수엘라	82.84	62.33
9	Valencia	베네수엘라	72.02	72.31
10	Natal	브라질	69.56	60.66
11	Belém	브라질	67.41	45.83
12	Aracaju	브라질	62.76	37.70
13	Cape Town	남아공	60.77	65.53
14	St. Luis	미국	60.37	59.23
15	Feira de Santana	브라질	60.23	45.50
16	Victoria de Conquista	브라질	60.10	38.46
17	Barquisimeto	베네수엘라	59.38	54.96
18	Cumaná	베네수엘라	59.31	47.77

순위	도시	국가	2017피살지수	2015피살지수
19	Campos dos Goytacazes	브라질	56.45	36.16
20	Salvador	브라질	54.71	60.63
21	Cali	콜롬비아	54.00	64.27
22	Tijuana	멕시코	53.06	39.09
23	Ciudad de Guatemala	과테말라	52.73	47.17
24	Culiacán	멕시코	51.81	56.09
25	Maceio	브라질	51.78	55.63
26	Baltimore	미국	51.14	54.98

자료원 : 멕시코의 시민공공안전형사사법 위원회(CCSPJP) 자료 종합

상기 표를 보면, 인구 10만 명당 피살자수 50명이상의 치안위험도시가 전 세계 26개인데, 이중 23개가 중남미입니다. 정말 충격적입니다.

이중 상위권 6개가 베네수엘라, 중하위권 8개가 브라질, 4개가 멕시코! 중남미 23개 위험도시 중 베네수엘라가 상위권에 6개 도시나 포함되어 세계에서 치안이 가장 불안한 나라로 꼽힙니다. 이어 브라질이 정치 경제적 위기상황을 맞아 치안이 급속도로 악화된 결과 무려 8개 도시가 고위험 도시로 편입되어 있습니다.

멕시코는 해양관광도시 아카풀코 외에도 미국과 동북접경지 타마울리파스 주의 주도인 빅토리아시나 대미 서북접경 도시 티후아나도 위험도가 높아지고 있으며, 마약카르텔로 유명세를 탄 시날로아 주의 주도인 꿀리아깐을 포함하여 4개 도시가 고위험 도시에 편입되어 있습니다. 기타 마사뜰란(Mazatlan), 시우닷 후아레스(Ciudad Juarez), 치와와(Chihuahua), 오브레곤(Obregon) 등도 세계 50대 위험도시에 이름을 올리고 있습니다.

브라질과 멕시코 도시들의 위험도 증가세 위 표는 브라질과 멕시코 도시들이 더욱 위험도가 높아지고 있는 추세임을 보여주고 있으며, 특히 멕시코의 빅토리아 시가 흉포한 기세를 올리며 급속도로 악화(38명 → 60명)되는 형국입니다. 한편 콜롬비아는 깔리 1개 도시만 포함되어 있으면서도 피살자 지수까지

상당 폭 낮아지는 모양새입니다. 이 표에는 나타나 있지 않지만 콜롬비아의 팔미라(Palmira)시는 2015년 70명에서 2017년 46명으로 개선되는 모습입니다.

중미지역도 상황 심각 온두라스는 2개 도시가 세계랭킹 3,4위를 차지할 정도로 치안상황이 심각하며, 엘살바도르도 낮아지긴 했으나 절대 위험수준이 여전히 매우 높은 수준을 보이는 등 과테말라시티를 포함하여 중미 지역 도시들의 안전도가 여타 지역 대비 많이 떨어지는 상황이니 남미뿐 아니라 이들 지역을 방문할 경우에도 각별한 주의가 요망됩니다.

ㅣ 중남미 최고의 병원은? 우수 병원 최다(最多) 도시는?

상파울루, 산티아고, 칼리에 1~3위 병원 칠레의 América Economía Intelligence가 조사하여 발표한 2016년 중남미 우수 병의원 순위 자료에 의하면 중남미 최고의 병원은 브라질 상파울루 소재 이스라엘 아인슈타인 병원(615병상/점유율 85.7%)입니다. 2위는 칠레 산티아고 소재 독일병원(441병상, 74.1%), 3위는 콜롬비아 칼리 소재 바예 데 릴리 병원(510병상, 94%)입니다.

*** 주의사항** 동 병원 자료는 중남미 주요 12개국(멕시코, 브라질, 아르헨티나, 콜롬비아, 칠레, 페루, 베네수엘라, 에콰도르, 우루과이, 파나마, 코스타리카, 쿠바) 병원 200여개소를 조사에 초청하여 18개 지표를 척도로 비교 평가한 결과, 종합 점수가 50점 이상인 병원 44개를 골라낸 것입니다.

따라서 여기에 초청을 받지 못한 국가나 병원 내지 조사에 응하지 않은 병원들의 경우에는 순위에서 빠져있는 관계로 여기에 나오지 않는 병원은 우수병원이 아니라고 단정 짓기는 어려운 점을 양지하셔야 합니다. 필자가 멕시코시티나 부에노스아이레스, 보고타 등지에 근무할 당시 주로 이용했던 현지 일류병원으로 손꼽히던 병원들도 여기에 다 나와 있는 것은 아닙니다. 일부 병원이 누락되어 있는데, 아마 병원 정보 노출을 꺼렸거나 합병되어 이름이 바뀌었을 수도 있습니다.

콜롬비아 메데진 - 우수병원 최다 도시 도시별로 보면, 콜롬비아 메데진에 무려 9개 병원(빠블로 또본 우리베 병원, 산 비센떼 대학병원, 라스아메리카스 병원 등)이 랭킹에 들어있어 중남미에서 우수병원이 가장 많은 도시가 되었습니다. 메데인이라고도 부르는데 이 도시 시민들의 만족도가 콜롬비아에서 가장 높으니 그럴 만도 하겠다는 생각이 듭니다. 90년대에는 세계에서 가장 위험한 도시 반열에 올랐을 정도로 마약카르텔로 악명이 높던 도시였습니다.

보고타 2위, 상파울루 3위, 부에노스 4위, 산티아고 5위 우수 병원수가 많은 2위 도시는 7개의 병원(소아심장재단병원, 메데리병원, 콜롬비아 국립대병원 등)을 순위에 올린 보고타입니다. 그러고 보니 1,2위를 모두 콜롬비아 도시가 석권했습니다.

3위는 모두 6개의 병원(아인슈타인 병원, 사마리탄 병원, 오스왈두 크루즈 독일병원 등)을 순위에 올려놓은 상파울루이며, 4위는 3개의 순위 내 병원(이태리 병원, 아우스트랄 대학병원, 독일병원)을 가진 부에노스아이레스입니다. 필자가족이 부에노스아이레스 근무 당시 이 독일병원에서 치료를 받곤 했습니다. 의사로서 소명의식을 갖고 있는, 의술이 뛰어난 의사들이 계셨습니다. 5위 도시는 칠레 산티아고(독일병원, 소테로 델 리오 병원 등 상위권 2개)입니다. 주요국 독일병원들이 두드러집니다.

리마 8위, 카라카스 9위, 멕시코시티 10위 6~7위도 콜롬비아 도시가 차지했습니다. 6위는 깔리(바예 데 릴리 병원, 임바나꼬 병원 등 상위권 2개), 7위는 부까라망가(까르디오바스꿀라르 병원, 포스깔 병원 등 중상위권 2개)입니다. 페루 리마(인터내셔날 병원, 리까르도 빨마 병원 등 중상위권 2개)가 8위, 베네수엘라 카라카스(메트로폴리탄 병원, 카라카스병원 등 중위권 2개)가 9위, 멕시코시티(메디까 수르 병원 1개-랭킹 12위)가 10위에 올라있습니다.

그 다음 파나마시티(PA), 리우데자네이루(BR), 플로렌시오 바렐라(AR), 과야낄(EC), 깐꾼(MX), 파스토(CO) 등의 도시가 이름을 올리고 있는데, 정작 중남미 일부 의료분야 선진국으로 알려진 쿠바는 하나도 올라있지 못했습니다. 아마도 쿠바가 조사에 참여를 하지 않았기 때문이 아닐까 싶습니다.

ㅣ 중남미 최고의 대학은? 우수 대학이 가장 많은 나라는?

부에노스아이레스 대학교 – 최고 명문대 세계적 권위를 가진 영국의 대학평가기관 QS가 산정한 QS 세계대학순위 기준에 의거 선정된 2018년 중남미 최상위 20개 대학을 보면 중남미 최고의 대학은 2016~18년 3년간 계속 1등을 차지하고 있는 아르헨티나의 부에노스아이레스 대학교(Universidad de Buenos Aires)입니다. 과거에 노벨생리의학상 및 노벨화학상 등 과학상 수상자를 복수로 배출한 바 있는 최고 명문대학입니다.

1위 부에노스아이레스 대학(AR)	2위 상파울루 대학(BR)
3위 멕시코 국립자치대학(UNAM대)	4위 칠레 가톨릭 교황 대학
5위 캄피나스 주립대(BR)	6위 몬테레이 공대(MX)
7위 칠레 대학교	8위 콜롬비아 국립대
9위 로스 안데스 대학교(CO)	10위 리우 연방대(BR)
11위 아우스트랄 대학(AR)	12위 벨그라노 대학(AR)
13위 아르헨티나 가톨릭 대학	14위 콜롬비아 엑스떼르나도 대학
15위 코스타리카 대학	16위 페루 가톨릭 교황 대학
17위 팔레르모 대학(AR)	18위 칠레 산티아고 대학
19위 하베리아나 교황 대학(CO)	20위 파울리스타 주립대학(BR)

* 약어: AR 아르헨티나, BR 브라질, CO 콜롬비아, MX 멕시코, CL 칠레, PE 페루

우수대학 최다 보유국-아브콜칠멕 상기 20개 대학을 기준으로 우수대학을 가장 많이 보유하고 있는 나라를 보면, 5개 대학을 보유한 아르헨티나가 1위이며, 이어 4개 대를 가진 브라질과 콜롬비아가 공동 2위, 3개 대학을 순위에 올린 칠레가 4위, 2개 대학을 올린 멕시코가 5위, 기타 코스타리카와 페루가 각 1개씩 갖고 있습니다.

특정 학부를 기준으로 보면 서열이 달라집니다. 최고의 경제학부를 가진 명문대학들은 어딘지 한 번 볼까요? 2017년도 순위 기준입니다.

1위 칠레 가톨릭 교황대(CL), 2위 로스 안데스대(CO),
3위 상파울루대(BR), 4위 게툴리오 바르가스대((BR),
5위 몬테레이 공대(MX)* 6위 멕시코 UNAM대(국립자치대)(MX),
7위 또르꾸아또 디텔라대(AR), 8위 멕시코 ITAM대(기술자치대)(MX),
9위 리우 가톨릭교황대(BR), 10위 부에노스 아이레스대(AR),
11위 깜피냐스 주립대(BR), 12위 페루 가톨릭 교황대(PE),
13위 산안드레스대(AR), 14위 콜롬비아 국립대(CO),
15위 리우 연방대(BR)

*몬테레이 공대(TEC)에 명문 경제학부가 있다니 의외라고 생각될 수 있겠지만 이 대학은 공대 명칭에도 불구하고 종합대학입니다. 멕시코 25개 도시에 31개의 캠퍼스를 갖추고 있는 중남미 최대 규모 사립대학으로 평가받고 있습니다.

*** 중남미 최초의 대학은? 도미니카 공화국과 페루 간 뜨거운 논란**

중남미뿐만 아니라 전 미주를 통틀어 역사가 가장 오래된 대학은 어딜까요? 도미니카 공화국은 보통 UASD로 불리는 산토도밍고 자치대학(Universidad Autónoma de Santo Domingo)을 손꼽습니다. 동 대학이 1538년에 설립된 산토 토마스 데 아키노 대학의 후신이라는 논리입니다. 이에 반해 페루는 1551년에 설립된 산 마르코스 국립대(Universidad Nacional Mayor de San Marcos)가 최초라고 주장합니다. 어찌된 일일까요?

페루는 UASD가 산토 토마스 데 아키노 대학의 적통 후신이라는 점은 인정합니다. 다만 공식 설립시점을 1538년이 아닌 1558년으로 본다는 점이 쟁점의 핵심입니다.

1538년 10월 28일 Santo Tomás de Aquino 대학은 당시 로마교황 바오로 2세의 교서(bula papal)에 의거하여 미주대륙 최초 대학으로 설립되어 운영되다가 20년 뒤인 1558년 2월 23일 스페인 국왕 까를로스 1세의 인준(pase regio)을 받게 됩니다. 이에 비해 페루의 산마르코스 대학은 1551년 5월 12일 스페인 국왕의 인가(real cédula)를 받아 공식 설립됩니다. 국왕 인준은 7년이 앞서는 것입니다.

국왕 인준이 없이는 로마 교황 교서는 효력이 없다는 것이 페루측 주장인데, 논거는 이렇습니다. "당시 도미니카는 독립국이 아니고 스페인 식민지였으므로 스페인 국왕의 승인이 없으면 당연히 효력을 가질 수 없다." 이에 반해 도미니카의 입장은 "로마교황의 교서만으로 효력을 발하는데 전혀 문제가 없다." 입니다. 페루는 더 나아가 16세기에 설립된 대학 중 대학운영이 중간에 한 번도 중단되지 않고 지금까지 쭉 이어져온 유일한 대학이라는 점도 부각시키고 있습니다.

* 멕시코 국립자치대(UNAM/우남대)는 1551년 9월21일 페루와는 4개월 시차를 두고 국왕 인가(real cedula)를 받아 멕시코 왕립대(Real Universidad de Mexico)라는 명칭으로 설립이 되었으며, 1551년에 설립된 관계로 우남대가 미주 최초 대학으로 잘못 인식되는 경우도 있습니다.

| 같은 이름을 가진 중남미 도시는? 동명이시(同名異市)

중남미에는 이름이 겹치는 도시가 꽤 됩니다. 스페인 도시 명을 따온 곳도 있는가 하면 미국 도시와 이름을 공유하는 도시도 있으며, 중남미 국가들끼리 같은 도시 이름을 사용하는 경우도 볼 수 있습니다. 한 번 살펴보겠습니다.

코르도바(Cordoba): 꼬르도바는 관광지로 유명한 스페인 남부 안달루시아 지방 중심도시이기도 하며, 아르헨티나 제2도시로도 유명합니다. 그런데 멕시코에도 같은 이름을 가진 도시가 있는데 잘 알려져 있지는 않습니다.

과달라하라(Guadalajara): 과달라하라는 마리아치스가 탄생한 멕시코 제2 도시로 아메리카 문화의 수도로 선정된 적도 있었습니다. 스페인에도 같은 이름의 도시가 있습니다.

그라나다(Granada): 스페인의 알함브라 궁전이 워낙 유명하니 그 궁전을 품은 그라나다는 들어보셨겠지만 브라질이나 니카라과 그라나다는 금시초문일 겁니다. 콜롬비아가 파나마와 한 나라였을 때 새 그라나다(누에바 그라나다/Nueva Granada)라는 국명을 사용했었던 만큼 콜롬비아는 그라나다에 각별한 애착을 갖고 있긴 하나 학교 이름 등으로나 그라나다를 사용하고는 있어도 그라나다 이름을 가진 도시는 없습니다. 그라나다에는 석류, 수류탄 등의 의미도 있습니다.

라파스(La Paz): 고지(高地)로 유명한 볼리비아 수도 라파스도 있고, 멕시코에도 서부 바하 깔리포르니아 주의 주도인 라파스가 있으며, 엘살바도르에도 라파스 주가 있습니다. 라파스는 영어의 peace 즉, 평화를 의미합니다.

마드리드(Madrid): 마드리드 하면 스페인 축구팀 레알 마드리드가 생각납니다. 도시로는 스페인 수도 마드리드만 있는 줄 알았는데 알고 보니 콜롬비아에도 보고타 근교에 마드리드라는 이름을 가진 위성도시가 있습니다.

바르셀로나(Barcelona): 바르셀로나는 스페인이 워낙 유명하니 중남미 소재 바르셀로나는 주목을 받지는 못하고 있어도 중남미나 필리핀 등에도 바르셀로나 이름을 가진 도시가 있습니다. 전 세계적으로 총 52개나 된다고 하는데 중남미 바르셀로나만 훑어보겠습니다. 베네수엘라의 인구 83만 명의 도시 그란 바르셀로나가 대표적이며, 브라질에도 상투 안토니우 데 바르셀로나라는 이름의 도시가 있고, 푸에르토리코에도 비야 바르셀로나가 있습니다. 기타 콜롬비아, 볼리비아, 에콰도르, 아루바 등에도 동명이시(同名異市)가 있다고 합니다.

메리다(Merida): 메리다는 멕시코 유카탄 반도에 위치한 도시이며, 20세기 초에 우리 동포들이 가장 먼저 진출했던 가슴 아픈 역사를 간직한 곳이기도 합니다. 스페인에도 로마유적이 남아있는 관광지 메리다가 있으며, 베네수엘라에도 메리다 이름을 가진 도시가 있습니다.

몬테비데오(Montevideo): 우루과이 수도 몬테비데오는 들어봤어도, 미국 미네소타 주에 있는 몬테비데오는 아마 들어보신 분이 별로 없을 것입니다. 필자도 이 글을 쓰면서 처음 알았습니다.

* 톨레도(Toledo): 스페인 마드리드 인근의 중세시대 분위기가 물씬 풍기는 예쁜 성곽도시가 똘레도 입니다. 필자가 가장 감명을 받은 도시입니다. 마치 그 시대로 돌아가 있는 듯한 느낌을 받게 됩니다. 그런데 미국에도 일리노이 주 및 오하이오 주 등 6개 지역에 톨레도라는 도시가 있으며, 필리핀 세부 섬에도 톨레도가 있다고 하니 과거 스페인 식민지 시대 역사가 살아 숨 쉬는 것 같습니다.

발렌시아(Valencia): 발렌시아 하면 떠오르는 게 스페인 축구팀일 수도 있고, 아니면 아름다운 스페인 해변도시 발렌시아가 생각날 수 있습니다. 아니면 발렌시아가 본산인 스페인 대표음식 빠에야(paella)가 생각날 수도 있겠네요. 하지만 베네수엘라에도 치안상태는 안 좋지만 발렌시아라는 제법 유명한 대도시가 있습니다.

*** 도시 이름에 기독교 색채를 띤 동명이시**(同名異市)

- '산티아고'라는 지명이 중남미에 많은 이유는?

이제는 기독교와 관계된 중첩된 도시 이름을 살펴보겠습니다. 기독교 신앙은 중남미 문화를 이해하는 핵심열쇠중 하나로서 도시 이름에서 이와 관련된 문화요소를 찾아볼만한 가치가 있습니다.

산호세(San Jose): 산호세 하면 미국 캘리포니아 산호세를 떠올리시는 분도 있을 테고, 코스타리카 수도 산호세를 떠올리시는 분도 계실 겁니다. 미국의 산호세도 당초엔 멕시코 땅이었으니 미국 도시지만 스페인어 지명을 갖게 된 것입니다. 우루과이와 파라과이, 심지어 필리핀에까지 산호세가 있네요.
산(San)은 영어의 세인트(St.)로서, 산호세는 성 요셉이라는 뜻입니다. 성 요셉은 성모 마리아의 배우자로서 하나님이 인도자로 세우신 분이다보니 산호세라는 이름이 애용되는 것 같습니다.

산파블로(San Pablo) / 상파울루(Sao Paulo): 산파블로나 상파울루나 다 같은 말입니다. 사도 성 바오로를 스페인어로는 산빠블로, 포르투갈어로 상파울루로 부르는 것이죠. 브라질 상파울루는 스페인어권 중남미에서는 산파블로로 불리며, 멕시코나 미국 캘리포니아 주에도 산파블로라는 도시가 있고, 필리핀에도 산파블로 이름의 도시가 있습니다. 이외에도 산파블로라는 이름의 광장이나 수도원, 약국 등은 물론 20세기 최고의 거장 파블로 피카소나 마약왕 파블로 에스코바르, 저명작가 파울루 코엘류 등 파울루나 파블로라는 이름을 가진 사람도 중남미나 스페인 등에서는 흔히 볼 수 있습니다.

산티아고(Santiago): 칠레 수도가 산티아고라 산티아고 하면 칠레가 생각나기 마련입니다. 그런데 산티아고라는 이름을 가진 도시는 매우 많아서 산티아고 뒤에 국명이나 지명을 붙이는 경우가 많습니다. 뒤에 국명이 오는 경우 그 도시는 산티아고로 불리며, 지명이 오면 산티아고는 빼고 그 뒤 지명이 통상적으로 부르는 지명이 됩니다.

예컨대, 산티아고 데 칠레나 산티아고 데 쿠바는 그 나라에서는 산티아고로 불리며, 에콰도르의 제2도시 산티아고 데 과야낄은 과야낄로, 콜롬비아의 제3도시 산티아고 데 깔리는 깔리로 불리는 겁니다. 멕시코나 브라질, 파라과이에는 지명이 산티아고로만 되어 있는 도시가 있고, 아르헨티나, 볼리비아, 페루, 코스타리카, 온두라스, 엘살바도르, 파나마 등에서도 산티아고가 붙은 지명을 사용하고 있습니다.

* **'산티아고'라는 지명이 중남미에 많은 이유는?** 산티아고라는 이름을 가진 도시가 중남미에 왜 이리 많을까요? 그것은 모국이었던 스페인의 갈리시아 지방에 산티아고 데 콤포스텔라(Santiago de Compostela)라는 도시가 있는데, 아마도 이 도시의 이름을 따온 것으로 보입니다. 그러면 왜 이 도시의 이름을 그리 많이 따갔을까요?

중남미는 가톨릭 국가인 관계로 예수 그리스도를 추앙합니다. 산티아고는 예수의 12제자 가운데 한명이었습니다. 사도 야곱이 스페인에서 전도사역을 할 때에 산티아고 하꼬보(Santiago Jacobo)라는 이름으로 불렸으며, 야곱의 유해가 그의 유언에 따라 스페인에 묻히면서 산티아고 데 콤포스텔라가 성지가 된 것입니다. 12세기말 교황이 이 도시를 예루살렘 및 로마와 더불어 성지로 선포하였습니다. 이를 다룬 브라질 작가 코엘류의 데뷔작인 '순례자'가 1987년 출간되고 1993년에는 유네스코 세계문화유산으로 지정되자 산티아고로 가는 길이 성지순례 코스가 될 정도로 유명한 도시가 되었습니다.

결국 중남미에 산티아고 지명이 그토록 많은 것은 예수그리스도에 대한 신앙을 바탕으로 사도야곱을 기리는 의미가 담긴 것으로 볼 수 있겠습니다.
그래서 중남미 사람 이름에도 산티아고가 무척 많은 것 같습니다. 낚시를 좋아하던 헤밍웨이가 쿠바에 가서 살 때 지은 불후의 작품 '노인과 바다'의 주인공 노인의 이름도 산티아고입니다.

산타페(Santa Fe): 산타페 하면 제일 먼저 현대자동차 산타페가 떠오를 수 있습니다. 산타페는 거룩한 믿음을 의미하는 것으로 중남미 여러 나라에 이 이름을 가진 도시가 많습니다. 멕시코나 아르헨티나, 스페인에도 산타페라는 도시가 있고, 미국에도 오하이오 주, 플로리다 주, 텍사스 주, 인디애나 주 등 여러 곳에 산타페 지명의 도시들이 있습니다.
에콰도르에는 갈라파고스 제도에 산타페 섬이 있고, 콜롬비아의 경우 수도인 보고타의 정식 명칭이 산타페 데 보고타입니다. 중남미 도시들을 다니다 보면 산타페라는 이름을 가진 상점이나 거리들도 많이 눈에 띄는데, 그만큼 산타페는 중남미 사람들에게 중요한 이름으로 자리매김 되고 있다고 볼 수 있겠습니다.

미녀가 가장 많은 도시/나라는? 세계 미인 대회와 중남미

"거울아, 거울아 이 세상에서 누가 제일 예쁘니?"라는 백설 공주 이야기처럼 아름다움이란 세계 여성들이 공통적으로 추구하는 가치입니다. 그럼 궁금해질 법한 것이 '지구상에서 미녀가 가장 많은 도시는 어디일까요'라는 물음이 아닐까 싶습니다. 아마 여기에 대한 답은 아무도 못 낼 겁니다. 미의 판단 기준이 나라마다 다른 관계로 세계적으로 보편타당한 객관적 요소보다는 주관적 요소가 개입되기 쉽기 때문입니다.

세계 10대 미녀 도시? 이와 관련, 홍콩의 온라인 여행 잡지 Traveler's

Digest가 2014년 세계 10대 미녀 도시를 선정 발표한 바 있어 본 면에 잠시 소개해드릴까 합니다.

1위가 우크라이나 키예프, 2위가 스웨덴 스톡홀름, 3위가 미국 뉴욕, 4위가 아르헨티나 부에노스아이레스, 5위가 불가리아 바르나, 6위가 러시아 모스크바, 7위가 이스라엘 텔아비브, 8위가 네덜란드 암스테르담, 9위가 대한민국 서울, 10위가 캐나다 몬트리올 등이네요.

서울이 아시아의 유일한 대표로 Top10 미녀 도시에 손꼽힌 것을 보면 우리나라도 대단한 미인 국가로 쳐주는 것 같아 뿌듯한 마음이 듭니다만 뭔가 공허한 느낌이 드는 것도 사실입니다. 세계 미인대회를 휩쓰는 베네수엘라나 푸에르토리코, 콜롬비아 등은 제쳐두고 중남미에서 달랑 1개 도시만 선정되어 있으니 그럴 만도 할 것입니다.

트래블러스 다이제스트가 선정한 10대 미녀도시는 잡지사 편집진이 단독으로 선정한 것이라 하니 어떤 권위나 신뢰를 부여하기는 어려운 것 같습니다. 따라서 좀 더 보편적인 국제적으로 인정받는 기준에 의거해서 세계적인 미녀 국가를 산출해보고자 합니다. 이러한 기준이란 구체적으로 뭘 의미하는지 짐작되시죠? 바로 미스 유니버스, 미스 월드, 미스 인터내셔널, 미스 어스 등 세계 4대 미녀 선발대회에서 지금까지(2016~17년) 가장 많은 우승자를 낸 나라 순으로 분류해보면 윤곽이 드러날 것입니다.

미스 유니버스: 1위가 주최국인 미국?, 2위는 베네수엘라 1952년 설립되어 뉴욕에 본부를 둔 미스 유니버스(Miss Universe)의 경우 미국이 8회(2000년대 이후 1회)로 1위, 베네수엘라가 7회(2000년대 이후 3회)로 2위, 푸에르토리코가 5회로 3위, 필리핀과 스웨덴이 각 3회로 공동 4위, 콜롬비아, 멕시코, 브라질, 트리니다드토바고, 프랑스, 캐나다, 일본, 태국, 인도, 호주, 핀란드 등 11개국이 각 2회로 공동 6위를 차지했으며, 중남미에서 단 1회씩만 우승한 전력이 있는 나라로는 도미니카공화국, 파나마, 칠레, 아르헨티나, 페루 등 5개국입니다. 아쉽게도 우리나라는 없네요. 동양적 미인을 보는 안목이 없는 것일까요? 아니

면 동양적 미인은 세계적 미인 기준에는 맞지 않는 것일까요? 미국이 본부로서 개최국의 이점을 고려해보면 사실상 1위는 베네수엘라가 아닐까 생각도 듭니다. 이 점을 확인해보기 위해서는 다른 미녀 선발대회도 함께 살펴보도록 하겠습니다.

미스 월드: 1위는 베네수엘라, 2위는 주최국인 영국? 1951년 창설되어 런던에 본부를 둔 미스 월드(Miss World)의 경우 역시 추측했던 대로 6회(2000년대 이후 1회)를 우승한 베네수엘라가 1위를 차지하고 있네요. 이어 주최국인 영국과 인도가 각 5회로 공동 2위를 차지하고 있는데, 영국은 미국 주도의 미스 유니버스에서는 단 1회도 우승한 전력이 없는데 자국이 심사를 주도하니 결과가 달라집니다. 미국은 3회 우승해서 자메이카, 남아공, 아이슬란드, 스웨덴과 함께 공동 4위에 올라있고, 푸에르토리코, 페루, 아르헨티나 등 중남미 3국이 각 2회씩 우승하여 중국, 러시아, 호주, 오스트리아, 독일, 네덜란드와 함께 공동 9위를 점하고 있습니다. 중남미에서 한차례라도 우승 전력이 있는 나라는 도미니카공화국과 브라질 등 2개국입니다.

미스 인터내셔널: 1위는 베네수엘라, 2위는 필리핀 미스 인터내셔널(Miss International)은 어떨까요? 1960년 탄생하여 도쿄에 본부를 두고 있는 미스 인터내셔널은 유럽 주도의 미스월드와 미국 주도의 미스 유니버스에 이어 아시아 주도의 미녀 선발대회로서 중요한 의미가 부여되고 있습니다. 미스 유니버스를 능가하는 참가국수를 기록하는 등 상당한 신뢰도도 형성하고 있는 것 같습니다.

그런데 이 대회는 당초 미스유니버스에서 갈라져 나온 것입니다. 매년 미국 캘리포니아 해안도시 롱비치에서 개최되어오던 미스 유니버스 대회를 미국 CBS 방송국이 사들인 후 개최지를 플로리다 마이아미 비치로 옮겨 버리는 일이 발생합니다. 이에 성난 롱비치 주민들의 탄원으로 롱비치시가 주도하여 국제 뷰티 콩그레스(Int'l Beauty Congress)를 만들게 되었고, 그 이후 미스 인터내셔널로 개칭된 것입니다. 그런데 1966년 문제점이 발생되어 대회를 치루지 못한 상태에서 1967년 눈독을 들인 일본 기업인들에 의해 인수되어 도쿄로 본부를 옮기게 된 것이라 합니다.

미스인터내셔널의 경우에도 마찬가지로 베네수엘라가 7회 우승(2000년대 이후 5회)하여 1위를 차지했습니다. 필리핀이 6회 우승하여 2위를 차지했고, 콜롬비아가 스페인, 미국, 영국, 호주, 폴란드와 함께 각 3회 우승으로 공동 3위에 올라 있습니다. 푸에르토리코, 멕시코, 코스타리카가 독일 및 노르웨이와 함께 각 2회씩 우승하여 공동 9위를 기록합니다. 기타 1회씩 우승기록을 갖고 있는 중남미 국가로는 에콰도르, 파나마, 과테말라, 브라질, 아르헨티나 등 5개국이며, 일본 등 총 15개국이 각 1회 우승 전력을 갖고 있는데, 일본의 우승도 2012년 오키나와 대회 단 1회뿐이어서 쇼비니즘에 매몰되지 않고 양심적으로 심사를 한 것이 아닌가 생각됩니다. 동양이 본부인데도 필리핀을 제외하곤 2회 이상 입상한 동양국가를 찾아보기 어려운 것은 서양 미인대회가 동양인을 보는 안목이 없어서 라기 보다는 동양 미인이 세계 기준으로는 서양 미인을 따라잡기 어려운 것인가 봅니다.

미스 어스: 베네수엘라 등 중남미 3국 공동 1위 2001년부터 필리핀 마닐라에 본부를 두고 선발대회가 개시된 미스 어스(Miss Earth)는 2016년까지 총16회중 절반인 8회를 중남미가 우승했는데, 베네수엘라, 에콰도르, 브라질이 각각 2회씩 차지했습니다.

중남미가 세계 미인대회를 석권하는 이유 여기서 보시다시피 여러 세계 미인대회에서 중남미 국가들의 우위가 돋보입니다. 왜 그럴까요? 중남미는 식민지배 내지 이민을 온 스페인이나 이태리 등 유럽계 혈통과 아프리카에서 넘어온 흑인 혈통 및 아메리카 인디언 혈통 등 여러 인종이 섞이면서 진화를 거듭하기에 그런 결과가 나오게 된 것이라고 합니다. 중남미에는 백인이나 흑인, 원주민도 있지만, 백인과 원주민 간 혼혈인 메스티소나 백인과 흑인 간 혼혈인 물라토가 많은 비중을 점하고 있으며, 원주민과 흑인 간 혼혈인 삼보도 있어 인종의 다양성이 특징으로 꼽힙니다. 백인과 메스티소 간 혼혈, 백인과 물라토 간 혼혈, 메스티소와 물라토 내지 삼보와의 혼혈 등 실제적 양상은 더욱 복잡하게 나타날 것입니다.

*** 베네수엘라 미인스쿨**(미녀사관학교/Academia de belleza)

중남미에서도 유독 베네수엘라가 세계 미인대회를 석권하는 이유는 어떻게 설명할 수 있을까요? 이 질문에 답하기 위해서는 조직적으로 잘 체계화된 미녀 양성 시스템을 가진 베네수엘라 미녀스쿨 소개가 필요합니다. 아마 언론을 통해 많이 소개된 관계로 독자 여러분들도 들어보셨을 것으로 짐작됩니다.

미인스쿨은 미녀사관학교 또는 미인 양성 캠프 등으로 불리기도 합니다. 각종 미인대회 우승을 목표로 합니다. 베네수엘라에는 미스 은행 내지 미스 보험, 미스 교도소, 미스 베이비 등 약 2만 종류의 미인대회가 있다고 합니다. 육해공 사관학교 하면 각 군 장교를 양성하여 배출해내는 엘리트 코스로 알려져 있다시피 미녀사관학교 역시 엄격한 선발과정을 거쳐 각종 미인대회에서 우승하도록 교육생들에게 엄격하고 가혹한 각종 훈련 및 교육(에어로빅, 자전거 타기, 몸무게 줄이기, 예쁘게 걷는 법, 미소 짓는 법, 옷 입는 법, 인터뷰 화법, 파티 예절, 유창한 영어구사 등)을 시키는 한편 철저한 식단 관리와 함께 신체 각종부위 성형수술까지 시행하여 교양과 실력을 겸비한 완벽한 팔등신 미인을 만들어냅니다. 게다가 각종 미인대회에 나가 우승을 하게 되면 부와 명예 및 사회적 지위를 단번에 거머쥐게 되는 사회 풍토로 성의 상품화라는 비난에도 불구하고 미인산업에 대한 사회적 관심은 대단합니다. 베네수엘라의 세계 미인대회 우승자 중 90% 이상이 입학도 어렵고 졸업은 더 어려운 미인 스쿨 출신이라고 하니 베네수엘라 미녀스쿨의 위상을 짐작할 만합니다.

세계 미녀대회 출전국이 100개국이 넘는데, 이중 단 한 번도 미의 왕관을 써보지 못한 나라가 80여 개국이라니 베네수엘라가 3개 대회 총 20회의 우승 기록을 세운 것은 실로 대단한 실적이 아닐 수 없습니다.

어렸을 때부터 여왕(reina)이 되는 연습들을 하여 각 급 학교 각 교실 내에서 여왕이 되는 훈련을 자연스럽게 거치고, 모델 학교나 방학 캠프 등도 열심히 찾아다니면서 성형도 거리낌 없이 하는 사회 분위기가 바탕에 깔려있는 것입니다. 미인대회 우승은 입신양명(立身揚名)으로 통하는 길인만큼 개개인에게 강력한 인센티브가 되어 국가적으로 경이로운 기록 수립이 가능해진 것이 아닐까요? 그렇다면 신의 창작품을 인간의 손길로 다듬어내는 미녀산업이 산업으로서의 값어치는 어느 정도가 될까요?

제17강 문화에 풍덩 빠진 중남미 대표브랜드 이야기

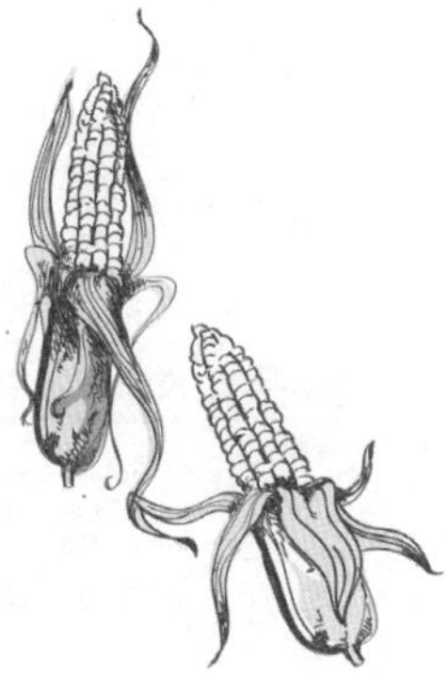

우리나라 대표브랜드 하면 삼성이나 LG, 현대, SK 등이 떠올려집니다. 그러면서 핸드폰이나 가전제품, 자동차 등이 연상됩니다. 그런데 중남미 대표 브랜드 하면 현지인들 머릿속에 뭐가 제일먼저 떠오르는지 아십니까? 스콜, 코로나, 아길라 등입니다. 어떤 제품이 연상될까요? 바로 맥주입니다.

중남미 10대 브랜드중 절반인 5개가 맥주 브랜드이며, 1위와 2위를 모두 맥주가 차지하고 있습니다. 10대 브랜드 절반이 맥주인 것을 보면 역시 중남미 문화가 인생을 즐기며 살자는 삶의 가치관(Carpe Diem)을 그대로 반영한 것이 아닌가 싶습니다. 중남미 대표 브랜드를 찾아서 그들 문화 속으로 다함께 풍덩 뛰어 들어가 보십시다.

50대 브랜드 중 78%가 멕,브,칠 3국에 집중

2017 BrandZ 중남미 50대 브랜드 자료에 의하면, 총 50개중 멕시코 브랜드가 18개, 브라질이 12개, 칠레가 9개, 콜롬비아가 5개, 페루가 4개, 아르헨티나가 2개를 차지하고 있어 멕시코와 브라질, 칠레 등 3국이 중남미 브랜드 인지

도를 리드하고 있는 것으로 나타나고 있습니다.

BrandZ는 세계 광고마케팅업계 대표주자인 영국의 WPP 그룹 계열의 미국 Kantar Milward Brown사가 블룸버그 자료와 중남미 소비자 54,000여명의 인터뷰 결과를 종합하여 매년 산출하는 브랜드 가치 순위입니다. 다음 3가지 척도를 적용하고 있습니다.

첫째, 중남미 고유 브랜드이거나 중남미에 사업기반이 있는 브랜드일 것

둘째, 중남미 주식시장에 상장된 기업이 보유하고 있는 브랜드일 것

셋째, 순이익을 내고 있는 브랜드일 것

맥주가 휩쓰는 중남미 10대 브랜드: 맥주5, 유통3, 통신미디어2

1위 브랜드는 브라질 최고의 맥주 스콜(SKOL)입니다. SKOL이라는 브랜드명은 "건강을 위해 건배"를 의미하는 스웨덴의 skål에서 유래한 것이라합니다. 브라질 AmBev사가 동 브랜드 소유주인 덴마크 칼스버그 그룹으로부터 라이선스를 취득하여 생산하고 있습니다. 브랜드 가치는 77.8억불로 매겨져 있습니다. 브라질 AmBev사는 벨기에 AB InBev 그룹(벨기에 Interbrew와 브라질 AmBev사가 2004년 M&A를 거쳐 만들어진 InBev가 2008년 미국의 Anheuser-Busch(AB)와 합병하여 탄생)에 속해 있으며, 동 그룹은 세계 맥주시장 지분의 25%를 장악하고 있습니다. 브라질의 스콜 외에 동 그룹 산하 유명 브랜드로 멕시코의 코로나, 미국의 버드와이저, 벨기에의 스텔라 및 호가든 등을 들 수 있습니다.

스콜 브랜드가 1위를 거머쥐게 된 비결은 무엇일까요? 리우 카니발이나 FIFA월드컵 같은 대규모 행사에서 수백 가지의 이벤트를 조직하여 고객들이 즐거운 시간을 갖게끔 지원해주기 때문입니다. 행사장에서 소규모 Skol 대사관들을 만들고 고객들을 SKOL대사로 초청하여 외지인들을 환영하도록 여건을 조성해주는 한편, 셀카 경연대회 개최 등 이벤트를 통해 고객들과의 관계를

정교하게 조율해가는 점이 1등 브랜드 비결로 평가되고 있습니다.

2위 브랜드는 멕시코 최고의 맥주 코로나(Corona)입니다. 브랜드 가치는 76.5억불입니다. AB InBev 계열인 멕시코 Modelo그룹이 생산하는 제품으로서 세계 150개국에서 팔리고 있으며, 미국 최고의 수입맥주라는 위상을 갖고 있습니다. 필자 멕시코 거주 시에도 보면 코로나 없는 멕시코는 상상할 수 없을 정도로 단연 최고 인기품목이었습니다. 우리나라에서도 시판되고 있어 그리 낯설지 않으실 겁니다. 코로나(corona)는 크라운(crown/왕관)의 의미입니다.

3위 브랜드는 멕시코의 뗄셀(Telcel)로서 브랜드 가치는 46억불입니다. 멕시코의 유무선 통신 및 인터넷 서비스 기업인 라디오모빌 딥사(Radiomovil DIPSA)가 보유한 중남미 최고의 통신 브랜드입니다. 딥사는 América Móvil의 자회사이며, 아메리카 모빌은 세계 최고의 갑부 반열에 올랐던 까를로스 슬림 엘루가 소유한 까르소 그룹(Grupo Carso)의 계열사입니다. 중남미 최대 부호이자 세계 최대 부호이기도 한 슬림에 대해서는 "중남미를 움직이는 막강파워 아랍계 후손"편을 참고하시기 바랍니다.

4위 브랜드는 칠레의 유통기업 팔라벨라(Falabella)로서 42.5억불의 브랜드 가치를 갖고 있습니다. 칠레에 정착한 이태리 이민자 살바토레 팔라벨라가 1889년 양복점으로 창업한 이래 칠레 최대의 백화점으로 성장한 기업입니다. 팔라벨라 은행 등 금융업에까지 진출해 있으며, 칠레, 페루, 콜롬비아, 아르헨티나, 브라질 등 중남미 곳곳에 유통체인이 진출해 있습니다. 스페인 백화점 하면 엘 꼬르떼 잉글레스(El Corte Inglés)가 생각나듯이, 중남미 백화점 하면 팔라벨라가 가장 먼저 떠오르는 것이 일반적입니다. (멕시코 등 일부 국가는 예외) 사실 스페인어권 중남미에서는 멕시코 빼고는 백화점이 별로 발달하지 못해 팔라벨라가 독보적인 존재라 해도 과언이 아닌 것 같습니다.

5위 브랜드는 멕시코 최고의 방송커뮤니케이션 미디어 뗄레비사(Televisa)로서 40억불의 가치를 인정받고 있으며, 아스까라가(Ascárraga) 가문이 운영하고 있습니다. 1955년에 Telesistema라는 이름으로 설립되어 1973년에 경쟁사인 TIM과 통합되면서 지금의 이름을 갖게 되었으며, 스페인어 AV 콘텐츠로서 세계시장을 리드하고 있습니다. 스페인어권 중남미(Hispanic America) 최대 방송국이며, 전체 스페인어권 통틀어서도 가장 큰 규모를 갖고 있다 보니 스페인어본 미디어들이 멕시코식 스페인어로 제작 유포되는 경우가 무척 많습니다.

6위는 브랜드 가치가 37.7억불로 평가받는 브라질 맥주기업 브라마(Brahma)이며, 리우데자네이루에 정착한 스위스 이민자가 1888년 설립한 기업입니다.

7위 브랜드는 멕시코의 슈퍼마켓 체인인 보데가 아우레라(Bodega Aurrera)로서 브랜드 가치가 35.9억불로 매겨져 있습니다. 멕시코에 진출한 Walmart 계열로 편입되어 있으며, 2016년 월마트 매출액의 43%를 점하고 있습니다.

8위는 독수리의 의미를 갖고 있는 콜롬비아의 맥주 브랜드 아길라(Aguila)로서 34.8억불의 브랜드 가치를 갖고 있습니다. 1913년에 최초 출시된 Aguila는 콜롬비아 맥주시장을 석권한 Bavaria사가 생산하는 브랜드로서, 끌룹 꼴롬비아(Club Colombia) 및 뽀께르(Poker) 등 여타 자체 브랜드와 함께 미국의 Miller와 이태리의 Peroni, 독일의 Redd's 등을 독점수입 유통함으로써 콜롬비아 맥주 시장의 99%를 장악하고 있습니다.

9위는 브랜드 가치 33.1억불의 멕시코 모델로(Modelo)로서 2위 브랜드 Corona와 더불어 벨기에 AB InBev 계열의 멕시코 Modelo그룹 제품입니다. 모델로 사는 멕시코 맥주시장 지분 57%를 갖고 있습니다.

10위 브랜드는 멕시코의 리베르뿔(Liverpool) 백화점으로서 32.7억불의 가치를 부여받고 있습니다. 멕시코시티에 정착한 프랑스 이민자가 1847년에 직물 점포로 설립했으며, 1872년부터 영국 리버풀 항을 통해 유럽산 잡화류를 수입 개시하면서 Puerto de Liverpool(뿌에르또 데 리베르뿔/리버풀 항구)이라는 이름을 회사 공식명칭으로 쓰게 되었습니다.

* 중남미식 발음: 중남미에서는 영어 명칭을 스페인어식으로 발음하는 관계로 리버풀이 아니라 리베르뿔이 됩니다. 유명 사이다 음료 세븐업은 보통 세벤웁으로 발음되고, 오케이(OK)도 그대로 오케이로 말하는 경우도 있지만 오까로 발음하는 경우도 상당히 많습니다.

중남미를 대표하는 50대 브랜드: 맥주/유통/은행/통신이 주도

1위부터 50위까지 업종별로 보면, 12개가 맥주 브랜드이며, 소매 유통 브랜드가 11개로 2위를 달리고 있습니다. 이어 은행 브랜드가 10개, 휴대폰 통신회사 브랜드가 6개 등으로 시민 생활과 직결된 브랜드의 이미지가 높은 것으로 나타나고 있습니다. 이외에 식품이 4개, 석유가 3개, 항공사, 화장품, 신용카드, 시멘트 등이 각 1개 브랜드입니다. 11위~50위는 간단히 표로 정리해보는 것으로 마무리 짓도록 하겠습니다.

(자료원: BrandZ)

순위	브랜드명	업종	국가	순위	브랜드명	업종	국가
11	Bimbo	식품	멕시코	12	Claro	통신	브라질
13	Sodimac	유통	칠레	14	Bradesco	은행	브라질
15	COPEC	석유	칠레	16	Cemex	시멘트	멕시코
17	Banorte	은행	멕시코	18	Telmex	통신	멕시코
19	Poker	맥주	콜롬비아	20	Banco de Chile	은행	칠레
21	Lider	유통	칠레	22	Itaú	은행	브라질
23	LATAM	항공사	칠레	24	Sadia	식품	브라질
25	Antarctica	맥주	브라질	26	Tecate	맥주	멕시코
27	Cristal	맥주	페루	28	Bohemia	맥주	브라질
29	YPF	석유	아르헨티나	30	Pilsen	맥주	페루

순위	브랜드명	업종	국가	순위	브랜드명	업종	국가
31	OXXO	유통	멕시코	32	Maseca	식품	멕시코
33	SOL	맥주	멕시코	34	Marinela	식품	멕시코
35	BCP	은행	페루	36	Inbursa	은행	멕시코
37	Natura	화장품	브라질	38	Interbank	은행	페루
39	Ipirango	유통	브라질	40	Sanborns	유통	멕시코
41	Bancolombia	은행	콜롬비아	42	Banamex	은행	멕시코
43	Tottus	유통	칠레	44	Une	통신	콜롬비아
45	Paris	유통	칠레	46	Macro	은행	아르헨티나
47	Cielo	신용카드	브라질	48	Tigo	통신	콜롬비아
49	Petrobras	석유	브라질	50	Parque Arauco	유통	칠레

* 참고: 20위 브랜드 가치 : 20.2억불, 30위 브랜드 가치 : 10.8억불
40위 브랜드 가치 : 9억불, 50위 브랜드 가치 : 6.8억불

참고로 2017년 브랜드 가치는 중남미 경제상황이 전반적으로 어려운 가운데 크게 낮아진 것으로 나타났으며, 2015년도 가치 대비 평균 22%가 하락했습니다. 톱10 브랜드의 경우는 가치가 평균 14% 하락했는데, 예를 들어보면 1위 브랜드인 Skol의 경우 2015년 브랜드 가치가 85억불에서 2017년 77.8억불로 8% 하락했으며, 3위 브랜드인 Telcel의 경우 61.7억불에서 46억불로 26% 하락했습니다. 반면 브랜드 가치가 상대적으로 올라간 하위권 7개 브랜드(32, 43, 46~50)는 50대 브랜드에 신규 진출했습니다.

제18강 감칠맛 나는 중남미 주요 먹거리 체험담

필자가 중남미 첫 근무 시절 중남미 음식에 적응이 잘 안되어 무척 고생을 했었던 기억이 납니다. 또르띠야나 프리홀, 빵 종류와 중남미식 고기 요리, 생선 요리 등을 처음엔 호기심에 먹을 만했으나 계속 먹다보니 짜기도 하고 물렸습니다. 중남미 음식들이 우리 한국인에게는 대체로 짜게 느껴지는 경우가 많습니다. 그래서 맥도날드나 버거킹을 자주 이용했습니다. 그런데 이것도 결국 서양 음식이라 물리기는 마찬가지였습니다. 회사 주변에 한국음식점이 없어 한국 음식이 사무치게 그리울 때면 가끔 집에 가서 먹고 오기도 하고 가끔 도시락을 싸가지고 다니기도 했습니다. 아니면 한국음식점에서 현지 관계자 오찬 약속이 잡히면 이 기회를 적극 활용하기도 했습니다. 그렇게 힘든 과정을 몇 달 거치고 나니 어느덧 중남미 음식에 익숙해지게 되었고, 한국으로 귀국하고 나서 한동안 중남미 음식 생각이 간절했던 적도 있었습니다.

아르헨티나 근무 시절에는 소고기 스테이크가 워낙 값이 싸다 보니 라면을 먹는 거나 스테이크 먹는 거나 차이가 없었습니다. 라면은 한국보다 비싸고 스테이크는 훨씬 싸니 값이 비슷해진 것입니다. 처음엔 한 달 내내 점심때에는 스테이크만 먹은 적도 있었습니다. 푸드 코트에 가서 라면 먹는 한국인들이 이해가 안됐습니다. 값싸고 맛있는 스테이크 놔두고 왜 건강에도 안 좋고 비싼 라면을 먹나 의아했는데, 한 달쯤 지나니 스테이크가 물려서 라면을 찾게 되는 본인의 모습을 발견하기도 했습니다.

식습관이 이렇게 중요한 것인지 한국에 있을 때에는 깨닫지 못했는데, 외국에 나가보니 음식문화가 정말 중요하다는 점을 실감을 하게 되었습니다. 중남미 사람들이 한국에 와서 상이한 음식 문화 때문에 고생하는 경우도 봐왔습니다. 이틀간 한국 음식을 계속 먹고 나서 심지어 앓아눕는 경우까지 나왔습니다. 아무리 좋은 음식이라 해도 몸이 받아들이지 않으면 몸을 해치게 된다는 평범한 진리를 중남미와 비즈니스를 하는 우리 독자 여러분도 익히 아시리라 봅니다. 우리 몸이 이질적인 음식 문화에 차츰 적응해갈 수 있도록 중남미 음식 문화에 대해 알아두는 것도 이러한 점에서 상당한 도움이 되지 않을까 해서 필자가 경험해보았던 각종 중남미 음식들을 간략히 소개해드리고자 합니다.

옥수수, 유카, 밀, 감자, 콩, 쌀 등 곡물을 기본재료로 하는 음식

타코(Taco) 타코는 이미 한국에도 소개되어 널리 알려져 있기 때문에 설명이 필요 없겠지만 혹시 모르시는 분들을 위해 말씀드립니다. 타코는 아시다시피 멕시코의 전통음식으로서 옥수수나 밀가루 또르띠야에 소고기나 돼지고기, 닭고기 또는 해물이나 야채, 치즈 등을 넣어 만든 음식입니다. 나초(nacho)처럼 딱딱한 또르띠야(hard shell)를 쓰기도 하고 일반 또르띠야처럼 몰캉한 또르띠야(soft shell)를 쓰기도 합니다. 타코 요리 중 가장 유명한 메뉴가 타코 알 파스토르(taco al pastor)라는 것인데, 돼지고기 바비큐에서 잘 익은 겉 부위를 조금씩 잘라 내줍니다. 여기에 레몬즙과 과까몰레 등을 넣어 먹곤 합니다. 중남미에는 레몬이 워낙 흔하기 때문에 레몬은 거저 주고, 과까몰레 같은 소스도 함께 내주는 곳도 있는 반면 별도로 구매해야하는 곳도 있습니다. 필자가 멕시코 근무 시절 회사 주변에 미국 대사관이 있었는데, 그 대사관 주변에 있던 타코 집이 일품이었습니다. 외관은 수수한데 맛이 좋아 멕시코인은 물론 외국인들도 즐겨먹곤 했습니다.

또르띠야(Tortilla) 필자가 과테말라 근무 당시 원주민들이 길거리에서 하얗거나 노란 또르띠야를 내놓고 파는 것을 많이 봐왔는데, 아무런 내용물이 없어 참 맛 없어 보였습니다. 그 맛없는 것을 과까몰레라는 아보카도 소스에 찍어 먹든가 프리홀이라는 콩으로 만든 소스를 넣어서 먹기도 하였습니다. 그 자체로는 너무 밍밍해서 아무런 맛도 느낄 수가 없었는데 소스 맛으로 먹을 만했습니다. 이 또르띠야라는 게 허기를 채우기 위한 용도가 아닌가 생각되기도 했습니다. 나중에 알고 보니 이 또르띠야가 과테말라 등 중미지역이나 멕시코 등지의 기본 주식임을 알고 또르띠야와 친해보려고 노력하다보니 그 자체만으로도 은은한 맛이 느껴졌습니다. 옥수수 가루로 만든 corn tortilla도 있고 밀가루로 만든 wheat tortilla도 있는데 옥수수 또르띠야가 더 깊은 맛을 내는 것 같았습니다. 육류 등 음식물을 부드러운 또르띠야로 둘둘 말면 부리또(burrito)가 되고, 딱딱한 또르띠야로 싸면 타코(taco)로 불리는 등 차별화가 되기도 했습니다.

또르띠야 관련, 한 가지만 더 부연설명 드리겠습니다. 스페인에도 또르띠야가 있는데, 날씬한 중남미 또르띠야와는 전혀 다른 통통한 몸집의 음식입니다. 두꺼운 계란 오믈렛 빵으로 이해하면 비슷하지 않을까 싶습니다. 서서 먹는 스페인의 선술집(taberna)이나 따빠(tapas) 집에서 가벼운 와인 안주로 애용이 됩니다.

카사베(Casabe) 카사베는 유카(yuca)로 만든 빵(torta)입니다. 영어로는 카사바 브레드(cassava bread)라고 합니다. 유카는 만디오카(mandioca) 또는 타피오카(tapioca)로 불리기도 하며, 중남미 사람들의 훌륭한 식량원이 되고 있습니다. 이 유카로 만든 납작한 빵이 카사베인데, 또르띠야와 비슷한 모양새를 하고 있습니다. 도미니카공화국의 원주민인 타이노족의 전통음식이었다고 합니다. 그 자체로 먹기도 하지만 따꼬나 또르띠야처럼 다른 내용물을 채워 먹기도 합니다. 우리에게는 돈 없으면 빈대떡이라는 말이 있듯이 이들도 빵 없으면 카사베라는 속담이 있을 정도로 빈대떡과 유사한 어감을 갖고 있는 것 같습니다.

아레빠(Arepa) 콜롬비아나 베네수엘라의 또르띠야라 해도 될 만큼 이들 나라에서 흔히 볼 수 있는 옥수수 가루로 만든 빵입니다. 그 자체로는 별 맛이 없습니다만 그 싱거운 맛이 좋다고 하는 분도 있습니다. 아레파는 또르띠야에 비해 두께에서 확연히 차이가 납니다. 상당히 두껍습니다. 이 아레빠 역시 그 자체로 먹기도 하지만 그 안에 치즈(arepa de queso)나 옥수수(arepa de choclo) 등 다양한 내용물을 넣어서 먹기도 합니다. 필자가 특히 좋아했던 음식이 이 아레파 데 초클로 였습니다. 연한 옥수수와 치즈가 아레빠 안에 담겨 있어 입에서 살살 녹는 맛이 일품이어서 콜롬비아를 방문하는 한국인들에게도 권해 드리곤 했습니다. 대체로 좋아하셨습니다.

빤 데 유까(Pan de yuca) 유카 가루로 만든 빵인데, 치즈 빵(pan de queso)으로 불리기도 합니다. 중남미 전역에서 애용되며, 유카 전분과 치즈, 버터, 계란 등으로 만듭니다. 일반 밀가루 빵과는 다른 독특한 맛으로 출출할 때 간식거리로 좋습니다.

따말(Tamal) 따말은 옥수수 반죽 안에 닭고기나 돼지고기, 치즈, 야채 등을 집어넣어 옥수수 껍질이나 바나나 잎에 꼭꼭 싸서 쪄낸 전통음식입니다. 멕시코 올메카 문명이나 톨테카 문명 시기부터 먹기 시작해서 아스텍 문명이나 마야문명 시기에 더욱 보편화된 음식으로 이용되었다고 합니다. 처음에는 장정들의 사냥을 위해서 또는 먼 거리를 여행하기 위해 휴대용으로 이용하던 간편식이기도 했으며, 후일에는 신의 음식으로 성스럽게 여겨지기도 했던 음식이기도 했답니다. 이 따말은 멕시코뿐만 아니라 과테말라 등 중미지역과 아르헨티나, 콜롬비아, 페루 등 남미지역 어디서나 찾아볼 수 있는 음식인 것 같습니다. 베네수엘라나 에콰도르 등에서는 보통 아야까(hallaca)라는 이름으로 불립니다.

프리홀(Frijoles) 프리홀은 강낭콩인데, 콩보다는 오히려 팥에 가까운 모습을 띠고 있습니다. 콩 모습을 그대로 간직하고 있는 수프 요리도 있고, 콩을 으깨놓아 단팥죽처럼 보이는 요리도 있습니다. 실제로 맛은 단팥죽과는 전혀 거리가 멉니다. 프리홀은 그 자체로만 먹기도 하고, 또르띠야 먹을 때 함께 넣어 먹기도 합니다. 이 프리홀을 과테말라나 멕시코에 살면서 참 많이 먹었는데, 처음에는 먹기가 거북했습니다. 특히 실란트로 향이 첨가된 프리홀은 먹기가 정말 힘들었습니다. 나중에는 실란트로를 듬뿍 넣어서 먹곤 했으니 습관이라는 게 참 무서운 것이더군요.

뿌레(Puré) 중남미에서는 으깨놓은 요리가 인기인데, 감자 뿌레(puré de papa), 유카 뿌레(puré de yuca), 호박 뿌레(puré de calabaza) 등 다양한 뿌레 요리를 맛볼 수 있습니다. 메인 요리로는 볼 수 없고 곁들여 먹는 사이드 디쉬 수준입니다. 특히 감자 뿌레는 중남미 어디서나 대부분 먹을 수 있는 보편화된 음식입니다. 필자에게는 콜롬비아에서 먹던 유카 푸레가 인상적이었습니다.

빠빠 알 오르노(Papa al horno) 대표적인 감자 요리로 파파 알 오르노가 있습니다. 감자를 알루미늄 호일로 싸고 감자 안에 칼집을 내어 버터를 바르고 크림치즈 등을 집어넣고 오븐에서 돌린 다음 소고기 스테이크 요리등과 함께 나오는 경우가 많습니다. 고기만 먹기가 어려우니 감자튀김(Papa frita)이나 빠빠알오르노 등과 함께 샐러드를 곁들여 먹는 것이 보통입니다.

흰 쌀밥(Arroz) 중남미에서는 쌀밥을 안 먹는 것으로 알고계시는 분이 의외로 많던데, 중남미도 흰 쌀밥을 많이 먹습니다. 주식이라도 해도 과언이 아닐 정도입니다. 하지만 우리처럼 밥이 주가 되는 것은 아니고 여타 주식의 보조적 음식으로 활용됩니다. 밥의 양이 일단 작을뿐더러 밥에 찰기가 없어 밥만 먹고는 몸을 지탱하기 어렵거든요. 밥이 풀풀 날아가는 안량미(long grain)이고 밥에 소금기가 있어 찬 없이 밥만 먹을 수도 있습니다.

대표적인 쌀밥 요리로 파에야(paella)를 들 수 있는데, 스페인 식 볶음밥 요리가 중남미 대부분 지역에 전파되어 중남미에서도 파에야를 즐길 수 있습니다. 하지만 이런 완결된 요리로서의 쌀밥이 아니라 뜨끈한 국물요리나 중남미 전통음식의 보조적 음식으로 흰 쌀밥 한 접시씩 나오는 경우가 많습니다. 보통 우리 공기 밥을 뒤집어 놓은 형태입니다.

ㅣ 뜨끈한 국물이 있는 전통 음식

산꼬초(Sancocho) 산꼬초는 콜롬비아나 베네수엘라, 페루, 도미니카공화국, 파나마, 푸에르토리코 등지에서 맛볼 수 있는 중남미 전통음식입니다. 주로 닭고기나 소고기, 돼지고기 등이 들어간 스튜 요리인데, 옥수수와 유카, 파타콘 등이 추가되기도 합니다. 숙취 해소에 좋다고 알려져 술 먹은 다음 날 해장국으로 애용되곤 합니다.

아히아꼬(Ajiaco) 아히아꼬는 콜롬비아를 비롯하여 페루와 쿠바 등에서도 볼 수 있는 걸쭉한 국물요리입니다. 감자와 옥수수 및 닭고기가 주재료로 들어가며, 아보카도 한조각과 흰 쌀밥 한 접시, 그리고 빠빠 끄리오야(papa criolla)로 불리는 새알 감자 등이 아울러 제공됩니다. 보고타 주재 한국인 사이에서 닭죽으로 불리는 이 아히아꼬를 맛있게 먹는 포인트는 함께 제공되는 우유크림과 알카파라(alcaparra) 및 양파 다진 것 등을 모두 국속에 집어넣는 것이 좋습니다. 특히 알카파라 한 종지는 느끼해질 수 있는 국물 맛을 입안에서 시원하게 잡아주는 단무지 같은 역할을 하니 한국인에게는 꼭 필요한 양념이 아닌가 싶습니다. 아보카도나 실란트로는 먹어본 적이 없으면 빼는 것이 낫고, 자신이 있다면 집어넣는 것이 좋습니다.

몬동고(Mondongo) 몬동고는 콜롬비아, 파나마, 베네수엘라, 도미니카공화국, 엘살바도르 등 여러 나라에서 맛볼 수 있는 국물 요리입니다. 아히아꼬나 몬동고 모두 콜롬비아가 중심국이긴 하나 아히아꼬는 주로 보고타 사람들이 즐겨하는 음식인데 비해 몬동고는 메데진을 중심으로 하는 안티오키아 사람들이 즐겨먹는 음식입니다. 필자가 메데진 방문시 그곳 유지로부터 안티오키아에 왔으면 몬동고를 먹어야 한다며 초청을 받았던 적이 있었습니다. 그런데 몬동고는 아무나 쉽게 먹을 수 있는 요리는 아닙니다. 소나 돼지 내장(양)을 주재료로 쓰는 내장탕으로 생각하면 되는데, 냄새도 약간 나서 평소 먹어본 사람이 아니면 잘 못 먹습니다. 여기에 실란트로 향까지 더해지면 목구멍 넘기기가 괴로워질 수도 있겠지만 나중에는 이게 있어야 먹게 되는 경우도 나옵니다.

소빠 데 뽀요(Sopa de pollo)/ 깔도 데 뽀요(Caldo de pollo) 중남미 각국에서 흔히 볼 수 있는 닭고기 수프입니다. 닭고기에 감자, 양파, 당근, 호박, 실란트로 등이 들어가며, 닭고기 야채수프로 불리기도 합니다. 실란트로 빼면 한국인에게 대체로 무난합니다.

소파 데 베르두라(Sopa de verdura) 고기는 일체 들어가지 않고 야채만 들어가는 수프입니다. 중남미에서 보편적으로 볼 수 있습니다만 무더운 나라에서는 의외로 보기 어려운 경우도 있습니다.

소파 데 세보야(Sopa de cebolla) 원래 프랑스식 양파 수프로 미국에서 유명해졌는데, 중남미에서도 널리 퍼진 양파 수프입니다. 도미니카공화국 등 무더운 나라에서는 먹기가 쉽지 않지만 대부분 국가에서 맛볼 수 있습니다. 많은 양파와 약간의 마늘이 들어간 소고기 육즙을 주재료로 바게뜨 빵을 띄워

놓고 그 위에 치즈 토핑을 얹어놓은 수프입니다. 식당에 따라서 너무 짜게 나오는 경우가 있어 먹기가 어려운 경우도 있지만 대체로 무난한 수프입니다. 짠 것을 못 드시는 분은 소금을 적게 넣으라(메노스 살/Menos sal.)는 주문을 미리 해두는 것이 좋습니다.

소파 데 또르띠야(Sopa de tortilla) 여타 수프와는 달리 보통 붉은 색깔을 띠고 있어 맛있게 보입니다. 닭고기 수프에 또르띠야를 잘게 썰어 넣고 토마토와 양파, 마늘, 치즈조각, 아보카도 등과 우유크림이 들어갑니다. 멕시코에서 발달한 수프인데, 여타국에서도 멕시코 음식이 광범위 퍼져 있어 어렵지 않게 맛볼 수 있을 겁니다.

깔도 데 꼬스띠야(Caldo de costilla) 수프 문화가 발달한 콜롬비아 전통음식(Colombian Beef Rib Broth)인데, 우리나라 갈비탕에 감자가 들어간 것으로 보시면 됩니다. 고기값이 싸고 인심이 후해서 소갈비가 듬뿍 들어갑니다. 간혹 질긴 갈비도 있으나 대체로 한국인이 먹기에 부담이 없어 자주 먹습니다. 여기에도 실란트로가 듬뿍 들어가니 실란트로와 친해지지 않으면 음식 선택 폭은 대폭 좁아집니다. 아레빠와 같이 먹기도 합니다.

깔도 데 레스(Caldo de res) 주로 멕시코에서 발달한 소고기 수프 요리입니다. 소갈비에 감자, 옥수수 및 실란트로 등이 들어갑니다. 소고기 양이 깔도 데 꼬스띠야에 비해 적거나, 고기 없이 국물만 나오는 경우도 있습니다.

소파 데 뻬스까도(Sopa de pescado)/소파 데 마리스꼬(Sopa de marisco) 중남미에 육류 수프만 있는 것은 아닙니다. 각종 생선(pescado)이나 해물(marisco)을 주재료로 한 수프도 있습니다. 해산물요리가 발달한 페루가 가장 유명하며, 칠레나 콜롬비아 등 다른 여러 나라에서도 맛볼 수 있습니다. 해물로는 주로 새우, 게, 문어, 오징어, 조개, 홍합, 바지락 중 몇 가지가 들어가며,

생선으로는 메를루사(merluza/대구)가 주로 사용됩니다.

나라마다 요리법을 달리하긴 하나 보통 다진 고추와 마늘, 양파, 토마토, 미나리(perejil) 등과 백포도주 등이 사용됩니다. 국물이 보통 약간 짜고 걸쭉한 경우가 많습니다. 소파(sopa)라는 말 대신에 깔도(caldo)의 애칭 내지 축소사인 깔디요(caldillo) 또는 깔디또(caldito)를 쓰기도 합니다.

소고기가 주종인 전통 음식

아사도(Asado) 아사도란 말은 바비큐를 의미합니다. 소고기나 돼지고기, 닭고기, 양고기 등을 바비큐로 보통 숯불 내지 장작불에 구워서 내놓는 요리입니다. 아사르(asar)란 불에 굽다는 동사로 아사도(asado)는 구워진 것이라는 명사 내지 형용사가 됩니다. 그래서 까르네 아사다(Carne asada)하면 멕시코 등에서는 구운 고기류의 총칭으로 쓰이기도 합니다. 그런데 유독 아사도라고 하면 소갈비구이를 의미하는 아르헨티나의 아사도 데 띠라(Asado de tira)를 의미하는 경우가 많습니다. 맛이 질긴 것 같으면서도 고기가 입에서 살살 씹히는 맛이 일품입니다. 그만큼 아사도란 세계 최고의 소고기 요리가 발달한 아르헨티나식 소고기 요리를 의미하는 고유명사로 쓰이기도 합니다.

아르헨티나 식 소고기 아사도 종류를 간단히 살펴보면, 비페데 초리쏘(bife de chorizo/rib roast steak), 비페데 꼬스띠야(bife de costilla/T-bone steak), 아사도 데띠라(asado de tira/short rib steak) 등을 들 수 있습니다. 중남미에서 보통 로모 데 레스(lomo de res) 또는 로미또데 레스(lomito de res)라는 소고기 요리가 많은데, 등심(안심)스테이크 정도로 생각하시면 되겠습니다.

빠리야다(Parillada) 빠리야(parilla)란 영어의 그릴(grill)을 의미하며, 빠리야다란 빠리야에 구운 것 즉, 바비큐를 의미합니다. 빠리쟈다 또는 빠리샤다(아르헨티나 등) 등으로도 발음됩니다. 앞에 얘기했던 각종 아사도 종류는 물론, 초리쏘(chorizo/소시지와 유사하나 소시지보다 씹히는 맛이 더 좋음)나 모르시야

(morcilla/순대와 유사하나 순대보다 더 무르고 색깔은 진함) 등 육가공품(charcuteria) 음식과 모제하(molleja/부드러운 목살) 또는 친출린(chinchulin/곱창) 등 부위도 포함됩니다. 한국인들이 초리쏘는 한두 개 정도는 대체로 잘 받아들이는 경향이 있으나 모르씨야와는 친해지기 쉽지 않은 것 같습니다. 빠리쟈다 믹스따(parillada mixta)로 주문하면 위에 열거한 여러 가지가 골고루 나오니 참고하십시오. 물론 나라에 따라 식당에 따라 조금씩 내용물은 달라집니다.

*** 고기를 굽는 정도에 따른 소고기 스테이크 중남미식 분류**

고기를 레어(rare/rojo)나 미디엄(medio)으로 구워먹으면 육즙이 많아 퍽퍽하지는 않지만 시뻘건 육즙이 흘러나와 미관상 잘 못 먹는 경우가 많습니다. 그래서 한국인들은 보통 푹 익힌 웰던(well-done/bien cocido) 내지 3/4(tres cuarto)으로 주문해 먹는 경우가 많습니다.

중남미에서 고기를 굽는 정도를 término라고 부릅니다. 께 떼르미노(Qué término?)라고 묻는다면 다음 4가지 중 한 가지를 얘기하시면 됩니다. 로호(rojo/래어), 메디오(medio/미디엄), 뜨레스 꾸아르또(tres cuarto/3/4/미디엄과 웰던의 중간), 비엥꼬시도(bien cocido/웰던) 등이 있습니다.

*** 치미츄리**(chimichurri) 각종 고기구이를 먹기 위해서는 소스가 필요할 것입니다.물론 처음에는 보통 고기 그 자체 맛으로만 먹다가 나중에는 조금 물릴 수가 있습니다. 이런 경우에 고기 소스가 필요해지는데, 아르헨티나에서 가장 애용되는 소스가 이 치미츄리 입니다. 물론 아르헨티나 외에 콜롬비아나 멕시코, 우루과이 등 다른 나라에서도 많이 이용합니다. 여기에는 마늘, 고추, 식초, 파슬리, 오레가노, 실란트로, 올리브유 등이 들어갑니다. 기타 토마토 조각들이 들어가 시원한 맛을 내주는 소스(salsa de tomate)도 있고, 매콤한 소스(salsa picante/살사 삐깐떼)도 있으니 무료 주문해서 드시면 됩니다.

밀라네사(Milanesa) 얇은 소고기 슬라이스나 닭고기 등에 빵가루를 입혀 튀긴 음식으로 밀라네사가 있습니다. 그 유래를 보면 1860~1920년대에 이태리를 비롯한 유럽 각국으로부터 아르헨티나를 비롯해서 멕시코, 칠레 등 중남미 각국으로 유럽 이민이 이어졌는데, 이때에 밀라노 출신 이태리인들을 통해 아르헨티나로 전파된 대표적 음식이 바로 이 밀라네사라고 합니다. 비용이 적게 들어 가난한 이민자들 사이에서 인기가 있었으며, 독일계나 체코계 유럽인들을 통해서도 멕시코나 칠레(에스깔로빠/escalopa 라는 이름으로 알려짐) 등에도 전파가 되었다고 합니다. 지금은 아르헨티나 등지에서 보편적인 음식이 되어 어디서나 흔히 볼 수 있는 음식이 되었습니다.

아르헨티나에 이태리 이민자들이 많다보니 피자나 파스타 등 이태리 요리가 발달했고, 그 당시 이태리 음식의 진수가 지금까지 세대 간 전승되며 간직되어 오고 있어 이태리 본토보다 더 이태리 고유의 맛이 살아있다는 얘기도 항간에 떠돌고 있습니다. 필자가 피자나 파스타 요리를 중남미 여러 나라에서 먹어봤지만 아르헨티나가 단연 최고인 것 같습니다. 물론 아르헨티나라고 아무 식당이나 이런 맛을 내주지는 못합니다. 비즈니스 상담차 방문하신 경우라면 무역관의 추천을 받아보세요.

ㅣ 치즈가 주종인 전통 음식

께사디야(Quesadilla) 께사디야는 치즈를 의미하는 께소(queso)에서 나온 말인데, 또르띠야 안에 모짜렐라 치즈를 넣고 반달모양으로 접어 오븐에서 구워 만든 간단한 멕시코식 요리입니다. 중남미 사람들로부터 널리 사랑받는 음식이 아닌가 싶을 정도로 멕시코 외 다른 나라에서도 맛볼 수 있고, 우리나라에도 꽤 보급이 되어 있는 것 같습니다.

께소 프리토(Queso Frito) 중남미 사람들은 워낙 치즈를 즐기다보니 치즈 튀김도 즐겨먹는 요리중 하나입니다. 차갑게 보관된 모짜렐라 치즈를 튀김옷을 두툼하게 또는 얇게 입히거나 또는 차가운 치즈 그대로 튀겨 먹기도 합니다. 술안주로도 좋고 달콤한 소스를 찍어 후식거리로도 애용되며, 출출할 때

간식거리로도 딱입니다.

ㅣ 해물이 주종인 전통 음식

세비체(Ceviche/Cebiche) 세비체에는 생선 세비체와 해물 세비체가 있는데, 생선 세비체는 주로 꼬르비나(corvina)로 불리는 신선한 흰 살 생선을 날 것으로 쓰고 있고, 해물 세비체는 새우나 문어, 오징어, 조개류 등을 주재료로 쓰고 있습니다. 보통 레몬즙에 담가 양파와 고추, 옥수수, 상추 및 실란트로 등을 곁들여 먹습니다.

세비체는 중남미 여러 나라에 널리 퍼져있는 전통음식인데, 페루에서 세비체 문화를 가장 발달시켰기 때문에 페루를 대표하는 음식이 되고 있습니다. 페루 정부는 2004년 세비체를 페루의 국가문화유산으로 선포하고, 2008년부터는 6월28일을 세비체의 날로 지정하여 매년 기념하고 있습니다.

세비체는 페루 외에도 칠레, 콜롬비아, 에콰도르, 멕시코와 중미 6국(과테말라, 온두라스, 엘살바도르, 코스타리카, 니카라과, 파나마) 및 푸에르토리코 등 수많은 나라들이 즐기고 있습니다. 콜롬비아에도 세비체 전문점들이 있어 자주 즐겨먹었습니다. 값도 저렴하고 맛도 좋아 줄을 서서 먹을 정도로 인기가 좋았습니다. 강한 맛의 레몬즙 때문에 많이 먹으면 속이 쓰리고 입이 시큰거리기도 하니 과식은 금물입니다.

빼스까도 프리또(Pescado frito) 중남미에서 흔히 볼 수 있는 생선 요리가 튀김 생선입니다. 도미 비슷한 모하라(mojarra)나 맛있는 흰살 생선 띨라피아(tilapia), 대구류 메를루사(merluza) 등 여러 가지 생선을 기름에 튀겨서 먹습니다. 보통 레몬즙을 뿌려서 먹습니다. 도미니카공화국 등 더운 지방에서도 즐겨먹는 요리로서 중남미 전역이나 스페인에서도 애용되고 있고, 스페인계 유대인도 즐긴다고 합니다.

소파 데 뻬스까도(Sopa de pescado) / 소파 데 마리스꼬(Sopa de marisco) 여기에 대해서는 위에서 이미 소개가 되었으니 생략하겠습니다.

ㅣ 과채류가 주종인 전통 음식

과까몰레(Guacamole) 중남미에서 보통 아구아까떼(aguacate) 내지 빨따(palta) 등으로 불리는 아보카도를 으깨서 양파와 토마토, 마늘 및 독특한 향이 나는 실란트로(cilantro) 등을 넣고 레몬 즙과 소금을 뿌려서 먹는 음식입니다. 옥수수 칩으로 찍어 먹기도 하고, 또르띠야에 발라서 먹기도 하며, 고기류를 먹을 때 소스로 곁들여 먹기도 합니다.

*** 실란트로 정복 – 중남미 비즈니스를 위해 넘어야 할 산**

이 실란트로를 먹느냐 못 먹느냐로 현지 거주 한국인들의 중남미 연륜을 구분 짓기도 합니다. 독특한 향 때문에 못 드시는 분들이 꽤 있기 때문입니다. 그런데 중남미 오래 살다보면 익숙해져서 결국엔 먹게 되고, 나중엔 일부러 찾아먹기까지 합니다. 타코나 토르티야 등 먹을 때에도 실란트로가 따라오는 경우가 많아 실란트로와 친해지지 않고서는 중남미 음식문화와 친숙해지기는 어렵습니다. 따라서 실란트로 향은 중남미와 관계를 맺고자 하는 우리 한국인이라면 반드시 정복해야할 대표적 음식문화입니다.

망구(Mangú) 중남미에서는 플라타노(plátano/쿠킹 바나나)를 많이 먹습니다. 플라타노는 생김새는 바나나 비슷한데 생으로는 먹기 곤란하고 튀기거나 찌는 등 익혀서 먹습니다. 나라마다 플라타노 요리법이 조금씩 다르긴 한데 대표적인 요리가 도미니카공화국의 망구가 아닐까 합니다. 이 플라따노를 익혀서 으깨놓은 요리가 망구입니다. 살라미나 치즈, 계란, 아보카도 등을 곁들여 먹기도 합니다. 좋아하시는 분들도 있지만 저는 퍽퍽해서 먹기가 쉽지 않았습니다.

플라타노 프리토(Plátano frito) 잘 익은 플라타노를 떡국용 가래떡 썰 듯이 잘게 썰어 튀긴 음식이 플라타노 프리토입니다. 중남미 여러 나라에서 맛볼 수 있습니다. 쁠라따노는 플랜틴(plantain)이라는 영문명으로 우리나라에도 소개가 되고 있습니다.

파타콘(Patacón) 플라타노 프리토를 큼직하게 연결시켜 놓은 듯한 모양새를 갖고 있는 음식이 빠따꼰입니다. 콜롬비아, 에콰도르, 볼리비아, 페루, 베네수엘라 등 안데스 지역과 파나마, 코스타리카, 도미니카공화국, 온두라스, 니카라과, 푸에르토리코 등 중미카리브 지역에서도 파타콘 내지 토스톤(tostón)이라는 이름으로 널리 퍼져 있습니다. 콜롬비아에서는 웬만한 음식에는 다 따라 나왔습니다. 질려서 못 먹을 정도였는데 현지인들은 대부분 즐겨 먹습니다.

기타 음식

엠빠나다(Empanada) 빵처럼 만든 중남미 튀김만두입니다. 밀가루 반죽 속에 고기나 야채 또는 치즈 등이 들어갑니다. 크기도 다양하고 내용물도 다양해서 각종 기호를 충족시켜 주는 관계로 인기가 많습니다. 아르헨티나, 칠레, 콜롬비아 등 여러 나라에서 맛볼 수 있습니다. 아르헨티나 엠빠나다가 유명하긴 한데 콜롬비아 가서 보니 보고타에 엠빠나다 종류가 참 많았습니다. 엠빠나르(empanar)란 튀기려고 빵가루에 버무리는 행위(동사)를 말하는데, 곧 엠빠나다(empanada)라는 것은 빵가루를 묻혀 튀긴 것(명사)을 의미하게 됩니다. 매운 맛도 있고 달콤한 맛, 각종 고기 맛이나 치즈 맛, 채소 맛 등을 볼 수 있습니다.

반데하 빠이사(Bandeja Paisa) 마지막으로 반데하 빠이사를 소개하고 본 강의를 마무리 짓겠습니다. 반데하 빠이사는 삶은 프리홀(frijol/붉은 콩)과 치차론(chicharrón/ 삼겹살을 딱딱하게 튀긴 것), 간 고기(carne molida/ground meat),

계란 후라이, 간이 된 쌀밥, 파타콘(patacón/넓적한 바나나 튀김), 초리소, 아레빠, 아보카도, 레몬 등이 큼직한 쟁반에 담겨 나오는 요리입니다. 보기에 따라 먹음직스럽기도 하고 양이 많아 질리기도 합니다. 내용물이 대체로 퍽퍽해서 필자는 별로 친하게 지내질 못했습니다만 한국인 중에서도 상당히 즐기는 분도 계셨습니다.

반데하(bandeja)는 쟁반(platter)을 의미하는 스페인어이며, 빠이사(paisa)는 콜롬비아의 안티오키아(Antioquia) 지방 내지 그 지방 거주민을 의미합니다. 좀 더 넓게는 커피로 유명한 3개 지방(Caldas, Quindio, Risaralda)과 콜롬비아 제3의 도시인 깔리(Cali)가 수도인 바예델까우까(Valle del Cauca) 지방까지 포함합니다. 하지만 보통은 안티오키아주의 수도가 콜롬비아 제2도시 메데진(medellin)이니 파이사는 메데진 출신을 의미하는 속어로도 곧잘 쓰입니다. 긍정적 의미도 들어있고 시샘하는 부정적 의미도 포함되어 있습니다. 안티오키아 사람들이 근면하고 돈에 관심이 많고 일도 열심히 하는 악바리 근성을 부각시키는 의미도 갖고 있는 한편 카우보이나 시골뜨기라는 이미지 역시 함축하고 있는 것 같습니다. 메데진과 경쟁관계인 보고타 사람들도 이 말을 쓰고, 메데진 사람들도 스스로를 그렇게 부르기도 하는 걸 보면, 이 빠이사 라는 명칭에서 어떤 자부심 내지 특유의 정체성을 느끼기도 하는 것 같았습니다.

한편, 베네수엘라에도 빠베용 끄리오요(Pabellón criollo)로 불리는 반데하 빠이사 비슷한 요리가 있으며, 코스타리카나 니카라과에도 가요 삔또(Gallo pinto)라는 유사 요리가 있습니다.

중남미 비즈니스와 음식문화의 중요성

중남미 여러 나라에 살면서 다른 여러 지역들도 직접 여행하거나 얘기를 전해 듣다 보면 중남미 각국의 음식문화에서 공통점을 많이 찾게 됩니다. 처음엔 어떤 음식이 그 나라 고유의 음식인줄 알고 먹다가 나중에 보면 다른 나라에서 더 발달된 형태로 발견되기도 하는 경우도 있습니다.

어찌됐든 중남미 여러 나라들의 음식문화가 일부 독자적인 것도 있긴 하지만 대부분의 음식문화는 그들 간 공유되고 있다는 느낌이 강합니다. 그들의 시각에서 보면 각국이 다 다르고, 각 지방마다 다 다르다고 하지만 문화가 전혀 다른 우리 같은 한국인 입장에서 보면 오십보백보인 것입니다. 그래서 음식문화를 국별로 나누지 않고 음식 종류별로 분류해서 설명 드리게 된 것입니다.

아무쪼록 중남미 음식문화에 친숙해지려는 노력을 해보시기를 권해드립니다. 중남미 출장 가서도 한국음식만 찾으시는 분들이 꽤 됩니다. 술도 소주만 찾고… 입향순속입니다. 중남미에 가서는 반드시 그 나라 고유 음식과 고유 술을 드셔보십시오. 중남미 사람들과 비즈니스를 하거나 허물없이 가까이 지내고자 한다면 먼저 음식문화와 친해지셔야 합니다. 이는 그들의 문화적 자존심을 세워주는 일이기도 합니다. 어떤 중남미 인사들은 한국에 와서 또는 현지 한국식당에서 김치 등 한국음식에 일체 손을 대지 않는 경우들이 있습니다. 한 번 먹어보라고 권해도 손 사례를 칩니다. 그런 경우 호감이 갈 까요? 음식문화를 익혀두면 중남미 기업인에게 호감을 줄 수도 있게 되며, 그들이 의외로 마음을 열 수도 있습니다. 중남미 사람들은 정서를 추구합니다. 이성적인 측면뿐만 아니라 정서적인 측면에서도 호감을 주는 성공적인 중남미 비즈니스 기회가 활짝 열리기를 기원 드리며, 이번 강의를 마치겠습니다.

제19강 비즈니스 상담 윤활유: 국별 대표 아이콘 I

중남미 주요 기업인과 상담을 하거나 고위공직자와 면담을 시작할 때 분위기가 딱딱하거나 경직되어 있는 경우를 종종 접하게 됩니다. 이 때 대화 분위기를 부드럽게 해주는 대화 소재를 한두 가지씩 알아두었다가 활용하면 도움이 될 수 있습니다.

그러한 상담 윤활유 역할을 해주는 대화 소재로 적절한 유머가 좋은데, 상황에 맞는 유머 구사가 그리 쉬운 것은 아닙니다. 문화 차이로 자칫 분위기가 썰렁해질 수도 있습니다. 대화의 문을 여는 무난한 소재의 하나로 여기서는 국가별 대표 아이콘을 소개해 드릴까 합니다.

국가 대표 아이콘 하면 국기나 국장, 국화, 국조 등을 생각할 수 있으나 여기서는 그런 공식적인 상징물이 아니라, 그 나라 국민이면 자랑스러워할만한 긍정적 측면의 대표 아이콘을 세계적 고유문화나 독특한 관광자원, 특정 분야 세계 저명인사 등을 중심으로 찾아보도록 하겠습니다.

멕시코

테킬라(Tequila)와 타코(Taco) 멕시코 하면 테킬라가 가장 먼저 떠오를 정도로 테킬라는 멕시코의 얼굴입니다. 독자 여러분도 들어보셨겠지만 테킬라는 용설란(agave)이라는 선인장의 수액을 발효시켜 만든 걸쭉한 막걸리 비슷한 풀케(pulque)를 증류 처리한 40도짜리 토속 국민주입니다.

필자도 멕시코 근무 당시 여러 브랜드의 테킬라 맛을 조금씩 봤었는데, 당시 해외에 많이 알려진 브랜드보다 인지도가 없던 국내용 브랜드가 맛이 뛰어났습니다. 그래서인지 멕시코 주재원이나 우리 교포들도 한국 소주보다 값비싼 테킬라를 더 즐겨 마시곤 했습니다. 보통은 현지 술보다 소주를 즐겨 마시는 경향이 있지만 외국인들까지 사로잡는 테킬라의 국민적 효과는 대단했습니다.

테킬라가 여타 중남미는 물론 세계적으로도 인기를 끌 정도로 유명해지자 '테킬라 효과'(Tequila effect)라는 용어도 나왔습니다. 1994년 12월 멕시코 외환위기가 아르헨티나 및 브라질 등으로 번져가자, 이웃나라 경제가 테킬라 마시고 취했다는 의미로 사용이 되었습니다. 1997년 태국 외환위기가 발발해 한국 경제를 감염시켜 IMF체제 속으로 몰아넣은 것도 테킬라 효과의 연장전으로 볼 수도 있을 것입니다.

테킬라와 함께 멕시코 하면 생각나는 게 따꼬(Taco)입니다. 따꼬는 우리의 김치 같은 존재인데, 옥수수로 납작하게 만든 멕시코인의 대표적 전통 음식입니다. 우리가 김치 없이 살기 어려운 것처럼 그들에게 타코 없는 삶이란 생각하기 어렵습니다. 타코는 멕시코뿐만 아니라 콜롬비아나 과테말라 등 중남미 여러 나라에 진출해 있으며, 우리나라에도 타코벨 등 타코 전문점이 들어와 있으니 멕시코 음식문화의 진수까지는 아니더라도 맛을 보기에는 안성맞춤이 아닐까 싶습니다.

마리아치(Mariachi)와 솜브레로 주로 바이올린, 기타, 트럼펫 등으로 구성된 전통악단으로 작게는 3~4명, 보통 7~8명, 크게는 15명 이상으로 구성되는 경우도 있습니다. 고추로 유명한 멕시코 할리스코 지방에서 시작되었으며, 멕시코시티 가리발디 광장은 물론 콜롬비아 등 중남미 여러 나라에서도 넓은 챙의 모자(솜브레로)와 독특한 복색을 갖춘 마리아치를 흔히 볼 수 있다 보니 솜브레로(sombrero)가 멕시코의 상징물이 되기도 합니다.

멕시코나 콜롬비아 등 중남미에서는 가족 간 관계를 중시해서 생일이나 각종 기념일 등 파티가 워낙 많다보니 마치아치가 많이 불려 다닙니다. 중산층도 부담 없이 이용할 수 있을 만큼 초청비용이 저렴해 현지 거주 한국인들도 가끔 마리아치를 초대해 가족파티를 조촐하게 즐기곤 합니다. 필자도 호텔 내 포럼 등 공식행사 개최 장소에서 네트워킹 오만찬의 분위기 조성을 위해 마리아치를 활용한 적도 종종 있었습니다. 시끄럽다고 반대하는 분도 계시지만 현지인과 한국인 사절단간 서먹서먹한 분위기를 부드럽게 해주는 효과 측면에서는 긍정적으로 인정받고 있습니다.

세계 7대 새 불가사의 치첸이사와 마야문명, 테오티와칸 피라미드 마야 초기문명은 과테말라 페텐 지역에서 발원하였지만 문명이 꽃을 피운 것은 멕시코 유카탄 반도였습니다. 멕시코시에서 천혜의 카리브 휴양지 칸쿤까지 차로 이동할 때 치첸이사(Chichen Itza)를 경유하거나 칸쿤까지 비행기로 이동한 다음 차로 가는 경우가 많습니다. 7~13세기 마야인이 살던 밀림 속 대도시 유적으로 24미터 높이의 피라미드 신전이 유명하며, 유네스코 세계문화유산으로 지정되어 있는 한편 새로운 세계 7대 불가사의에도 이름을 올렸습니다.

멕시코시티에 가면 반드시 둘러봐야 할 최대명소를 손꼽아보라고 하면 보통 테오티와칸(Teotihuacan) 피라미드를 꼽습니다. 다른 중남미 어느 나라에도 이런 규모의 거대 유적(높이 65미터)을 보기 어렵습니다. 시내에서 50km 정도로 거리도 가깝고 해서 한국에서 오신 손님들 안내하느라 필자도 수도 없이 가봤습니다.서기 2세기경 연간 1만 명을 동원하여 20년에 걸쳐 만든 태양의 피라미드와 달의 피라미드는 신들이 계신 곳으로 추앙받던 곳이었습니다.

이 유적은 마야문명도 아니고 아스텍 문명도 아닌 그 이전의 테오티와칸 문명이 남긴 고고학적 가치를 지닌 유적으로서 테오티와칸은 당시 20만 명의 거대인구를 가질 정도로 발달했으나 7세기경 의문의 멸망을 당한 이후 과도기를 거쳐 아스텍 문명으로 이어집니다.

성모 출현 성지 과달루페 성당(기독교신앙과 원주민신앙의 조화) 멕시코시티 시내에서 가까워 부담 없이 갈 수 있는 곳이 멕시코 수호신을 모신 성모 과달루페 성당(la Basílica de Nuestra Señora de Guadalupe)입니다. 여기에 대해서는 "기독교를 알아야 중남미가 보인다."편에 가톨릭과 원주민 토착신앙의 대표적 결합사례로서 과달루페 성모에 대해 기술한바 동 자료를 참고하시기 바랍니다.

국민휴양지 아카풀코와 죽음의 절벽 다이빙 라께브라다 아카풀코(Acapulco)는 칸쿤이 개발되기 이전에는 멕시코 최고의 휴양지로서 케네디가 신혼여행을 다녀가고, 엘리자베스 테일러 등 할리우드 스타들도 결혼식 장소로 애용하는 등 명성을 날렸습니다. 그런가 하면 마피아의 본거지로서 마약갱단과 연방 치안병력 간 대치상황이 발생하기도 하는 등 치안문제도 걸려 있어 상당한 주의를 필요로 하고 있습니다.

지금도 멕시코 인들은 멀리 떨어진 카리브 해변 칸쿤보다는 7km의 해안선을 가진 가까운 태평양 해변의 아카풀코를 많이 찾아 국민의 주말휴양지 역할을 하고 있습니다. 멕시코시티에서 차로 4~5시간 정도 거리에 있고, 디스코 등 밤 문화가 발달해 있으며, 마리나 및 골프장 등 휴양 여건이 좋아 멕시코시 거주 외국인들도 자주 찾는 것 같습니다.

아카풀코의 최대 명물이 절벽 다이빙 라께브라다 입니다. 라께브라다(La Quebrada)는 높이 35미터 절벽 위에서 목숨 걸고 바닷물로 뛰어내리는 쓰릴 넘치는 다이빙입니다. 성모 마리아 상 앞에서 기도를 드리고 파도가 밀려와 수위가 높아질 때를 맞춰 맨몸으로 낙하하는 것입니다. 수심이 보통 4.5미터인데 파도가 일 때는 수심이 최고 7m까지 올라간다고 합니다. 뾰쪽하게 솟아있는 날카로운 바위들 사이에서 비스듬히 바다로 뻗어 있어 자칫 잘 못하면 생명이 위험해집니다.절벽 다이빙은 8m, 15m, 28m, 35m 등 4가지가 있으며, 35미터 다이빙이 백미로서 행사의 대미를 장식합니다. 필자의 멕시코 근무 기간 중 가장 기억에 남는 것이 테오티와칸과 라께브라다일 정도로 강렬한 인상을 받았습니다.

콜롬비아

콜롬비아 인들의 자긍심, 세계 최고의 커피 후안발데스(Juan Valdez) 콜롬비아 하면 제일 먼저 생각나는 게 바로 커피입니다. 커피 생산량으로는 브라질이나 베트남에 미치지 못하지만 품질 만큼은 세계 최고라는 자부심을 갖고 있습니다. 이런 커피 애국심 때문에 스타벅스가 기를 펴지 못해 철수했다가 한참 후에 다시 진출했는데, 그 때부터는 콜롬비아산 커피를 쓰며 안착하게 되었다고 합니다.

후안발데스는 50만 명이 넘는 콜롬비아 커피 농부들이 연맹(FNC)을 만들어 1958년 자체 개발한 고유 브랜드로서 품종은 정통 아라비카 커피입니다. 후안 발데스는 노새와 커피콩 자루를 둘러멘 모습의 콜롬비아 커피 농부를 대표하는 가상의 인물이었는데, 1969년에는 산체스(Carlos Sánchez)라는 농부가 후안 발데스 역으로 선정되어 활동을 하다가 2006년 은퇴하고 나서는 카스타녜다(Carlos Castañeda)라는 농부가 후임을 맡고 있습니다.

우연히 두 분 다 이름이 같네요. 까를로스! 중남미엔 워낙 이 이름이 흔합니다. 이전 스페인 국왕 이름도 환 까를로스였습니다. 영국 찰스 왕세자 이름도 스페인어로 까를로스이니 인기 있는 이름으로 볼 수 있습니다. 중남미 진출한 한국인들도 현지 이름을 까를로스로 짓는 경우도 꽤 있습니다.

커피를 고산지대 농부들이 손으로 일일이 선별해 수확한 후 섬세한 공정을 거쳐 만든 원두를 생두로 또는 로스팅해서 또는 인스턴트 제품으로 시중에 내놓고 있으며, 국제적으로 21세기 최고의 커피 브랜드로도 인정받고 있습니다.

2010년대 들어서는 서울에도 한 때 진출하여 전국으로 매장을 확대하겠다는 야심도 펼쳐보였으나 치열한 마케팅 경쟁에서 도태되며 물러났다고 합니다. 그래도 우리나라가 콜롬비아 커피 수입을 매년 꾸준히 해오고 있어 후안발데스 커피는 우리나라에서도 쉽게 구할 수 있게 되었습니다.

세계 최고의 에메랄드 에메랄드 하면 곧 콜롬비아가 연상될 정도로 콜롬비아는 세계 에메랄드 생산량의 55%를 차지하고 있으며, 에메랄드 가치 평가 기준인 4C(cut, color, clarity, carat) 모든 측면에서 최상품으로 인정받고 있습니다.

녹색 황금(oro verde)으로 지칭되는 에메랄드는 스페인어로는 에스메랄다(esmeralda)로 불리며, 행운과 미를 대변하는 비너스 여신의 상징으로도 알려져 있는데, 콜롬비아 에메랄드는 화강암이 아닌 퇴적암 지대에서 산출되는 관계로 순도가 세계 최고라고 합니다. 그래서 필자도 보고타에 있는 에메랄드 박물관도 가보긴 했는데, 보석에 문외한이어선지 관심이 없어선지 사실 별로 볼 것은 없었습니다.

콜롬비아에는 150여개의 에메랄드 광산이 있는데, 무쏘(Muzo)와 코스쿠에스(Coscuez), 치보르(Chivor) 등 3대 광산이 생산량의 대부분을 차지하고 있으며, 생산량의 90% 이상이 수출되고 있습니다. 1980년대에는 수출량이 5억 달러에 달하기도 했으나, 지금은 노후화된 광산 및 채굴장비 탓에 크게 줄어들어 광산현대화 작업이 추진되고 있습니다.

1991년 보야까 주에 위치한 무쏘 광산에서 채굴된 1만5천 캐럿 원석이 한때 세계 최대로 평가되기도 했었는데, 지금은 브라질(5만7천 캐럿)과 마다가스카르(536kg) 등지에서 훨씬 더 큰 원석이 나왔다니 콜롬비아 에메랄드는 최고의 질로 승부를 봐야합니다.

세계적 국민작가 가보(Gabo)와 마술적 사실주의 백년의 고독으로 노벨문학상을 수상한 가브리엘 가르시아 마르께스를 콜롬비아에서는 애칭으로 Gabo(가보)라고 부릅니다. 여기에 대해서는 “문학과학강국 중남미! 세계적 명성의 수많은 노벨상 수상자"편을 참고하시기 바랍니다.

천재가수인가 천사가수인가? 샤키라 샤키라(Shakira Mebarak)는 4살 때부터 시를 쓰고 8살 때부터 노래와 춤에 타고난 소질을 보였고, 13살 때에 소니 오디션을 통과하여 데뷔앨범 발매에 나선 천재가수이자 벨리댄스를 세계적으로 유행시키기도 한 댄서요 작사자입니다. 리키 마틴이나 엔리케 이글레시아스 등과 함께 세계적인 라틴 팝 붐을 일으킨 중남미 최고의 라틴팝 가수로 평가되고 있습니다.

콜롬비아 카리브 해변 도시 바랑끼야에서 레바논계 미국인 아버지와 이태리계 콜롬비아인 어머니 사이에서 1977년 태어나 중동문화와 라틴문화의 자양분을 듬뿍 받으며 자랐습니다. 중남미 사람이 메바락이란 희귀한 성을 갖게 된 것은 그 때문입니다. 스페인어와 영어, 아랍어, 이태리어, 불어, 포어 등 수개국어에 능통해 중남미는 물론 유럽, 중동 및 미국에서도 큰 성공을 거둬 2001년 그래미상을 수상하였고, 2010년에는 남아공 월드컵의 공식 테마곡(waka waka) 가수로 선정된데 이어 2014년 브라질 월드컵 응원가(la la la)를 부르기도 하는 등 총 3회의 월드컵 폐막식 전문 가수로도 이름을 날렸습니다.

샤키라는 천사가수로서도 명성을 쌓았습니다. 그녀가 18세 때인 1997년 맨발이라는 자신의 앨범 이름을 딴 맨발재단(Pies Descalzos /영어로는 Barefoot)을 설립하여 불우어린이 급식제공 및 4개 학교를 세우기도 하는 등 자선활동에도 적극 나섰으며, 2003년에는 유니세프(UNICEF/유엔아동기금) 친선대사로 임명되어 전 세계 어린이 구호활동에 앞장을 서게 됩니다.

8살 어린 시절 아버지가 파산하여 친척집에 얹혀살면서도 자신보다 더 불우한 이웃 아이들을 보며 자선가가 되겠노라 다짐한 결과라고 합니다. 2010년에는 국제노동기구(ILO)로부터 전 세계 어린이 자선활동 공로를 인정받아 ILO메달까지 수상하게 됩니다.

필자가 세미나 연사 참여를 위해 그녀의 고향 바랑끼야를 방문한 적이 있었습니다. 시내에 그녀의 동상이 세워져 있었고, 샤키라 라는 이름의 간판들도 눈에 꽤 들어와 샤키라 마케팅이라 할 만 했습니다. 국민 일부는 샤키라가 스페인 축구선수(피케)와 결혼하여 바르셀로나에서 생활하며, 미국을 주 무대로 활동을 하면서 정작 모국에 대해서는 나 몰라라 하는 금발염색 미국가수에 불과하다는 불만도 제기하긴 하나 많은 국민들은 세계 속의 작은 거인 샤키라를 무척 자랑스럽게 생각하고 있습니다. 우리베 전 대통령도 그녀를 콜롬비아의 자랑으로 치켜세운 바 있습니다.

세계적 미술 거장 뚱보화가 보테로 페르난도 보테로(Fernando Botero)는 풍만한 양감에 남미 유머감각을 실어 인체에 대한 새로운 해석을 시도한 중남미 최고의 화가요 조각가입니다. 모나리자 등 고전작품 인물을 뚱뚱한 모습으로 패러디한 작품이 진지함에 식상한 세상 사람들에게 새롭고 독창적인 취향을 선사해주는 한편 사회적 불평등과 정치적 억압 등을 희화적으로 고발하는 수많은 작품을 내놓기도 했습니다. 그래서 뚱보화가로 불리기도 합니다. 뚱뚱해서 뚱보화가는 아닙니다.

콜롬비아 제2도시 메데진에서 1932년 419생으로 태어났으며, 1953년 프랑스 파리로 이주한 이래 대부분의 삶을 파리에서 보내면서 1년에 한 달씩 고향인 메데진에 머문다고 합니다. 미국이나 유럽은 물론 한국에서도 작품전시회를 몇 차례 가져 유명해진 만큼 한국 방문객의 경우 보고타 보테로 박물관이 필수 방문코스인 것처럼 알려져 있기도 합니다.

중남미 유일의 소금성당(콜롬비아의 으뜸가는 불가사의) 중남미 유일의 소금성당이 콜롬비아 수도 보고타 외곽 1시간 반 거리의 시파키라(Zipaquira)라는 도시에 있습니다. 지금도 보고타에서 시파키라까지 과거 향수를 달래주는 칙칙폭폭 관광열차가 검은 연기를 내뿜으며 달리고 있는데, 이 소금성당은 어떻게 지어진 것인지 알아보도록 하겠습니다.

원주민 광부들은 광산에서 소금을 캐내면서 자신들의 안전을 기원하고자 채굴 시작 전에 예배를 보곤 했답니다. 그래서 십자가상이나 수호신 등이 만들어지고, 간이 지하 예배당이 지어지기도 했습니다. 하지만 성당이라고 불릴만한 건축물이 축조된 것은 1950년 10월 시작되어 1953년 8월 완공이 되었습니다. 1700년대부터 원주민들이 뚫어놓은 지하 공간과 1800년대에 4개의 동굴들이 뚫린 토대 위에 가능했던 것이라고 합니다. 그런데 광산채굴이 계속되면서 성당의 구조적 안전성이 문제가 되자 1990년 문을 닫게 되며, 이듬해부터 지하 깊숙이 새로운 성당을 건설하기 시작하여 1995년 12월에 지금과 같은 모습의 소금성당이 완공된 것입니다.

지하 180m 깊이에 120m 길이 및 22m 높이로 지은 5,500 m2 크기의 성당으로서 8천명 수용 가능하며, 총 25만 톤의 소금석으로 지어져 2007년 콜롬비아 언론이 꼽은 콜롬비아 7대 불가사의 중 첫 번째 불가사의(primera maravilla)로 손꼽히고 있습니다.

칠레

중남미 포도주의 대명사 칠레 하면 번뜩 떠오르는 게 아마 포도주(vino)와 구리(cobre)가 아닐까 합니다. 칠레는 캘리포니아 와인보다 200년 앞서 16세기 중반부터 포도재배가 시작되어 450년이 넘는 와인 생산 역사를 갖고 있습니다. 칠레는 세계 5위의 와인 수출국이나 와인생산량 대비 수출 점유율로 보면 세계 1위의 수출주도형 와인생산국이며, 우리나라 와인 시장 점유율도 1~2위를 달리고 있습니다.

칠레는 일교차가 크고 일조량이 풍부한 기후와 안데스 고원 빙하에서 녹아내리는 청정수 및 구리 성분이 많아 병충해에 강한 토양 등을 갖추고 있어 와인 생산에 최적화되어 있습니다.

칠레의 대표적인 와이너리로 꼰차이또로(Concha y toro), 비냐 산 페드로(Viña San Pedro), 꼬노 수르(Cono Sur) 등을 들 수 있는데, 최대 와인 생산업체인 꼰차이또로의 경우 연간 수출량이 1억5천만 병을 넘어서고 있으며, 칠레 최고의 명품와인으로 손꼽히는 알마비바(Almaviva/모자르트 오페라'피가로의 결혼'에 등장하는 바람둥이 백작/프랑스와 합작생산) 및 돈 멜초르(Don Melchor/와인업체

사장 이름)와 까시예로 델 디아블로(Casillero del Diablo/악마의 서랍) 등을 생산하고 있습니다.

세계 최대 구리 산지 칠레는 구리로 먹고 산다는 말이 나올 정도로 세계 구리 생산량의 30% 이상을 점하는 세계 1위 구리 국가입니다. 전체 수출의 절반 이상을 구리가 담당할 정도로 국가경제의 구리 의존도가 절대적이며, 국내총생산(GDP)의 15~20%를 차지하고 있습니다. 구리광산의 국유화를 추진했던 아옌데 전 대통령은 구리를 "칠레의 봉급"이라고 칭하기도 했습니다. 우리나라에도 전 국민에게 봉급을 줄 수 있는 자연자원이 있었으면 하는 아쉬움이 갑자기 듭니다.

구리 비중이 절대적이다 보니 1976년에 설립된 칠레구리공사(꼬델꼬/Codelco)가 칠레 최대기업이 되는 것은 당연합니다. Codelco는 세계 최대 구리 생산자로서 칠레 경제에서 차지하는 막대한 비중 때문에 정치 경제적으로 칠레 사회에서 늘 논란의 중심이 되어 왔습니다. 지금은 폐지(2012년)되었지만 구리 수출액의 10%가 국방예산으로 자동 배정되는 구리법(1958년)을 통해 자원산업과 국방예산이 연계되기도 했습니다.

페루

국민음식 세비체, 국민음료 잉카 콜라, 국민주 피스코 페루에서는 세비체(ceviche)와 잉카콜라(Inca Kola) 및 피스코(pisco)를 빼고는 식도락을 논하지 말라는 얘기가 구전될 정도로 이 세 가지는 페루 상징성이 큽니다.

한국 하면 김치를 연상하는 것처럼 페루 하면 세비체입니다. 페루뿐만 아니라 중남미 어느 곳에서나 대부분 접할 수 있는 음식으로 매콤하면서 새콤한 맛이 나는 생선회 무침 또는 해물 무침입니다. 생선 및 해물의 종류와 야채, 양념의 종류에 따라 다양한 세비체를 맛볼 수 있습니다. 중남미에서 식도락하면 페루가 단연 으뜸으로 꼽힐 만큼 다양한 음식문화가 발달해 있는 것도 이 세비체 덕이 큰 것 같습니다.

세비체와 함께 빼놓을 수 없는 것이 잉카콜라입니다. 코카콜라에 당당히 맞서 토종 브랜드로 성공한 케이스로서 페루 국민들의 자부심이 되고 있었는데, 지금은 코카콜라가 49%의 지분을 갖고 있습니다. 잉카콜라는 코카콜라보다 단맛이 더 강하나 자극성은 덜하며, 천연 색소로 만든 노란 빛을 띠는 음료로서 페루 인들은 물론 페루에 사는 한국인들도 잉카콜라를 무척 즐깁니다.

국민주 피스코는 어떻게 만들어질까요? 안데스 산맥에서 재배한 포도로 즙을 내고 나무통에서 발효시킨 후 숙성된 포도즙을 끓이면 수증기가 발생하며, 이 액체가 냉각되면 포도 증류주 피스코가 됩니다. 35~48도의 도수를 가진 소주처럼 하얀 색의 브랜디인데, 증류 후 오크통에 담겨 1~2년 숙성시킨 후 시판(주로 칠레 경우)되거나 유리나 스틸 용기에 넣어 3개월 이상 저장 후 시판(페루 경우)하는 관계로 숙성 제품임에도 나무향이나 색깔이 없는 경우가 나오게 됩니다. 여기에 레몬즙과 달걀흰자 및 시럽을 곁들여 만든 피스코 사워(pisco sour)라는 칵테일을 가장 즐겨 마십니다.

***칠레와 페루 간 피스코 상표권 분쟁 및 원조국 자존심 대결 이야기**

피스코 상표권 및 원조국 자존심을 둘러싼 총성 없는 피스코 전쟁이 페루와 칠레 양국 간 오래도록 지속되고 있습니다. 앙숙인 양국 간 대체 무슨 일이 있었기에 그런 걸까요?

19세기말 아타카마 사막 일대의 자원쟁탈을 위한 칠레 대 페루, 볼리비아 간 태평양 전쟁(1879~1883/War of the Pacific)에서 승리한 칠레가 페루 남부지역 및 볼리비아 해안지역을 할양받아 은과 구리, 비료용 구아노(guano/조분석-바닷새 배변물의 퇴적경화물) 및 화약용 초석(질산칼륨) 등 자원을 확보하면서 국가가 부강하게 된 한편, 할양받은 페루 남부지역에서 생산한 피스코를 미국 등으로 수출하여 피스코가 세계적 명성을 얻게 됩니다. 볼리비아 영토였던 아타카마 사막은 칠레 영토가 되고, 볼리비아는 해안선을 잃고 내륙국으로 몰락하고 말았습니다. 페루는 수도 리마 함락 및 영토 할양으로 국가자존심에 큰 상처를 입습니다.

칠레는 5월15일을 피스코의 날로 선포하였으며, 자국에서 만든 술에만 피스코라는 이름을 쓸 수 있다는 주장을 펴자, 페루는 피스코 원조가 페루라며 페루의 상표권을 주장하면서 양측의 대결은 심화됩니다. 2006년 세계지적재산권기구(WIPO)는 스페인 정복시절부터 페루 남부 외 칠레 북부에서도 피스코가 제조되었던 사실을 인정하며 칠레의 권리주장에도 타당성이 있다는 판단을 내리게 됩니다.

페루는 피스코 라는 자국 내 항구도시에서 16세기부터 피스코가 만들어져 페루 고유의 전통 술이 되었는데, 칠레가 미국 등 세계시장을 앞서 개척하면서 명성을 얻게 된 것에 불과한 것으로 평가절하하고 있습니다. 현재 칠레의 연간 피스코 생산량은 5천만 리터인데 반해 페루는 150만 리터에 불과하며, 내수 소비량도 칠레가 페루의 20배 수준인 것으로 알려져 있습니다. 당초 피스코라는 도시 이름은 잉카인들이 그곳이 새가 많은 곳이라 하여 작은 새라는 의미를 가진 피스코로 명명했다고 합니다.

하늘에서 가장 가까운 도시 라 링코나다와 황금 로또의 꿈 세계에서 가장 높은 도시는 해발 5,100미터에 소재한 페루의 라 링꼬나다(La Rinconada)입니다. 5만 명 인구의 주민들은 주로 안데스 산맥 금 광산 채굴로 먹고삽니다. 어떤 광산회사들은 카초레오(cachorreo)라는 특이한 봉급제도를 운영하는데, 한 달간 무보수로 채취 작업을 하다가 그 다음날 반나절 동안 마음대로 광석을 채취해 가도록 하는 시스템입니다. 어깨에 짊어질 정도의 분량만 허용되며, 허탕 치는 경우가 많아 안데스 고원지대에서 노동을 착취하는 임금 제도로 악명이 높다고 합니다만 간혹 로또 당첨되는 것처럼 큼직한 금이 박힌 돌들을 메고 나오는 경우도 있다고 합니다.

세계 7대 새 불가사의 잉카제국의 공중도시 마추픽추와 잉카문명 페루 하면 마추픽추(Machu Picchu)를 떠올릴 정도로 우리 한국인에게도 워낙 유명해진 관광지 이다보니 설명이 필요 없을 것 같습니다. 단지 리마에서 바로 갈 수는 없고 잉카제국의 수도였던 쿠스코(Cuzco)를 거쳐 가야 하는 관계로 고산병을 앓는 경우가 많아 각별히 주의가 필요합니다. 쿠스코에는 잉카인들의 후손이 그대로 자신들의 삶의 양식을 보존하며 살고 있어 잉카문명이 지금도 살아 숨 쉬고 있는 듯 하는 착각에 빠져들기도 합니다. 마추픽추는 2,400미터 높이라 별 문제가 없으나, 쿠스코는 3,400미터 높이어서 필자도 산소 부족으로 상당한 고생을 한 적이 있습니다. 호텔 측에서는 응급처방으로 코카 잎을 건네주기도 하는데, 체질에 따라 도움이 되는 분도 있고 소용없는 분도 있는 것 같습니다.

ı 메르코수르 권역

브라질

삼바(Samba) 축제와 리우 카니발 브라질 하면 제일 먼저 열정적인 삼바 춤이 생각나고, 삼바 하면 바로 리우 카니발이 떠오르니 이 두 가지는 떼려야 뗄 수 없는 관계인 것 같습니다. 여기에 대해서는 "기독교를 알아야 중남미가 보인다."편에서 가톨릭과 아프리카 토착신앙의 대표적 결합사례로서 브라질 리우 카니발을 소개하고 있으니 이 부분을 참고하시기 바랍니다.

세계 최강 월드컵 챔피언 - 영원한 축구황제 펠레 브라질 하면 단연 축구의 대명사입니다. 브라질이 세계 최강 월드컵 챔피언 국가 이미지를 갖게 된 것은 축구황제 펠레가 있었기 때문이 아닐까 싶은데, 1958년 스웨덴, 62년 칠레, 70년 멕시코 월드컵 등 3차례의 월드컵에서 우승컵을 거머쥔 펠레는 축구생애 21년 동안 세계기록인 1,362경기에 출전해 총1,283골을 넣었으며, 역시 세계기록인 총 92번의 해트트릭을 기록하기도 했습니다.

축구황제라는 별명은 1969년 11월 1천골을 돌파하면서 얻게 되었으며, 진주(pearl)라는 뜻을 가진 펠레(Pele)라는 이름은 본명이 아니고 초등학교 때 별명이라고 합니다. 본명은 에드손 아란치스 두 나시멘뚜(Edson Arantes do

Nascimento)이며, 신의 손으로 불리는 아르헨티나의 마라도나와 함께 국제축구연맹(FIFA)이 선정한 20세기 최고의 선수로 뽑히기도 했습니다. 호나우두, 호나우지뉴, 카카, 네이마르 등 펠레의 뒤를 잇는 세계적 축구스타들도 브라질의 자랑거리여서 펠레의 위상을 넘보고 있습니다.

지구의 허파 아마존 밀림 아마존 강 유역 밀림지대는 브라질 면적의 약 절반(45%)을 차지하는데, 나무들이 이산화탄소를 흡수하고 산소를 공급하여 지구 공기 정화에 큰 역할을 담당해주는 관계로 지구의 허파로 불리고 있습니다. 아마존은 브라질 외에 페루, 콜롬비아, 볼리비아 등 총 9개국에 걸쳐있지만 열대우림의 60%가 브라질에 속해 있습니다.

그런데 대규모 벌목(목재산업) 및 경작(농경지 개발)과 원주민들의 원시적 화전 농업, 광산개발 및 목축지 개발 등으로 열대우림이 빠른 속도로 파괴되고 있어(2003~2007년 5년간 서울시 면적의 100배의 삼림이 사라짐) 지구적 재앙 경고가 나오고 있는 상황입니다. 브라질 정부는 일부 지역을 보호구역으로 선포하고 있습니다만 환경논리가 개발논리에 뒤처지고 있다고 합니다.

세계 7대 자연 불가사의 세계 최대의 폭포 이구아수 이과수(Iguazu)는 과라니어로 엄청난 양의 물이라는 뜻이며, 1542년 스페인인에 의해 발견된 당시에는 산타마리아 폭포로 명명되기도 했습니다. 이과수 폭포(Catarata de Iguazu)는 당초 파라과이 영토였으나 1870년 3국(브아우)과의 전쟁에 패해 브라질, 아르헨티나 접경지대가 되었습니다. 2011년 세계 7대 자연 불가사의로 지정이 됐습니다. 이과수 강을 따라 2.7km에 걸쳐 275개의 폭포로 구성되어 있으며, 낙폭이 대부분 64m 높이이나 최대 낙폭이 82m인 곳도 있습니다.

부에노스아이레스나 상파울루에서 가려면 항공편으로 가야 하나 아순시온에서 가는 경우에는 360km로서 차량이동(6시간)도 가능합니다. 이과수 폭포는 브라질이나 아르헨티나 모두 국립공원으로 지정하고 있으며, 관광코스는 브라질 쪽 코스와 아르헨티나 쪽 코스로 나뉘어 있습니다. 최고의 명소는 악마의 목구멍(Garganta del Diablo)이라는 구간이며, 브라질 쪽 전망이 좋으나 아르헨티나 쪽에서 더 가까워 빨려 들어가는 듯 하는 좀 더 생생한 감동을 받게 되는 것 같습니다.

아르헨티나

세계적 사랑을 받는 탱고 탱고는 1870년대 부에노스아이레스 남부 보카(Boca)라는 부둣가의 하층민들 사이에서 시작되었습니다. 마라도나가 몸담았던 아르헨티나의 프로축구팀 보카 주니어스와 지역적으로 같은 뿌리입니다. 아프리카 흑인과 쿠바 선원, 가난한 유럽 이민자 등 아르헨티나 드림을 꿈꾸며 몰려든 다양한 외국인들과 아르헨티나 하층민들 사이에서 고달픈 삶의 애환을 달래주기 위해 춤을 추던 것이 탱고의 시작이었습니다. 아프리카의 경쾌한 깐돔베(Candombes)와 쿠바의 느린 아바네라(Habanera) 및 아르헨티나 카우보이 가우초(Gaucho)들의 기타곡 플라야다스(Playadas)가 섞이면서 밀롱가(Milonga)라는 초기 형태의 탱고가 탄생합니다. 이 밀롱가가 유럽계 이민자들 사이에 퍼지면서 이태리 등 유럽 음악과 어우러져 현재의 탱고 모습을 갖게 됩니다.

당시 아르헨티나 상류층은 탱고를 천박한 춤으로 여겨 탱고는 하층민들 사이에서만 유행하는 한계를 보였으나, 20세기 들어 부유한 유럽계 이민 2세들이 유럽대륙과 미국 등을 여행하며 탱고를 소개하면서 탱고 열기는 세계 속으로 퍼져갑니다. 특히 유행을 선도하던 프랑스 상류층 사이에서 선풍적인 인기를 끌게 되자 파리 상류사회를 동경하던 아르헨티나 상류층 사이에서도 비로소 탱고가 각광을 받게 되며, 탱고의 음울한 이미지에 화려한 색채가 가미됩니다.

필자의 아르헨티나 근무당시 부에노스아이레스 마을 곳곳에서 점잖게 차려입은 노부부들이 탱고 춤을 추는 것을 쉽게 볼 수 있었습니다. 하지만 젊은이들의 참여는 별로 보지 못했습니다. 탱고의 미래가 어두운 것일까요? 속단하기는 어렵습니다. 외국인 관광객들의 탱고에 대한 관심은 뜨거워 탱고의 미래를 지탱해주는 힘이 되어주고 있는 만큼 탱고는 생명력을 유지해나갈 것으로 봅니다.

세계 최고의 소고기와 말벡 포도주 아르헨티나 쇠고기는 향이 좋고 육질이 부드러우며, 오메가3 성분이 많아 세계 최고의 고기(mejor carne del mundo)로 정평이 나있습니다. 그래서 아사도(asado)라는 소고기 구이로 세계인의 입맛을 사로잡기도 합니다.

국민들의 소고기 소비량은 우루과이와 더불어 세계 최고 수준입니다. 1인당 연 평균 소비량이 한 때에는 90Kg을 넘어서기도 했으나 1969년 92.3Kg로 정점을 찍은 이후 1970~80년대에는 70~90Kg 사이의 소비량을 기록하다가 1986년 84.8Kg를 끝으로 80Kg대 소비량은 자취를 감췄으며, 1994년 72.5Kg를 마지막으로 70Kg대 소비량도 이제는 역사의 뒤안길로 묻혔습니다. 지금은 54~62Kg 사이를 오르내리고 있습니다. (2010년 57.1Kg, 2013년 62Kg, 2016년 55.8Kg)

그만큼 소고기 소비량이 계속 줄어드는 추세입니다만 세계 랭킹은 여전히 1~2위입니다. 2016년 순위를 보면 1위 우루과이 (56.3Kg), 2위 아르헨티나(54.5Kg), 3위 홍콩(51.9Kg), 4위 미국(36Kg), 5위 브라질(35.8Kg), 6위 파라과이(33Kg), 7위 호주(29.5Kg), 8위 캐나다(26.2Kg), 9위 카자흐스탄(24.9Kg), 10위 칠레(23.8Kg)로서 아르헨티나와 우루과이가 여타 육류 수출대국에 비해서도 소비량이 훨씬 많음을 보여주고 있습니다.

필자가 아르헨티나 근무하면서 놀란 점은 국민 대다수가 소고기를 이렇게 즐기면서도 비만 없는 체형들을 갖고 있다는 점이었습니다. 그 이유가 뭐냐고 현지인에게 물어봤더니 농반진반 답변이 반주로 마시는 말벡(Malbec) 포도주와 궁합이 잘 맞기 때문이랍니다.

아르헨티나 인들의 포도주 사랑은 대단합니다. 칠레 포도주에 비해 이름이 잘 알려져 있지 않은데, 내수 물량 충족시키느라 수출 여력이 없었던 것이라고 합니다. 중남미 와인은 보르도나 리오하 등 산지 명을 주로 쓰는 유럽 와인과는 달리 말벡이나 카베르네 소비뇽 등 포도 품종으로 분류하는 경우가 많은데, 프랑스에서 들여와 아르헨티나에서 성공적으로 정착한 말벡이 아르헨티나를 대표하는 품종이 된 것입니다.

아르헨티나식 소고기 메뉴와 말벡 와인 한잔 하면서 탱고 쇼를 감상하는 것이 이젠 서울에서도 가능해져 필자는 가끔 신사동의 부에노스아이레스 와인바를 찾아 아르헨티나 향수를 달래보곤 합니다. 2004년 KOTRA가 주관하는 서울식품전(Seoul Food)을 통해 아르헨티나 포도주가 한국에 본격적으로 진출하게 되었고, 이를 계기로 와인 바도 문을 열게 되었기에 애착이 갔습니다. 중남미를 대표하는 아르헨티나 문화 음미 장소로 제격인 것 같습니다.

남성미의 상징 남미 카우보이 가우초(Gaucho) 가우초는 아르헨티나와 우루과이를 중심으로 해서 파라과이 및 브라질 최남단(히우그란지두술 주/가우슈로 불림) 및 칠레 남부 초원지대에서 말과 함께 생활하던 스페인계 유목민에서 유래가 되었습니다. 지금은 목장 가축돌보미를 가리키는 말이 되었는데, 이들은 싸움에도 능해 독립전쟁에도 관여하는 등 국가독립에 기여하기도 했습니다.

독특한 소가죽 의상을 한 가우초가 아르헨티나/우루과이 남성미의 상징으로 부각되기도 하며, 그들이 즐겨먹던 아사도(asado)나 즐겨마시던 마테(mate)차가 아르헨티나나 우루과이 전체 국민을 대표하는 국민음식, 국민음료가 되어 있음을 볼 때에 가우초가 양국 문화에 얼마만큼 깊이 스며들어 있는지 가늠해볼 수 있습니다. 이 가우초 인기를 배경으로 가우초 쇼가 관광 상품으로 각광을 받기도 합니다.

축구의 신 마라도나, 새 축구 황제 메시 브라질의 펠레가 축구 황제라는 칭호를 갖고 있다면 아르헨티나의 마라도나(Diego Armando Maradona)는 축구의 전설 내지 축구의 신으로 추앙받고 있습니다. 무절제와 기행으로 물의를 일으키기도 했지만 메시와 더불어 아르헨티나 인들의 축구자존심을 지탱해주는 힘의 원천이 되기도 합니다. 2010년 남아공 월드컵 8강전에서 독일에 4:0으로 대패한 후 귀국했지만 아르헨티나 팬들은 디에고를 연호하며 마라도나 감독을 환영해줄 정도로 아르헨티나 인들의 마라도나 사랑은 각별합니다.

마약과 성추문 등으로 비난을 받기도 하는 악동 마라도나가 왜 이리 인기가 좋은 것일까요? 아르헨티나가 독일을 상대로 우승을 차지한 1986년 멕시코 월드컵 당시 "그라운드 위의 말비나스(포클랜드) 전쟁"으로 불린 잉글랜드 전에서 월드컵 역사상 최악의 골로 불리는 "신의 손"골에 이어 세계인의 경탄을 자아낸 "신의 발" 왼발 골로 월드컵을 뜨겁게 달구어 월드컵 역사상 최고의 골로 인정받고 있습니다. 이 골로 조국 아르헨티나에 월드컵 우승을 안겨준 사실과 더불어 통쾌한 대영국전 승리를 통해 아르헨티나 국민들에게 통한의 말비나스/포클랜드 패전(1982년)의 치욕스런 기억을 말끔히 씻어주었기 때문이 아닐까 싶습니다.

1987년에는 세계 이적료 신기록을 수립하며 이적한(1984년) 이태리 약체 팀 나폴리 클럽에게 사상 최초로 리그 우승을 안겨주어 아르헨티나뿐 아니라 나폴리에서도 신으로 등극하게 되었습니다.

이제는 새로운 축구 황제 리오넬 메시가 그 바톤을 이어받아 아르헨티나 사람들의 축구 자존심을 세워주고 있습니다. 메시의 골 기록이 마라도나를 능가해서 메시를 사상 최고의 축구스타로 쳐주는 경우도 있습니다.

우루과이

우루과이 공식명칭은 우루과이 동방공화국(República Oriental del Uruguay)입니다. 브라질 속주였다가 아르헨티나 개입으로 브라질-아르헨티나 간 완충국으로 독립한 이래 아르헨티나와는 영원한 우방국이 되었습니다. 소고기나 포도주, 축구 등 선호가 아르헨티나 국민의 특성인데, 이것이 곧 우루과이 국민의 특성으로도 비쳐질 정도로 양국은 문화적 유사성이 매우 많습니다. 인구의 95%가 유럽계 백인으로 수도인 몬테비데오는 유럽 분위기가 나며, 한국과는 지구 끝 대척점으로 전남 여수와 몬테비데오는 대척점입니다. 따라서 기후와 시간 모두가 정반대입니다. 즉, 한국의 여름은 우루과이 겨울, 한국의 낮 12

시는 우루과이는 전날 밤 12시입니다.

우루과이/아르헨티나 사람들의 필수품 마테(mate) 필자가 마테를 우루과이의 아이콘으로 든 데에는 그만한 이유가 있습니다. 아르헨티나 근무 당시 어디를 가든 마테 잎이나 마른 가지를 갈아 만든 마테차를 보온병에 넣어서 갖고 다니다가 작은 호박을 속을 비우고 건조시켜 만든 통(이것을 마테라고 함)에 따라놓고 빨대(bombilla/봄비야)를 통해 차를 마시는 아르헨티나 사람들을 자주 접하며 묘한 흥미가 느껴졌습니다.

알루미늄 빨대나 사탕수수 빨대로 마테차를 빨아 마시는 것 까지는 이해가 되는데, 그 다음부터는 혼란스러워지는 겁니다. 옆에 있는 다른 사람에게 마테와 자신이 빨던 빨대까지 건네주었습니다. 처음 만난 사이인데도 말입니다. 그러면 건네받은 사람은 주저 없이 그 빨대로 빨아 마신 다음 다른 사람에게 또 건네주고, 결국 다시 원주인에게로 돌아온 다음 다시 그 빨대로 빨아 마시는 광경이 위생상 문제는 없나 하는 생각이 들며 눈에 무척 설었습니다. 하지만 그 문화에 익숙해지다 보니 나중엔 필자도 자연스럽게 따라하게 되었습니다.

그런데 우루과이에 가보니 더욱 놀라웠습니다. 부에노스아이레스에서는 많기는 했어도 드문드문 보였었는데, 몬테비데오에서는 너나 할 것 없이 거의 대부분의 행인들이 마테와 빨대 및 보온병을 들고 다니며 수시로 마시는 것이었습니다. 마테는 우루과이 인들에겐 없어서는 안 될 필수품으로 보였습니다. 마테와 빨대를 모두가 갖고 다니니 빨대를 돌려가며 마실 일도 없어 보였습니다.

마테 차는 우루과이와 아르헨티나 등 리오델라플라타(Rio de la Plata) 지역을 중심으로 하고 있으며, 파라과이 및 브라질 남부, 볼리비아 등에서도 일부 소비되고 있습니다.

우루과이는 1인당 마테 차 소비량이 세계에서 가장 많은 나라로서 마테는 우루과이 문화의 상징이 되고 있습니다. 우리나라에도 마테 차가 커피 및 녹차와 함께 세계 3대 차의 하나로서 몸을 따뜻하게 해주고 혈관을 확장해주며 다이어트에도 좋은 건강차로 소개되어 시판되고 있습니다. 마테 문화 본연의 의미와는 다른 각도로 접근하고 있는 것 같아 아쉬움이 느껴집니다. 물론 다이어트 등 효과는 있습니다. 아르헨티나나 우루과이 사람들의 경우 소고기를 그렇게 많이 섭취해도 미국에서처럼 고도비만한 분들은 거의 본 적이 없으니까요.

*** 마테차 빨대 공유문화의 사회적 의미**

마테를 함께 마신다는 의미는 단순히 차를 함께 마시는 표면적 의미 외에도 사회 계층을 건너뛰어 친목이나 우의를 다지거나 모임 분위기를 좋게 해주는 역할을 일상화하는 의식이라는 사회경제적 차원의 깊은 의미도 담겨있습니다. 따라서 독자 여러분들이 아르헨티나 또는 우루과이 출장 시에나 현지 주재시 마테 차를 마시던 현지인들로부터 빨대를 건네받으면 결벽증이 있는 분들은 기절초풍할 일이겠지만 놀라지 마시고 즐겁게 문화체험에 나서보는 것도 필요하리라 봅니다. 비즈니스 네트워킹이 마테 빨대 공유에서 시작되거나 완성될 수도 있습니다. 물론 자신이 감기나 독감에 걸려 증세가 심할 경우에는 양해를 구하고 사양해야겠지만, 외견상 증상도 없이 호의를 거절할 경우 상대방의 신뢰를 잃을 수도 있는 점은 고려하셔야 합니다. 마테 빨대 공유는 여성이건 남성이건, 나이가 들었건 새파란 젊은이건, 지위가 높건 낮건 상관없이 이루어집니다.

파라과이

파라과이란 원주민 말인 과라니어로서 강물의 여러 색깔을 의미합니다. para는 여러 색깔, gua는 장소, ~에 속하는, y는 물, 강, 호수라는 뜻입니다. 우루과이 역시 과라니어로서 uru는 새를 의미합니다. 파라과이는 독립 당시만 해도 넓은 영토를 갖고 있었으나 자신의 군사력을 믿고 브라질과 아르헨티나, 우루과이 등 3국과 무모한 전쟁을 벌이다가 1870년 패전함에 따라 국토면적의 절반 가까이를 상실한 아픈 역사를 간직하고 있습니다.

현대판 세계 7대 불가사의 이타이푸 댐(세계최대의 댐/수력발전소) 이따이

뿌 댐(Represa de Itaipú) 및 발전소는 브라질과 파라과이 국경인 파라나 강에 1984년에 지어진 것으로서 인근 섬의 이름을 따서 명명되었습니다. 양국이 반반씩 공유하고 있는데, 2016년 기준 1억MWh의 전력을 생산하여 세계 최대의 댐으로 평가받고 있습니다. 발전 용량은 14GW로서 총 20개의 발전기를 돌리고 있는데, 각 발전기당 700MW를 생산합니다. 이중 10개는 파라과이에 50Hz 전력을 생산 공급하며, 다른 10개는 브라질에 60Hz 전력을 생산 공급합니다. 그런데 파라과이 발전 전력은 대부분 전력수요가 많은 브라질 상파울루/리우 쪽으로 보내 60Hz로 변환하여 사용하는 것으로 알려져 있습니다.

이구아수폭포와 근접해 있어서 관광자원으로서의 역할도 하고 있습니다. 필자도 폭포 감상 후 이타이푸를 가봤는데, 그 규모에 압도되어 자연의 걸작과 대비되는 인간의 걸작으로 절로 감탄이 나왔습니다. 참고로 파라나 강에는 또 다른 거대 수력 발전소가 있는데, 야시레타(Yacyretá) 또는 자시레타 댐으로 불리며, 1994년에 완공되어 아르헨티나와 파라과이가 공유하고 있습니다.

이 댐들을 보면 파라나 강(Rio Paraná)을 둘러싸고 주변 강대국과 조화를 이뤄 살아가는 파라과이의 지혜와 운명이 우리에게 새롭게 다가옴을 느끼게 됩니다.

미주 심장(corazon de America) 파라과이는 볼리비아와 더불어 바다가 없는 내륙국이며, 남미대륙 중앙에 자리 잡고 있는 관계로 남미의 심장 내지 미주의 심장으로 불리기도 합니다.

제20강 비즈니스 상담 윤활유: 국별 대표 아이콘II

ㅣ 안데스 지역

베네수엘라

세계 최대의 석유 부존국, 중질유 한계와 페트로 카리브 체제 미국 EIA(에너지 정보청) 2016년 자료에 의하면 베네수엘라는 확인된 원유 매장량이 3천억 배럴로 세계 1위를 차지하고 있습니다. 전 세계 확인 매장량 1조 7천억 배럴의 17.7%에 달해 베네수엘라의 자부심이 되고 있습니다.

***원유 매장량 순위**(EIA/2016): **1위 베네수엘라**/3,008**억 배럴, 2위 사우디**/2,665**억, 3위 캐나다**/1,697**억, 4위 이란**/1,584**억, 5위 이라크**/1,425**억 배럴** (러시아 800억 배럴로 8위, 미국 392억 배럴로 10위, 중국은 256억 배럴로 13위 점유/ *호주에 2,330억 배럴의 석유매장 및 북한에 1,470억 배럴 매장 등 미확인 추정치 보도도 있음)

*중남미 원유매장량 세계 순위: 베네수엘라 3,008억 배럴(1위), 브라질 130억(15위), 에콰도르 82억(17위), 멕시코 76억(19위), 아르헨티나 22억(33위), 콜롬비

아 20억(34위), 페루 4.7억(41위), 볼리비아 2.1억(54위), 칠레 1.5억(60위), 쿠바 1.2억(67위), 과테말라 0.8억 배럴(71위)

그런데 생산량 기준으로 보면 베네수엘라의 위상은 대폭 추락합니다. 2016년 미국 EIA 정보자료에 의하면 1일 평균 원유 생산량이 227만 배럴에 불과해서 세계 1일 생산량 8천만 배럴의 2.8% 수준의 지분을 갖고 있으며, 순위도 톱10에도 들지 못한 11위에 그치고 있습니다.

*1일 원유 생산량 순위(EIA/2016): 1위 러시아 1,055만 배럴, 2위 사우디 1,046만, 3위 미국 887만, 4위 이라크 445만, 5위 이란 399만, 6위 중국 398만, 7위 캐나다 366만, 8위 UAE 310만, 9위 쿠웨이트 292만, 10위 브라질 251만 배럴

*중남미 1일 원유생산량 세계 순위: 브라질 10위/251만, 베네수엘라 11위/227만, 멕시코 12위/218만, 콜롬비아 21위/90만, 에콰도르 26위/55만, 아르헨티나 27위/51만, 볼리비아 48위/5.8만, 쿠바 51위/5만, 페루 56위/4만, 과테말라 77위/9천, 칠레 79위/4천4백 (배럴)

2016년 2월 놀라운 일이 언론에 보도됩니다. 세계최대의 매장량을 가진 베네수엘라가 견원지간인 미국으로부터 원유 50만 배럴을 수입한다는 뉴스였습니다. 미국은 2015년 말부터 원유수출금지조치가 의회결의로 해제되어 수출을 개시했지만, 미국으로 원유를 오랫동안 수출해오던 베네수엘라가 미국에서 원유를 수입한다니 어안이 벙벙할 수밖에요. 왜 그랬을까요? 그 이유는 자국 원유는 중질유로서 채굴비용이 많이 들고 채산성이 떨어지는데 비해 미국 원유는 채산성이 높은 경질유에다가 값도 저렴했기 때문입니다. 즉, 미국산 원유를 수입해서 정제하는 비용보다 자국산 원유를 뽑아내 정제하는 비용이 더 비싸기 때문이란 것입니다.

베네수엘라 원유는 매장량의 60%가 중질유입니다. 채굴 및 정제 채산성이 낮은 만큼 유가 폭락의 직격탄을 맞아 경제가 파국으로 치닫게 된 한 원인을

제공하고 있습니다. 저유가 시세로 인해 세계 시장에서 중질유 수요축소와 경질유 수요증대가 야기되고 있는 점도 베네수엘라에는 불리하게 작용할 수밖에 없습니다. 또한 1999년 차베스 집권 이래 마두로 정권에 이르기까지 오랫동안 지속되어온 대내외 인기영합정책도 위기의 발단을 제공했다는 지적을 피하기 어려운 상황입니다. 무상 교육이나 질병 무상치료, 생필품 무상 제공, 무상 가옥 등 엄청난 복지 지출로 자국민의 빈곤 퇴출에 크게 기여한 것 까지는 그렇다 해도, 페트로 카리브(Petrocaribe) 협정체제를 만들어 수많은 카리브 연안국들에게 석유를 장기 저리로 시세보다 대폭 싸게 제공해주는 선심성 외교정책까지 구사하다 보니 나라 곳간에 차곡차곡 쌓여있어야 할 거액의 석유자금(Oil Money)이 저유가 시대와 맞물려 그만 말라버리고 말았습니다.

차베스 시절 베네수엘라 정부가 주도한 페트로 카리브 체제는 2005년 6.29를 맞아 카리브 역내 에너지 불균형 타파라는 원대한 슬로건 하에 카리브 14개국 정상회담에서 탄생합니다. 석유 수입액의 40%는 연리 1% 금리로 최장 25년의 장기외상으로 주고, 60%는 최장 90일내 단기 금융을 제공해주는 내용이 베네수엘라가 회원국들에 제공하는 혜택의 핵심입니다. 1% 금리는 유가가 배럴당 40불 이상 유지시라는 조건이 붙어 있습니다.

차베스 대통령의 페트로 카리브 구상 배경은 미국과의 역내 리더십 경쟁과 남미 독립 영웅 시몬 볼리바르 따라 하기의 두 가지로 요약해볼 수 있겠습니다. 쿠바 및 도미니카 등 여러 카리브 국가들을 대상으로 베네수엘라의 영향력을 확대하는 한편 자신이 숭상하는 시몬 볼리바르의 중남미 역내국간 유대 중시 철학을 자신이 이어받아 실천한다는 의미도 담고 있습니다.

남미독립 영웅 시몬 볼리바르와 베네수엘라 공식 국명 시몬 볼리바르(Simón Bolívar)에게는 해방자(libertador/리베르따도르) 칭호가 따라 다닙니다. 남미 여러 나라를 스페인 지배에서 해방시킨 영웅이라는 의미입니다. 1783년에 베네수엘라 카라카스에서 태어나 일찍 부모를 여의고 외삼촌 집에 얹혀살다가 시몬 로드리게스라는 스승을 만나 프랑스대혁명과 루소, 몽테스키외 등의 자유주의 사상에 영향을 받고 남미 독립운동에 헌신하여 베네수엘라, 콜롬비아, 에콰도르 등을 독립시켰습니다. 미합중국의 연방 체제를 본떠 그란 콜롬비아(Gran Colombia)라는 국명으로 통합시켜 연방 초대 대통령에 올랐습니다. 그래서 베네수엘라 초대 대통령이자 콜롬비아(파나마 포함/당시 파나마는 콜롬비아에 속해 있었음) 초대 대통령, 에콰도르 초대 대통령이기도 한 겁니다.

그 후 볼리비아(당시 알토 페루/Alto Peru로 불림)도 해방시켜 그의 이름을 따라 볼리비아라는 국명을 갖게 되며, 초대 대통령으로 추대되기도 합니다. 하지만 그의 연방국가 꿈은 베네수엘라 부통령과 콜롬비아 부통령 간 알력으로 금이 가 결국 깨지고 말며, 1830년 권좌에서 물러난 뒤 폐결핵으로 세상을 등지게 됩니다. 그의 청년시절 삼촌 딸과 결혼 후 9개월 만에 부인을 황열병으로 먼저 떠나보낸 후 한편으론 일편단심 민들레로, 한편으론 세상을 뒤집어놓은 불꽃으로 살다간 것입니다.

차베스 대통령은 1999년 집권 후 개헌을 통해 자국이 시몬 볼리바르의 이념을 이어받은 나라임을 부각시켜 베네수엘라 공화국이라는 공식국명을 "베네수엘라 볼리바르 공화국"으로 개명을 합니다. 볼리바르가 살아있는 우상이 되고 있는 것입니다. 하지만 그도 쿠데타는 이겨냈지만 암은 이겨내지 못하고 후계자 마두로에게 물려주고는 2013년 그토록 그리던 님의 곁으로 훌훌 떠났습니다.

에콰도르

공식 달러화 경제 중남미는 대체로 경제의 미 달러화 의존도가 높은 달러화 경제구조를 갖고 있습니다. 그런데 에콰도르의 경우 자국 화폐가 없고 미국 달러화만 통용되는 100% 달러화 경제라는 특징을 갖고 있습니다. 에콰도르는 수크레(sucre)라는 자국 고유화폐를 퇴출시키고 2000년 1월부터 미국 달러화를 법정통화(legal tender)로 채택했습니다. 1998~99년에 엘니뇨현상으로 인한 막심한 농작물 피해와 자국 주요수출품이던 국제원유의 가격하락 및 심각한 인플레, 경상적자 심화로 인한 디폴트 위험도 증가 등으로 경제위기를 겪다가 많은 논란 끝에 위기 타개책으로 채택이 된 것입니다.

경제 달러화로 에콰도르 경제는 위기에서 벗어나는데 일단 성공함으로써 중남미 다른 나라에도 달러화 붐을 일으킵니다. 아르헨티나나 멕시코, 베네수엘라, 페루, 니카라과, 코스타리카 등에서도 비공식 달러화 경제가 운영되거나 공식 달러화 경제로의 전환 등이 검토되었으나 채택되지는 못한데 반해 엘살바도르에서는 2001년 1월 에콰도르의 전철을 밟아 자국 화폐인 콜론(colon) 대신 미국 달러화가 법정통화가 됩니다. 중남미에서 공식 달러화 경제의 효시는 파나마입니다. 그런데 에콰도르 경우와는 달리 1904년 파나마운하 건설 관련 미국에 대한 보증조치로 취해졌다고 합니다. 물론 다른 이유도 있었습니다. 경제의 틀을 확 바꾸는 작업이 그리 만만한 것은 아닐 테니까요. 파나마의 경우 자국 통화인 발보아(balboa)는 동전으로만 활용하고 지폐는 모두 미국 달러화로 바뀐 것으로서 법정통화가 두 개인 점이 에콰도르나 엘살바도르와 다른 점으로 볼 수 있습니다.

에콰도르의 경우 공식달러화의 공과 및 지속 여부를 놓고 논란이 한때 뜨겁게 달궈지기도 했습니다. 2016년 8월 꼬레아(Rafael Correa) 대통령은 2000년 자국 경제의 전면적인 달러화 조치를 “화폐 자살(suicidio monetario)”이라는 강한 표현을 쓰면서 달러화 체제의 문제점을 신랄하게 비판한 바 있습니다. 하지만 현실적 한계로 인해 제반 문제점에도 불구하고 공식달러화 체제를 유지할 수밖에 없나 봅니다. 경제안정과 국민적 신뢰도 향상이라는 긍정적 성과에도 불구하고 전면적인 달러화 경제에 대체 무슨 문제가 있었기에 국가지도자가 그런 과한 표현까지 썼던 것일까요?

가장 큰 애로 요인으로 지적된 점은 통화주권의 상실로 인한 환율정책운용 불가였습니다. 2015년 들어 국제 저유가 추세는 경제의 원유 수출 의존도가 높았던 콜롬비아 및 페루 등 이웃나라의 환율에 큰 영향을 주어 그들 나라의 수출상품 경쟁력을 향상시키게 됩니다. 콜롬비아의 경우 1달러에 1,800페소 하던 환율이 3,400페소까지 찍었습니다. 그러니 강력한 가격경쟁력을 확보한 콜롬비아나 페루 제품이 에콰도르 시장으로 물밀 듯 쏟아져 들어가는 상황에 직면하게 되었는데도 아무런 조치도 취하지 못하고 강 건너 불구경하는 신세가 되고 보니 울화가 치밀 수밖에요. 그래서 꼬레아 대통령이 우선적으로 취한 조치는 차별적 통화 세이프가드(salvaguardia cambiaria) 발동이었습니다. 콜롬비아와 페루 두 나라 수입상품에 대해서 차별적 특별관세(콜롬비아 21%, 페루 7%)를 물린 것입니다. 당연히 양국의 반발을 사게 되고, CAN(안데스 공동체) 사무국의 불합리 판정으로 철회하게 되었습니다. 그 대신 무역수지 방어를 명분으로 모든 국가를 대상으로 일반적인 세이프가드(특정물품 긴급수입제한조치)가 발동되고, 5~45%의 추가 관세가 한시 부과됩니다.

이처럼 달러화 경제에는 명과 암이 교차하기 마련이어서 탈 달러화 이슈는 계속 논란거리로 남아 있으며, 중남미 국가들의 경제 달러화(dolarización) 움직임도 일단 수그러드는 모습입니다.

세계의 배꼽 적도 에콰도르(Ecuador)는 적도(equator)라는 의미입니다. 적도는 위도가 0도로서 북반구와 남반구를 나누는 지점이 되며, 적도에 위치한 나라는 에콰도르 외에도 브라질, 콜롬비아도 있고, 인도네시아 등 아시아나 우간다, 케냐 등 아프리카에도 적도가 있습니다. 하지만 에콰도르가 세계의 배꼽(Ombligo del Mundo)내지 세계의 중심(Mitad del Mundo)이라는 칭호를 강조하는 것은 나라 이름 자체가 적도이기 때문에 적도의 대명사가 된 것이 아닌가 생각됩니다. 어찌됐든 에콰도르 수도 키토가 적도를 관광 상품으로 적극 활용하고 있고, 이 세상의 중앙에 위치한 나라라는 데에 자부심도 갖고 있습니다.

1936년 에콰도르 정부가 적도 발견 200주년을 기념해 세운 적도탑이 대표적인 관광 상품인데, 당시 건축안전관계로 여기에 그려진 적도선이 실제 적도선은 아니라고 합니다. (실제 적도선은 적도탑 인근의 인티냔/Inti ñan 태양박물관) 위도가 0인 적도에서는 낮과 밤의 길이가 항상 같아 밤이 가장 긴 동지나 낮이 가장 긴 하지처럼 우리나라에서 발생하는 현상은 볼 수 없습니다.

볼리비아

원주민이 통치하는 아메리카 인디언의 나라 볼리비아라는 국명은 남미 독립영웅 시몬 볼리바르에서 유래했으며, 스페인에서 독립할 당시에는 알토 페루(Alto Peru)라는 국명을 사용했었습니다. 2009년 개헌을 통해 정식 국명을 볼리비아 다민족국(Estado Plurinacional de Bolivia)으로 쓰고 있으며, 2개의 수도(실질적 수도/행정수도 라파스, 헌법상 수도/사법수도 수크레)를 갖고 있습니다. 879년 칠레와의 전쟁에서 패해 태평양 해안을 잃는 바람에 내륙국이 되었지만 파라과이 강을 통해 대서양과 연결되어 있습니다.

볼리비아에는 여러 원주민 종족이 살고 있습니다. 국민의 64%가 원주민(아메리카 인디언)이며, 37개 언어(36개 종족 고유어 + 스페인어)가 공식 언어로 되어 있어 아메리카 인디언의 나라라 해도 과언이 아닙니다. 아이마라어, 케츄아어, 과라니어 등이 대표적인데, 2006년1월부터 장기 집권중인 현 에보 모랄레스 대통령은 아이마라 출신이며, 볼리비아 역사상 원주민이 통치자가 된 것은 최초라고 합니다. 카스트로나 차베스/마두로 등과 어울려 좌파 노선을 걸으면서도 경제는 대체로 잘 풀어나간 덕에 장기집권이 가능하다는 평을 받고 있습니다.

우유니 소금사막(Salar de Uyuni)과 세계 최대의 리튬 매장 볼리비아는 세계에서 가장 넓은 소금 사막(salt flat/소금 평원)인 우유니 염전과 세계에서 가장 높은(해발3,810미터) 항행가능 호수인 티티카카 호수(페루와 공유)를 갖고 있습니다. 티티카카는 케츄아어(원주민어)로 퓨마의 바위라는 의미이며, 원주민의 동물숭배사상이 깃들어 있습니다. 우유니 사막은 안데스 산맥을 사이에 둔 건조한 거대 계곡에 수십만 년 동안 비가 내리고 증발하기를 계속한 결과 계곡이 소금으로 차츰 채워지게 되었으며, 지금도 비가 내리며 소금 수위가 계속 올라가고 있다고 합니다.

한편 볼리비아는 세계 최대의 리튬을 보유하고 있습니다. 소금사막으로 유명한 우유니(Uyuni) 염호에 전 세계 리튬의 1/4인 890만 톤이 매장되어 있는 점도 볼리비아의 저력을 말해주고 있습니다. 우유니 소금사막은 해발 3,650미터의 고원에 위치하고 있으며, 세계적 광물자원이자 관광자원이 되고 있습니다. 시찰을 해보고 싶은 분은 고산병에 유의해야합니다.

세계 최고(最高)수도 라파스, 축구 세계최강팀을 무릎 꿇린 볼리비아 팀 라파스(La Paz)는 스페인어로 평화라는 의미이며, 해발 3,640미터로서 수도로서는 세계에서 가장 높은 곳입니다. 라파스 공항(엘알토 공항/LPB)은 해발4,060미터 고원에 있어 비행기에서 내려 여객청사로 들어서면 제일먼저 산소마스크가 외국인 방문객을 맞이해줄 정도로 산소가 희박한 곳입니다. 그래서 볼리비아는 브라질이나 아르헨티나 등 축구 세계 최강팀들을 라파스로 초청하여 짜릿한 승리를 맛보기도 합니다. 아무리 최고 기량의 선수라도 저산소증으로 맥도 못 추고 허망하게 지는 것입니다. 그럴 만도 한 것이 라파스 엘알토 공항은 산소희박으로 대형기가 충분한 양력을 얻기 어려워 이륙이 여의치 않은 관계로 단거리 국제선이나 국내선만 운행하며, 장거리 국제선은 제2도시인 산타크루스(Santa Cruz) 공항(비루비루 공항/VVI)에서 출항한다고 합니다. 비행기조차 고산증을 앓는 것으로 볼 수 있으니 사람이야 맥을 못 추는 게 무리가 아닙니다.

ㅣ 중미 지역

파나마

현대판 세계 7대 불가사의 파나마 운하 파나마운하는 미국 토목학회가 선정한 현대판 세계 7대 불가사의에 선정될 정도로 경이적인 건축물로 평가되고 있습니다. 미국이 콜롬비아로부터 파나마를 독립시켜 운하 건설 사업을 강행할 정도로 역점을 두어 추진했던 사업으로서 대서양과 태평양을 최초로 연결시켜 세계 해운역사를 새로 쓴 위업인 만큼 불가사의 선정이 놀라운 일도 아닙니다.

운하의 원리라는 것이 직접 보니 경이로웠습니다. 필자도 파나마운하를 방문해본 적이 있는데, 배가 어떻게 운하를 통과하는지 살펴봤습니다. 2~3단식 갑문(esclusa)이 설치되어 있고, 배가 갑문 안으로 진입하면 다음 갑문을 닫고 고지대에서 물을 아래로 흘려보내면 갑문 내 수위가 올라가면서 배도 함께 올라가 수면 높이가 같아지면 배가 전진하는 방식으로 움직였습니다. 이는 파나마 운하가 차그레스 강(Rio Chagres)을 막아서 만든 가뚠호(Lago Gatún)와 인공호인 미라플로레스호(Lago Miraflores), 이를 잇는 꿀레브라 수로(Corte Culebra)로 이루어져 있는데, 가툰 호수 및 쿨레브라 수로는 높이(표고)가 26m인 반면 미라플로레스 호수는 수로 높이가 16m로 맞지 않기 때문에 갑문(esclusa) 방식을 활용하여 물 높이를 맞춘 다음 배가 움직이도록 한 원리입니다.

배 한척이 운하를 통과하기까지 24시간 이상 걸린다고 합니다. 통과 행정수속에 15~20시간이 소요되고, 선박의 물리적 통과에 평균 8~9시간이 소요되기 때문입니다.

참고로 파나마 운하 연간 통행 선박은 2012년 14,544대에서 2015년 13,874대로 줄어든 반면 통행료 연간수입은 2012년 18.5억불에서 2015년 기준 19.9억불로 늘어난 것으로 집계되고 있습니다.

2016년 8월 확장개통 이래 통행 가능 선박 크기가 기존의 Panamax급(폭 32m, 길이 295m/5천TEU급/(20피트 컨테이너 5천대까지 선적/Twenty Equipment Unit)에서 Post-Panamax급(폭 49m, 길이 366m/1만4천TEU급)으로 늘어나자 아시아-미주 동안(東岸) 구간 운송에 수에즈 운하 노선을 이용하던 선박들이 파나마 운하 노선으로 옮기는 상황이 발생하고 있어 운하 간 경쟁이 벌어지고 있다고 합니다. 덕분에 상당히 비싼 것으로 알려진 운하 통과료도 조정되는 분위기도 나타나고 있는데, 긴장한 수에즈운하가 통행료 인하방침을 밝히자 파나마운하도 인하에 나서는 모습입니다.

니카라과 정부가 이에 도전장을 내걸고 중국 기업(HKND)과 착공식(2014.12)을 갖고 추진하는 니카라과 운하가 낮은 경제성 전망을 극복하고 성공적으로 건설되어 개통(2022년?)된다면 운하간 경쟁은 더욱 뜨거워지고 물류비용도 낮아져 세계 교역 확대에 긍정적으로 작용하게 되지 않을까 기대해 봅니다.

참고로 파나마운하 주요 이용국가 현황을 살펴보겠습니다. 2015년 기준으로 볼 때에 G2인 미국과 중국이 선박통행량 기준 1,2위를 차지하고 있고, 일본과 우리나라가 4,6위를 점하고 있습니다. 중남미 국가로는 칠레와 페루가 3,5위를 차지하고 있고, 콜롬비아, 멕시코 등 태평양동맹국이 7,8위를 점하고 있는 점이 특징적입니다. 기타 에콰도르가 9위, 캐나다가 10위를 차지하고 있고, 파나마는 11위, 과테말라가 12위, 베네수엘라가 15위에 랭크되어 있습니다. 유럽국가로는 스페인과 네덜란드가 13,14위에 등재되어 있어 유럽 물동량의 파나마운하 이용도는 지리적 위치상 상당히 낮은 수준으로 보입니다. 참고로 수에즈운하를 통과하는 물동량이 세계 교역량의 15%인데 비해 파나마 운하는 5% 수준이라고 합니다. 파나마 운하는 2016년 6월말 확장(완공) 이후로 통과 선박 대형화로 물동량이 20% 이상 늘어나고 있다고 합니다.

꼴론 자유무역지대와 중계무역 거점, 중남미 시장진출 교두보

파나마는 인구 400만 명의 작은 나라인데도 인구 4~5천만 명의 아르헨티나나 콜롬비아에 비해 교역액 규모가 훨씬 큽니다. 파나마 총 수입 중 일부는 파나마 내수용이고, 잔여분은 콜론 자유무역지대의 중계무역을 통한 인근 중남미국 재수출용이기 때문입니다. 파나마는 100개 이상의 은행이 영업을 하고 있는 중남미 금융 중심지이기도 합니다.

2015년 경우 파나마 총수출은 120억 불인데, 이중 파나마의 수출액은 6.9억불에 불과하고, 콜론 중계무역 재수출이 113억불을 차지하고 있습니다. 총수입은 225억불인데, 파나마 일반수입이 121억불, 콜론자유무역지대 보세수입이 104억불입니다. 보통 콜론 보세수입이 일반수입보다 규모가 컸었는데 역전이 된 겁니다.

이처럼 파나마 경제에서 콜론자유무역지대가 차지하는 비중은 막대합니다. 콜론자유무역지대(Zona Franca de Colon)는 파나마시에서 80km 떨어진 카리브 연안에 위치하고 있으며, 중남미 최대이자 홍콩에 이어 세계2위의 자유무역지대로서 보세구역 특성상 상품을 무관세로 수입 후 물류창고에 보관하다가 미주 지역 수입상으로부터 공급 요청이 들어오면 재수출하는 중계무역기지 역할을 하고 있습니다. 그런데 2012년 중계무역액이 정점(총수입 270억불 중 콜론수입 146억불)을 찍은 후 감소세로 돌아서고 있는 상황(2015년 총수입 225억불, 콜론 수입 104억불)을 맞고 있습니다.

그 이유는 주요 재수출 대상국인 베네수엘라의 경제상황 악화와 콜롬비아의 콜론자유무역지대 산 의류 및 신발에 대한 수입관세 부과 등 악재가 겹친 탓이 큽니다. 베네수엘라로 2012년에는 23억불이 재수출되었으나 2015년에는 7.4억불로 대폭 줄어든 점이 가장 두드러지고 있습니다. 베네수엘라 경제위기로 비중이 높았던 외상거래에서 미지불 문제가 불거지자 현금거래만 추진되다 보니 위축이 될 수밖에 없는 것입니다. 이 외에도 최대 시장인 푸에르토리코로의 재수출 물량도 2012년 35억불에서 2015년 19억불로 줄어든 점도 한 요인이 되고 있습니다.

이제 파나마 운하 확장을 맞아 파나마 항구 이용 물동량도 크게 늘어날 전망이며, 미국과 쿠바 간 해빙 무드로 쿠바인들의 콜론자유무역지대 구매가 증가추세에 있는 한편 중남미 경제도 회복될 조짐을 보이고 있어 콜론 중계무역기지도 다시금 활기를 띨 것이라 합니다. 중남미의 경우 우리나라와는 지리적 거리가 너무 멀어 수출물품 적기공급이 어려운 점과 다품종 소량주문이 일반화 되어 있는 중남미 시장특성에 착안해 보면 우리나라 상품이 중남미 시장에 진출하기 위한 전략적 교두보로 콜론 자유무역지대 내 물류센터 설치가 중요성을 갖게 될 수 있습니다. 하지만 중소기업의 경우 물류센터 독자 설치 운영이 부담되고 어려울 수 있습니다. 이럴 때에는 KOTRA 파나마 무역관이 2006년 11월부터 현지 공동물류사업자와 손잡고 운영하는 한국기업 공동물류센터를 이용해보는 것이 좋은 방법이 되지 않을까 싶습니다. 통관수속 및 통관료 대납 등 In-bound 서비스와 선박확보 및 보험부보, 선적서류 작성 등 Out-bound 서비스를 비롯해서 운송, 보관, 재포장 등 창고 서비스와 스티커 부착 등 부가가치 서비스도 제공된다고 하니 관심 있으신 분은 코트라(www.kotra.or.kr)를 접촉해 보십시오.

중남미 최고의 마천루 도시 파나마 높이가 200미터 이상 되는 마천루(rascacielos) 빌딩을 가장 많이 품고 있는 중남미 최고의 마천루 도시는 파나마시입니다. 무려 20채나 갖고 있습니다. 2000년대 후반 및 2010년대 초반에 마천루 건설 붐이 일었던 결과입니다.

코스타리카

지구상 가장 행복한 나라 영국의 민간 싱크탱크인 신경제재단(NEF/New Economics Foundation)은 3-4년마다 세계 각국을 대상으로 지구행복지수(HPI/Happy Planet Index)를 산출해 발표합니다. 삶의 만족도와 평균수명, 환경발자국(환경파괴정도) 등을 국별로 비교 측정해서 산정하는데, 환경적 요인이 중시된다는 점이 특징적입니다. 이 지구행복지수가 가장 높은 나라가 어딜까요? 스위스? 아닙니다. 바로 코스타리카입니다. 2009년부터 3회 연속(2012년, 2016년) 세계 1위를 차지했습니다. 비록 잘살지는 못해도 좋은 자연환경을 갖고 있고, 스스로를 행복하다고 여기는 사람들이 월등히 많은 중남미 국가들이 대부분 상위권을 휩쓸고 있는 점이 두드러져 보입니다. 특히 코스타리카는 국토의 25%이상이 국립공원 등 자연보호구역으로 지정되어 있어 중미의 스위스로도 불리고 있습니다.

2016년 지구행복지수로 보면 코스타리카, 멕시코, 콜롬비아가 세계 랭킹 1,2,3위를 차지했습니다. 2012년의 경우 코스타리카와 콜롬비아가 1,3위를(2위는 베트남), 2009년에는 코스타리카, 도미니카공화국, 자메이카가 1,2,3위를, 그리고 동 지수가 최초로 발표되었던 2006년에는 콜롬비아가 2위, 코스타리카가 3위를 차지했었습니다. (1위는 바누아투)

군대 없는 나라: 코스타리카는 1948년 12월1일 군대를 철폐하고 이듬해 개헌을 통해 1949년 헌법에까지 명시함으로서 공식적으로 군대 없는 나라가 되었습니다. 역시 군대가 없는 파나마나 아이티 등과 마찬가지로 경찰조직 특수부대가 국방을 맡고 있습니다. 군대가 없다보니 중남미 여타국과 같은 군부독

재는 나올 수가 없습니다. 자연히 민주주의 발달에도 도움이 되어 중남미에서 민주주의가 가장 발달한 나라(2006년/The Economist)로 꼽히기도 하며, 민주주의가 정착되니 언론의 자유 지수에서도 중남미 1위(2010년/국경 없는 기자회)를 차지합니다.

한편 군 조직 유지와 무기 구입 등에 쓰이던 국가예산을 교육이나 환경 및 국민보건 등으로 돌리니 노동생산성이 중남미 최고수준으로 향상되는 한편, 삶의 만족도가 중남미 1위(2008년/IDB)를 차지하기도 합니다. 위에서 살펴본 대로 지구상 가장 행복한 나라가 된 것도 군대철폐라는 배경이 있었기 때문이라는 해석도 나오게 됩니다. 그렇다고 항상 좋은 면만 있는 것은 아닙니다. 니카라과와의 국경분쟁 등이 발생하면 군대가 없다는 점이 아쉽게 느껴지기도 하고, 경찰력만으로 국가안전 및 치안을 보장하기 어려운 측면도 있습니다.

코스타리카는 1986년부터 12월1일을 군대철폐일로 지정하고 매년 기념행사를 하면서 국민들이 역사에 길이 빛나는 영웅적 행위로서 그 의미를 되새겨 보도록 하고 있습니다.

*** 코스타리카가 군대를 없애버린 이유는?**

1948년 대선에서 선관위는 야당 후보의 승리를 선포합니다. 하지만 여당이 불복하여 의회를 소집하여 재선거를 결의하자 정국은 혼돈상황이 됩니다. 이때 멕시코 망명 중이던 대농장주 출신의 호세 피게레스가 귀국하여 민병대를 조직해서 정부군에 대항합니다. 1948년 3~4월 5주간의 내전 끝에 5월8일 피게레스가 임시정권을 잡고 은행 국유화 등 일련의 개혁조치와 함께 군대를 폐지합니다. 왜 피게레스는 군대를 서둘러 폐지했을까요?

이와 관련, 3가지 해석이 있습니다. 1) 자신이 이끌던 민병대에 대항했던 정부군에 대한 신뢰감 결여, 2) 자신이 내전 승리를 통해 힘으로 집권한바 해외 망명 정적들이 군대와 연결고리를 만들어 자신을 몰아내지 않을까 하는 역 쿠데타에 대한 우려(정략적 계산), 3) 1947년 9월 미국이 공산주의 확산 방지를 위해 중남미 18개국과 리우에서 체결한 미주상호원조조약을 뒷배로 활용(외교적 계산) 등입니다. 이 세 가지가 복합 작용한 것이라는 분석도 있습니다.

피게레스는 18개월만 짧게 집권하고 1949년 11월 제2공화국 출범과 함께 당초 대통령으로 선출되었던 야당후보에게 정권을 넘기고 물러난 점에 주목할 필요가 있습니다. 개인적 권력욕을 채우기 위해 정략적으로 군대를 철폐했다고 보기는 어렵고, 민주정권의 안정성을 추구했다는 점입니다. 더구나 이것이 헌법으로까지 명문화된 것은 집권자 개인의 욕심이 아닌 국가와 국민을 위한 확신이 반영된 것으로서 국민들의 지지를 받고 있는 점이 중요한 포인트가 됩니다.

과테말라

상춘의 도시 과테말라와 마낄라(Maquila) 과테말라 하면 엘살바도르나 온두라스처럼 날씨가 더울 것 같은 느낌이 듭니다만 저지대에 위치한 여타 도시들은 푹푹 찌는 더위인데 비해 수도인 과테말라시는 해발 1,500미터 고지에 위치한 상춘(常春)의 도시입니다. 1년 내내 따스한 온기가 도시를 휘감아 꽃이 항상 만개해 있습니다. 콜롬비아 수도인 보고타시가 2,650미터 고도에 위치한 상추(常秋)의 도시로서 1년 내내 쌀쌀한 가을 날씨인 것에 비해 사람이 살기에 최적의 온도가 아닐까 싶습니다. 꽃이 항상 피어 있다 보니 세월 가는 것이 느껴지지 않고, 크리스마스에도 한낮에는 더위까지 느껴지기도 하니 크리스마스 분위기를 내기란 여간 어려운 것이 아닙니다. 1년 내내 꽃이 피어있는 점이 처음에는 좋았는데 몇 년 지나니 4계절 변화가 뚜렷한 우리나라가 그리워지기도 했습니다. 우리나라가 IT 분야에서 변화와 혁신의 아이콘으로 중남미 기업인들에게 비춰지고 있는데, 자연적인 계절변화도 여기에 어느 정도 영향을 주는 것이겠지요.

과테말라는 필자가 근무했던 90년대 초중반에는 마낄라도라(Maquiladora/보세임가공/미국이나 외국에서 원부자재를 수입해 현지 제조 후 미국으로 관세 혜택을 받아 수출) 산업이 중남미 전체를 통틀어 우리기업이 가장 많이 투자 진출한 나라가 아닌가 싶은 생각이 들 정도로 100개사가 넘는 의류봉제 수출업체가 활동을 하고 있었습니다. KOTRA 자료(2016 해외진출 한국기업 디렉토리 등록업체 수 기준)에 의하면 현재 78개사의 한국기업이 진출해 있는 것으로 나와 있습니다. 그런데 멕시코의 경우 2000년대 들어서부터 계속 늘어나 현재 185개사가 진출해 있어 멕시코가 중남미에서 가장 많은 한국기업을 빨아들이는 모양새인데, 트럼프 정부의 미국과 멕시코 간 갈등으로 변화가 모색되는 분위기인 것 같습니다. 브라질은 63개사가 등록되어 있어 과테말라가 중남미 랭킹 2위의 한국기업 투자진출국이 되어 있는 것 같습니다.

과테말라 진출 78개사 중 62개사가 과테말라 시티에 자리를 잡고 있습니다. 대부분이 마낄라(마낄라도라) 업체인데, 수도에 소재하게 된 주된 이유 중 하나가 기후였습니다. 도미니카공화국이나 온두라스, 엘살바도르 등 여타 마낄라 지역이 무더위로 봉제공장 내 에어컨 가동이 필요한데 비해 과테말라 시티는 선선해서 그럴 필요가 없으니 그만큼 고정성 경비가 절감이 되는 것입니다. 이렇듯 과테말라시티는 높은 치안위험을 무릅쓰고 현지 투자진출한 우리 중소 제조수출기업들과 상당히 밀접한 관계를 축적해가고 있는데, 이 사실만으로도 독자 여러분이 알아둘만한 곳이 아닐까 하여 간략히 소개해드렸습니다. 물론 마낄라도라의 원조인 멕시코의 경우 NAFTA(북미자유무역협정) 이후 성공적으로 마낄라 산업을 키워왔음에도 미국 부품 구입비중이 너무 높다보니 마낄라 신화가 거품이 아니냐 하는 점이 일부 지적되고 있습니다. 하지만 수십 년간 이어지고 있는 마낄라 비즈니스가 우리 기업 및 현지 경제에 주는 긍정적 효과까지 퇴색시킬 수는 없습니다.

심금 울리는 국가적 전통악기 마림바(Marimba) 마림바는 호리병박 등 나무 재질로 만든 실로폰 같은 타악기인데, 원래 아프리카에서 발원하여 유럽으로 건너가 오케스트라에서도 많이 쓰이고 있습니다. 그런데 중남미에서도 마림바 문화가 깊숙이 자리 잡고 있음을 볼 수 있는데, 과테말라를 비롯해서 콜롬비아, 에콰도르, 멕시코, 코스타리카, 온두라스, 니카라과 등지에도 마림바 문화가 퍼져 있습니다. 필자가 과테말라나 멕시코, 콜롬비아 등지에 살면서 거리에서 마림바 연주를 가끔씩 접하곤 했는데, 특히 과테말라 경우에는 어디를 가나 마림바 연주를 쉽게 보고 들을 수 있었습니다. 청아한 울림에 심금이 촉촉이 적셔오는 느낌이 듭니다.

과테말라가 왜 마림바 문화의 원조인 것처럼 과테말라적인 특성을 강하게 띠게 되었는지 근원을 잠깐 살펴보겠습니다. 근원은 두 가지 설이 있는데, 마림바가 현 과테말라 인들의 원주민인 마야 인들이 예로부터 써오던 악기라는 설이 첫 번째인데, 이는 국제적으로 인정을 받지 못하는 것 같습니다. 두 번째가 16세기 아프리카 흑인들이 과테말라 등 중남미로 끌려와 노예생활을 하게 되면서 마림바 문화가 중남미에 광범위하게 퍼지게 되었다는 설로서 설득력을 인정받고 있습니다.

이처럼 과테말라가 마림바 원조는 아니지만 마림바 문화가 세계에서 가장 잘 정착된 나라인 점은 분명해 보입니다. 왜냐고요? 마림바는 국회 발의로 1978년 국가 악기(Instrumento Nacional)로 지정된 이래 전국적으로 확산되었으며, 1999년에는 법령(decreto 31-99)에 의거하여 과테말라의 국가적 상징(Símbolo Patrio)으로 공식 지정되어 있는 점, 매년 2월20일이 마림바의 날(Día de Marimba)로 지정되어 축제가 시행되는 점, 교육부가 전국 국공립 및 사립학교들에 대해 마림바 교육을 의무화하여 국가전통예술문화의 거점으로 삼고 있는 점 및 수천 곡의 고유 마림바 음악이 작곡되어 있고 보편화되어 국민생활 속으로 깊이 파고들어가 있는 점 등을 들 수 있겠습니다.

| 카리브 지역

도미니카공화국

미주대륙 최초의 도시 및 대학, 콜럼버스 등대와 유해: 산토도밍고는 콜럼버스가 세운 신대륙 최초의 도시로서 신대륙 최초의 대학인 산토도밍고 대학(1538년 설립된 산토 토마스 데 아키노 대학의 현재 이름)이 있으며, 교황이 신대륙 최고(最古)의 성당으로 선포한 산타마리아 대성당(1510~40년 완공)과 콜럼버스 아들(디에고 콜럼버스)이 지은 콜럼버스 왕궁(Alcazar de Colon), 스페인 왕실이 파견하여 집무를 봤던 총독궁(Casa Real) 등이 있습니다.

산토도밍고에 있는 콜럼버스 등대(Faro a Colon)는 신대륙 발견 500주년(1992)을 기념하여 지어진 건물로서 콜럼버스 유해가 안치된 곳으로 유명합니다. 콜럼버스가 스페인에서 생을 마감하며 자신이 세운 신대륙 최초도시에 대한 애착이 컸기 때문에 산토도밍고에 뼈를 묻어달라는 유언을 남겼다고 합니다.

홈런왕 새미소사(Sammy Sosa)와 야구계 세계 최강국: 도미니카 하면 홈런왕 새미소사가 먼저 떠오를 만큼 세계적인 야구 강국으로 알려져 있습니다. 2006년 이 나라 대통령이 방한할 당시 새미 소사를 대동하고 온 것을 보면 새미소사의 세계적 위상을 짐작케합니다. 새미소사는 1998~2002년 5년간 미국 메이저리그(시카고 컵스)에서 뛰면서 홈런왕으로 세계적 슈퍼스타가 되어 전성기를 맞았습니다. 2003년부터 부정배트 사용 및 약물 파동, 거짓 해명 등으로 일그러진 영웅이 되어 결국 2009년 은퇴했지만 현재까지 여전히 명예의 전당 후보로 이름을 올리고 있습니다.

새미 소사뿐만 아니라 지금은 은퇴한 알렉스 로드리게스나 페드로 마르티네스 등은 물론 현역으로 활동 중인 로빈슨 카노(Canó) 등 미국 메이저리그 주전선수 중 상당수가 도미니카 공화국 출신입니다. 도미니카는 2013년 야구 월드컵이라 할 수 있는 제3회 WBC(월드 베이스볼 클래식)에서 8전 전승으로 우승하여 세계 야구 최강국으로 부상하기도 했습니다. 아마야구 세계최강국이자 2006년 제1회 WBC 준우승국인 쿠바 및 2013년 제3회 WBC 준우승국인 푸에르토리코 등과 함께 카리브권이 세계 야구사의 주역으로 주목받고 있습니다. (*한국은 2009년 제2회 WBC 준우승)

도미니카 대통령은 2013년 자국이 WBC 세계챔피언으로 등극하자 이를 경축하기 위해 다음 날을 국경일로 선포하는 등 국가적 관심을 표했으며, 국민들의 야구를 향한 열정 역시 매우 뜨거워서 작은 공터만 있으면 야구를 하는 동네 아이들의 모습에서 야구 강국의 밝은 미래를 비춰주고 있습니다.

정열적인 라틴 댄스 메렝게(Merengue)의 본산: 도미니카 메렝게는 아르헨티나 탱고, 브라질 삼바, 쿠바 살사와 더불어 라틴 댄스를 대표하는 종목입니다. 아프리카와 스페인 음악이 접목되어 탄생한, 빠른 리듬의 경쾌한 음악으로서 도미니카 공화국의 국민정서를 가장 잘 표현한 고유문화 산물이며, 국민들에게 문화적 자부심을 불어넣어주고 있습니다. 낮에도 밤에도 거리에서 춤을 추자는 메렝게 가사가 있을 정도로 메렝게를 모르고서는 도미니카를 이해할 수 없습니다.

필자는 멕시코, 아르헨티나, 콜롬비아 등 여타 중남미보다도 도미니카 사람들이 춤추고 즐기는 것을 더 좋아한다는 느낌을 받았습니다. 왜냐하면 대부분의 중남미 사람들은 금요일과 토요일은 밤새워 놀아도 일요일 밤에는 특별한 경우가 아닌 한 조용히 넘어갑니다. 하지만 도미니카는 일요일 밤부터 월요일 새벽까지 환락의 삶을 구가하는 경우가 많습니다. 필자는 일요일 밤늦게까지 이어지는 풍악소리에 월요일 출근이 영향을 받지 않도록 해외출장 다닐 때 기내에서 쓰던 귀마개로 귀를 틀어막고 잠을 청하기도 했습니다. 카리브 지역이 이런 점에서는 여타 중남미보다 한수 위인 것 같습니다.

메렝게 춤의 기원은 일설에 의하면 서로 발이 묶인 사탕무 농장의 노예들이 움직이기 위해서 발이 하나인 것처럼 걸어야 했던 데에서 연원했다고 합니다.

산토도밍고에는 전통음식점에서 식사를 하며 메렝게 춤을 감상하거나 남녀 무용수와 함께 춤을 추는 곳이 여러 곳 있습니다. 무희가 남성 고객에게 다가가 춤을 제의하기도 하며, 남성 무용수는 여성 고객에게 춤을 신청합니다. 크게 어렵지 않으니 독자 여러분도 현지 출장가시면 제의를 거절하지 마시고 문화체험을 직접 해보시기 바랍니다.

카리브해의 진주 카리브해 하면 보통 아름다운 비취색/옥색 바다를 떠올리게 됩니다. 수많은 카리브해 연안국들은 모두가 자국을 카리브의 진주로 생각하는 경향이 있는 것 같은데, 접근성이나 규모 측면, 옥색 바다 빛깔 등을 고려해보면 아마 도미니카 공화국이 으뜸이 아닐까 싶습니다. 물론 쿠바를 첫 번째로 치는 경우도 많습니다. 하지만 카리브의 진주 여부를 수도를 기준으로 보면 아바나에서는 옥색 바다를 보기 어려워 대표 휴양지 바라데로(Varadero)까지 가야 하는데, 차로 2시간이 소요되어 업무로 바쁜 출장자들에겐 접근성이 다소 떨어지지 않나 생각됩니다. 반면 도미니카공화국의 경우 굳이 대표 휴양지인 뿐따까나(Punta Cana)까지 가지 않더라도 수도 산토도밍고도 옥색바다를 끼고 있으며, 공항 인근(차로 15분 거리)에도 안락하고 저렴하게 이용 가능한 아름다운 옥색해변(보까치까/Boca Chica)이 있어 업무상 출장자의 접근성이 매우 뛰어나다는 점이 부각됩니다. 해변 휴양시설 역시 잘 갖춰져 있어 카리브의 진주로 손색이 없어 보입니다. 도미니카공화국을 찾는 외국인 관광객은 90년대 후반이후 급격히 늘고 있습니다. '93년에 175만 명을 기록하다가 '99년에는 300만 명을 돌파했으며, 2005년에 400만 명, 2012년에 500만 명, 2015년에 600만 명을 기록했으니 이 나라가 꿈꾸고 있는 연간 1천만 관광객 목표 달성도 그리 먼 미래의 이야기는 아닐 것으로 보입니다. 도미니카공화국이 이렇듯 관광 여건은 좋으나 근무 내지 생활 여건은 그다지 양호하지는 못합니다. 카리브 진주들의 대체적인 특성입니다. 따라서 지나친 환상은 금물입니다.

쿠바

시가(cigar/puro) 말린 담뱃잎을 말아 필터에 거르지 않고 피우는 담배를 시가(cigar/스페인어로는 뿌로/puro)라고 하고 일반 담배를 시가렛(cigarette)이라 합니다. 엣(-ette)이라는 접미어는 작고 귀엽다는 의미가 있는 만큼 시가는 일반 담배에 비해 덩치가 크다는 의미를 내포하고 있는 만큼 투박하게 생겼으며, 강하고 독해서 웬만해서는 필 엄두도 못 냅니다. 그런데 이 독한 시가(뿌로)가 아시아에는 잘 먹히지 않아 시장이 미약한 반면 유럽에서는 잘 팔린다고 합니다. 앞으로 미국의 엠바고가 완전 해제되면 미국시장이 최대 시장이 될 것으로 쿠바 시가업계는 기대하고 있습니다.

세계 뿌로(시가) 시장은 미국을 제외한 상태에서 연간 4억 개비 시장이며, 이 중 70%가 쿠바 시가라고 합니다. 쿠바의 시가 독점사업자인 Habanos사에 의하면 꼬이바(Cohiba) 및 몬테크리스토(Montecristo)등 20여개 브랜드로 세계 150여 개국에 수출하여 2016년 기준 4억4,500만 달러의 수입을 올렸다고 합니다.

2014년 기준 쿠바의 시가 수출시장 분포를 보면 유럽은 56%, 미주는 15%, 중동아프리카 15%, 아시아태평양 지역 14%이며, 2015년부터 미국인들의 쿠바 시가 반입이 100불~100개비 범위 내 허용됨에 따라 점차 늘어나고 있으며, 중국 등 아시아 시장도 확대 추세에 있다고 합니다.

여타 지역에 비해 유럽인들의 시가 선호도가 높음을 볼 수 있는데, 유럽에 어떻게 해서 쿠바 시가가 전해지게 되었을까요? 그 열쇠는 콜럼버스에게서 찾아볼 수 있습니다. 1492년 쿠바에 상륙한 콜럼버스는 원주민(타이노족)들이 꼬이바(Cohiba)라는 식물의 녹색 잎을 비비 꼬아서 야자수 잎에 싸서 연기를 들이마시는 것을 보고 담배의 존재를 알게 되었습니다. 신기하게 여겨 이를 스페인으로 가져가 귀족들에게 소개를 했더니 유럽 전역으로 퍼져나가게 되었으며, 1515년경부터는 쿠바 시가는 금 나와라 뚝딱 하는 돈방석이 됩니다. 1676년에는 스페인에 시가공장이 들어서며, 베니스와 제노아 항구가 유럽향 시가 운송항으로 각광을 받게 됩니다.

그러면 쿠바는 언제부터 시가 생산 공장을 갖게 되었을까요? 스페인이 시가로 큰돈을 버는 것을 보고 영감을 받은 프랑스 루이 15세의 지시로 18세기 중반 프랑스 내에 공장을 짓자 이에 뒤질세라 독일도 뛰어들었으며, 1800년경에는 이태리에서도 시가가 제조되는 등 유럽 내 경쟁이 날로 심화되어 갑니다. 독점 카르텔이 깨져 고심하던 스페인은 쿠바에서 꼬이바 잎을 따서 유럽으로 보낸 것보다 쿠바에서 만들어진 시가를 완제품으로 보낸 것이 장기간의 대서양 횡단 항해에 더 잘 견디는 점을 발견하고 1810년 쿠바 내에 생산 공장을 짓게 된 것이 쿠바 내 시가 생산기지 효시가 됩니다.

1817년에는 스페인 국왕이 쿠바에 자유무역 권한을 부여하는 칙령을 내리면서 아바나 항구는 세계 시가 무역의 중심지로 떠오르게 되며, 1830~50년 사이에 수많은 자체 브랜드가 생겨나면서 아바나의 황금기가 도래합니다.

1850년에는 네덜란드의 복(Gustaf Bock)이라는 인물이 브랜드 이미지를 고급화시킨 디자인을 선보이자 쿠바 시가의 격이 대폭 높아집니다. 이에 따라 유럽의 왕족이나 수상, 대통령 등 국가 최고 지도자들이 시가를 애용하게 되는 현상이 나타납니다. 그러자 쿠바 시가는 부와 권력의 상징이라는 세계적 평판을 즐기게 됩니다. 그 대표적 사례가 영국 처칠 수상입니다. 평생 동안 25만 개비를 피웠다고 합니다.

마지막으로 한 말씀만 더 드리겠습니다. 쿠바가 산지인데도 시가 가격이 상당히 비쌉니다. 그래서 아바나에 가보면 외국인 관광객에게 접근해서 뿌로(시가)를 반값이하로 싸게 주겠다고 유혹하는 불법 판매상들을 볼 수 있는데, 이는 공장에서 불법으로 빼돌린 물량으로서 적발될 경우 신상에 문제가 생길 수 있으니 값을 더 치르더라도 정품을 사는 게 안전할 겁니다.

혁명의 아이콘 체게바라와 농염한 라틴댄스 살사의 공존 쿠바 시가 하면 처칠 말고 떠오르는 사람이 또 있습니다. 바로 체게바라입니다. 유복한 아르헨티나 가정에서 태어나 볼리비아에서 짧은 생을 비참하게 마감한 쿠바 혁명의 아이콘으로 너무 유명한 인물이니 설명은 필요 없을 것입니다. 다만 필자가 90년대에 쿠바를 몇 차례 방문했을 때 느낀 점인데, 카스트로는 전혀 우상화가 되어있지 않은데 반해 체게바라는 여기저기 대형 초상화가 많이 걸려 있는 점이 이채로웠습니다.

그런데 사실 필자가 더 충격을 받은 것은 아바나 시내 어디를 가나 섹시한 복장을 한 아가씨들이 쿠바 특유의 경쾌한 살사 리듬이나 낭만적인 재즈 음악에 몸을 맡겨 엉덩이를 흔들며 춤을 추는 모습들이었습니다. 심지어 공산혁명의 사도인 체게바라 초상화 옆이나 "조국이냐 죽음이냐(muerte o patria)" 등 섬뜩한 느낌의 혁명정신을 강조하는 현수막 아래에서도 말입니다.

공산주의 국가에서 어찌 이럴 수가… 마치 최고 존엄으로 추앙받는 김일성 동상 옆에서 섹시한 복장으로 농염한 미소를 지으며 살사를 추는 북한 여성 모습으로 이미지가 중첩되어 잠시 혼란스러웠습니다. 그런데 쿠바에서는 이런 모습이 보편적이고 자연스러웠습니다. 일터에서도 음악만 나오면 바로 몸을 흔들어대니 혁명은 멀고 음악은 가까운 것처럼 보였습니다. 자본주의와 사회주의가 뒤섞여 있는 그런 모습으로 비쳐졌습니다. 물론 쿠바 정부가 살사 보급을 정책적으로 지원하고 있기는 하지만 눈앞에 현실적으로 펼쳐지는 모습을 보며 쿠바를 한마디로 요약해보자면, 자유를 억압하는 혁명과 자유 문화의 상징 살사의 공존이 아닐까 싶습니다.

쿠바 재즈와 부에나비스타 소셜 클럽(Buena Vista Social Club)

쿠바 하면 재즈가 생각나고, 쿠바 재즈 하면 가장 먼저 생각나는 게 바로 부에나비스타 소셜 클럽(BVSC)이 아닐까 싶을 정도로 BVSC는 쿠바의 세계적인 재즈보컬 그룹입니다. 쿠바 제2도시인 산티아고 데 쿠바 출신인 볼레로 가수 이브라임 페레르(Ibrahim Ferrer)와 보컬 겸 기타리스트인 콤파이 세군도(Compay Segundo) 등이 중심이 되어 1996년 5명으로 구성된 클럽인데, 카스트로 혁명 이전인 1930~40년대 쿠바 음악의 전성기 시절 아바나 동부에 있던 고급사교클럽의 이름을 미국의 한 레코딩 프로듀서(라이 쿠더/Ry Cooder)가 그대로 따서 명명한 것이 세계적으로 유명해진 것입니다. 이 미국인 프로듀서가 아니었다면 쿠바 음악이 유명해지기는커녕 클럽조차 결성되지 못했을 겁니다. 혁명 이전 가수로 활동하던 페레르는 구두닦이로, 세군도는 이발사나 담배공장 노동자로 생을 마감했을 거라고 합니다. 이 클럽은 아프로 쿠반(Afro-cuban) 재즈 클럽으로서 아프리카 출신 쿠바인들의 애환이 담긴 낭만적인 재즈 음악을 통해 듣는 이의 심금을 촉촉이 적셔주며, 쿠바 음악의 진수를 세계인들에게 전해줬습니다. 결성 당시 70대이던 1세대 음악인들이 대부분 떠나고 지금은 그 빈자리를 다른 음악인들이 메우고 있다고 합니다. 2015년에는 오바마 대통령 초청으로 50년 만에 감동적인 백악관 연주회가 열려 미국과 쿠바 간 관계가 전환점을 맞이했음을 상징적으로 보여주기도 했습니다.

럼(ron)의 대명사 바카르디와 아바나 클럽에 얽힌 이야기 우리나라 사람들 중 상당수는 럼 하면 캡틴 큐가 생각나고, 캡틴 큐 하면 카리브 해적이 연상될 텐데, 이 럼(ron)의 본산지가 쿠바입니다.

쿠바내 대표 브랜드가 지금은 아바나 클럽(Havana Club)이지만 쿠바 혁명 이전에는 바카르디(Bacardí)였습니다. 바카르디는 쿠바의 스페인 카탈루냐 지방 출신 이민자인 바카르디(Facuno Bacardí Massó)가 1862년 쿠바 제2 도시 산티아고(Santiago de Cuba)에서 창업한 회사인데, 당시 문맹률이 높았던 사회 환경에서 박쥐를 로고로 사용함으로써 마케팅에 대성공을 거둔 것으로 알려져 있으며, 1898년 쿠바 독립 이후 사세를 확장하여 1930년대 들어 Ron Bacardí라는 브랜드로 국제적 명성을 날리게 됩니다(1931년 멕시코, 1936년 푸에르토리코, 1944년 미국 진출).

이때부터 쿠바가 럼의 고장으로 알려지게 되었고, 바카르디가 럼의 대명사가 되었습니다. 1954년에는 헤밍웨이가 노벨문학상을 수상하자 축하 파티를 열어주기도 합니다. 하지만 1960년 쿠바 혁명 이후 카스트로에 반대하여 쿠바를 떠나 미국 플로리다로 본사를 옮겼으며, 현재 쿠바에서는 생산되지 않으나 마케팅 전략상 쿠바가 바카르디 럼의 발원지임을 연계시키는 전략을 펴고 있습니다.

Havana Club은 혁명 이후 쿠바 정부에 의해 국유화되긴 했으나 바카르디가 동 브랜드도 원 소유주로부터 사들였습니다. 쿠바 정부가 프랑스 기업(Pernod Ricard)과 손잡고 생산하는 아바나 클럽은 미국을 제외한 세계 각국에서 판매되고 있으며, 바카르디가 생산하는 아바나 클럽은 미국과 미국령 푸에르토리코 등에서 판매되고 있습니다만 쿠바에서는 상표권 인정이 안 되기 때문에 Caney라는 브랜드로 판매되는 등 상표권 분쟁을 겪고 있습니다.

쿠바리브레(Cuba Libre)와 모히토 쿠바 럼으로 만든 칵테일로 쿠바리브레(cubalibre)와 모히토(mojito)가 유명합니다. 미국의 대문호 헤밍웨이가 쿠바 거주 당시 작품 활동을 하며 즐겨 마셨다고 하는 모히또는 럼에 레몬과 탄산수, 민트 잎을 넣어 만든 고급 칵테일인데 비해 쿠바리브레는 럼에 콜라를 섞어 만든 비교적 단순한 칵테일입니다. 아바나에는 헤밍웨이가 가끔 들러 모히또를 마셨다는 술집이 유명하다고 해서 가봤는데 사람들로 북적거리는 데 비해 고급 칵테일로 유명세를 탄 집 치고는 서민적 분위기가 물씬 풍겼습니다.

필자는 무더운 도미니카공화국에 살면서 시원한 쿠바리브레를 즐기는 현지인들이나 우리 한인들의 모습들을 봐왔는데, 쿠바 리브레의 탄생배경을 살펴보면 흥미진진한 일화가 있어 소개해 드립니다.

1898년 쿠바 독립전쟁(미-서 전쟁)을 통해 독립을 이룩한 쿠바에서 미군정이 실시되고 있을 때인 1901년경 쿠바 독립을 지원해온 미국군이 쿠바의 스페인으로부터의 해방을 축하하고 독립전투에 나섰던 쿠바 군인들의 독립정신을 기리고자 쿠바 바카르디 럼에 미국 콜라를 섞어 "자유 쿠바를 위하여"(Por Cuba Libre!)를 외치며 건배를 제창했던 데에서 유래했습니다. 쿠바와 미국이 힘을 합쳐 스페인을 몰아내고 자유 쿠바를 쟁취했다는 의미를 담고 있습니다.

쿠바리브레가 유명해지자 바카르디사는 1966년부터 써오던 "rum & coke" 대신 Cuba Libre를 1998년부터 광고에 정식 활용하게 됩니다. 그러자 스페인 광고협회에서는 쿠바 리브레가 쿠바산이 아님에도 쿠바에서 나온 것처럼 소비자들을 현혹시킬 수 있다며 쿠바 리브레 명칭 사용을 중단토록 법원에 제소하여 쿠바 리브레가 더욱 유명해지게 되었습니다.

제4부

중남미 근무 경험담 및 흥미진진 에피소드(I)

- 중남미 생활현장 에피소드/ 주재원의 삶

제21강 중남미 주재원으로 살아가는 삶의 빛과 그림자

필자는 18년 동안 중남미 5개국과 스페인 등 스페인어 문화권에서 주재원 생활을 했습니다. 평균적으로 3년은 해외에서, 2년은 국내에서, 이런 평균적 주기로 순환근무를 하다 보니 본인이야 자신이 원해서 선택한 길인만큼 적응에 별 문제가 없더라도 가족이 겪는 고통은 상당히 큽니다.

필자 가족이 직접 겪은 사례와 여타 대사관이나 상사 주재원 가정들이 겪은 사정들을 종합하여 중남미 주재원으로 산다는 것이 어떤 의미인지 부정적 측면과 긍정적 측면을 여과 없이 적나라하게 조명해 보도록 하겠습니다. 혹시 독자 여러분 중에 중남미 주재원 생활을 이제 처음 시작하시거나 앞으로 주재원 생활을 앞두고 있는 분들은 주재원의 삶이 어떠한 것인지 궁금하실 텐데, 이번 강의가 조그마한 참고가 되지 않을까 싶습니다. 중남미로 출장을 다니시거나 중남미 관련 비즈니스를 하시는 분들, 또는 중남미에서의 삶이 어떤 모습인지 궁금해 하시는 분들에게도 이해의 폭을 넓히는 계기가 될 것으로 봅니다.

ㅣ 어두운 면

먼저 어두운 면으로 시작해서 밝은 면으로 끝마치도록 하겠습니다. 중남미에서 주재원으로 살다 보면 본인이나 가족이 여러 가지 이유로 예상치 못한 고통을 겪는 경우를 보게 됩니다.

이질적 문화와 생소한 언어로 인한 부적응 문제에다가 한국에서와는 사뭇 다른 가정과 직장 간 불분명한 한계로 인한 관계 갈등, 나와 우리 가족이 무사히 한국으로 돌아갈 수 있을까 싶은 매일매일 부닥치는 불안한 치안 환경, 고지대의 경우 높은 고도로 인한 산소부족 문제 및 이로 인한 각종 질병에 그대로 노출되는 점, 저지대의 경우 말라리아나 뎅기열 등 무서운 풍토병과 열악한 의료시설에서 아이를 낳고 치료하고 키우는 과정상 겪게 되는 각종 문제점, 매일같이 야근을 밥 먹듯이 하다가 과로로 병원에 실려 가곤 하는 배우자 뒷바라지 등 주재원 가족을 힘들게 하는 요소는 도처에 널려 있습니다. 이중 주요 사항 몇 가지를 중심으로 이야기를 풀어가 보도록 하겠습니다. 여기서 고지대란 보통 멕시코시, 보고타, 키토 등 2천 미터 이상 고원도시를 의미합니다만 과테말라시 등 1,500미터 높이에서도 상황에 따라 고지(高地) 증세가 나타나는 경우가 있습니다.

질병 노출

나라가 바뀔 때마다 기념으로 질병을 한두 가지씩 얻게 되는 경우들이 종종 나옵니다. 본인에게 해당되는 문제일 수도 있고 배우자나 자녀에게 해당되는 문제일 수도 있습니다. 한국에선 멀쩡하던 눈이 중남미 고지 생활하며 안과 질환을 얻어 한쪽 시야를 상실한다든가 또는 갑상선암을 얻는다든가, 호흡곤란으로 갑자기 심장마비로 숨진다든가, 매캐한 냄새가 나는 극도로 오염된 공기 탓에 심한 비염이나 후두염 등으로 고생하다가 수술을 했는데 잘못되어 목숨이 위태로워지기까지 하는 사례, 고지 불면증 내지 편두통으로 고통을 겪는다든가, 계속되는 과로로 몸이 허약해진 상태에서 면역력이 급격히 떨어져 모기로 인한 뎅기열에 걸려 사경을 헤맨다든가, 의사와 환자 간 스페인어 소통 부족으로 엉뚱한 부위를 잘못 수술해버린다든가, 아메바가 득실대는 물을 마셔 탈진된다든가 하는 가족 건강문제가 중남미 험지에 사는 주재원들의 최우선 이슈가 아닐까 합니다.

중남미에도 콜롬비아나 아르헨티나, 칠레, 브라질, 멕시코, 코스타리카 등 나라에 따라서는 좋은 병원들도 간혹 있습니다만 제대로 된 병원을 찾기가 어려운 나라도 부지기수입니다.

또한 언어문제가 커다란 장벽이 되기도 합니다. 어설픈 스페인어로 덤볐다가 크게 문제되는 경우도 발생하는 사례가 있습니다. 잘못 알아들은 상태에서 단순히 고개를 끄덕거린다거나, 수술동의서 내용을 제대로 인지하지도 못한 상태에서 서명까지 해버린 것이 돌이킬 수 없는 화근이 되어 몸을 망쳐놓는 경우가 발생하기도 합니다. 현지 의사들이 영어를 한다고 해도 우리 쪽이 정확한 의사소통이 안 되는 경우가 있고, 환자 쪽은 영어에 문제가 없어도 의사 쪽이 문제가 되는 경우도 나오고 있어 심각한 증세로 병원에 가려면 현지어로 정확한 의사소통에 문제가 없는 분의 도움을 받아야 하는 등 불편한 점이 한두 가지가 아닙니다.

치안불안

치안불안 인명사고는 중남미에서 흔히 발생합니다. 사실 질병보다 더 큰 이슈로 다가오는 경우가 많으나 여기서는 두 번째 이슈로 다루도록 하겠습니다. 필자가 실제로 겪었거나, 직접 경험한 사람들 내지 관계자로부터 들은 경험담, 현지 경찰 자료나 언론 등에 보도된 사례 등을 종합하여 몇 가지 예를 들어보겠습니다.

필자가 과테말라에 부임해보니 희한한 광경이 눈을 사로잡았습니다. 시내에 있는 상점이나 약국 등에서 물품을 사거나 음식점에서 식사를 하려는데 총을 든 무장 경비원이 지키고 있는 것은 물론 가게마다 창문에 쇠창살을 쳐놓고 조그마한 구멍을 통해 돈을 받고 물건을 내준 다음에는 얼른 구멍도 닫아버리는 겁니다. 전기에 감전된 듯 머리가 쭈뼛쭈뼛 해지며 온 몸에 전율이 느껴졌습니다. 이런 나라에서 가족과 함께 어떻게 3년 근무를 무사히 마치고 온전한 상태로 고국 땅으로 돌아갈 수 있을까 하는 근심과 의구심이 밀려들었습니다.

그때부터 사주경계가 시작되었습니다. 사주경계가 뭔지 군대 갔다 오신 분들은 바로 이해하실 겁니다. 내 주변 사방으로 위험요소가 없는지 살피는 것입니다. 내 뒤에 누가 따라오는지, 내 옆에는 누가 있고 뭘 하는지, 내 앞에는 뭐가 있는지 등등을 가늠해보는 것입니다. 노상에서 혹은 음식점에서 또는 야근 중 사무실에서 강도를 만나는 경우 어떻게 할 것인지에 대한 대비책도 나름 마련해두고 팽팽한 긴장감 속에 하루하루를 살다 보면 어느덧 사주경계가 몸에 배어 중남미 생활이 안전해지고 편해짐을 느끼게 됩니다. 독자 여러분들의 이해를 돕기 위해 몇 가지 사례들을 열거해 보겠습니다. 18년 살았으니 18개의 사례를 들어보겠습니다.

1) 야근 후 퇴근하다가 택시강도에게 납치를 당한 한국인 직원들 사례
2) 토요일 한글학교 수업을 마친 자녀를 픽업하기 위해 차를 타고 집을 나섰다가 대로변 신호등 앞에서 권총강도를 만난 사례
3) 길거리에서 칼을 든 강도를 만나 주머니를 털린 사례
4) 먹고살기 위해 몸부림치다 사업관계로 원한을 사 청부살인 당한 교민 사례
5) 퇴근 시 집 앞 주차장 문을 열려고 차문을 열고 나왔다가 강도에게 당한 사례
6) 떼강도가 한국인 공장으로 들이닥쳐 경비원을 사살하고 제품을 털어간 사례
7) 시내 중심지 음식점에서 저녁식사를 하다가 강도단에게 털린 사례
8) 시내 유명 고급 음식점에서 식사를 마치고 나온 손님들과 식당주인 간 언쟁 이후 모욕감을 느낀 주인이 손님들을 총으로 쏴 죽인 사례

9) 집에 괴한이 들어와 자신이 보는 앞에서 배우자를 욕보이고 나가자 총을 갖고 뒤따라가다 피격 당한 한국인 공장 직원 사례
10) 미장원에서 엄마와 머리하다가 쳐들어온 강도에게 금품을 털린 현지직원 사례
11) 은행에서 현금을 찾아 차를 타고 가다가 다른 차를 타고 뒤를 밟은 괴한의 총격에 거액의 현금을 강탈당한 한국인 사례
12) 고가의 귀중품을 착용하고 길거리를 걸어 다니다가 또는 차문을 열어놓은 채로 타고 다니다가 오토바이 괴한에게 강탈당한 사례
13) 시내버스를 타고 가다가 중간에 올라탄 강도들에게 승객들이 모두 털린 현지직원 사례
14) 야간에 시내버스나 택시를 타려고 도심에서 기다리다가 뒤에서 다가온 괴한의 마취손수건에 당한 교민회장 사례
15) 사무실내 홀로 야근하다가 강도 습격을 받아 강도와 난투극을 벌인 주재원 사례
16) 벌건 대낮에 시내 한복판에서 신호등 대기 중에 다가온 권총강도에게 차를 뺏기거나 뺏길 뻔한 사례
17) 납치를 당하지 않으려고 몸싸움하다가 칼을 휘두른 강도에게 제압당해 납치당한 한국인 직원 사례
18) 몸값을 요구하는 괴한들에게 납치당했다가 몸값 흥정 실패로 살해당한 외국 주재원 사례

이처럼 치안불안으로 인한 강력사건은 헤아릴 수 없이 많습니다.

길거리 핸드폰 사용 중에 또는 관광지 사진을 찍다가 날치기 당한다든가, 길거리 걸어가다가 핸드백을 날치기 당한다든가, 음식점 주변에 차를 주차해 뒀다가 식사 후 나와 보니 차바퀴가 없어졌다든가, 차 유리창이 깨지고 차에 두고 내린 소지품 내지 유아용 카시트나 스테레오 등이 뜯겨 사라진다거나, 아니면 아예 차가 감쪽같이 사라지고 없다든가, 며칠 휴가를 다녀왔더니 집안 살

림살이가 통째로 사라져버린다든가, 부슬부슬 비오는 날 밤에 한국인을 모조리 도륙해버리겠다는 협박전화를 받는다든가 하는 등의 무장 강도와 직접 맞닥뜨리지 않는 사례들도 열거할 수 없을 정도로 빈발합니다.

이러한 치안불안 사례들을 보면 한국이 얼마나 살기 좋은 나라인가 하는 점을 새삼스레 깨닫게 됩니다. 한국을 여행해본 중남미 사람들은 야간에 시내를 활보할 수 있다는 점에 경탄을 표하였습니다.

낮은 업무 성과

이번에는 주재원들의 중남미 근무 성과 측면에서 부정적 측면을 살펴볼까요? 주재원들의 업무 효율성은 뛰어나더라도 중남미라는 상대와의 상호작용 속에서 효과성 측면에서는 낙제점을 받는 경우가 많습니다. 이미 앞 강의들에서 중남미 사람들의 가치관을 살펴봤으니 어느 정도 이해되시리라 봅니다.

중남미에서 우리 진출 기업 내지 공공기관 주관으로 어떤 행사를 개최하고자 할 때에 사회 시스템이 잘 돌아가는 구미 선진국 대비 약속을 잘 안 지키는 국민성 및 투명한 사회 시스템 미비로 성공적 개최 확보가 어렵다는 점, 생산성이 떨어지다 보니 구미(歐美) 선진국과 같은 실적을 내기 위해서는 더 많은 노력을 기울여야 한다는 점, 우리 기업이나 공공기관이 대규모 프로젝트 수주를 위해 열심히 뛰어다녀도 당초 계획된 일정대로 사업이 추진되는 경우가 거의 없어 결국 많은 시간과 비용만 허비한 채로 성과 없이 포기하게 만드는 경우가 허다하다는 점 등을 문제점으로 들 수 있겠습니다.

중남미 중에서도 칠레처럼 모범국의 경우에는 사정이 조금은 다른 것 같습니다. 칠레에서 근무하고 다른 중남미 국가로 전근을 가거나 그 반대인 경우 얘기를 들어보면 칠레에서는 일이 합리적으로 잘 진행되는 경우가 많은데 여타 중남미에서는 일하기가 너무 어렵다고들 합니다. 물론 칠레도 구미 선진국과 비교하면 당연히 어려움이 있습니다.

G사나 S사 등 우리 기업들 사례를 보면, 프로젝트가 구체화되고 밑그림이 잘 그려지는가 싶어 오랜 세월 공 들여 탑을 쌓아오다가 어느 날 보니 모래성

임을 깨닫고 훌훌 털고 돌아서는 경우도 있었습니다. 따라서 중남미가 북미나 유럽국가 대비 각종 프로젝트 사업상 불확실성이 매우 크다는 점이 낮은 업무 성과로 그대로 이어지게 되는 경우가 많은 점은 반드시 고려해야 할 요소가 되겠습니다.

중남미에서 사업을 하려면 인내심이 강조되곤 하는데, 돌아가는 상황 판단을 철저히 잘 해보고 아니다싶으면 매몰비용(Sunken cost)에 집착하기보다는 털고 나오는 경우가 바람직할 수도 있고, 아니면 상황에 따라 너무 쉽게 포기하기보다는 은근과 끈기로 끈을 붙잡아두는 노력이 필요한 경우도 발생할 것입니다. 불확실성 속에서 상황을 제대로 판단하는 작업이 결코 녹록한 작업은 아닌 만큼 판단력을 키워가기 위해서는 현지 사정에 정통한 촘촘히 잘 짜놓은 네트워크가 필요합니다. (네트워크를 어떻게 짤 것인지는 "네트워킹 노하우"편을 참고하시기 바랍니다.)

자녀교육 문제

이번에는 주재원 자녀들의 교육문제를 한 번 살펴보겠습니다. 제일 큰 문제는 국제전학에 따른 적응상의 어려움과 전혀 새로운 이질적 교우관계입니다. 필자 자녀의 경우 고교 졸업까지 무려 6개국 10개 학교를 떠돌아 다녔으니 적응하기가 쉽지 않았으리라는 짐작은 하실 수 있을 겁니다. 민간상사 직원들이나 외교관 신분인 대사관 직원들이나 준외교관 신분인 무역관(코트라) 직원 등 대부분의 주재원들이 정도의 차이는 있겠지만 공통적으로 겪는 문제입니다.

주재원 자녀들이 교우관계 형성에 문제가 발생할 소지가 높은 것은 왜 그럴까요? 친구를 사귈 만하면 학교를 옮겨버리니 새 친구 사귀기가 얼마나 어렵겠습니까? 중남미 각국 학교에서는 (현지학교든 국제학교든 모두 해당되나 현지학교가 정도가 더 심함) 약간의 비하성 어감이 풍기는 것으로 받아들이곤 하는 치노(동양인, 중국인)라는 놀림을 감수해야 하며, 여간해선 기존 교우 그룹에 끼워주질 않아 나름대로 적자생존의 길을 터나가야 합니다. 여기서 낙오되면 혼자서 또는 한국인 유학생들끼리만 삼삼오오 모여 다니며 객지 외로움 내지 서러움을 나름대로 달래볼 수밖에 없습니다.

이런 환경에서도 한국 학생들의 수학실력이 상대적으로 뛰어나다보니 학교 대표로 국제 수학 올림피아드에 참가하는 경우들도 자주 보게 됩니다. 한국 학교에서 중간 정도의 수학 실력이면 중남미 학교(현지학교든 국제학교든 관계없이)에서는 상위 랭커가 될 수 있습니다.

하지만 영어나 스페인어 등에서는 하위 레벨 수준이어서 쳐질 수밖에 없습니다. 그러다보니 아예 입학 자체가 안 되는 경우가 많습니다. 현지 학교는 입학이 대체로 용이한 반면 국제학교는 입학이 매우 어렵습니다. 주재원들은 대체로 명문 미국계나 영국계 등을 선호해서 이들 학교에 보내고자 하지만, 정작 학교 측에서는 언어가 약한 동양인에게 쉽게 학교 문을 열어주지 않습니다.

미국인 등 영어권 국가에서 전학 온 학생들과 현지 명문대가(名門大家) 자녀 등은 언어 측면에서 문제가 없으나, 동양권 학생들의 경우 영어도 약하고 스페인어도 못하는 경우 입학시켜주면 적응을 못하고 문제아가 되어 학교 위상이 실추될 가능성이 있기 때문에 엄격한 잣대를 들이대는 경우가 많습니다.

주재원으로 발령받고 준비 없이 덜컥 임지로 갔다가 자녀교육 관련 문제된 사례들이 흔히 나옵니다. 국제입학을 잘 하는 것과 입학 후에 학교생활에 잘 적응하는 것은 전혀 별개의 문제입니다. 관심 있는 분은 이어지는 다음 강의에서 주재원의 자녀교육법을 참고해보시기 바랍니다.

향수병(Nostalgia)과 외로움

중남미는 한국과는 지구 끝에 위치한 관계로 동남아나 미국 또는 유럽처럼 한번만 비행기를 타면 바로 한국에 도착할 수 있는 곳이 아닙니다. 가는데 2박 3일, 돌아오는데 1박2일이 걸리고, 피곤해서 중간 기착지에서 하루 밤씩 묵기라도 하면 5~6일은 길에다 뿌려지는 시간이 되기 때문에 최소한 2주는 다녀와야 하는 시간적 요인과 항공임 비용도 훨씬 많이 들고 해서 온가족이 한국에 한 번 다녀오려면 큰맘을 먹어야 합니다.

하지만 가족이 함께 생활하는 경우는 사정이 나은 편입니다. 주재원 혼자 근무하는 경우도 매우 많은데, 미혼이거나 가족과 떨어져 지내야 하는 사정이 있다거나 여러 이유가 있습니다. 물설고 낯선 머나먼 이국땅에 홀로 지낸다는 것은 정신적으로 큰 스트레스를 받게 됩니다. 여가 시간이 나더라도 풍토병이나 치안불안으로 함부로 아무데나 나다닐 수도 없고, 비가 오거나 몸이 아프기라도 하면 기분이 갑자기 울적해지기도 합니다. 그러면 술이나 도박을 도피처로 삼는 경우도 나옵니다. 여기에 인간관계 갈등이 겹치거나, 한국에 두고 온 가족이 너무 그립다거나, 업무는 과부하가 걸려 야근은 자주 해야 하고, 주변국 출장도 지겹도록 자주 다녀보지만 성과는 잘 나지도 않고 인사고과에 불이익이라도 당하다 보면 몸과 마음이 지쳐 내가 왜 혼자서 이런 청승을 떨어야 하나 하는 자괴감에 빠지게 됨으로써 울컥 하는 마음에 사표를 내던지기도 합니다.

물론 가족이 함께 나간 경우라고 이런 상황이 발생하지 말라는 법은 없습니다. 가족이 질병에 걸렸다든가, 치안사고를 당했다든가, 자녀가 학교생활에 적응을 못하고 방황한다든가, 투자를 하다가 큰 금전적 손실을 봤다든가, 가족 간 불화로 주독이나 도박에 빠져 산다거나 하는 등의 여러 가지 상황 속에서 모든 것을 다 접어버리고 한국으로 돌아가고 싶다는 망향가가 뇌 속에 울려 퍼질 수 있습니다.

중남미로 파견근무 나가는 주재원에게는 다른 지역에 비해 회사가 각별한 관심을 갖고 주재원이 정신적 평정심을 유지하며 잘 지낼 수 있도록 해줘야 하는 것은 바로 이런 이유 때문입니다. 다른 지역에 비해 중남미 근무를 하다가 사직서를 던지는 경우가 특히 많은 것 같습니다. 아직 배우자를 만나지 못했거나 배우자와 떨어져 살거나 하는 경우들은 더 관심을 기울여줘야 합니다. 개인의 삶이 회사 실적과 결코 무관하지 않습니다.

| 밝은 면

세상에 죽으란 법은 없습니다. 어두움이 있으면 빛도 있는 법이니 밝은 면도 당연히 많습니다. 필자가 18년 동안 외도 없이 중남미로 한 우물만 팔 수 있었던 것도 밝은 면이 어두운 면보다 더 컸기 때문입니다. 한 가지 예로 한국에서와는 달리 값싸고 쉽게 접하게 되는 골프는 주재원의 현지 적응에 활력소 역할을 톡톡히 해줍니다.

(여기서 외도란 스페인어 구사자가 중남미 이외의 비스페인어권 구미선진국 등 주재원으로 파견 나가는 경우를 의미하는 용어입니다.)

해외수당 및 복지(fringe benefit)

중남미 주재원 생활의 최대 장점은 무엇일까요? 뭐니 뭐니 해도 머니가 최고라는 말처럼 본국 근무 당시 받던 급여 외에 해외근무수당이 추가되고, 일부지역은 특수지 수당까지 붙게 되니 경제적으로 여유 있는 생활이 가능해집니다. 물론 아시아나 구주, 북미 등 여타 지역 주재원들의 경우에도 특수지 수당은 없더라도 물가를 반영한 해외수당 자체가 더 크니 국내근무자 대비 해외주재원들의 공통된 장점이라고 할 수 있겠습니다.

급여 외에 복지혜택도 상당합니다. 회사에서 주택을 일정 한도까지 제공해주고, 자녀교육비도 일부 지원해주는 한편 의료보험료도 일정 한도까지 지원해주니 국내 생활 대비 가계가 윤택해지는 것입니다. 거기다가 국민 세금으로 운영되는 공공기관들은 꿈도 못 꾸지만, 대기업들은 주재원들이 영업을 잘해 돈을 벌어야 하니 현지 유력인사들과의 네트워킹 장려 차원에서 골프회비를 지원해주는 곳들도 있습니다.

공공기관과 민간기업간 또 하나의 차이점은 출장 시 제공 항공권의 격이 달라진다는 점입니다. 공공기관 주재원의 경우 아무리 원거리라 해도 대사나 임원을 제외하고는 모두 이코노미 석을 타야 하나, 일부 대기업 주재원의 경우 임원이 아니더라도 한국-중남미처럼 원거리 출장 경우에는 비즈니스 석을 탈 수 있다는 점이 부러움을 사기도 합니다.

그런데 중소기업 주재원의 경우에는 이러한 혜택과는 거리가 멀 수도 있기 때문에 공개된 자료에 드러내놓고 이런 말씀을 드리기가 사실 외람되기도 합니다만 독자 여러분들께 보다 생생한 해외생활 정보를 제공해드리고자 하는 취지임을 너그럽게 이해해주시기 바랍니다.

좋은 날씨와 여가생활

두 번째 장점으로는 솔리쁠라야(Sol y Playa/태양과 해변)라는 중남미에서 흔히 볼 수 있는 광고 문구처럼 햇볕 좋은 날씨와 일 년 내내 즐길 수 있는 고품격 해수욕장을 들 수 있습니다. 우리나라에서는 미세 먼지 탓에 맑고 푸른 하늘 보기가 어렵지만 중남미에서는 지역별로 차이가 있긴 하나 우기를 제외하고는 대체로 가능한 얘기입니다.

물론 아르헨티나, 칠레, 브라질처럼 남반구 국가들은 우리와는 계절이 반대인 4계절이 있으니 일 년 내내 해수욕을 즐기기는 어렵지만, 겨울철이라 해도 추위가 혹독하진 않습니다. 다만 여름철이라 해도 아르헨티나 해변 같은 누런 황토색 바다에 다소 실망하는 경우도 있긴 하나 해변도시 분위기만큼은 양호합니다. 멕시코나 콜롬비아, 에콰도르 같은 고지대 국가는 일 년 내내 봄가을 날씨를 보이는 수도를 벗어나 해변지역으로 가면 풍부한 햇볕과 멋진 해변을 선사받을 수 있게 됩니다. 도미니카 공화국 같은 카리브 국가는 굳이 관광지까지 가지 않아도 수도 인근에서도 멋진 옥빛 해변을 즐길 수 있습니다.

날씨 관련 또 한 가지 장점은 바로 훌륭한 골프 여건입니다. 날씨가 좋은 탓에 1년 내내 골프를 즐길 수 있고, 그것도 한국보다 훨씬 싼 값에 칠 수 있다는 점, 부킹도 하루 전날 해도 가능한 경우가 많으며, 아예 예약조차 없이 바로 가도 칠 수 있는 편한 골프장도 다수 존재한다는 점, 한국처럼 시간에 쫓기지 않고 여유 있는 라운딩이 가능하다는 점, 오후 느지막한 시간에는 치는 사람이 별로 없어 황제골프를 즐길 수 있다는 점, 콜롬비아 등 일부 국가의 경우 골프장이 종합 리조트(수영장, 테니스장, 볼링장, 승마장, 요트장, 고급 레스토랑 등)여서 가족 모두 각자 취향대로 골라 즐길 수 있는 점 등도 빼놓을 수 없는 장점으로 올려놓을 수 있습니다.

그런데 골프 얘기를 꺼낸데 대해 다소 불편해 하시거나 오해하시는 분들이 계실 수 있는데, 중남미 주재원으로 나가 골프를 치지 않는 경우 득보다 실이 많은 게 현실입니다. 골프를 통해 두루두루 현지 인맥도 쌓고 필요할 경우 도움도 받을 수도 있고, 무엇보다 정보 교류가 원활해져 현지 상황을 보는 안목이 길러질 수도 있는 점 등 장점이 많습니다. 또한 우리 주재원간 네트워킹을 통해 현지 생활 팁이나 비즈니스 관련 팁을 얻을 수도 있고 말입니다. 무엇보다 주재원들의 육체건강은 물론 정신 건강 유지에도 도움을 줍니다. 한국처럼 카트 타고 다니는 곳들도 있긴 하지만 대부분은 걸어 다니기 때문에 적어도 18홀 라운딩에 7km 도보운동 효과가 있고, 삶에 활력을 불어 넣어줘 정신건강도 지켜줍니다.

중남미 모든 나라가 골프 여건이 훌륭한 것은 아닙니다. 멕시코는 아카풀코 등 해변관광지 골프여건은 좋으나 치안문제가 있고, 수도인 멕시코시티는 여건이 별로 좋지 못합니다. 시내에서 매우 멀고, 이용 가능 골프장 수가 적어 선택여지가 좁기 때문입니다.페루 역시 골프 선택폭이 매우 작아 여건이 안 좋은 편으로 분류됩니다.

아르헨티나는 골프장도 많고 그린피도 싸고 해서 여건이 대체로 양호한 편입니다만, 종합 리조트와는 거리가 멀어 가족이 함께 즐기기에는 한계가 있습니다. 다만 시내 골프 연습장 시설은 아르헨티나 부에노스아이레스가 단연 돋보였습니다. 시내 중심에서 10분 정도 거리에 위치해 있고, 바다(강)를 끼고 있어 공기 맑고 풍광이 좋아 주말이면 온가족이 함께 할 수도 있는 고급 식당 겸 드라이빙 레인지는 아르헨티나의 국격이 높아보이게끔 해줍니다.

도미니카 공화국은 골프장도 시내에서 가깝고 값도 싸서 여건이 좋은 편이나 더워서 항상 카트를 타고 다녀야 해서 별로 운동이 되지는 못하는 점, 최고급 골프장은 지방 해변도시에 있어 먼 길을 가야하고 그린피도 비싸다는 점 등 애로점도 있습니다. 사실 최고급골프장은 주재원들에게 화중지병이니 시내 근교 골프장만이라도 저렴한 값에 이용할 수 있으면 상황이 양호하다고 볼 수 있습니다.

여가가 골프만 있는 것은 아닙니다. 대도시 주변의 바다나 강, 호수, 온천 등 물과 함께 즐길 수 있는 놀이 시설이나 휴양시설 등이 있고, 마야, 잉카, 아스텍 등 원주민 유적들도 돌아볼 수 있으며, 도시 내에서는 스페인 식민시대 유적이나 각종 박물관, 그리고 현재도 숨 쉬고 있는 구시가 등과 더불어 스타필드 하남이나 고양 같은 종합유통 엔터테인먼트 공간도 우리나라보다 훨씬 전부터 잘 갖춰져 있어 가족 나들이에 안성맞춤입니다.

따뜻한 국민성 + 알파

세 번째 장점으로는 중남미 국민들의 세상 살아가는 따뜻한 인간미를 꼽고자 합니다. 이미 앞 강의들에서 중남미 사람들의 성품에 대해 다룬 바 있으니 아마 공감을 하시리라 봅니다. 물론 중남미 모든 나라가 다 그런 것은 아니지만 대체로 대부분의 나라가 따듯한 품성을 지닌 국민성으로 대표될 수 있을 만큼 친절성이 중남미 사람들의 대표적 키워드가 아닐까 생각됩니다.

중남미에 계속 있을 때에는 잘 안 느껴지지만 미국이나 캐나다, 프랑스 등 북미나 유럽 국가를 방문하게 되는 경우에는 그곳 사람들이 대체로 사무적이고 냉랭한 반응들을 보이니 중남미와 차이가 확연히 남을 느끼게 됩니다. 따듯한 국민성 관련해서는 "사람 사는 동네가 정겨운 중남미촌"에 구체적인 사례가 나와 있으니 이를 참고해 보시면 이해에 도움이 되실 겁니다.

그리고 한 가지가 더 있습니다. 플러스알파로 표기를 했는데, 바로 미남미녀가 많다는 점입니다. 이 대목에 불편함을 느끼시는 분들에겐 죄송하다는 말씀드립니다. 문화 소개 책자인 만큼 너그러운 양해를 구합니다. 미녀 하면 아마도 미스월드나 미스유니버스가 생각나실 겁니다. 미녀대회 하면 수상자가 많은 베네수엘라나 콜롬비아 등이 떠올려질 겁니다. 순수혈통보다는 워낙 혼혈이 많다보니 미남미녀가 많이 배출되는 것은 자연스런 현상입니다. 게다가 미녀사관학교까지 있어서 미녀를 배출해내니 세계미녀대회도 석권합니다. (상세 내용은 '재미있는 도시 이야기'편에 담겨 있으니 참고하십시오.)

아르헨티나나 우루과이 등에서도 수많은 미남미녀들을 볼 수 있습니다. 필자가 살았던 아파트 단지 수위 아저씨나 운전기사, 거리 청소부 등도 영화배우 같은 멋진 마스크로 이방인 여인네들의 가슴을 설레게 만들기도 합니다.

하지만 미남미녀가 많다고 일부러 눈을 치켜뜨고 찾아보려고 하면 잘 안보여 실망하게 됩니다. 그러니 과잉기대는 안하시는 편이 좋습니다. 개똥도 약에 쓰려면 없는 법인데, 하물며 미인은 두말할 나위가 없습니다. 필자에게 따지는 분도 있습니다. 미인이 많다고 해서 기대를 하고 왔는데 안 보인다고 말입니다.

뛰어난 고위공직자 네트워킹 접근성

어두운 측면으로 낮은 업무효율성을 들었었는데, 반대되는 측면도 찾아볼 수 있습니다. 선진국에서는 비즈니스 관련해서 정부 부처 장관이나 차관 등 고위직 인사를 만나기가 쉽지 않다고들 합니다. 우리 기업들은 물론 코트라나 대사관 역시 비즈니스 건으로는 쉽게 만나기 어려운 측면이 있습니다. 반면에 중남미에서는 고위공직자 접근이 힘들다고 보기는 어렵습니다. 면담 주제만 제대로 설득시켜 관심을 끌어내면 굳이 대사관 지원을 받지 않더라도 우리 기업들이나 코트라 선에서도 면담 주선이 가능한 곳이 중남미입니다. 물론 대사관의 도움을 받는다면 경우에 따라 좀 더 용이하게 접근이 될 것입니다.정부부처 국장급이나 유관기관 경영진 등과는 좀 더 친근하게 네트워킹을 할 수도 있습니다. 이렇게 고위공직자 네트워킹 접근성이 북미나 유럽 등 선진국에 비해 뛰어나다는 점도 중남미 주재원 삶의 밝은 면으로 포함시킬 수 있습니다.

가사 도우미, 운전 도우미

그 다음 밝은 면으로는 뭘 들 수 있을까요? 자동차 등 일부 품목을 제외하곤 대체로 한국보다 저렴한 물가 탓에 여러 고급음식점을 돌며 골고루 맛볼 수 있는 식도락도 꼽을 수 있습니다. 이는 한국과 크게 차별화되는 측면은 아니니 이것 보다는 현지 저임금으로 파출부나 운전기사 등 고용이 가능해서 자녀 육아나 가사, 대외 활동 등에 도움을 받을 수 있는 측면을 부각시켜 볼 수 있겠습니다. 버거운 가사 부담 내지 잘 모르는 위험한 길 운전 부담 경감 등의 혜택 수혜는 상당한 의미가 있습니다.

매일 또는 주2-3회 등으로 파출부를 쓰거나, 아예 집에서 먹고 자는 가사도우미(나라마다 호칭이 다르나 보통 무차차/Muchacha 또는 무까마/Mucama 등으로 불림)도 저렴한 급료로 쓸 수 있으니 자녀 양육이나 가사분담에 상당한 도움이 될 수 있을 것입니다. 한국이나 북미 또는 유럽 선진국들의 중산층 가정에서는 꿈도 꾸기 어려운 혜택을 중남미에서는 맛볼 수 있는 겁니다. 하지만 동남아만큼 싼 것은 아니어서 계속 쓰기에는 부담이 될 수도 있습니다.

운전기사는 보통 회사에서 쓰게 되는데, 중남미처럼 치안이 위험한 곳에서는 운전기사가 상당한 도움이 됩니다. 현지 기업이나 공공기관 방문이 필요한데 치안위험지역에 소재하고 있어 여의치 않을 경우 기사가 진가를 발휘합니다. 급료수준이 우리나라보다 훨씬 저렴해서 부담 없이 고용이 가능하고 보통 운전 외에 사환 일까지 부여하는 경우가 많아 여러모로 업무에 도움이 됩니다.

내비게이션만 믿고 운전하다가 들어가서는 안 되는 우범지대로 가도록 유도하는 경우도 있어 자칫 목숨이 위태로워질 수도 있습니다. 현지인들도 들어가기 꺼려하는 곳을 외국인이 아무 것도 모른 채 차를 몰고 들어갔다가 거기서 봉변을 당한 사례들도 있습니다. 그래서 우리 글로벌 기업의 일부 중남미 법인의 경우 개인 기사를 경호원 겸용으로 활용토록 주재원들에게 제공해주기도 합니다. 주재원뿐만 아니라 가족의 안위까지 챙겨주는 것은 주재원들이 오로지 업무에만 매진함으로써 성과를 잘 내도록 유도하는 바람직한 경영전략으로 보입니다.

멀티 모국어 구사

마지막 장점으로 한 가지만 더 들라면 무엇을 들 수 있을까요? 여러 의견이 있을 수 있겠지만 필자는 멀티 모국어 능력이 함양되는 언어 혜택을 들고 싶습니다. 중남미 주재원들은 대부분 영어와 스페인어(포어) 구사자들이긴 하나 부임 초기에는 스페인어가 약해 영어로 의사소통하다가 나중에 스페인어를 더욱 익혀 영어보다 스페인어를 쓰는 것이 더 편해지는 상황이 일반적인 것 같습니다. 물론 어린 시절이나 학창시절을 스페인이나 중남미 등지에서 보낸 관계로 처음부터 스페인어(브라질 경우 포르투갈어)를 모국어처럼 능통하게 잘 하는 경우도 있지만 보통은 한국에서 외국어로서 학과수업시간에만 배운 관계로 처음부터 능통하게 잘 하기는 어렵습니다. 어찌됐든 언어가 자유로워지면 여타 중남미 출장길이나 가족여행길이 외국 여행이 아닌 국내여행처럼 편안하게 느껴지게 되고, 스페인어 활용에 자신감을 갖게 되는 효과를 자연스레 맛보게 됩니다.

자녀들의 경우 이 혜택은 더욱 크게 나타납니다. 주재원의 경우 이미 머리가 굳어버렸기 때문에 아무리 오래 살아도 외국어는 외국어일 뿐이지 모국어처럼 되기란 정말 어려운 일입니다. 필자도 스페인어 권에서 무려 18년을 살았음에도 모국어는 오로지 한국어 하나밖에 없고, 영어는 말할 것도 없고 스페인어 역시 영원한 외국어였습니다.

반면에 어렸을 때부터 외국에서 살면서 외국어로 생활하다보면 시나브로 외국어가 아닌 모국어가 되어버립니다. 미국이나 호주 등 영어권 주재원으로 근무를 한다면 자녀가 보통은 영어만 구사하게 됩니다. 이에 반해 중남미 주재원 자녀는 영어 외에 스페인어(또는 포어)까지 배우게 된다는 점은 자녀 인생에 큰 영향을 미치게 됩니다. 오히려 미국 주재원 자녀보다 영어를 더 잘 배울 수 있는 측면도 있을 겁니다. 중남미 주재원 자녀 중 토익 만점 수준이 수두룩하고 영어 구사능력도 원어민 수준이라는 얘기들도 흔히 듣습니다. 왜냐하면 미국 주재원 자녀는 보통 일반 공립학교를 다녀야 하는 경우가 많은데 비해 중남미 주재원 자녀는 미국계 내지 영국계 명문 사립학교를 다닐 수 있기 때문입니다. 이 역차별의 역설이 근무 여건이 양호한 북미 선진국과 여건이 불리한 중남미 간 균형추 역할을 어느 정도 수행하지 않나 생각됩니다. 물론 선진국은 일반 공립학교도 우수해서 역차별이라 할 만한지는 견해가 달라질 수 있습니다. 또한 중남미 국제학교 보낸다고 모두가 영어와 스페인어(포어)를 잘 하게 되는 것도 아닙니다. 영어만 모국어처럼 하지 스페인어는 부모가 별 신경을 써주질 않아 외국어처럼 하는 경우도 부지기수입니다.

자녀교육 관련해서는 성공담이나 실패담 등 얘기할 거리가 매우 많습니다만 다음 차례 강의 편에서 뵙도록 하고 주재원의 삶을 조명해보는 것은 이 정도에서 마치기로 하겠습니다.

제22강 중남미 주재원으로 잘 적응해서 살아가는 법

가장 먼저 챙길 것은? 중남미 주재원으로 인사발령이 나거나 예상되면 제일 먼저 챙겨야 할 것이 무엇일까요? 여권, 비자, 항공권 등이 우선 떠오르겠고, 살 집도 알아봐야 하고, 자동차도 새로 사거나 가져가야 하고, 이삿짐도 전체를 배로 보내거나 일부만 비행기로 보내거나, 아예 빈 몸만 가서 현지에서 가구가 완비된 풀 퍼니쳐 주택을 알아보는 방안 등도 검토해야합니다. 우선순위는 떨어지지만 현지 은행 계좌 개설이나 현지 핸드폰 개통, 현지 신분증 및 운전면허 발급, 의료보험 가입 등도 알아봐야합니다.

국가정보 입수 그러나 뭐니 뭐니 해도 가장 먼저 해야 할 일은 바로 국가정보를 구해보는 작업입니다. 나와 내 가족이 앞으로 살아갈 나라가 어떤 곳인지, 생활환경 내지 비즈니스 환경은 어떠한지 개략적으로라도 살펴봐야 하지 않겠습니까? 국가정보는 KOTRA나 수출입은행, 무역보험공사 등이 제공하는 자료가 도움이 될 겁니다. 웬만한 정보들은 웹사이트에서 무료로 제공받을 수 있습니다.

국가정보의 대명사격인 KOTRA 국가정보에는 그 나라에서 살아가기 위해 필요한 기초정보와 비즈니스에 필요한 다양한 심층정보, 현지 진출 한국기업 리스트 등 주옥같은 정보들이 망라되어 있으니 반드시 숙독하고 가셔야 하며, 현지 도착해서도 옆에 두고 읽고 또 읽어 완전히 자기 것으로 만들어야 합니다. 부족한 부분은 스스로 알아보셔도 되고, KOTRA 무역관을 방문하여 좀 더 깊이 있는 정보들을 입수하실 수도 있을 겁니다. 거기서도 정보충족이 안 되면 KOTRA에 별도로 유료조사서비스를 신청하는 방법도 활용하실 수 있습니다.

제목은 크게 잡았는데 모든 면을 샅샅이 살펴보기는 어렵고 하니 여기서는 가장 기본이 되고 중요한 세 가지 사항만 집중해서 보도록 하겠습니다. 중남미 주재원으로서 성공적으로 정착하기 위해 가장 신경을 써야 하는 것 세 가지라면 그게 무엇일까요? 저마다 삶의 가치관이 다를 수 있기 때문에 의견이 분분할 수 있겠지만 필자는 그간의 경험에 비추어 내 삶의 보금자리 마련, 내 삶의 동반자 보호 및 자녀 양육 등 3가지를 꼽고자 합니다. 집을 잘못 구해 금전적 손실은 물론 정신적 고통을 겪어 가족의 삶이 피폐해지는 경우를 봐왔기 때문에 집을 잘 구한다는 것은 주재원 삶의 가장 기본이 됩니다. 같은 월세를 내지만 독자 여러분의 선택에 따라 가족의 건강과 안위와 행복이 엇갈리게 됩니다.

ㅣ 집을 잘 구하는 법

계약기간은 1~2년으로 이제 본론으로 가서 집을 구하는 요령을 살펴보겠습니다. 집이라 하면 부동산 소개소가 가장 먼저 떠오릅니다. 부동산 임대차계약은 보통 1년 내지 2년 정도로 하고, 그 기간 종료 2-3개월 전에 물가인상률을 반영하여 재계약하는 조항을 두게 됩니다. 3년 계약 경우도 있긴 하나 발목이 잡혀 고생할 수도 있으니 조심하셔야 합니다. 하지만 나라에 따라 현지상황에 따라 장기 계약이 유리한 경우도 있습니다.

부동산 소개 수수료, 협상의 중요성 소개 수수료는 보통 1개월 치 내지 2개월 치 월세를 수수료로 줍니다. 이 수수료는 우리나라와는 달리 대부분 임대인 즉, 주인들이 내는 경우가 많습니다. 물론 임차인, 즉 세입자에게도 물리는 경우가 있습니다. 이 경우 달라는 대로 다 주지 말고 협상을 해서 깎아야 합니다. 그리고 법규나 관행상 부동산 소개 수수료를 집주인이 내도록 되어 있는 경우에도 잘 모르는 외국인에게서는 받아 내려고 하는 사례도 있으니 당하지 않도록 잘 알아보셔야 합니다. 정보가 곧 돈입니다.

중남미에는 전세라는 제도는 없고 모두 월세입니다. 주재원들은 나라에 따라 직급에 따라 차이가 있지만 대체로 1,500~5,000불 수준의 월세를 부담합니다. 외국 글로벌 기업들의 경우 월 1만불 수준의 고급저택을 제공해주기도 합니다. 훌륭한 집을 좋은 가격에 임차하려면 협상전략이 매우 중요합니다. 같은 위치 같은 크기 아파트라도 월세에 큰 차이를 보이기도 하는 것은 협상의 중요성을 말해주고 있습니다.

집을 알아보는 법 중남미에서도 웬만하면 부동산 소개소들의 도움을 받으면 되나, 의외로 이런 시스템이 제대로 작동을 못하는 나라들도 있습니다. 그런 경우 아파트 창가에 '세놓습니다(Se alquila/ Se arrienda)'라는 커다란 팻말들을 붙여 놓고 전화번호를 남겨놓습니다. 이 전화번호가 주인 전화인 경우도 있고 부동산 소개업자 전화인 경우도 있습니다. 아니면 신문 광고를 보고 찾아보는 방법도 있습니다. 주인들이 직접 나서는 경우는 소개비를 절감하기 위한 목적인 경우가 많습니다. 우리나라에는 온라인 부동산정보가 활성화되어 있는데 중남미는 아직 기대에 미치지 못하는 수준으로 보입니다.

계약 체결 절차 임대차 계약 체결은 부동산 소개업자가 계약서를 만들어 양쪽에 보내주고 검토하게 한 다음 중개업자 사무실이나 임차할 집 또는 임차인 사무실 내지 임대인 사무실, 변호사 사무실 등에서 이루어지게 됩니다. 우리처럼 반드시 중개업소에서만 하는 것은 아니라는 것입니다. 중개인 없이 임대인(집주인)과 임차인(세입자)간에 직접 거래한 경우에는 보통 임대인이 자신의 단골 법률사무소의 자문을 받아 계약서를 작성한 후에 법률사무소나 임차인 사무소, 임차할 집 등 장소를 임차인에게 선택케 하여 서명이 이루어집니다.

보증금은 1~2개월분 월세 계약서 서명하면서 보통 월세 2개월분 내지 3개월분을 선납하게 됩니다. 이중 1개월 치 내지 2개월 치는 보증금 성격으로서 계약기간 만료 후 퇴거 시 돌려받는 것으로 계약서상 규정되는데, 사실상 돌려받기 어려운 경우가 많습니다. 이런저런 이유 내지 트집을 잡아 수리비조로 쓰겠다는 것입니다. 어떤 경우에는 보증금만으로 충당이 안 된다며 추가 지불을 요구하기도 합니다. 이것 때문에 집주인과 세입자간 막판에 사이가 틀어져 버리는 경우가 흔히 발생합니다.

눈여겨 봐둘 것: 비품내역서 여기서 눈여겨 봐둬야 할 부분이 바로 비품내역서입니다. 우리는 덜렁 계약서 한두 장으로 계약을 쉽게 끝내버리는데, 중남미에서는 5~10여 페이지 되는 장문의 스페인어 계약서에다가 별도로 비품내역서 까지 서명을 해야 합니다. 비품내역서는 집에서 비품을 하나하나 짚어가며 설명을 해주고 나서 이상 없음을 확인한다는 서명을 요구합니다.

살다보면 자녀들이 벽에 낙서를 하거나 주인이 놓고 간 가구들에 흠집을 내는 경우들이 나오는데 이런 것들을 꼼꼼히 살펴 청구하는 경우가 많고, 예전부터 있던 흠집을 세입자 탓으로 뒤집어씌우는 경우도 나옵니다. 그래서 집 열쇠를 받을 때에 집안 구석구석 잘 살펴보고, 비품은 물론이고 벽이나 천장, 마룻바닥, 카펫 등 그 어디라도 흠이 있으면 비품내역서상에 기록해놓고 집주인의 서명까지 받아 놓는 것이 안전합니다. 주인이 없고 중개인만 있다면 중개인의 확인 서명이라도 받아놓는 것이 좋겠습니다. 집주인이 외국에 살거나 지방에 사는 경우들도 더러 나오는데 이런 경우에는 중개인이나 친척에게 일임하는 경우가 있습니다. 사소한 흠까지 기록해두고 사진까지 찍어두면 더 확실하겠지만 정도를 벗어난다고 생각되면 오히려 이것 때문에 처음부터 사이가 틀어질 수도 있으니 분위기를 봐가며 적정선을 잘 타셔야 합니다. 집주인과의 좋은 관계 유지가 매우 중요합니다.

가장 확실하게 챙겨야 할 것은? 계약서 본문! 이것보다 더 중요하게 챙겨야 할 것이 계약서 본문입니다. 한국인은 대체로 계약서를 그다지 꼼꼼하게 살펴보지 않고 덜컥 서명을 해주고 나서 나중에 문제가 되어서야 후회하는 경우를 가끔 보게 됩니다. 소 잃고 외양간 고치려 하지 말고 계약서를 꼼꼼하게 훑어보셔야 합니다. 계약 당일 짧은 시간에 붕 뜬 분위기에서 읽으려고 하면 독소조항들이 눈에 잘 들어오지 않기 때문에 계약서 문안을 반드시 미리 보내달라고 요구해서 내용을 파헤쳐본 다음에 독소조항에 든 독소를 줄이거나 아예 빼달라고 협의를 해서 조정이 된 계약서를 다시 받아보고 문제가 없으면 비로소 계약서 서명에 나서는 것이 바람직합니다.

이 과정에서 본인이 스페인어 해독에 자신이 없으면 현지 관행을 잘 아는 회사 직원이나 여타 주재원의 도움을 받는 것이 좋습니다. 본인의 스페인어 실력이 뽀록날까봐 또는 남에게 도움을 청하는 것이 창피하거나 귀찮다고 생각되거나 거절당할 것이 두려워, 별 문제 안 되겠지 하는 낙관적이고 안이한 판단 하에 대충 넘어가 버리는 우는 범하지 않도록 하셔야 합니다.

내 보금자리는 어디로, 아파트냐? 단독주택이냐? 아파트냐 단독주택이냐를 놓고 고민이 되실 수도 있을 겁니다. 중남미는 치안이 불안하니 아파트가 무난한 편이며, 단독주택을 희망하는 경우에는 단지로 형성되어 경비원 서비스가 제공되는 곳을 고르는 곳이 바람직합니다. 아파트에 입주하더라도 독채 아파트냐 단지 아파트냐에 따라 달라지는데, 단지 아파트가 여러모로 좋긴 하지만 나라에 따라 독채 아파트 외에는 대안이 없는 경우들도 있으며, 단지 아파트 월세가 회사 지원 실링을 초과하는 경우도 나오게 됩니다.

자녀가 있을 경우에는 차액을 개인 부담하더라도 보안경비가 확실하고 시설이 잘 갖춰진 단지 아파트로 가는 방안을 권해드립니다. 독채의 경우 치안이 불안하다는 이유로 방과 후에는 아파트 내에만 자녀들을 묶어놓을 수밖에 없는데 자녀들 눈높이에서 육체적 건강이나 정신 건강을 고려하셔야 합니다. 독채 아파트의 경우 경비원이 보통 1명 교대근무 형태여서 경비망이 뚫리는 경우도 종종 발생합니다. 마음 놓고 가족휴가를 떠나기도 부담이 될 수 있습니다. 단지의 경우 경비원이 많다는 점과, 단지 내 놀이터에서 아이를 놀게 해주면 안전하니 배우자도 마음이 편해지고, 퇴근한 주재원에게 바가지 긁을 일도 줄어들 겁니다.

이삿짐, 보낼까 말까? 한 가지만 더 살펴보겠습니다. 한국에서 중남미로 부임할 때에 집안집기 모두 배로 보낼지, 일부만 배나 비행기로 보낼지, 빈손으로 갈지(의류 등 필수품만 휴대 수하물로 챙겨갈지) 갈등을 겪게 됩니다. 회사에서 운송비를 전액 지원해준다면 모두 가져가는 방안이 좋겠지만, 일정 한도만 지원해준다거나 아예 지원이 없다면 고민이 됩니다.

이때에 고민을 덜 수 있는 방법이 필수품만 최소한도로 보내고 큰 것들은 현지 도착해서 꼰 무에블레 방식 임차를 하면 됩니다. 꼰 무에블레(Con Mueble) 방식이란 가구가 갖춰진 집을 구하는 것입니다. 가구가 전혀 없는 신 무에블레(Sin Mueble) 방식에 비해 월세는 비싸지지만 임지로 편안한 이동이 가능하다는 장점이 있습니다.

사실 회사가 비용을 대준다고 해서 모든 집안 살림살이를 컨테이너에 실어 보냈다가 현지에서 통관하는데 애로를 겪는 경우가 무척 많습니다. 당초 견적 외로 비용이 더 드는 경우도 많고, 짐을 찾는데 시일이 엄청 소요되거나, 분실 파손 등 사고도 빈발하기 때문에 짐 없이 홀가분하게 가는 편이 나을 수도 있습니다. 이삿짐을 너무 일찍 보내 값비싼 창고 보관료로 홍역을 치르는 일도 비일비재하니 너무 서두를 필요는 없습니다. 그렇다고 너무 늦게 도착하면 오랫동안 불편하게 살아야 하니 현지 통관사정 및 관행을 잘 알아본 다음 결정하시는 것이 바람직합니다. 정보는 돈입니다. 정보가 부족하면 그 공백을 모두 돈으로 메워야 합니다.

가구 있는 집은 이런 점 조심 꼰 무에블레 주택 임차 관련 조심해야 할 점은 처음부터 가구가 들어가 있는 집이라면 괜찮은데, 빈 집에 가구를 모조리 채워주는 조건으로 계약을 하게 되면 후일 퇴거 시 시비가 벌어질 가능성이 높아진다는 점은 감안하셔야 합니다. 싸구려 가구로만 채워줘 쓰다가 쉽게 망가져 버린다거나, 고급가구를 넣어줬는데 어린 자녀가 흠집을 내놓으면 변상 문제가 나오게 됩니다. 가구 임차료가 구입가에 육박하는 경우도 있는 만큼 아무쪼록 여러 가지 상황을 잘 판단해서 좋은 방안을 찾으시기 바랍니다.

*** 토막상식: 중남미도 남향이 좋을까? 지역별 향 선택 포인트**

중남미 주재원으로 파견 나가는 분들이나 장기 출장자들의 경우 살게 될 집을 구하게 되는데, 한국에서 햇볕이 잘 드는 남향집을 선호하는 것처럼 중남미에서도 남향집을 찾는 분들이 많습니다. 중남미도 모두 남향집이 햇볕이 잘 들까요? 멕시코나 과테말라 등 북반구 국가와 아르헨티나나 칠레 등 남반구 국가, 에콰도르나 콜롬비아 등 적도권 국가의 경우가 각각 다르니 분리해서 살펴보겠습니다.

북반구는 남향집 멕시코 등 북반구 국가는 우리나라와 마찬가지로 남향집이 햇볕이 잘 드는 것 같습니다. 남향집이라고 해서 사택을 구입했는데 그 이후 다른 건물이 들어서는 바람에 햇볕이 차단되고, 그로 인해 사택 값어치가 떨어지는 것을 보니 햇볕 잘 드는 집에 대한 선호도는 여기도 존재했습니다.

남반구는 북향집 그럼 이제 남반구로 가보겠습니다. 필자가 아르헨티나로 발령을 받고 부에노스아이레스 시내 아파트를 구하고자 했습니다. 부동산 중개인에게 햇볕 잘 드는 집을 구해달라고 했더니 북향집을 소개해줘서 살아봤던 기억이 납니다. 한국과는 반대로 북향집에 햇볕이 잘 들었습니다.

적도인근은 동서향집 그럼 이번에는 적도 부근으로 가보겠습니다. 콜롬비아 근무 시절에는 동서향집에서 살았습니다. 침실은 동향, 거실은 서향이었습니다. 보고타는 적도에서 가깝다 보니 남향이나 북향이 햇볕이 잘 드는 게 아니라 동향과 서향이 한국의 남향 역할을 해줍니다. 쌀쌀한 가을 날씨에 아침 일찍 눈부시게 따스한 햇살이 침실로 스며들어 몸에 온기를 듬뿍 불어 넣어주니 매일같이 기분 좋은 아침을 열어가는 기쁨을 맛볼 수 있었습니다. 오후에는 거실 쪽으로 햇살이 고개를 깊숙이 들이밀어 신의 축복을 내려주니 서향집이 좋구나 하는 생각이 들었습니다.

발품의 중요성 해외근무 시 햇볕 잘 드는 집은 가족의 육체적 건강뿐 아니라 정신 건강에도 중요합니다. 언어도 달라지고 문화도 생소하고, 주거 환경이 급격히 바뀌기 때문에 가족이 적응하기가 그리 쉽지 않습니다. 그나마 따스한 햇볕이라도 있으면 가족의 정신건강을 지켜주는 파수꾼 역할을 할 수 있기 때문입니다. 햇볕 잘 드는 집을 구하려면 무조건 방향만 보고 결정하기보다는 아침시간대에도 가보고 오후시간대에도 가봐야 정확한 판단이 가능해지리라 봅니다. 물론 비오는 날에는 무의미 할 것입니다. 집주인이나 중개인으로부터 솔직하게 얘기를 듣기는 어려운 부분이 있습니다. 앞에 다른 건물이 살짝 가려있는 경우 방향은 좋아도 햇볕이 잘 들어오지 않는 경우도 있고, 틈을 비집고 생각보다 잘 들어오는 경우도 있기 때문입니다. 가족의 행복을 위해서 이 정도 발품은 기꺼이 파셔야 합니다.

*** 남반구는 북반구와 뭐가 다를까? 달님과 별님, 코리올리 효과**

중남미 국가들은 남반구와 북반구, 적도 지방 등 다양한 위도에 분포되어 있습니다. 남반구나 적도권은 햇볕 방향 외에도 우리와 사뭇 다른 재미있는 특징을 보여주고 있는데 잠깐 살펴볼까요?

위아래가 바뀐 보름달, 좌우가 바뀐 초승달 앞에서 해님 이야기를 했으니 이번엔 달님 이야기를 해보겠습니다. 아르헨티나에서 보는 보름달의 모습이 한국이나 멕시코에서 보는 보름달의 모습과는 다르다고 합니다. 남반구 보름달은 북반구 보름달처럼 동그란 모양새는 같으나 검은 크레이터 부분이 위로 가 있어서 아래에 위치한 북반구 것과 반대로 보인다합니다. 필자가 둔해선지 당시 그걸 깨닫지는 못했습니다. 그리고 동쪽에서 떠서 서쪽으로 지는 원리는 같으나, 북반구처럼 남녘 하늘을 가로지르는 것이 아니라 북녘 하늘을 가로질러 간다는 점에서도 차이를 보인다고 합니다.

초승달의 기울어진 모습도 남반구에서는 반대가 된다고 합니다. 북반구에서는 초승달처럼 오른쪽으로 볼록하면 오른쪽이 해가 진 서쪽이니 저녁달이 되고, 그믐달처럼 왼쪽으로 볼록하면 왼쪽이 해가 뜨는 동쪽이니 새벽달이 됩니다만 남반구는 그 반대가 되는 것입니다. 즉, 초승달과 그믐달 모습이 반대가 됩니다.

북극성과 남십자성 이제 별님 이야기로 넘어가 볼까요? 우리나라나 멕시코 같은 북반구에서는 북극 지점의 북극성(polaris)과 이를 정점으로 하는 총 7개의 별 즉, 북두칠성이 있어서 길잡이 역할을 해줍니다. 별이 한 시간에 15도씩 왼쪽으로(반시계 방향) 이동하는 관계로 시간을 알려주는 역할을 해주기도 하는 가장 중요한 별자리입니다. 그런데 아르헨티나나 브라질과 같은 남반구에서는 어떻게 될까요? 북극성이 보이지 않기 때문에 남극성이 있어야 할 텐데 너무 어두워 의미가 없다고 합니다. 남반구의 북두칠성 역할을 해주는 것이 바로 남십자성(southern cross/crux)입니다. 남극점 주변의 별들 중 가장 밝은 4개의 별(알파crux, 베타crux, 감마crux, 델타crux)이 모여 십자가 형태를 띠는 관계로 십자성으로 불리게 된 것입니다. 이 남십자성의 상징성이 워낙 커서 브라질이나 호주, 뉴질랜드 등 남반구 국가 국기에 남십자성이 들어가 있다고 합니다. 별들의 이동도 북반구와는 반대로 오른쪽(시계방향)으로 1시간에 15도씩 이동합니다.

남반구 밤하늘이 북반구 밤하늘보다 훨씬 아름답다고 합니다. 별들이 가장 많이 모여 있는 곳이 은하계 중심인데, 이 은하계 중심이 남반구 하늘 위에 떠

있기 때문이랍니다.

코리올리 효과(전향력) 마지막으로 코리올리 효과를 살펴보겠습니다. 아르헨티나 근무 당시 주재원들 간에 논란이 되곤 했던 자연현상이 한 가지 있었습니다. 욕조와 세탁기, 싱크대 배수구 등에서 물이 내려갈 때에 북반구와 반대방향이 된다는 것이었습니다. 북반구인 한국에서는 지구자전방향 그대로 즉, 시계반대방향으로 소용돌이치면서 내려가는데 반해, 남반구인 아르헨티나에서는 시계방향으로 돌아간다는 것입니다. 결론은 내지 못했습니다. 맞는 것 같다, 아닌 것 같다, 그 반대인 것 같다 등등 이론이 분분하였습니다. 이와 마찬가지 원리로 적도 지방에서는 지구자전축에 수직으로 회전하기 때문에 좌우 회전 없이 그대로 물이 쑥 빠진다고 합니다.

지식백과에 의하면 이러한 차이는 전향력(코리올리 효과)이라는 지구의 자전하는 힘이 남반구와 북반구에 반대로 작용하기 때문이라고 설명되어 있습니다. 하지만 태풍처럼 강력한 기상현상이나 해류 등은 남북반구가 반대로 움직이는데(태풍은 북반구는 반시계방향, 남반구는 시계방향으로 회전, 적도는 전향력이 없어 태풍이 없고 소나기만 내림) 반해 욕조나 세면대 배수구는 전향력 자체가 매우 약하기 때문에 북반구는 반시계방향, 남반구는 시계방향으로 물이 내려간다고 단언할 수 없다고 합니다. 따라서 욕조 등 제조업체가 어떻게 만들었느냐에 따라 회전방향이 달라진다는 얘기가 좀 더 설득력이 있어 보입니다.

치안사고로부터 나와 가족을 지키는 법

중남미는 대부분 치안이 불안하기 때문에 주재원으로 부임하면 가장 먼저 신경써야할 부분이 몸조심입니다. 내 몸조심, 가족 몸조심, 함께 일하는 직원들 몸조심입니다. 한국에서 하던 것처럼 긴장 풀어놓고 살다보면 당신이나 가족이 언제든 치안사고의 희생양이 될 수 있습니다.

사주경계 실천 예방책은 철저한 사주경계 실천입니다. 위험한 상황에 처하지 않도록 미리 미리 대비를 해두는 것입니다. 처음에는 사주경계에 상당한 스트레스를 받을 수도 있지만 나중에 몸에 배면 자연스런 삶의 일부가 되어 스트레스 없이 즐거운 생활이 가능해집니다.

예컨대, 호텔택시나 콜택시가 아니고 서있거나 지나가는 일반택시를 타게 되는 경우 택시번호판을 찍어 카톡으로 가족에게 또는 직원에게 보내두는 습관들이기, 관광지 갈 때에 관광객 티내지 않고 한 곳에 오래 머무르지 않기, 길거리를 혼자 배회하지 않기, 으슥한 퇴근길에 신호등 앞 정차시 각별히 주위를 살피고 여차하면 통과하기, 내비를 과신하지 말고 인적이 드물거나 빈민촌 등은 일체 가지 않기, 만약의 경우를 대비하여 호주머니에 100불 지폐 한 장은 반드시 넣어두고 다니기(강도가 허탕을 치지 않도록 배려?), 자동차를 한적한 곳에 주차시키지 않기, 자동차 안에 골프채 등 중요물품 넣어두고 다니지 않기, 자동차 문을 반드시 잠그고 운행하기, 인적 드문 곳에서 아침 일찍 또는 저녁에 혼자서 야외조깅 안하기, 은행 업무 볼 때(큰 돈 찾을 때)에 듬직한 직원 동행하고 주위를 잘 살피기 등등 이루 열거할 수 없이 많습니다.

대중교통 이용하지 않기 이외에도 시내버스나 지하철 타지 않기도 많은 분들이 실천하고 있습니다. 대중교통이 치안 사각지대에 놓여 지는 경우가 많이 발생하기 때문입니다. 필자 안사람의 경우 위험한줄 알면서도 어쩔 수 없이 시내버스나 지하철 등을 타고 다닌 적이 종종 있었습니다. 가족을 위험 속에 방치해 두는 것 같아 항상 마음이 불편했습니다. 택시도 불안한데다 맨날 콜택시만 불러 타기도 금전적으로 부담스럽고 하니 먼 거리를 가야 할 경우에는 버스를 타야 하는 경우들이 생기게 됩니다. 부에노스아이레스처럼 지하철만 있어도 그나마 다행인데 보고타처럼 지하철이 없는 도시들도 있습니다. 그리고 중남미에 오래 살다보면 불안한 치안 상황에 어느 정도 둔감해지기도 합니다. 설마 하면서 타게 되는 것입니다. 이럴 때 범죄의 마수가 뻗쳐오는 틈이 생깁니다. 그래서 범죄에 걸려들지 않도록 나름대로 방어막을 치면서 다녀야 합니다.

불가피한 버스 외출은 수수한 복장으로 그 방어막이 뭔지 내용을 볼까요? 버스 타고 다닐 때에는 버스를 타고 다니는 현지인들과 잘 구별이 안 되게끔 허름한 운동화 등 수수한 복장을 하고 장신구도 일체 하지 않고, 모자를 눌러 쓰고, 핸드폰도 서민들이 주로 쓰는 저가형 폴더 폰을 쓰고, 외국인이라는 게 드러나지 않게끔 가급적 말도 안하고 문자로만 소통하는 등 여러 가지로 신경을 써야 합니다. 물론 신용카드 등 위험물을 빼두고 약간의 현금만 갖고 다니는 것도 방법 중 하나입니다. 신용카드를 왜 위험물이라고 표현하는지 의아하신가요? 혹시 강도를 만났을 때에 카드를 갖고 있으면 납치를 당할 수도 있습니다. 그래서 원천봉쇄를 위해서는 카드 없이 다니는 게 안전합니다. 물론 카드가 없다고 납치를 면하는 것은 아닙니다. 계획적 범행이 아닌 이상 외국인인데 부티가 나보인다면 납치당할 확률은 커질 것입니다.

한국에서는 버스나 지하철을 빈곤층 서민들만 이용하는 것이 아니고 대부분의 중산층과 일부 상류층도 이용하는데 비해 중남미에서는 대체로 빈곤층 서민과 일부 중산층이 애용합니다. 치안이 워낙 안 좋으니 중산층만 되어도 꺼려하는 경우가 많은 것 같습니다. 따라서 버스 등 대중교통을 불가피 이용하는 경우에도 사주경계라는 안테나를 바짝 세우고 다녀야 합니다.

방과 후 자녀 픽업 및 단독외출 통제 자녀들도 어린 초등학생이라면 학교에서 돌아올 때에 부모가 없으면 스쿨버스에서 내려주지 않고 그대로 버스에 태우고 다니다가 부모와 연락이 되면 내려주도록 하고 있습니다. 학교에 따라 이런 서비스를 필수로 운영하는 경우도 있고 선택항목으로 운영하는 곳도 있으므로 잘 알아보고 대비하셔야 합니다. 안전을 택하면 대신 불편을 감수해야 하는 경우도 생깁니다. 스쿨버스를 이용하지 않는 경우 부모들이 자녀들을 픽업하느라 학교 일대가 차로 꽉 막히는 현상도 나타납니다. 치안이 불안하기 때문에 각자가 자녀들을 철저히 챙기는 겁니다.

단지 아파트에 살게 되는 경우 부모나 보모 없이 어린이들만 단지 밖으로 나가도록 허용하면 위험해질 수 있으니 출입을 통제하는 곳들이 많습니다. 우리

나라에서는 생각하기 어려운 상황일 텐데, 중남미의 치안불안 상황을 잘 보여주는 게 아닌가 싶습니다. 물론 부모가 내 자녀의 단독외출을 통제하지 말라고 관리사무소에 서명을 해두면 통제하지 않겠지만 치안사고나 교통사고가 발생할 경우 그 책임은 전적으로 부모가 져야 하니 현지 상황 판단을 섣불리 하지 않도록 세심한 주의가 필요합니다.

| 자녀교육 잘 시키는 법

주재원으로 잘 살아가기 위해 가장 중점을 둬야 할 부분은 무엇일까요? 처녀총각 내지 독신주의자가 아니라면 대부분 취학자녀들이 하나쯤은 있을 테니 학교문제가 아닐까요? 필자도 해외발령이 나면 제일먼저 챙겼던 것이 바로 자녀 학교문제였습니다.

현지 부임 전 미리 챙겨야 할 것은?

민간 기업의 경우에는 대체로 주재원만 먼저 파견하고 가족은 일정 기간 경과 후에 데려갈 수 있으니 미리 챙겨볼 필요성은 약해지겠지만 대사관이나 KOTRA(대한무역투자진흥공사), 코이카(한국국제협력단), 수출입은행 등 공공기관 주재원들의 경우 보통 가족동반부임이 이루어지니 미리 챙겨야 자녀 앞길이 막히지 않습니다. 미리미리 확인해보고 만약 상황이 안 된다면 학업 공백 사태를 막기 위해 가족 출국시점을 뒤로 미뤄두는 것이 바람직합니다. 사전에 철저한 대비를 안 하고 덜렁덜렁 현지에 부임했다가 낭패를 보는 경우들을 보게 됩니다. 부모의 준비 미흡 내지 부주의로 한순간에 자녀 앞날에 먹구름이 낄 수 있습니다.

영문성적증명서 자녀 국제전학을 위해서는 우선 한국 학교 영문성적증명서 등을 미리 준비해둬야 하며, 국제학교로 보낼 것인지 현지 이중 언어 학교로 보낼 것인지, 국제학교라면 미국계냐 영국계냐를 결정해야 합니다. 보통 나라에 따라 현지 파견 주재원들이 대체로 가장 선호하는 명문학교가 있기 마련입니다. KOTRA 국가정보를 보시면 관련 정보 취득이 가능할 겁니다. 정보가 만족스럽지 못한 경우들도 있을 텐데, 관련 학교 사이트 들어가 보든가 직접 연락을 취하든가, 현지 인맥을 통해 상세히 알아봐달라고 부탁하든가 등등 별도의 노력이 경주되어야 합니다.

자리가 있는지? 자녀를 보내고자 하는 해당학교에 자녀 해당 학년에 들어갈 여유분 자리가 있는지 알아보는 것이 첫 번째이며, 자리가 있다면 입학금 및 기부금, 수업료 등을 알아보고, 회사 지원액과 개인 부담액을 산정해본 후 견딜만한 수준이라면 지원하면 됩니다. 명문 학교라면 자리가 없을 가능성이 일단 크다고 볼 수 있습니다. 이런 경우 차선책을 마련해야 합니다.

학년을 올릴 것인가 내릴 것인가? 한국 학교는 3월에 신학기가 시작되나, 국제학교는 대부분 8월에 신학기가 시작되는 관계로 한 학년을 올리거나 내리거나 해야 합니다. 올리면 자녀 적응에 문제가 생길 수도 있고, 짧아진 수업기간으로 귀국 후 특례 요건을 충족시키지 못함으로써 대학특례입학 자격을 상실하게 되는 경우도 있으니 철저히 졸업까지 예상학업일수를 계산해보고 결정을 해야 합니다.

부모의 욕심 및 순간의 판단 착오로 자녀 인생을 백척간두로 몰고 갈 수 있다는 점을 유념하셔야 합니다. 하지만 T/O 문제로 부모나 자녀의 의지와 관계없이 어쩔 수 없이 한 학년 올리거나 내리거나 하는 상황도 맞을 수 있습니다. 그리할 것인지 다른 학교로 보낼 것인지 선택의 문제가 됩니다.

학교 측에서 학생 실력이 충분하니 한 학년 올리라는 권유를 하는 경우도 있으며, 반대로 도저히 따라갈 수 없으니 한 학년 내지 심지어는 두 학년을 낮추도록 권유하는 경우도 있습니다. 대학 입학을 위해 특례혜택을 꼭 받아야 하는 것은 아니고, 한국대학 대신 미국대학이나 캐나다대학 등으로 갈 수도 있으니 여러 상황을 종합하여 판단을 하시게 될 겁니다.

영어가 약한 경우 ELS 과정을 밟아야 하는데, 정규과정에 포함시킨 학교도 있는가 하면 비정규 과외수업으로 진행하는 경우도 있고, 아예 동 과정을 운영하지 않는 학교도 있으니 잘 알아보셔야 합니다. 회사에서 ELS 비용을 지원해주는 곳도 있고 안 해주는 곳도 있으며, 해주는 경우에도 정규과정일 경우에만 해주는 경우 등 여러 가지 상황이 나타나게 되니 철저히 따져봐야 뒤탈이 없을 겁니다.

필기시험과 면접시험 전학 내지 입학을 위해서는 별도로 필기시험과 면접시험을 거쳐야 합니다. 보통 영어와 수학을 보며, 경우에 따라 스페인어 실력이 가점요인이 되기도 합니다. 스페인어를 못하는 여타 외국 학생과 달리 현지 적응을 잘 할 거라는 믿음을 학교 측에 심어주는 효과가 있습니다. 스피킹 영어 실력이 딸리면 면접 관문을 넘지 못할 수도 있습니다. 아예 T/O가 전혀 없어 시험 볼 기회조차 부여하지 않는 경우도 있습니다.

T/O가 없다면 어떻게?

항상 예외는 있기 마련입니다. T/O가 없는 경우라도 일단 시험을 보게 한 후 성적이 특출하면 학교에서도 욕심을 내고 웨이팅 리스트 맨 앞 순위로 배정해놓거나 특별 T/O를 만들어 내서라도 입학을 시켜줍니다.

그래서 T/O가 없다고 하더라도 자녀가 수학 등 학업성취도나 영어실력이 남달리 뛰어나다면 바로 포기하지 말고 일단 테스트를 해달라고 간곡히 요청해보면 의외로 입학이 되는 경우도 나옵니다. 국제학교들도 자신의 발전을 위해 우수 학생을 영입코자 하는 전략을 갖고 있습니다. 국제학교끼리도 경쟁을 해야 하니 우리 학교에서 국제수학 올림피아드 참여해서 몇 등을 했다든가, 해외 명문대학에 몇 명을 보냈다든가 하는 학교홍보전을 벌이기도 합니다. (*미국 명문 대학들도 한국인 학생에게 적용하는 입학 점수와 중남미 학생에게 적용하는 입학점수에 현격한 차이를 두는 경우들이 있어 한국학생들의 국제학교 입학에 불리하게 작용하는 경우도 있음.)

경우에 따라 입학 담당자나 교장선생님이 귀찮아하며 무조건 안 된다고 하는 경우도 있고, 아무리 실력이 뛰어나도 동양인 학생들이 너무 많아지는 것을 경계해서 동양인에게는 기회를 아예 주지 않으려는 경우도 있습니다. 보통은 한국학생들이 공부를 잘해서 현지 평가가 좋은 편입니다만, 어쩌다가 최근에 말썽피운 동양인 학생이라도 있었다면 더욱 냉랭한 반응을 보일 수도 있습니다.

T/O가 부족해질 경우에 대비해서 발령이 나기 전이라도 발령이 확실시된다면 미리 학교문제 대비책을 세워두는 것이 좋습니다. 미리 알아보고 시험도 미리 치르는 겁니다. 물론 항공임 등 비용문제가 걸릴 수 있겠지만 발령에 대비해서 미리 가 있을 수도 있습니다. 아니면 아예 자녀 국제전학 시기를 한 학기 늦추는 것도 방법이 될 수 있습니다. 영문성적증명서도 한국학교 측에 잘 설명하여 미리 떼어두고 말입니다. 하지만 배우자 언어능력이나 현지에서 임시로 가 있을 만한 곳을 도저히 마련하지 못한다든가, 회사가 승인을 안 해준다거나 등등 제반 상황이 전혀 그리 안 된다면 발 빠른 대응책은 포기해야합니다. 현지에 가지 않고도 한국에서 해결하거나 현지 지사 관계자를 통해 도움을 받는다거나 아니면 믿을만한 현지 한국인 여행사를 추천받아 유료 지원을 받는 방법 등을 다각도로 강구해볼 수도 있을 겁니다.

만약 동시동반 부임이 불가피해서 가족과 함께 현지 부임했는데 명문학교 입학이 안 될 경우 학생 수가 부족해서 경영난을 겪고 있는 비 명문학교라면 실력과 관계없이 모두 받아주니 6개월~1년 후를 기약하며 우선 급한 대로 대안이 될 수 있습니다. 하지만 학교를 자주 바꾸면 자녀의 적응이 더 어려워지는 점도 고려하셔야 합니다.

어디로 보내지, 국제학교? 현지 이중 언어학교? 학비 문제로 국제학교 대신 스페인어로만 수업하는 현지학교로 처음부터 보내는 분들도 있습니다. 그런데 이는 자녀에게 너무 많은 고통을 안겨주게 됩니다. 현지에 완전 정착하려는 교민 자녀라면 영어보다 스페인어가 더 중요하고 필수불가결이니 현지 일반학교 또는 현지 바이링규얼 스쿨에 보내는 것이 바람직한 선택이 될 수 있으나, 3-5년 동안만 살다가 귀국해야 하는 주재원 자녀의 경우에는 학비가 부담이 되더라도 영어로만 수업하는 국제학교로 보내는 것이 자녀의 중남미 생활 조기 정착에 도움이 될 겁니다. 영어 배우기도 벅찬데 스페인어까지 한꺼번에 떠안겨 버리면 감당하기가 어려울 것입니다.

하지만 해외근무가 두 번째 이상이거나 자녀 영어 구사에 문제가 없다면 현지 바이링규얼 스쿨로 보내 영어 외에 스페인어까지 모국어로 만들어주려는 부모님의 노력도 필요합니다. 중남미에서 5년 이상 학교생활하고서도 스페인어를 제대로 구사하지 못하는 경우가 매우 많습니다. 영어만 중시한 부모 탓이 큽니다. 스페인어 수업비중은 미미하고 대부분 강의를 영어로만 수업하는 국제학교에 비해 영어와 스페인어 두 가지로 수업하되 스페인어 수업 비중이 높은 현지 이중 언어 학교가 영어와 스페인어 모두를 통달하는 데에 좋은 대안이 될 수 있는 이유입니다. 하지만 텃세가 더 세다는 점은 깊이 고려해서 결정해야 합니다. 부모가 자녀에게 훨씬 더 신경을 써줘야 합니다.

자녀 입학 후 부모의 역할

과외가 남는 장사! 자녀를 입학시켰다고 바로 손 털면 안 됩니다. 이제부터가 문젭니다. 부모님들의 각별한 노력이 없이는 아이들이 중남미 학교에 적응하기가 매우 어렵습니다. 과외 공부는 한국에만 있는 것으로 오판하여 외국에만 나가면 과외 안 시켜줘도 알아서 잘 하려니 생각하는 분들이 의외로 많은데, 현실은 결코 그렇게 녹록하지 않습니다.

중남미 학교생활 초기에는 최소한 1년, 가급적 2-3년 동안 영어와 스페인어는 과외선생을 붙여주는 것이 남는 자녀 농사법이 될 수 있습니다. 언어로부터 자유로워지지 못하면 학업도 뒤따라가기 어려운 것은 물론이고 친구들을 사귀는 것도 당연히 어렵게 됩니다.

과외 선생님으론 누구를? 과외선생으로는 자녀가 다니는 학교 선생님이 좋습니다. 학교에 따라 상황이 다르겠지만 필자 자녀가 다녔던 학교들에서는 선생님들이 과외지도에 응해주셨습니다. 생활비 보충 목적인 경우도 있겠고, 학생에 대한 애정 내지 미진한 학생이 잘 따라오게끔 인도해줘야겠다는 사명감 또는 교사로서의 본분에 충실한 소명의식 등이 작용했던 것으로 짐작됩니다. 어떤 선생님을 소개받을 것인지에 대해서는 학교 측과 상의해보는 것이 바람직하고, 학교 측의 도움을 못 받는 경우에는 이미 그 학교를 다니는 다른 주재원 자녀 가정과 상의해보는 것이 바람직할 것입니다.

국제학교든 이중 언어 학교든 한국 일반학교보다 훨씬 많은 숙제 분량 및 난이도 등 과제의 질적 양적 수준에서 혼자 감당하기 어려운 경우가 많기 때문에 학생에게 모든 짐을 지게하고 부모가 제대로 뒷받침을 못해주게 되면 그 학생은 엄청난 스트레스를 홀로 감당해내기 어려워 어느 순간 학업을 부모 면전에서 또는 부모 몰래 포기하게 될 가능성이 커지게 됩니다.

과외의 진가, 과외는 왜 꼭 필요한가? 그런데 부모가 도움을 주려고 해도 막상 주재원 본인은 정신없이 바쁘다보니 시간을 내기가 어려운 경우가 대부분이며, 보통 배우자가 이 역할을 맡게 되는데 스페인어는 물론 영어조차 제대로 안 되는 경우 자녀 숙제 등을 도와주기 어려울 겁니다. 그래서 과외 선생님의 역할은 더욱 진가를 발휘하게 됩니다. 한국에서보다 더 절실히 필요한 게 바로 과외선생님입니다.

학교 가봤자 무슨 말인지 이해도 안 되고, 급우들은 자신을 친구로 대해주지도 않고 왕따 시키거나, 말도 못 알아듣는 멍청한 치노(동양인, 중국인)라고 놀려대면 자녀의 다음 선택지는 뭐가 될까요? 학교 간다고 해놓고서 몰래 PC방에 가서 하루 종일 시간을 때우다가 귀가하는 일이 반복되다 보면 자녀 인생은 내리막길로 내동댕이쳐집니다. 그러한 학생들의 말 못할 고통 및 스트레스와 부모에 대한 원망은 얼마나 크겠습니까? 그걸 깨닫지 못하고 방치해두다가 뒤늦게 알아차렸지만 이미 늦어버린 경우라면 그 부모 심정은 어떨까요? 미리미리 깊이 챙겨보세요. 후회 없는 주재원 삶을 사시려면 부디 자녀 입장에서서 생각해보세요. 숙제를 자녀 혼자 알아서 하도록 믿고 내버려두지 마세요. 물론 자녀가 특출한 능력 보유자여서 혼자서 모든 일을 척척 해나간다면 굳이 부모가 개입할 필요는 없습니다. 한국 숙제와는 차원이 다른 점을 이해하시고 부모가 직접 도와주거나 과외 선생님을 붙여주세요. 그리고 그 과외선생님과 깊은 대화를 나누세요. 나아가 학교에 찾아가서 학과 선생님들과도 대화를 나누세요. 부모가 보지 못한 자녀의 모습과 장단점을 선생님들의 눈과 입을 통해 객관적으로 볼 수 있게 됩니다. 내 자녀에게 이런 면이 있었다니 하고 놀라운 사실을 깨닫기도 합니다.

자녀의 현지 적응력: 제로 모국어? 트리플 모국어? 스페인어가 약한 상태에서 현지학교에 보내놓고 방치해두면 자녀가 지옥 같은 생활을 경험하게 될 확률이 매우 높아지게 됩니다. 물론 국제학교 역시 마찬가지입니다. 학교만 보내놓으면 영어나 스페인어가 저절로 터득될 것으로 보는 순진한 부모님들이 의외로 많습니다. 어린 자녀가 적응력이 어른보다 훨씬 빠르기는 하나 언어 숙달이 쉽게 되는 것은 결코 아닙니다. 한국만 떠나면 과외를 하지 않아도 되는 것처럼 생각하는 자체가 문제입니다. 한창 배워야할 시기에 때를 놓쳐버리면 두고두고 후회하게 됩니다.

시간이 많이 지나면 영어나 스페인어에 어느 정도 숙달이 되겠지만 그동안 잃게 되는 것이 너무 많을 뿐만 아니라 언어의 깊이나 넓이 면에서 취약성을 면치 못하게 되어 "제로 모국어"학생이 되어버릴 수도 있습니다. 모국어가 하나도 없게 되는 것입니다. 영어나 스페인어, 심지어 한국어까지 서툴러지게 될 수 있으니 모국어가 없는 겁니다. "트리플 모국어"(3개 언어가 모두 모국어 수준) 학생으로 만들어줄 것인가 제로 모국어 학생이 되게끔 방치해둘 것인가는 전적으로 부모님 몫이라고 봅니다.

중남미 현지에 3~5년 정도 살다오면 외국어를 하는 정도로 만족해서는 안 됩니다. 영어나 스페인어(브라질은 포어)를 모국어처럼 만들어줘야 합니다. 그래야 취업 전선에 뛰어들 때 경쟁력을 가질 수 있게 됩니다. 지금 한국에 영어 구사자는 넘치고 넘칩니다. 토익 950점 이상자도 셀 수 없이 많습니다. 그래도 일류직장 취직은 어렵습니다. 영어를 모국어처럼 만들어줘야 차별성이 생기고, 거기에 스페인어까지 모국어 메뉴로 곁들여주면 금상첨화가 될 것입니다. 인재를 알아보는 일류 직장이라면 이러한 인재를 결코 놓치지 않을 겁니다.

한국어 교육은 어떻게? 해외 근무 나가면 영어만 신경 쓰고 한국어는 아예 손을 놔버리는 경우들을 보게 됩니다. 한국 돌아가면 저절로 되려니 쉽게 생각해버리는 것입니다. 하지만 영어와 스페인어에 어느 정도 익숙해지면 한국어 수준도 뒤떨어지지 않게끔 주말 한글학교 등에 보내는 것이 바람직합니다. 중남미에 살다보면 분명 한국인인데 한국어가 서툰 사람들을 의외로 많이 보게 됩니다. 대부분 어휘 선택에 큰 어려움을 갖게 되며, 말은 제법 그럴듯하게 하는 경우라도 글로 써보라고 하면 기가 막히는 경우가 나옵니다. 한국어 교육의 중요성을 절대 과소평가하지 마십시오.

실제 사례 하나 들어보겠습니다. 어느 주재원 자녀가 부모에게 묻습니다. "엄마, 내가 한국 돌아가면 무슨 년이야?"이게 무슨 뜻인지 이해가 되십니까? 몇 학년이라는 단어를 들어보거나 배우지 못했으니 무슨 년이라는 어휘가 자연스럽게 선택된 겁니다. 이게 내 자신의 일이라면 결코 가볍게 웃고 넘길 일은 아닙니다. 필자 자녀도 한글 실력이 취약해 국내 학창시절 크고 작은 어려움을 겪었습니다. 그래서 한국어를 모국어로 만들기 위해 남들보다 훨씬 더 많은 노력을 한국어 공부에 기울여야 했습니다.

대사관이나 한인회 등을 접촉해보면 한글학교 정보를 접할 수 있습니다. 보통 무료 내지 염가로 운영됩니다. 중남미 한글학교 중 정부의 지원을 받아 잘 운영되는 곳도 있으나, 대체로 예산지원을 제대로 받지 못하는 관계로 영세성을 면치 못하고 있습니다. 교사 충원도 잘 안되어 교포 인사나 주재원 또는 배우자, 현지 한국 유학생 등이 자원봉사 수준에서 수업이 진행되는 경우들도 있습니다. 그러다보니 현지 한국인 커뮤니티의 호응도가 떨어져 한글학교에 자녀들을 안 보내는 가정들이 많습니다. 하지만 그럼에도 불구하고 토요일마다 자녀들을 한글학교에 보내어 한국어에 관심을 갖고 발전시켜 나가도록 기회를 마련해주는 것이 부모님들의 현명한 선택이 아닐까 합니다. 해외 자녀들의 아킬레스건인 국사나 한자 교육까지 시켜주는 곳들도 있으니 일석이조 내지 일석삼조의 효과를 거둘 수도 있습니다.

물론 그 이상의 효과를 보는 경우도 나옵니다. 주재원이나 그 배우자가 선생님으로 나서서 자원봉사 하다보면 자신이 훌륭한 선생님의 자질을 갖고 있음을 깨우치는 또 다른 자신을 발견하는 기쁨도 선사받을 수 있습니다.

그럼, 자녀교육은 어떻게? 부모가 자녀를 해외에서 어떻게 양육해야 되는지를 몰라 공부만 열심히 하라고 다그치기만 하면 능사인줄 알고 어처구니없는 실수들을 범하는 경우들을 보게 됩니다. 물론 경제적 사정이 허용하지 않아 눈물을 머금으며 좋은 학교에도 못 보내거나, 어쩔 수 없이 방치되는 경우도 있지만, 경제적 사정은 충분함에도 중남미에서 쉽게 접할 수 있고 한국보다 훨씬 싼 값에 즐길 수 있는 골프 등의 마력에 빠지다보면 자녀교육에 신경을 쓰기가 귀찮아지는 상황도 나오게 됩니다. 그러니 스스로 채찍을 들고 자신의 욕구를 잘조절해야합니다.

한편, 자녀들을 공부에만 옭아매두면 안 되는 거 아시지요? 맘껏 뛰어놀 수 있는 공간과 시간을 배려해줘야 합니다. 교우관계에도 당연히 신경을 쓰셔야 합니다. 그리고 학교에서 학부형을 부르면 빠짐없이 가봐야 합니다. 출장 등으로 불가피 갈 수 없으면 미리 가보거나 나중에라도 만나봐야 합니다. 배우자가 영어나 스페인어에 능통하다면 몰라도 외국어가 약한 배우자에게만 맡겨놓으면 후환을 키우게 됩니다. 선생님이 부모는 전혀 몰랐던 소중한 정보를 전해주는 경우가 많습니다. 자녀의 장점 및 단점을 객관적으로 볼 수 있는 최적의 기회입니다.

배우자 교육 그러나 선생님 말을 제대로 알아듣지 못해 핵심을 캐치해내지 못하면 아무 소용이 없습니다. 따라서 배우자에 대한 영어 내지 현지어 교육에도 반드시 신경을 쓰고 투자해야 합니다. 회사에서 배우자 교육까지 챙겨준다면 현명한 경영전략으로 칭송을 받게 될 겁니다. 하지만 학교나 학원 수업만 인정해주는 것은 좀 더 신중하게 접근할 필요가 있습니다. 배우자를 치안위험 및 교통위험, 건강위험 속에 빠뜨리는 결과가 초래될 수 있습니다. 학교나 학원을 주3~5회 정도 가기 위해서는 콜택시만 계속 타고 다닐 수는 없고 하니 부득이 버스나 지하철 등 대중교통을 이용하게 될 수밖에 없습니다. 안전하게 이용할 수 있는 한국의 대중교통을 생각하면 오산입니다. 노상강도를 만난다거나, 자욱한 매연을 그대로 들이마시거나, 무질서한 교통체계의 희생양이 된다거나 하는 등 3대 위험에 고스란히 노출된다는 점에서 지역별 특성을 무시하고 획일적으로 시행하는 것은 중남미에 대한 무지의 소산으로서 심각한 후유증을 남길 수도 있습니다. 중남미 지역은 가정 방문 교육 시스템이 바람직합니다. 유연하고 건설적인 사고방식을 갖고 접근하면 주재원들이 성과도 더욱 잘 내게 될 겁니다. 배우자 교육이 비단 자녀 교육에만 필요한 것이 아니고 주재원의 의욕적인 현지 네트워킹을 뒷바라지하는 데에도 상당한 도움이 될 수 있기 때문입니다. 아무쪼록 중남미를 깊이 이해하여 사업마다 성공을 거두시길 빕니다.

※ 생각해 봅시다. 중남미 학생과 한국 학생, 무엇이 다른가?

중남미 인이 미국대학 입학하는 것과 한국인이 미국대학 입학하는 것에는 상당한 차이가 있는 것 같습니다. 한국인은 SAT 성적이 우수하더라도 아이비리그 등 미국의 최상위권 학교 입학이 무척 어렵습니다. 성적만 갖고 뽑는 것은 아니기 때문입니다.

그러나 다른 조건이 비슷한 상황에서 학교성적이나 SAT 성적이 최상위권인 한국 학생보다 중상위권인 중남미 학생이 미국 명문대 입학확률이 높은 것 같습니다. 미국 대학들이 어느 한 나라 출신으로 학생들이 과다 충원되는 현상을 막기 위해 국적에 따라 차등화 전략을 펴고 있기 때문인 것으로 알려져 있는데, 성적이 우수한 한국인 학생들이 워낙 많다보니 그럴 수도 있습니다. 사실 중남미 학교 중 한국인 학생이 두각을 나타내는 경우가 참 많습니다.
이런 차별화가 있어선지 중남미 학생들이 대학입시에 우리처럼 올인하는 모습은 보기가 어렵습니다. 대신 여기저기 몰려다니며 파티를 즐기는 여유 있는 모습이 많이 눈에 띕니다. 물론 나름대로 공부할 때에는 열심히 공부를 할 것입니다. 체력이 좋으니 지구력도 좋을 테고요.
중남미 학생들과 한국 학생들은 토론에서 능력 차이가 두드러지는 것 같습니다. 시험성적으로 보면 한국학생이 뛰어나지만 토론 능력으로 보면 뒤떨어집니다. 그래서 여러 나라 중남미 사람들과 어울려 얘기하다 보면 대부분 청산유수 말주변이 좋다는 점을 깨닫게 됩니다. 사전준비 없이 즉석에서 돌아가며 한 마디씩 하는 자리에서 중남미 인들은 거침없이 얘기를 잘 하는데 반해 한국인들은 당혹스러워 하는 경우가 많습니다. 평소 토론이나 발표 훈련이 부족했던 탓입니다. 이것도 결국 오랜 세월 세대를 이어 전승되어온 문화 차이가 아닐까요?

※ 자녀교육 꿀팁: 내 자녀도 미국/캐나다 대학 조기 졸업한다!
자녀가 4년제 미국이나 캐나다 대학을 3년 만에 또는 3년 반 만에 조기 졸업한다면 자녀는 물론 부모로서도 무척 기분 좋은 일입니다. 사실 조기졸업은커녕 제 때에 졸업을 못하는 케이스도 자주 나오다 보니 조기졸업은 수재들에게나 해당되는 남의 이야기로 치부되는 경우도 있는 것 같습니다.
하지만 실제로 중남미에서 오랫동안 자녀교육을 시켜본 경험에 의하면, 중남미로 파견근무를 나가는 주재원 자녀들에게 조기졸업 기회는 활짝 열려있습니다. 대학도 들어가기 전에 대학 조기졸업 운운이 섣부른 것 아니냐 하는 의문이 들 수도 있는데, 북미대학 조기졸업은 고등학교에서부터 미리 준비를 해두면 누구에게나 기회가 찾아오게 되어 있는 것 같습니다.
중남미 주재원들의 경우, 학비가 비싸긴 하나 회사 보조를 받아 보통 미국계 국제학교로 자녀들을 입학시키게 되는데, 고교 과정의 경우 AP라는 선행학습 프로그램이 있습니다. 이 AP 과목들을 여러 과목 수강신청해서 이수하면 미국이나 캐나다 대학 입학 후에 학점으로 인정받게 됩니다.

물론 AP 학점 잘 따내기가 쉽지는 않겠지만 자녀들이 스스로 도전해볼 만한 가치가 충분히 있습니다. 그러면 누구나 한 학기 내지 두 학기를 건너뛰고 3년 만에 또는 3년 반 만에 조기졸업이 될 수 있는 겁니다. 특출한 공부 DNA를 가진 수재만 가능한 것이 아닙니다. 범재라도 할 수 있습니다. 게임의 늪에 빠져 허우적대던 자녀라도 자녀가 도전에 나서도록 꾸준히 용기를 북돋아주고 끈기를 갖고 뒷받침을 잘 해주시면 거뜬히 해낼 수 있을 겁니다.

제23강 차량운행 규제 및 차량번호판 이야기

ㅣ 중남미 대기오염수준 및 교통체증

중남미에서는 차량운행이 규제되는 경우가 많습니다. 가장 큰 규제 이유 두 가지를 들라면 교통체증 및 대기오염을 들 수 있습니다. 그만큼 대기오염과 교통체증은 중남미에서 심각한 이슈입니다.

물론 우리나라도 예외는 아닙니다. 1군 발암물질로 알려진 초미세먼지 PM2.5(먼지입자의 지름 크기가 2.5µm이하)의 연평균 오염도는 서울이 24µg/m3(2015년 상반기 기준)로서 세계보건기구(WHO/OMS)의 허용치 10µg/m3을 크게 웃도는데, 부산, 광주, 대구, 인천 등 여타 다른 도시에 비해 서울의 공기질이 가장 양호하다는 평가를 보면 우리나라 대기오염의 심각도가 느껴집니다. 그래서 우리나라도 2017년 2월15일부터 차량2부제 시행에 들어갔지만, 미세먼지 농도가 50µg/m3 이상 등 발동조건 충족시 수도권 공공기관 차량을 대상으로 한 제한적 2부제일 뿐 전면적인 차량운행 규제는 없습니다. 다만 2002년 월드컵과 2014년 인천 아시안게임 등 특정 국제행사 기간 중에 수도권 차량 2부제가 한시적으로 실시된 경우는 있었습니다.

미세먼지는 허용치의 2~4배, 태평양동맹국 심각 중남미의 경우는 대기오염이 어떤 수준일까요? 미세먼지(PM10)의 연평균 오염도를 기준으로 비교해보면, 브라질 상파울루나 아르헨티나 부에노스아이레스는 공히 38μg/m3, 에콰도르 키토는 34μg/m3, 코스타리카 산호세는 28μg/m3 수준으로서 세계보건기구(WHO)의 허용치 20μg/m3을 상회하긴 하나 두 배 이하로 넘어서고 있어 그다지 심각성은 느껴지지 않습니다.

그러나 여기서 좀 더 들어가 보면 상황이 달라집니다. 멕시코시티는 52μg/m3, 칠레 산티아고는 71μg/m3, 페루 리마는 78μg/m3로서 공기 질 문제가 매우 심각한 수준임을 보여주고 있습니다. 초미세먼지(PM2.5)를 기준으로 보면 멕시코시는 24.4μg/m3로서 서울과 비슷한 수준입니다. 우연히도 공기오염도가 가장 심한 3개국은 경제상황이 비교적 양호한 태평양동맹국입니다. 동맹국 중 콜롬비아만 빼고 말입니다.

교통체증 갈수록 심화 중남미는 도시화 진전 및 경제성장으로 중산층이 늘어나다 보니 차량 공급이 계속 팽창하고 있습니다. 그러다보니 시민들의 도로 이용 수요는 갈수록 증대되고 있습니다. 반면 정부의 도로 공급 확대는 쭉쭉 늘어나질 못합니다. 도로 수요와 공급간 커다란 괴리가 발생하니 교통체증은 날로 심각해질 수밖에 없는 겁니다. 필자가 90년대 초반에 근무했던 과테말라시는 당시엔 도로 소통이 원활했습니다. 시원시원 잘 뚫렸습니다. 그런데 20여년이 지나 방문을 해보니 전혀 다른 모습의 도시가 되어 있었습니다. 교통체증으로 몸살을 앓는 모습이 역력했습니다. 과테말라뿐만 아니라 중남미 대부분의 나라가 교통체증으로 곤욕을 치르는 것 같습니다. 부에노스아이레스처럼 노폭이 넓고 지하철을 가진 대도시는 교통사정이 양호한 편인데 보고타처럼 노폭도 좁고 지하철조차 없는 대도시들은 매우 심각합니다.

따라서 교통체증 해소나 대기오염 완화를 겨냥한 차량 2부제나 2.5부제, 5부제 등 차량 도심운행 규제 제도가 멕시코, 칠레, 브라질, 콜롬비아, 에콰도르, 베네수엘라, 코스타리카, 온두라스 등 여러 나라에서 시행되고 있습니다. 주요내용을 살펴보겠습니다.

ㅣ 교통체증 해소를 위한 차량 2부제와 5부제

콜롬비아의 삐꼬 이 쁠라까(Pico y placa) 제도 교통체증 해소를 위한 중남미의 대표적인 차량 도심운행 규제 시스템이 삐꼬 이 쁠라까(pico y placa)입니다. 삐꼬(pico)란 러시아워 즉, 출퇴근 시간대를 의미하며, 쁠라까(placa)란 차량 번호판을 의미합니다. 이 pico y placa 시스템이 가장 잘 운영되고 있는 곳이 콜롬비아입니다. 1998년 보고타를 시작으로 메데진과 쿠쿠타 등 주요 도시에서 시행중인데, 보고타 등 도시는 비교적 공기의 질의 양호한 까닭에 이 제도가 대기오염 문제로 시작된 것은 아니고 교통체증 완화대책으로 단초가 마련되어 시행되고 있습니다.

보고타의 홀짝제 보고타의 경우 자동차 번호판 맨 끝 숫자가 짝수(par) 번호(0,2,4,6,8)인 경우 짝수 날에만 운행이 가능하고, 홀수(impar) 번호(1,3,5,7,9)인 경우에는 홀수 날에만 운행이 허용되는 2부제가 시행되고 있습니다. 주중(월~금)에만 적용되며, 주말(토, 일) 및 공휴일에는 적용이 되지 않습니다. 주중이라도 출근시간대인 오전 6시부터 8시 30분까지, 퇴근시간대인 오후 3시부터 7시 30분까지 총 7시간 동안 운행이 금지되며, 이를 어길 경우에는 벌금이 부과됩니다. 그런데 이 제도가 이따금씩 변경되니 현지에서 차량을 운행하시려면 변경사항 없는지 확인해보시는 게 안전합니다.

보고타의 pico y placa는 자가용은 물론 택시나 버스 일부에도 적용이 되고 있습니다. 하지만 개인 자가용에 대해서는 2부제가 적용되는데 반해 택시나 버스에 대해서는 5부제가 적용되며, 자가용은 토요일에는 적용이 되지 않는 대신 택시나 버스는 토요일도 평일처럼 적용이 되고 있습니다. 5부제가 적용되는 택시는 일반 자가용과는 달리 오전 5시 반부터 밤 9시까지 종일 규제됩니다.

인구 800만 명의 대도시에 지하철이 없다니 보고타는 인구가 800만 명을 넘어서는 대도시입니다. 그런데도 지하철이 없다니 교통체증은 불 보듯 뻔한 것 아니겠습니까? 수십 년 전부터 지하철 건설 필요성이 제기되곤 했으나 비용과다 등 문제로 반대가 심한데다가 강력한 리더십 또한 결여되어 번번이 좌절되었습니다. 그러다가 2010년대 들어 다시 보고타 지하철 건설 문제가 재 점화되었습니다. 예산(국가예산과 지자체 예산 분담)도 마련되고 설계 작업에도 들어가는 등 진전을 보이는 듯 했습니다. 그런데 국제 유가 하락에 따른 환율 급등 및 예산 부족 사태와 중앙정부와 지방정부간 갈등, 보고타 시정부 교체 등 여러 요인으로 모든 구간을 지하화 하려던 당초 설계안이 변경되었습니다. 지상 구간 확대가 돈이 덜 든다는 논리로 말입니다. 워낙 의견이 분분하고 강력한 리더십은 실종된 상태라 과연 공사가 순항할지 여부는 미지수로 보입니다. 더 이상 안개 속을 헤매지 말고 한 번 마음먹은 프로젝트는 시원하게 끝낼 줄 아는 리더십이 발휘되기를 기대해봅니다. 아직까지도 지하철을 못 가져 엄청난 체증 속에 나날을 일궈나가는 착하고 불쌍한 보고따노(보고타 시민)들을 위해서 말입니다.

메데진의 5부제 콜롬비아 제2도시인 메데진의 경우는 어떨까요? 여기는 전철이 있어 보고타보다는 교통사정이 나은 편이라 2부제가 아닌 5부제가 시행되고 있습니다. 자동차 번호판 맨 끝 숫자가 0이나 1이면 월요일, 2~3은 화요일, 4~5는 수요일, 6~7은 목요일, 8~9는 금요일 등으로 운행이 제한되며, 매 6개월마다 요일별 운행 가능 번호판 숫자는 달라지고 있습니다. 적용 시간대는 오전 6시 반부터 8시 반까지, 오후 5시 반부터 7시 반까지 총 4시간입니다.

교통체증 문제도 보고타보다는 덜하지만 길이 좁고 언덕길이 많아 체증이 심한 편입니다. 하지만 메데진 시민들은 보고타에 없는 전철을 가진 것에 대해 매우 뿌듯해 합니다. 또한 케이블카가 대중교통수단으로 잘 가꿔져 있습니다. 높은 언덕위에 성냥갑처럼 빼곡히 들어찬 허름한 가옥 빈곤층 거주민들을 위해 시정부가 마련한 케이블카는 아래 지역의 버스나 전철과도 잘 연결되어 있습니다. 그래서 시민들의 시정 만족도가 여타 도시 대비 매우 높습니다. 매년 바뀌긴 하지만 대체로 최상위권을 차지합니다. 도시 간 경쟁심도 강해서 보고타에 뒤지지 않으려고 노력하는 메데진 시정부 관계자들의 모습에서 콜롬비아의 밝은 미래를 보게 됩니다. 세계적으로 악명을 떨쳤던 마약의 도시, 범죄의 도시 이미지를 말끔하게 벗어던지고 아름다운 꽃의 도시로 탈바꿈한 메데진 시민들에게 찬사의 박수갈채를 보내드립니다.

에콰도르와 베네수엘라의 삐꼬 이 쁠라까(Pico y placa) 제도

키토의 5부제 에콰도르 수도 키토에서는 2010년 3월부터 교통체증 해소를 위한 차량 5부제가 시행되고 있습니다. 오전 7시부터 9시 반까지, 오후 4시부터 7시 반까지 총 6시간 동안 운행이 금지됩니다. 적발될 경우에는 벌금이 부과됩니다. 처음에는 56불로 시작해서 두 번째에는 85불, 세 번째에는 170불로 오르게끔 설계되어 있습니다. 2014년 6월 이전에는 이것보다 두 배의 무거운 벌금이 부과되기도 했습니다.

베네수엘라의 5부제 베네수엘라는 콜롬비아와의 접경 도시에서 국경 통과 차량 정체 해소 목적으로 디아데 파라다(Dia de Parada/운행 멈춤일)라는 이름으로 5부제를 시행하고 있습니다. 과거 수도인 카라카스에서도 시내 교통체증 해소를 목적으로 5부제를 시행한 적이(1979~1990년) 있습니다.

브라질의 호디지우(Rodizio veicular): 두 마리 토끼 겨냥 5부제

브라질 상파울루 시는 1997년 호디지우(rodizio)로 불리는 차량 5부제 시스템을 도입했습니다. 개인 자가용을 대상으로 주중 피크 타임(오전 7시~10시, 오후 5시~8시)에 하루 총 6시간씩 적용되며, 위반 자동적발을 통한 벌금 징수 시스템을 운영하고 있습니다.

2000년대 들어 브라질의 눈부신 경제성장에 힘입어 교통량이 크게 늘자 2008년 6월말부터는 영업용 차량에 대해서도 적용이 확대되었습니다. 2015년 9월부터는 전기차 및 하이브리드 차량, 수소전지차량 등에 대해서는 호디지우 적용을 면제해 주는 법이 발효되어 교통체증 해소와 함께 공기의 질 개선도 동시에 겨냥하는 모양새를 취하고 있습니다.

삐꼬 이 쁠라까(Pico y placa) 제도, 성공했나? 실패했나?

규제하는 정부, 피해가는 시민 정부는 교통상황 개선을 위해 운행규제를 합니다. 하지만 규제를 당하는 시민들은 규제에 따른 불편함을 극복하려는 노력을 하게 되어 결국 정부의 규제를 피해가는 법을 찾아내게 됩니다. 그리되면 제도 운영성과는 좋은 결실을 맺기가 어려워지게 됩니다. 시민들이 어떤 식으로 규제를 피해 가는지 한 번 살펴보도록 하겠습니다.

1가구 2차시대: 홀수 차, 짝수 차 강력한 2부제가 시행되는 보고타의 경우 여력이 되는 중산층 이상 시민들은 차량을 추가로 구입을 합니다. 홀수 번호 차량과 짝수 번호 차량을 모두 구비하게 되면 2부제를 피해갈 수 있게 됩니다. 자동차 시장은 덩치를 불리게 되어 즐거운 비명을 지릅니다. 그 결과 교통체증 완화효과는 상당 폭 상쇄되어 안개처럼 사라져 버립니다.

영업차량, 방탄차량 게다가 긴급차량이나 외교차량은 물론 영업용 차량이나 방탄차 등도 적용 면제를 받습니다. 개인 자가용 대신 비싼 값을 주고라도 영업용 번호판 차량을 구입해서 타고 다니는 경우를 흔히 보게 됩니다. 또한 현지 불안한 치안 상황을 고려하여 차량에 방탄시설을 갖춤으로써 규제 망을 벗어나기도 합니다.

연말연시 규제해소 보고타시는 연말연시에는 특별히 규제를 풀어주고 있습니다. 예컨대, 2016년의 경우 12월26일부터 이듬해 1월9일까지 pico y placa 적용이 배제된 바 있습니다. 연말은 휴가철이라 다들 해외로 지방으로 빠져나가기 때문에 교통 혼잡상황이 자동으로 해소되는 점을 고려하여 시민들 불편을 줄여줄 여력이 생기는 것입니다.

이렇게 바뀐다. 한편 보고타시는 2017년 들어 택시에 대해 적용되는 차량5부제(매 요일별 2개 번호씩 운행 규제)를 10부제(매 요일별 1개 번호씩 운행규제/대신 1일 규제시간대는 밤12시까지로 늚)로 일단 완화하여 시행해보다가 궁극적으로 폐지하는 방안을 검토 중입니다. 일반 차량에 적용되는 차량2부제는 10부제로 대폭 완화하는 방안도 아울러 검토하는 등 pico y placa 제도는 변신에 변신을 거듭하고 있습니다.

*** 중남미 비즈니스와 국정원 이야기**

국내에서의 국정원 이미지와 해외에서의 국정원 이미지에는 상당한 간극이 있는 것 같습니다. 국내에서는 주로 정치개입 관련 기사들을 많이 접하다보니 부정적 이미지를 갖게 되는데 중남미에서 근무하다 보면 국정원이 우리 기업들의 비즈니스에 상당한 기여를 하는 모습들을 보게 됩니다. 필자가 감명을 받은 몇 가지 사례가 있었는데, 국정원을 다시 보게 된 결정적인 사례 한 가지를 여러분과 공유하고자 합니다.

국정원도 우리 기업들의 비즈니스를 지원하고 있습니다. 사실 우리 기업들의 비즈니스 지원은 코트라 몫인데 왜 국정원이 코트라 영역까지 들어오나 하는 생각도 솔직히 했었습니다. 하지만 그들은 코트라가 수행할 수 없는 성격의 업무를 수행하고 있었습니다. 콜롬비아 근무 당시 현지 진출한 우리 기업들은 앞서 말씀드린 피코 이 플라카 때문에 상당한 애로를 겪고 있었습니다. 비즈니스를 활발히 추진하기 위해서는 신속한 기동력이 필요한 법인데 차량2부제 내지 2.5부제(pico y placa) 때문에 기동력이 크게 떨어질 수밖에 없었던 것입니다. 이 문제 해결을 위해 국정원이 팔을 걷어 부치고 나섰습니다. 현지 관계 부처와의 공조를 통해 한시적이기는 했지만 일정 기간 동안 적용을 받지 않도록 풀어준 겁니다. 기한이 되면 재협상을 하여 연장을 해주는 등 우리 업계 지원 역할은 코트라 업무영역을 완전 벗어나는, 조직특성에 최적화된 독보적 영역이었습니다. 뿐만 아니라 우리 기업들이 현지 투자 진출하고자 할 때에 반군 등 무장 세력으로부터 테러를 당하지 않도록 위험도를 측정해보고 위험에 노출되지 않도록 지원해주는 활동도 그들만의 고유 영역이었습니다. 야간근무나 휴일근무 등도 마다하지 않고 우리 기업들의 비즈니스 보호에 적극 나서는 그들의 모습을 보며 감명을 받지 않을 수 없었습니다. 음지에서 일하며 양지를 지향하는 그분들의 노고를 적어도 우리 중남미 진출 업계 관계자만이라도 제대로 평가해드리는 것이 마땅하다고 생각되어 이 자리에 소개를 해드리는바, 순수한 의도가 폄훼되지 않기를 바랍니다.

대기오염 완화를 위한 중남미의 차량 5부제와 2.5부제

칠레의 차량 2.5부제 (Plan de descontaminación/대기오염해소계획)

칠레 수도 산티아고는 1986년 중남미 최초로 차량5부제를 도입했습니다. 당시 산티아고는 세계 최악 수준이라는 세간의 평가가 나올 정도로 대기오염이 너무 심해 강력한 해소대책이 요구되던 시점이었습니다.

자동차 번호판 끝 번호를 기준으로 주중 하루 2개 번호씩 해당되는 요일에 운행이 금지되는 5부제로 시작되었으나, 2008년부터는 주중 하루 4개 번호씩 운행을 규제하는 2.5부제로 강화되었습니다. 1주일에 한 번 쉬던 것을 두 번으로 늘린 것입니다. 즉, 요일별로 운행이 허용되지 않는 차량 번호판 끝자리를 보면 월요일 5,6,7,8, 화요일 9,0,1,2, 수요일 3,4,5,6, 목요일 7,8,9,0, 금요일 1,2,3,4 등입니다.

5개월간 온종일 규제 차량 2.5부제는 매년 4월 첫째 월요일부터 8월 마지막 금요일까지 적용되며, 아침 7시 반부터 밤 9시까지 거의 온종일 운행이 규제됩니다. 즉, 연중 시행되는 것이 아니라 공기 질이 좋지 않은 5개월 간만 한시 적용되며, 출퇴근 시간대에만 한정되지 않고 온종일 적용된다는 점이 교통체증 해소목적 차량운행제한제도와의 차이점입니다(콜롬비아도 한때 하루에 4개의 번호를 규제하는 2.5부제를 시행했던 적이 있었는데, 목적이 다르다 보니 칠레 제도와는 양상이 많이 달랐습니다).

5부제 → 2.5부제 왜? 인센티브가 발목을 잡아? 강화된 배경은 당초 제도 도입 당시 촉매변환기(컨버터)라는 오염 배출 감소 장치를 장착한 차량에는 5부제 적용을 유보해주는 인센티브제도 시행에서 찾을 수 있습니다. 누구나 불편함을 꺼려하는 법인데 불편 해소 비용이 편익 대비 작다 보니 너나 할 것 없이 컨버터 장착 붐이 일게 되었고, 나중에는 컨버터 장착 차량이 비장착 차량 숫자를 능가하는 상황이 전개된 것입니다.

컨버터 효과는 예상만큼 나오지 않는데 비해 적용 배제 차량은 대폭 늘어나니 어쩔 수 없는 조치였겠지만 시 정부는 많은 비난을 감내해야 했습니다. 촉매컨버터로 자동차 내연기관 연료에서 방출되는 매연 자체는 줄어들지라도 차가 다니면 먼지가 나게 되어 있고, 이 먼지도 대기오염을 유발하기 때문입니다.

뛰는 자 위에 나는 자 촉매변환기 장착 차량(vehículo catalítico)에는 녹색 스탬프(인지/Sello Verde/세요)가 부착됩니다. 그래서 세요(sello)가 있느냐 없느냐로 적용대상 차량여부 식별이 바로 됩니다. 그런데 컨버터 차량이 너무 많아지자 대기오염 정도에 따라 컨버터 차량에도 족쇄를 채우게 됩니다. 뛰어봤자 벼룩인 셈이죠. 환경경고(Alerta ambiental), 준 비상(Preemergencia), 비상(Emergencia) 등 3단계로 구분되며, 준 비상 상황 이상 발령되면 차량 부제가 촉매차량에도 확대 적용되는 겁니다. 주중은 물론 주말까지도 차량 운행이 통제됩니다.

멕시코의 5부제 "오이 노 시르꿀라(Hoy no circula)"

멕시코시티는 1989년 11월부터 Hoy no circula(오늘 운행 안 해요/오이 노 시르꿀라)로 명명된 차량 5부제를 도입한 이래 시범운영을 거쳐 1990년 3월부터 전면 의무화하여 시행하고 있습니다. 1991년 1월부터는 공공 차량에 대해서도 확대 적용되고 있습니다.

대기오염입자 배출감소 성과 제도 운영 성과는 어땠을까요? 1989년부터 2007년까지 동 제도 운영 성과를 보면, 대기오염 입자 배출이 4.3톤에서 2.7톤으로 줄어든 것으로 추정 발표되어 긍정적 효과를 본 것으로 나타났습니다. 이에 대해 일부 전문가들은 개선효과가 거의 없다는 냉소적 주장을 제기하기도 했으나 어찌됐든 동 제도는 빠추까, 뿌에블라, 똘루까, 꾸에르나바까 등 여타 도시로 확산 시행되었습니다.

멕시코시티는 당초 주중에만 적용하던 것을 2008년부터는 최소 월1회 토요일 운행금지제도(Hoy no circula Sabatino)를 도입하여 토요일에도 적용하고 있습니다.

차량연식 대신 오염배출량 기준 멕시코 정부는 2017년 7월9일부터 새로운 제도를 도입했습니다. 차량 연식이 아니라 차량별 오염 배출량에 따라 홀로그램 번호를 매기고, 그에 따라 운행 규제 강도를 차별화하고 있습니다. 현재 멕시코시 전역(16개구)과 멕시코 주의 18개 외곽도시를 대상으로 운영 중인 오이 노 시르꿀라(Hoy no circula) 제도의 핵심내용을 잠시 살펴보겠습니다.

월~토 온종일 적용/ 요일별 색상 스티커가 열쇠 적용되는 시간대는 월요일부터 토요일까지 새벽 5시부터 밤 10시까지 거의 온종일 적용됩니다. 차량 끝번호에 따라 운행이 금지되는 요일이 지정되는데, 알아보기 쉽게 각 번호별로 색상 스티커(현지에서는 engomado/엥고마도 또는 calcomanía/깔꼬마니아 등으로 불림)가 부여됩니다. 예컨대, 월요일은 황색 스티커 차량이 쉬게 되는데, 황색은 5번과 6번 차량에 붙는 색깔입니다.

월요일 쉬는 차는 황색(5,6번), 화요일은 분홍색(7,8번), 수요일은 적색(3,4번), 목요일은 녹색(1,2번), 금요일은 청색(9,0번) 및 번호 없는 차량이 해당됩니다.

토요일은 홀로그램 스티커로 구분: 0은 면제, 1은 격주, 2는 매주 그럼 토요일은 어떻게 적용될까요? 홀로그램 스티커로 구분됩니다. 홀로그램 스티커는 자동차 검사소에서 검사를 마치고 동 결과에 따라 받게 되는데, 홀로그램 숫자가 0/cero(쎄로) 또는 00/doble cero(도블레 쎄로)이거나 exento(엑센또/면제)로 표기되어 있는 경우에는 토요일 운행금지제도가 적용되지 않습니다. (holograma exento, holograma 0, holograma 00)

올로그라마 우노(holograma 1/uno)인 경우 번호판 끝자리가 홀수(impar)인 번호판은 첫째 주 및 셋째 주 토요일 운행이 안 되며, 짝수(par)인 번호판은 둘째 주 및 넷째 주 토요일에 쉬어야 합니다. holograma 2/dos(도스)인 경우나 홀로그램 스티커를 발급받지 못한 외래차 등의 경우에는 매주 토요일마다 운행이 금지됩니다. 물론 새벽 5시~밤 10시 사이를 피하면 운행은 가능합니다.

홀로그램 스티커가 없으면 번호판 끝자리에 따른 주중 1회 운행 금지 일반조항(새벽 5시부터 밤10시까지)이 적용됨은 물론 주5일 모두 새벽5시부터 오전 11시까지 운행도 금지되는 추가 규제를 받습니다.

흥미진진한 기타 차량운행 규제 관련 사례 및 시사점

석유수요 감축(연료 절감) 목적 차량운행 규제: 코스타리카 사례

이제 코스타리카 사례를 들여다보겠습니다. 코스타리카는 특이하게도 시민들의 석유 수요 감축을 겨냥한 차량운행 규제 제도를 시행했던 나라입니다. 그러다가 위헌판정을 받아 일단 중단되었다가 다른 문제가 야기되자 교통체증 해소로 목적을 바꿔 운행 규제가 재개된 사례입니다. 중남미를 깊이 있게 이해하기 위해 어찌된 사연인지 잠깐 시간을 할애하여 보도록 하겠습니다.

연료 절감합시다! 차량 5부제 도입 코스타리카 수도 산호세 시는 국제 유가가 상승세를 타기 시작할 무렵인 2005년 8월 차량 5부제를 시행합니다. 석유를 외국에서 수입해다 쓰는 마당에 기름 값이 너무 비싸 부담이 된 것입니다. 주중 오전 7시부터 8시 반까지, 오후 4시부터 5시 반까지 하루 총 3시간 동안 운행 규제를 했습니다. 이를 어길 경우 벌금으로 처음에는 5천 콜론(미화 10불)을 매기다가 2010년에는 29,340 콜론(미화 55불)으로 증액을 했습니다.

당시 국제유가는 배럴당 65불선이었으며, 2007년 석유 및 연료 수입액은 GDP의 5%를 넘어서는 높은 수준(5.6%)이었습니다. 2008년 6월에는 유가가 배럴당 130불에 달하는 등 고공행진을 이어가자 시 외곽순환도로까지 적용범위가 확대됩니다. 규제 시간도 오전 6시부터 오후 7시까지 하루 13시간으로 대폭 늘어나게 되며, 규제 차종도 대형 화물차(출퇴근 시간대만 적용)로까지 번지게 됩니다. 석유 등 연료 수입액이 전체 수출액의 1/3에 맞먹어 GDP의 9%로까지 치솟을 것으로 우려가 되자 많은 논란 끝에 내린 조치였습니다.

5부제 법 위헌판정, 그리고 극적인 반전 드라마 그런데 결국 그 논란은 2009년 6월 코스타리카 법원에서 동 제도 운영 근거법령이 위헌판정을 받는 사태로 치닫게끔 하는 원인을 제공해줍니다. 그 결과 6월12일자로 적용이 전면 중단됩니다.

하지만 여기서 극적인 반전이 나오게 됩니다. 위헌판정 40일 만인 2009년 7월 21일 동 제도는 원상회복됩니다. 대체 어찌된 일일까요?

운행규제가 중단되자 시내 전역에서 극심한 교통 혼잡이 발생합니다. 압제(?)에 시달리던 시민들이 해방감을 만끽하기 위해 너나 할 것 없이 차를 끌고 거리로 나온 것입니다. 도로는 교통량의 급격한 증가를 견디지 못하고 흐름이 마비되는 동맥경화현상이 여러 날 지속되자 극심한 체증의 쓴맛을 본 시민들은 제도 복원을 염원할 수밖에 없었습니다.

규제는 논리가 중요해! 수요억제 목적이 체증해소 목적으로 국민 염원에 힘입어 그간의 논란이 조용히 역사의 뒤안길로 숨어들게 되자 차량 운행 규제 제도가 기존의 석유 수요 억제라는 목적을 벗어던지고 교통체증 해소라는 새로운 간판을 달고 시민들 앞에 다시 모습을 드러내게 된 것입니다.

2012년 10월부터는 청정에너지 사용 촉진을 위해 전기차나 하이브리드 차량에 대해서 제도 적용이 면제되자, 청정에너지 차량이 늘게 되어 이듬해에는 10개의 모델이 시중에 선보이기도 했습니다. 2014년 10월 교통당국은 도심 유입 교통량이 15% 정도 준 것으로 제도 운영 성과를 발표한 바 있습니다.

연료절감을 위한 운행휴무요일 자율선택제도: 온두라스 사례
- 무슨 요일에 차를 쉬게 할지 각자 선택 → 결국 위헌판정으로 중단

온두라스 정부는 2008년 4월 인근 멕시코 영향을 받아선지 Hoy no circula로 명명된 전국적 규모의 차량 운행 규제책을 내놨습니다. 하지만 도입 목적이나 제도 내용은 멕시코와는 많이 달랐습니다.

시민 각자가 스스로 나는 어느 요일에 운행을 하지 않겠다는 결정을 하도록 하고 그 선택을 자동차 등기소에 등록한 후 운행 불가 요일 스티커를 발부받아 차량에 부착하는 것입니다. 오전 6시부터 저녁 8시까지 운행이 제한되며, 위반 시 초범의 경우 35불, 재범의 경우 53불의 벌금을 물게 됩니다.

그런데 이 제도는 단명하고 맙니다. 반대 선봉에 선 테구시갈파 시장을 비롯한 국민적 저항에 직면한 것입니다. 그 결과 대법원의 위헌 판정을 받고 이틀만에 멈춰서버리고 만 것입니다.

그러다가 2014년 들어 연료 절감 및 교통 혼잡 완화를 위해 콜롬비아 식 pico y placa 제도나 멕시코 식 hoy no circula 제도를 도입하자는 움직임이 있었으며, 정부도 가능성을 배제하지는 않았으나 유가가 하락세로 반전되자 유야무야된 상황입니다.

규제가 능사가 아니다, 온다 베르데(Onda Verde)
- 아르헨티나의 기발한 교통체증 해법

지금까지는 차량운행 규제를 통해 교통체증이나 대기오염을 해소하려는 중남미 각국의 대응책을 살펴봤는데, 규제가 아니라 오히려 소통을 원활하게 해줌으로써 교통체증문제를 풀어나가는 곳이 있어 소개해 드리고자 합니다. 규제가 능사가 아니라는 얘기가 나올 법 한 아르헨티나 인들의 온다 베르데라는 교통신호체계에 관한 이야기입니다.

온다 베르데(Onda Verde)는 영어로 하면 Green Wave 즉, 녹색 물결이라는 의미의 스페인어입니다. 교통체증이 우려되는 도로 구간에 있는 교통신호등의 시간을 조정하여 차량이 신호등에 막히지 않도록 교통 적체를 미리미리 풀어주는 시스템입니다. 신호등 자동변경 시간을 계산하여 차가 신호등을 통과하면 그 다음 신호등도 바로 통과할 수 있도록 때맞춰 착착 녹색 신호등으로 바꿔주는 겁니다. 빨간 신호등이 내 차가 도착할 때쯤이면 녹색 신호등으로 시차를 두고 바뀌는 모습이 멀리서 보면 마치 물결치는 것처럼 보입니다. 그래서 온다 베르데라는 이름이 붙은 것입니다. 물론 규정 속도로 가야지 너무 빨리 몰거나 너무 천천히 가면 물결을 탈 수가 없습니다.

필자가 부에노스아이레스에 살고 있을 당시 온다 베르데 구간을 수없이 통과해 봤는데, 통과할 때마다 신이 났습니다. 시민 누구나 이 물결을 타면 아마 VIP 대접을 받는 기분이 들 겁니다. 신호등이 수없이 많은 시내 도로 수 km 구간을 단 몇 분 만에 주파할 수 있으니 말입니다.

부에노스아이레스 시에는 신호등을 가진 교차로가 3,760개가 있습니다. 이 중 72%인 25개 대로(avenida)의 2,700개 교차로에 온다 베르데 시스템이 적용됩니다. 필자가 그곳에 근무하던 시절에는 그다지 많지 않았는데 이 제도가 성공을 거두자 늘려나간 것으로 보입니다. 차량이 몰리는 출퇴근 시간대에 시내 6개의 교통통제센터 내 모니터 요원(각 센터 내 30명 내외)이 교통 상황을 모니터하다가 교통량이 몰리는 교차로의 푸른 신호등 시간을 평상시 50~55초에서

10초 정도 더 길게 연장해줌으로써 체증을 해소시켜 줍니다. 출근 시에는 시내 방향, 퇴근 시에는 반대방향으로 말입니다.

아르헨티나와 밀접한 관계를 갖고 있는 우루과이 역시 이러한 온다 베르데 시스템을 갖고 있습니다. 수도 몬테비데오에서도 교통량 증가에 대응하기 위해 시내 총 690개 신호등의 26%인 197개 교차로 신호등에 이 제도를 적용하고 있다고 합니다.

※ 가슴 아픈 차량번호판 이야기: 무려 5개의 번호판

이왕 번호판 얘기가 나온 김에 필자가 중남미 근무하면서 보고 느낀 번호판 얘기를 잠깐 들려드리고자 합니다. 우리가 알고 있는 차량번호판은 보통 앞뒤 2개입니다. 전방과 후방 양 방향에서 인식할 수 있도록 앞뒤 두 개를 다는 것은 상식이죠. 중남미도 거의 대부분 나라에서 자가용이나 택시 할 것 없이 모두 앞뒤 2개의 번호판을 부착하고 운행합니다.

그런데 예외가 있습니다. 앞 번호판은 없이 뒤 번호판 하나만 달랑 달고 다니는 차도 있고, 앞뒤는 물론이고 좌우 옆 및 차량 윗부분에까지 무려 5개의 번호판을 달고 나니는 경우도 있습니다.

도미니카 공화국에서는 번호판을 앞뒤 모두 장착한 차들도 굴러다닙니다만 차량 앞면에 번호판이 없는 택시나 자가용들을 흔히 볼 수 있었습니다. 필자 역시 차량 등록시 번호판을 하나만 받았던 것으로 기억이 됩니다. 그래서 일부 외교관 차량의 경우 일부러 번호판을 자체 제작하여 앞에도 장착하고 다니는 경우도 봤었는데, 아마도 경찰이 차를 함부로 제지하지 못하도록 하려는 특권의식에 따른 기대감이 작용한 것이 아니었을까 생각됩니다. 중남미는 나라마다 정도는 다르지만 외교관에 대한 특별우대 경향이 있습니다. 삐꼬이뺄라까도 적용 면제해줍니다. 외교 특권을 향유하려다가 가끔 된통 당하기도 하니 이제는 외교관들도 많이들 조심합니다.

콜롬비아에서는 번호판이 너무 많아 의아할 정도였습니다. 일반 자가용은 앞뒤 두 군데만 번호판이 부착되는데 비해 영업용 차량은 전후 두 군데에 번호판을 달고, 좌우에도 번호판 정보를 번호판 크기만큼 큼지막하게 새겨서 다닙니다. 옐로우 택시의 경우 한술 더 떠 차량 위 중앙부분에까지 번호판 정보가 들어갑니다. 한 차에 무려 다섯 개의 번호판이 달린 셈입니다. 육교 위에 올라가서 관찰해보면 차량 지붕 위에 아로새겨진 수많은 번호판이 콜롬비아가 처한 현실을 말해주는 것 같아 씁쓸하면서도 묘한 흥미가 느껴집니다.

현지인 설명에 의하면 그간 게릴라와의 내전으로 자동차를 이용한 도심 테러가 많이 발생하고, 택시 강도 납치사건 등 치안불안에 따른 대책으로 나온 것이라고 합니다. 차가 워낙 막혀 신속한 수색작업이 어려운 만큼 공중에서도 신속하게 차량 위치를 파악하는 것이 필요했거나 경계근무를 서는 군경이 육교 위에서 정찰을 용이하게 하려는 목적들이 작용했다는 것입니다. 반군 게릴라가 육교를 폭파하지 못하도록 군경들이 총으로 중무장을 하고 육교를 지키는 모습도 중남미 다른 나라에서는 보기 어려운 풍경이었습니다. 이제 평화체제가 정착되어 가고 있는 만큼 이런 모습은 역사의 뒤안길로 곧 사라지게 되리라 봅니다. 하루빨리 그런 날이 오기를 소망해 봅니다.

제24강 중남미 생활현장 에피소드: 24가지 맛 이야기

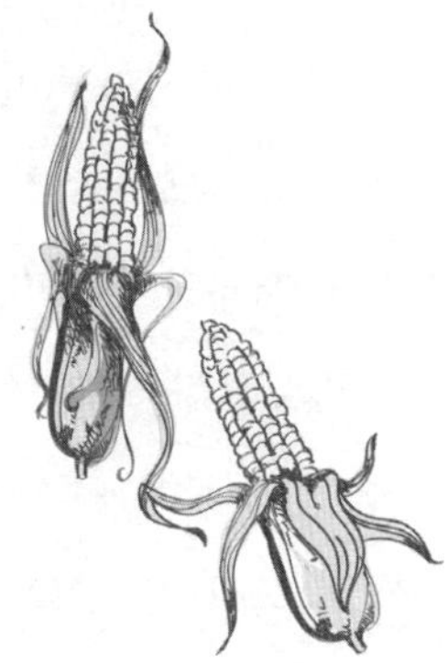

생활현장 에피소드는 필자가 오랫동안 중남미 여러 나라에서 생활하면서 보고 듣고 겪은 생생한 이야기들을 독자 여러분들과 나눠보고자 하는 코너입니다.

필자가 중남미 사람들과 부대끼며 18년 동안 365일 24시간을 함께 살아가면서 느낀 우리와는 색다른 문화 및 사회를 간접 체험해보고, 스스로 시사점도 찾는 기회가 되셨으면 합니다. 춘하추동 각 6화씩 24가지 맛으로 분류하여 여러 색다른 일화들을 다뤄봤습니다.

중남미는 남반부 일부 국가를 제외하곤 연중 계절변화가 거의 없지만 편의상 춘하추동으로 구분해본 것입니다.

제1화: 불안한 맛 – 살풍경한 과테말라 한인사회 생활기

필자의 과테말라 생활은 한국에서는 전혀 느낄 수 없었던 치안불안 상황이 온몸으로 느껴지면서 시작되었습니다. 첫날 부임해서 필자의 시선을 강렬히 붙든 것은 전쟁터에 들어온 듯 여기저기 무장 경비원들의 모습이었습니다. 워낙 총기 소지자들이 많아 거리 풍경은 살벌함 그 자체였습니다. 약국이나 일반 상점들도 모두 쇠창살을 유리창 앞에 두르고 있으면서 돈을 받거나 물건을 내어줄 때에만 조그만 쥐구멍을 여닫는 모습이 너무도 생경했습니다.

과테말라는 엘살바도르 및 온두라스와 더불어 북중미 3국으로 불립니다. 북중미 3국은 현지에서는 뜨리앙굴로 델 노르떼(Triángulo del norte), 영어로는 노쓰 트라이앵글(North Triangle)로 표기됩니다. 중미 여러 나라 중에서도 북중미 3국은 결속력이 여타 중미 국가에 비해 강한 모습을 띠고 있습니다. 하지만 3개국 모두 경제적 상황이 곤궁하고, 치안상황 역시 무척 안 좋습니다. 다만 여타 2국은 1년 내내 무더운 날씨인데 비해 과테말라시는 1년 내내 따듯한 봄 날씨입니다. 그래서 냉방설비 설치 내지 전기료 절감 등 고정경비 감축을 위해 우리 기업들의 진출이 꽤 활발하게 진행되고 있었습니다. 인구도 중미국 치고는 많은 편이고 경제 상황도 그나마 괜찮은 편이긴 하나 대부분 미국 시장 납품을 위해 진출해 있는 의류 봉제 유관분야입니다. 저임금 마낄라 산업의 대표적인 사례라 볼 수 있습니다.

필자가 근무하던 90년대 초중반은 우리 기업들의 의류봉제업이 활황을 보이던 시기였습니다. 계속 늘어나는 추세를 보여 100개사를 넘어서기도 했습니다. 이에 따라 과테말라 거주 한인들의 숫자도 계속 늘어갔습니다. 처음에는 한국 식당도 3개에 불과했지만 대폭 늘어났습니다. 한국식품점도 식당 부속으로 시골 구멍가게 수준에서 제법 규모를 키워 동네슈퍼 수준 이상 규모로 성장하기도 했습니다.

그런데 우리 투자기업 교민이 늘다 보니 치안사고도 덩달아 늘어 납니다.

필자가 부임할 당시에만 해도 현지인들의 치안사고 소식은 뉴스를 통해 쉽게 접할 수 있었고 분위기도 험악해 몸으로 느낄 수 있었음에도 한국인 피해 소식은 별로 없었습니다. 그런데 얼마간 시간이 지나자 한인 피살이나 치안사고 소식들이 이따금씩 들려왔습니다. 한인들이 돈 잘 벌고 현금을 많이 갖고 있다는 소문이 현지사회에 퍼져 나가기 시작했기 때문에 한인이 강력범죄 주요 타겟이 된 것입니다. 돈 천불이면 청부살인해주는 살인전문가 얘기도 들려왔고, 1,500미터 고산 지대다 보니 여기저기 계곡이 많아 그곳에 버리면 시신조차 찾기 어렵다는 살벌한 얘기와 함께 한인들의 치안사고 소식들이 교민들 주요 화젯거리로 등장했습니다.

현지 의류 봉제 공장에서는 우리 기술자들과 이들이 관리하는 현지인 종업원들 간에 업무상 자주 접하게 되는 관계로 시시비비가 가려지기도 했고, 언어 소통상 문제나 문화 차이 등 여러 가지 문제가 복합되어 갈등은 여러 형태로 표출되곤 했습니다. 극히 일부 사업주들의 경우 종업원 급여를 체불한 체 야반도주했다는 가슴 아픈 뉴스가 터져 나오기도 했고, 유엔 인권 조사단이 파견되어 우리 기업을 상대로 인권유린 실태조사가 진행되기도 했습니다. 유엔 인권위로부터 과테말라가 인권감시 대상국으로 지목되자 현지 노동계에서 한국기업들을 희생양으로 삼으려 한다는 우리 기업들의 하소연도 불거졌습니다. 우리 대사관 앞에서는 체불 임금을 돌려달라는 공장 종업원들의 시위가 벌어지기도 했습니다. 이런 상황들이 현지 언론에 보도되면서 한국인들의 이미지는 크게 나빠졌습니다. 그 와중에 한인사회에서 작성한 한인명부가 유출되어 일부 한인들은 무차별적으로 살해 협박 전화를 받기도 했습니다.

이역만리 머나먼 과테말라로 일자리를 찾아 또는 자영업으로 돈 벌러 떠난 우리 한국인들은 이렇게 생명의 위협을 무릅쓰며 살 길을 찾아 궂은 운명에 맞서 싸워야 했으며, 그중 일부는 영영 돌아오지 못할 루비콘 강을 건너 피안의 세계로 들어서기도 했습니다. 이 자리를 빌려 고국을 떠나 유명을 달리하신 우리 한인들의 명복을 빕니다.

제2화: 살벌한 맛 – 멕시코는 치안사고 백화점?

"꼼짝 마, 움직이면 쏜다." 필자가 점심 때 가끔 다니던 멕시코시 유명 음식점에 강도단이 들이닥쳐 식당 돈과 손님들 돈을 털어간 이야기가 뉴스를 탄 적이 있었습니다. 그 음식점은 음식 맛은 좋았는데 서비스가 무척 안 좋아서 팁을 놓지 않고 나가는 손님들이 있었습니다. 그러면 팁(10%)을 내놓으라고 종업원이 쫓아 나갑니다. 원래 팁이란 손님의 권리인데 그 식당에선 의무가 되어버린 것이었습니다. 알고 보니 월급이 따로 없고 팁을 재량껏 받아서 월급으로 갈음토록 한 것이었습니다. 그러니 불만이 쌓여 열심히 일을 하지 않게 된 것이고, 손님에게 그 불만이 전가될 수밖에요. 그래서 특별히 기억에 남는 식당이었고, 평소 입구에 무장 경비원까지 세워두고 있어 고객 보호가 잘되어 있다고 알려진 그런 음식점까지 결국 강도를 당했다니 상당한 충격이었습니다.

멕시코는 '94년 말부터 95년까지 외환위기(테킬라 위기)를 겪으면서 치안 사정이 점차 나빠집니다. 그 전에는 멕시코가 매연만 빼고는 살기 좋은 곳으로 알려져 있었다고 합니다. 경제위기 충격을 받아 한계상황으로 내몰린 몰락계층이 치안불안 주범으로 등장한다는 분석도 있었습니다. 강도단 사건도 그러한 사회적 맥락 속에서 발생하여 사회에 충격파를 안겨줬습니다.

그런데 그 사건 전후로 전개되는 치안사고 시리즈를 접하다 보면 그러한 충격은 더 이상 충격이 되지 못하고 일상이 되어 버리고 맙니다. 필자가 근무하던 무역관에 현지인 직원들이 여러 명 있었습니다. 비서 직원은 엄마와 미장원에 머리 손질하러 갔다가 강도가 들어와 두 모녀는 다른 손님들과 함께 지갑을 뺏겨야 했습니다. 시장개척 업무를 담당하던 현지인 직원은 귀가 버스를 타고 가다가 중간에 올라탄 강도단에게 지갑을 강탈당했습니다. 어느 한국인 주재원은 택시를 타고 귀가하다가 강도로 돌변한 택시기사에게 납치를 당해 현금은 물론 카드에서 최대한 인출한 후 풀려나기도 했습니다. 어느 원로 교민은 자택에 주차하려다가 뒤를 밟은 강도에게 차를 뺏기는 일이 발생했고, 어느 교민은 버스를 기다리다가 마취손수건에 당해 의식을 잃고 쓰러져 소지품 일체를 털리는 사례도 있었습니다. 직원들 급여를 주기 위해 은행에서 현금을 찾아 갖고 차를 타고 회사로 돌아가는 길에 다른 차를 타고 뒤따라온 강도들로부터 협박성 총탄세례를 받고 현금다발을 털린 사례 등 치안사고는 쉴 새 없이 이어집니다. '90년대 후반 당시 멕시코는 치안사고가 매우 다양한 형태로 발생했던 치안사고의 백화점으로 필자에게 각인되어 있습니다.

제3화: 나락의 맛 – 콜롬비아 택시강도 납치 생존기

보고타 주재 일본 어느 기업 지사장이 납치를 당했습니다. 몸값 흥정이 붙었습니다. 최종 몸값에 만족하지 못한 납치범은 그를 살해하고 맙니다. 그 이후 보고타 주재 한국기업들은 방탄차 공급으로 주재원 보호조치를 취하게 됩니다. 이는 콜롬비아 치안사정이 얼마나 어려운지 단적으로 보여주는 사례가 되었습니다.

그런 보고타에 진출해 있는 어느 한국기업 사무실에서 실제로 일어났던 택시강도 납치 일화를 전해드리겠습니다. 주재원이 야근하고 있던 중 밤8시쯤 되어 다른 직원 2명이 퇴근합니다. 그는 밤 9시경 어느 현지인으로부터 사무실로 걸려온 한통의 전화를 받게 됩니다. 당신 회사 직원 둘이 납치되었으니 빨리 조치를 취하라는 내용이었습니다. 자기 집 앞에서 택시 기사와 동양인 승객 간 몸싸움이 있었고 그때 칼을 휘두르는 다른 강도가 나타나 제압을 당해 끌려갔다는 것입니다. 몸싸움 당시 피랍자 가방에서 주재원 명함이 떨어져 전화를 하게 되었다는 설명도 곁들여졌습니다.

현장 확인을 마친 주재원은 현지 경찰서에 연락해 도움을 청하는 한편 대사관 영사에게도 전화를 걸어 지원을 요청합니다. 경찰은 납치범들의 뒤를 쫓기 시작했고, 새벽 이른 시간에 피랍자와 주재원 간 교신이 이루어집니다. 피랍자는 자신의 위치를 밝히며 어느 장소로 오라는 것이었습니다. 그 주재원은 직감적으로 위험을 느껴 경찰과 상의를 합니다. 경찰은 못 가게 말렸습니다. 주재원마저 납치당할 수 있다는 판단 하에 주재원 대신 경찰이 그 장소로 대신 가기로 했습니다. 납치범들은 경찰 개입 낌새를 알아채 달아나고 경찰은 피랍자 2명을 무사 구출해서 데리고 옵니다.

이렇듯 중남미 많은 나라 국민들이 만성적 치안불안으로 고통을 겪고 있습니다. 그러다 보니 신변을 안전하게 보호해주는 보안제품 수요가 높지만 경쟁 또한 치열해서 쉽게 뚫고 들어가기가 호락호락하지는 않습니다. 하지만 시장은 두드리면 열리게 되어 있습니다. 어떻게 두드릴 것이냐가 관건이 될 것입니다.

제4화: 무모한 맛 – 아르헨티나의 무모한 '욱'기질

사례1) 목숨을 앗아간 욱 필자 가족이 가끔 휴일 점심을 즐기던 미국식 바비큐 식당이 부에노스아이레스 외곽에 있었습니다. 그런데 어느 날 그 식당 주인이 손님들과 실랑이가 벌어져 손님들로부터 모욕을 당하는 사건이 발생합니다. 분을 참지 못한 주인은 식당 안쪽에 걸어뒀던 총을 꺼내들고 밖으로 뛰어나가 모욕을 준 손님들에게 총격을 가해 모두 살해합니다. 그러고선 줄행랑을 놓습니다. 이러한 내용의 신문기사가 전국을 뒤흔들어 놓습니다. 그 잘나가던 식당이 뭐가 아쉬워서 그 한순간을 참지 못하고 욱하고 저질러버렸을까 하는 의문이 강하게 들었습니다. 이런 광경들을 보게 되니 중남미에선 성질 자랑하면 안 된다는 얘기들을 듣게 됩니다.

사례2) 의도적 추돌 현지유력인사로부터 저녁 식사 초대를 받아 동료와 함께 차를 타고 가던 중이었습니다. 차가 꽤 막혀 서행 중이었는데 뒤에서 버스가 빵빵 거렸습니다. 그러다가 신호등에 걸려 대기하고 있었습니다. 푸른 신호등이 들어와 출발하려는데 아마 출발이 약간 늦었었나 봅니다. 버스가 그대로 뒤를 받아버리는 것이었습니다. 빨리 안 간다고 화가 나서 그런 것입니다. 내려서 항의할까 하다가 얼마 전 들은 얘기가 있어 그대로 전진했습니다. 들은 얘기란 이와 유사한 차량 시비가 붙어 뒤 차량이 앞 차량을 일부로 받았는데 앞 차량 운전자가 내려 항의하러 다가갔더니 뒤 차량 운전자가 그대로 총으로 쏴 버렸다는 얘기였습니다. 신문에서 확인된 이야기는 아니고 주워들은 이야기니 진실여부는 알 수 없습니다만 사례 1을 보면 충분히 가능한 이야기로 판단되어 욱 하지 말자며 순간을 참게 되는 인내심이 함양됩니다. 중남미는 살다보면 스스로 인격 도야가 되는 곳입니다.

제5화: 캄캄한 맛 – 도미니카공화국 비상발전기 이야기

필자가 사는 산토도밍고 집에는 비상발전기가 있었습니다. 정전이 되면 아파트 관리사무소가 관리하는 비상발전기가 바로 가동되어 어둠 속에 갇히는 일은 거의 없었습니다. 도미니카공화국은 워낙 전력사정이 안 좋다 보니 정전은 일상이었습니다. 전력생산량 자체도 부족한데다가 생산전력이 송배전 되는 과정에서 낭비되는 전력량이 엄청났으며, 전기료가 비싸 전기를 훔쳐 쓰는 도전(盜電)도 전력당국의 골칫거리였습니다. 전압도 들쭉날쭉 일정치 않아 전기제품도 망가지기 일쑤였습니다. 그래서 비상발전기와 전압안정기, UPS 등은 필수 비품이었습니다. 특히나 비상발전기는 사무실이나 집이나 없으면 임대가 안 되기 때문에 수요가 매우 많았습니다. 그래서 한국산 소형 발전기는 큰 인기를 모았고, 이를 바탕으로 큰돈을 만지게 된 교포 기업인의 성공 스토리도 나오게 되었습니다.

이렇게 비상발전기가 많이 보급되긴 했으나 그 비상발전기마저 고장이 나는 경우 또는 휴무일에는 비상발전기가 가동되지 않는 사무실의 경우에는 기막힌 일들이 발생하게 됩니다.

필자는 토요일이나 일요일에도 근무를 하는 경우가 종종 있었습니다. 그런데 정전이 되어버리면 더 이상 작업은 어려워집니다. 컴퓨터는 UPS 덕에 어느 정도는 시간을 벌어주지만 오래 할 수도 없고 인터넷도 끊겨버리기 때문입니다. 마침 낮 시간대라면 그나마 나은데 밤 시간대에 끊기면 칠흑 같은 어둠 속을 뚫고 계단을 걸어 내려와야 합니다. 그럴 때면 시각장애인의 삶을 경험해보게 됩니다. 그래서 이런 상황에 노출되지 않도록 필자는 주머니에 쏙 들어가는 초소형 손전등을 항상 갖고 다녔습니다. 가장 소중한 필수품이었습니다.

그런데 문제는 승강기에서 발생합니다. 승강기를 타고 내려가는 중에 정전이 발생하게 되면 그대로 멈춰버리고, 다시 전력이 공급될 때까지 그대로 갇히게 되는 겁니다. 필자도 한 시간 정도 갇혔던 적이 있었습니다. 다행히 수위 아저씨가 출근을 해서 비상발전기를 가동시킨 탓에 구출이 되었습니다.

만약 비상발전기가 고장이라도 났거나 수위 아저씨가 출근을 못한 상황이라면 어찌 될까요? 토요일에 나와서 작업 하다가 정전으로 승강기에 갇혔는데 비상발전기가 고장이라도 난 경우라면 꼼짝없이 몇 시간 동안 갇혀 있거나, 수리 기사 수배가 안 되는 날이면 하룻밤을 꼴딱 샐 수도 있습니다. 수위 아저씨가 출근을 안했고, 정전사태가 해소되지 않은 상황이라면 토요일부터 월요일 아침까지 승강기 내에 갇히게 되는 사태까지 발생하게 됩니다. 이런 일이 발생할 확률이 극히 낮지만 실제로 발생했다는 얘기가 떠돌기도 했습니다. 피해자에게는 악몽이 되는 것입니다.

그래서 시설이 잘 된 고급 빌딩이나 고급 주택가는 제2의 비상발전기를 두고 있고, 휴일에도 관리자가 상근을 합니다. 도미니카공화국에서 집이나 사무실을 구하려면 가장 먼저 보는 체크 포인트가 바로 비상발전기 보유여부와 성능이었습니다.

제6화: 서글픈 맛 – 눈빛이 반짝이는 아이티의 밤하늘과 진흙쿠키

아이티는 도미니카공화국 바로 옆에 붙어있는 나라입니다. 프랑스 식민지였던 관계로 불어와 크레올어를 사용하고 있는데, 기업인들의 경우 스페인어와 영어도 제법 잘 통했습니다.

필자가 카탈로그 상담회가 있어 아이티 수도 포르토프랭스로 출장을 갔을 때 이야기입니다. 우리 수출중소기업들이 직접 그곳까지 가기 곤란하니 카탈로그를 모아 무역관이 우리 기업 대신 아이티 수입상들과 상담회를 열고 동 결과를 우리 기업들과 공유하여 수출을 지원하는 행사였습니다. 한국 제품에 대한 인지도가 좋아 아이티 바이어들의 호응도 역시 양호했습니다.

그 행사는 필자가 묵는 호텔 행사장에서 열렸는데, 호텔이 꽤 높은 지대에 위치해 있는 관계로 거기까지 가려면 빈민촌을 통과해야 했습니다. 시내에서 정부기관 관계자 면담을 하고 저녁때가 되어 호텔로 올라가는 길이었습니다.

그런데 가로등도 없고 컴컴한데 희미한 자동차 불빛에만 의존해서 가고 있는데 멀리서 호랑이 눈빛 같기도 하고 고양이 눈빛 같기도 한 수많은 눈들이 반짝반짝 하는 것이 눈에 들어왔습니다. 저게 뭘까? 밤하늘을 수놓은 아름다운 별빛과는 사뭇 다른 모양인데 여기 저기 멀리서 우리를 에워싸고 있었습니다. 가까이 다가가보니 그것은 다름 아닌 사람들의 눈빛이었습니다. 구멍가게와 가옥들이 여러 채 있고 그 안에 사람들이 우리를 쳐다보며 웅성거리고 있었습니다. 그런데 불빛은 없었습니다. 그러니 사람들 눈빛만 어둠 속에서 반짝반짝 빛나고 있었던 것입니다. 그들 피부 역시 밤하늘 색이다 보니 어둠 속에서 눈빛이 더욱 빛날 수밖에 없는 것이었습니다.

아이티는 중남미 최빈국입니다. 자연자원은 별로 없고 자연재해만 가득한 정말 불쌍한 나라입니다. 먹을 것이 비교적 풍족한 중남미 여타국과는 달리 먹고살 것이 부족해서 진흙쿠키를 구워 파는 정도였으니 전기는 사치일 수도 있습니다. 진흙쿠키란 입자가 고운 진흙을 빚어 버터를 바르고 소금으로 간을 해서 구워낸 것입니다. 일단 허기를 면하기 위해 먹지만 소화가 잘 될 리 없습니다. 필자가 직접 눈으로 확인해본 진흙쿠키는 도저히 과자라는 이름을 붙여서는 안 되는 수준이었음에도 버젓이 가두상품으로 팔리고 있었습니다.

중남미에서 국민 평균 수명이 60대인 나라가 딱 두 나라가 있습니다. 아이티와 볼리비아입니다. 아프리카 후손들의 나라 아이티는 국민 평균수명이 62.3세이고 원주민의 나라 볼리비아는 66.6세입니다. 중남미 최장수국인 코스타리카의 경우 79.5세, 중남미 최선진국인 칠레는 79.3세입니다. 아이티 바로 옆 나라인 도미니카공화국만 해도 73세입니다. 평균수명은 모든 것을 말해주고 있습니다. 아이티는 유독 자연재해에 취약해서 많은 생명을 잃기도 합니다. 아마도 그래서 평균수명이 중남미 최저가 된 것입니다. (상세 내용은 "무서운 아기 예수? 재난과 역사를 바꾼 풍토병"편을 참고하시기 바랍니다.)

第7화: 매콤한 맛 - 고춧가루 코코넛과 핫 소스

코코넛이 뭔지 아시죠? 열대지방에서만 보던 것을 이제 우리나라에서도 팔고 있으니 이해하시기가 한층 쉬울 것으로 생각됩니다. 코코넛은 엄청 딱딱해서 보통 사람은 깨먹기가 어렵습니다. 코코넛 파는 상인들은 기술이 좋아 마시기 좋게 금방 처리해줍니다. 빨대를 꽂아 마시면 시원하고 고소한 맛에 쭉 들이키게 됩니다. 즙을 다 마시고 나면 코코넛 열매는 쪼개지고 하얀 속살을 드러냅니다. 그 속살을 떼어내 즉석에서 먹기도 하고, 말려 팔기고 하며, 귀찮으면 그냥 버리기도 합니다. 속살이 향은 좋은데 먹는 맛은 마시는 맛에 비하면 별로 썩 좋지는 않습니다. 하지만 멕시코 해안지방 식으로 요리해보면 한국인에게 매력적인 음식이 될 수 있습니다.

필자가 멕시코 근무당시 가족과 함께 아카풀코로 나들이를 가 해변을 걷고 있었습니다. 어떤 상인이 오더니 꼬꼬(coco/코코넛)를 권하였습니다. 워낙 꼬꼬를 좋아 했던지라 단숨에 들이켰습니다. 그러고 나니 흰 과육을 먹기 좋게 잘게 썰어주었습니다. 그러면서 매운 것 좋아하냐고 물어보기에 물론이라고 했더니 고춧가루와 핫 소스를 그 위에 듬뿍 뿌려주는 것이었습니다. 한입 깨어무니 고춧가루 코코넛 과육이 마치 초장에 찍어먹는 낙지 맛이었습니다. 초장이나 고춧가루, 핫소스 맛이 워낙 강하다 보니 낙지나 코코넛 고유의 맛은 위축이 되어 아마 그런 맛을 느꼈던 것입니다. 하지만 멕시코에서 전혀 기대도 하지 않았던 코코넛 속살을 갖고 그런 맛을 낼 수 있다는 점이 신선하게 다가왔습니다. 혼자 먹기 아까워 집사람에게도 선을 보였더니 역시 한국인인지라 좋아하였습니다.

여행을 마치고 멕시코시로 돌아온 다음 리어카 끌고 다니며 팔던 꼬꼬(coco) 장수를 불러 코코넛을 샀습니다. 과육을 꺼내어 초고추장에 찍어 먹어봤더니 가히 일품이었습니다. 환상적 궁합이었죠. 중남미 문화와 한국 문화가 만나면 가끔 멋진 작품이 나오기도 하는 것 같습니다.

핫 소스는 우리처럼 매운 것을 좋아하는 멕시코는 물론이고 다른 중남미 어느 나라에서나 쉽게 찾아볼 수 있는 매운 소스입니다. 아주 매운 맛, 살짝 매운 맛, 느끼하면서 매운 맛, 담백하면서 매운 맛 등 종류도 참 많습니다. 따라서 중남미로 출장 갈 경우 매운 맛을 못 잊어 고추장을 갖고 가시는 분들이 있는데, 단지 매운 맛을 즐기고 싶은 목적이라면 현지에서 살사 삐깐떼(salsa picante/핫 소스)를 달라고 해서 드시면 됩니다. 별로 맵지 않은 것을 가져왔다면 마스 삐깐떼(más picante)로 다시 얘기하면 최고 매운 소스를 갖다드릴 겁니다.

제8화: 불량한 맛 - 손님은 왕? 전기를 끊어? 영수증 안녕? 사람이 우선?

사례1) 고객은 왕? (회사) 네, 고객님. 인터넷 설치 희망하신다고요? 그럼 1주 후 3월1일 9시부터 18시 사이에 기사님이 방문하실 겁니다. 집에 대기해주세요. (당일 오후 4시) (고객) 저, 오늘 오기는 하는 거지요? (회사) 물론이죠. 조금만 기다리시면 곧 도착하실 겁니다. (6시 10분전) (고객) 아직 안 오셨습니다. 어떻게 된 거지요? (회사) 네, 사정이 생겨 못 가신 것 같습니다. 3일후로 다시 날짜 잡아드리겠습니다. 3월 4일 대기해주세요. (당일 오후 2시) 띵똥 띵똥! (고객) 아, 어서 오세요. (2시10분) (기사) 어, 이런~ 그걸 안가지고 왔네. 다시 올게요. (오후 5시) (고객) 저, 기사님이 왔다가 장비를 빠뜨려서 다시 온다고 했는데 안 오네요. (회사) 네, 잠시만 더 기다려 보세요. (오후 6시) (고객) 아직 안 오셨습니다. 어떻게 하죠? (회사) 네, 알아보고 연락드릴게요. (그 다음날) (고객) 도대체 어떻게 된 겁니까? 전화도 안주고 받지도 않고… (회사) 저런, 안됐군요. 다시 일정 잡으셔야겠네요. 그냥 취소하실래요? 아니면 다른 분으로 다시 잡아드릴까요?

상기 대화 내용은 중남미에서 실제로 흔히 벌어지는 상황입니다. 비단 인터넷 설치뿐만이 아니고 화장실이 고장 나거나 수도꼭지나 가스 배관에 이상이 생겼다거나 해서 수리 회사에 전화해 기사를 부르면 이런 상황이 수시로 발생합니다. 그러면 스트레스 지수가 팍팍 올라가는데 중남미 사람들은 어떻게 행복지수가 높을까요?

중남미에서는 고객이 왕이라는 생각을 버려야 합니다. 수요 대비 공급이 부족하니 업체가 갑이고 손님은 을이 되는 경우가 많습니다. 그래서 중남미에 오래 살다 보면 누구나 시나브로 높은 정신수양의 세계로 들어섬을 깨닫게 됩니다.

중남미에서 고객만족 경영이나 고객 마인드란 기대하기 어렵습니다. CSR(기업의 사회적 책임) 관련해서는 인지도가 많이 확산된 반면 고객만족에 대한 인지도는 기업의 경영층 등 고위 인사들에게 한정된 개념이지 최일선 고객 접점 현장까지는 달하지 못한 것 같습니다. 좀 더 시간이 흘러야 할 것입니다.

사례2) 전기를 끊어? (고객)저, 전기가 갑자기 끊겼습니다. (회사) 네, 전기료 체납하셨네요. 연체료와 연결요금 납부하시면 바로 해결됩니다. (고객)아니, 고지서도 안 왔는데 전기부터 끊어요? (회사) 고지서는 고객님이 미리 확인하셔야죠.

중남미에 오래 살다보면 전기요금 청구서가 제 때에 날아오지 않는 경우가 많습니다. 문자나 메일 어느 수단으로도 통보를 못 받았다면 전력회사에 청구서를 보내달라고 요청해야 합니다. 청구서가 안와서 못 냈다는 것은 중남미에서는 통하지 않습니다. 회사의 책임이 아니라 고객의 책임으로 보기 때문입니다. 지불 날짜를 넘기면 아무런 사전 통보도 없이 전기가 갑자기 끊어집니다. 항의해봤자 엄청난 스트레스만 남을 뿐 아무 소용이 없습니다. 항상 긴장하고 있다가 미리미리 챙겨보는 수밖에. 그래서 필자는 꼬박꼬박 빠짐없이 청구서 보내주는 우리 한국 기업들이 감사하게 생각됩니다. 중남미 살다가 한국 돌아오면 감사할게 참 많습니다.

사례3) 영수증 안녕? 필자가 아르헨티나 근무 당시 5년 전 사무실 전기요금이 몇 개월 치 미납됐다며 밀린 요금 청구서가 날아온 적이 있었습니다. 그래서 먼지가 풀풀 나는 5년 전 정산서류를 다 뒤져서 납부 영수증 원본을 찾아

냈습니다.영수증이 없으면 꼼짝없이 다시 내야 합니다. 뒤져볼 서류라도 남아 있으면 다행인데 보관연한이 지났다고 폐기해버렸다면 주머니가 허전해질 겁니다.

중남미에서 고객은 봉입니다. 봉 잡히지 않으려면 금전과 관련된 서류는 반드시 철저히 보관을 해둬야 합니다. 회사 내부적인 보존연한 관계없이 최소한 10년은 보관해두는 것이 안전합니다. 현지직원 해고 건으로 법정투쟁이 대법원 판결을 두 번씩 받으면서 10년 동안 이어진 경우도 있었습니다. 서류는 곧 돈입니다. 영수증 등 서류를 잘 챙겨두고, 나가는 주머니가 새지 않도록 문단속 잘 하십시오.

사례4) 사람이 우선? 차가 우선! 중남미에는 거리에 신호등이 없는 곳이 꽤 많습니다. 우리나라에서는 선은 생명이라고 하는데, 아예 중앙선 표시가 없는 거리도 상당히 많습니다. 생명선이 없으니 생명은 각자 알아서 지켜야 합니다. 일반 교통신호등이 있다 하더라도 무시되는 경우가 많고, 보행 신호는 생략되는 경우들도 있습니다. 아니면 보행 신호가 들어와도 차량도 함께 우회전 신호를 동시에 받아 헷갈리게 만들어진 경우들도 있습니다. 우회전 신호라는 것이 우리 한국인에게는 다소 생소하게 들리겠지만 우회전도 신호를 받고 가는 곳들도 많습니다. 우회전 신호만 따로 주는 경우에는 괜찮은데 직진 신호만 주는 상태에서 우회전을 허용하는 경우들이 있습니다.

주의해야 할 것은 이 경우 보행자 우선이 아니라는 현실입니다. 차량 운전자들이 보행자에게 좀처럼 양보를 안 해줍니다. 우회전 차량과 길을 직진해서 건너려는 보행자가 동시에 마주치게 되는 것입니다. 상황이 이렇다보니 보행자들도 신호등을 준수하지 않습니다. 아무 때나 기회만 오면 건너갑니다. 필자도 처음엔 멋모르고 이들을 탓했는데 오래 살아보니 탓할게 아니었습니다. 그런 혼란스런 문화에 익숙해져 나름대로 살아남는 방법을 터득한 것으로 보는 것이 맞을 겁니다. 공항에서 어느 금발의 미국인 부부가 푸른 신호등이 들어오자 짐을 끌고 길을 건너려는데 차가 서지 않고 쌩 하고 먼저 가버렸습니다. 아차하면 치일 뻔한 부부가 어이없어 뒤에 대고 한동안 소리도 쳐보지만 중남미 초보 티만 낼뿐입니다. 푸른 신호등이라도 현실은 차가 먼저입니다. 우회전이고 직진이고 따지지 말고 무조건 차량에게 양보해야 스트레스 받지 않습니다. 그렇다고 하염없이 양보만 하다가는 신호를 놓칩니다. 몇 번 이런 꼴 당해보면 문뜩 신호등을 무시하고 건너는 자신을 발견하게 될 겁니다. 아, 나도 중남미 사람 다 됐구나 하면서 말입니다. ^^

제9화: 요행의 맛 - 공항 세관 신호등

누르세요(Aprieta)! 짐을 찾아 멕시코 공항을 나서려고 하니 세관 직원이 버튼을 누르라고 소리칩니다. 눌렀더니 빨간 신호등이 켜집니다. 검색대로 가라고 손짓합니다. 열어보세요(Abra)! 가방을 열면 모두 풀어헤치고 일일이 검색을 합니다. 멕시코를 방문하는 사람들은 공항에서 누구나 겪는 일상입니다.

버튼을 눌러서 운 좋게도 녹색 신호등이 들어오면 검색 없이 무사통과입니다. 적색 신호등이 켜질 확률은 보통 10% 비중이라고 합니다. 그러니 적색이 걸리면 운이 안 좋은 것이라 생각을 하게 됩니다. 보통 입사시험 등 일상적인 경우라면 10:1의 경쟁률을 뚫기가 어려운 법인데 한국인들은 10:1의 관문에 척척 잘 걸리는 모습입니다. 한국인은 식품들을 많이들 갖고 들어가다 보니 요주의 대상으로 주목을 받고 있다는 얘기도 돌곤 했습니다.

비단 공항뿐만 아니라 컨테이너 선박들이 드나드는 항구에서도 같은 신호등 시스템이 가동됩니다. 여기서 빨간 신호등이 들어오면 화주나 통관사가 느끼는 기분은 어떨까요? 공항과는 비교가 안 될 것입니다. 훨씬 시간이 많이 걸릴 테니까요.. 게다가 꼬투리라도 잡히면 많은 세금까지 내야 하니 녹색불이냐 적색불이냐 하는 요행 시스템은 개인의 삶에 상당한 영향을 미치게 되어 있습니다.

운에 맡겨지는 이런 요행 시스템은 멕시코 등 중남미에서 여러 형태로 작동합니다. 대표적인 사례로 멕시코나 칠레, 콜롬비아 등지에서 군대를 가느냐 면제되느냐 여부가 추첨시 어떤 색깔의 공이 나오느냐로 갈라지는 경우를 들 수 있겠습니다.

(제비뽑기 군 복무제 상세 내용은 "중남미의 독특한 사회운영 시스템"편 참고)

제10화: 친절한 맛? – 과잉 친절 경찰

우리 기업 주재원에게 과도하게 친절을 베푼 어느 교통경찰관 이야기입니다. 주재원이 사무실에 늦게까지 남아 잔무를 처리하고 있었습니다. 전화벨이 울려 받아보니 경찰 전화였습니다. 아무개가 음주운전으로 가로수를 들이받았는데 와서 처리하라는 것이었습니다. 부랴부랴 현장에 도착해보니 차는 호젓한 곳에 얌전하게 주차되어 있었고 그 아무개는 정신 수습이 잘 안 되는 모양새였습니다. 일부러 사고 차량을 인적이 드문 곳으로 옮겨놨다는 것은 거래를 하자는 의미임을 그 주재원은 직감했습니다. 이런 묵시적 제의를 거부하고 그 아무개에게 음주운전자라는 주홍글씨를 새기게 되는 상황보다는 그편이 바람직한 해결법으로 확신한 주재원은 절차를 마치고 아무개를 차량에 싣고 출발했습니다. 그런데 그 경찰관이 집까지 호위를 해주겠다며 막아서더니 정말로 그 아무개 집까지 호위를 해주는 것이었습니다. 나름대로 계산을 했겠지만 어찌됐든 그 경찰 덕에 주재원은 안전하고 신속하게 귀가할 수 있었습니다. 이 나라가 어떤 나라인지는 독자 여러분의 상상에 맡기겠습니다.

제11화: 우쭐한 맛 - 동양인은 스타?

중남미에 한국인 또는 일본인이나 중국인 등 동양인이 상당수가 살기는 해도 거리에서나 어느 특정 장소에서 보기는 그리 쉽지는 않은가 봅니다. 특히나 지방에서는 더욱 그럴 것입니다.

필자 내외가 보고타시내 3천 미터가 넘는 산정성당을 방문한 적이 있습니다. 유명 관광지이다 보니 사람들이 많았는데, 아마도 지방에서 올라온 듯 보이는 앳된 여학생들 대여섯 명이 사진을 찍고 있었습니다. 우리 부부도 포즈를 취하며 사진을 찍자 우리를 발견한 여학생들이 다가오는 것이었습니다. 그러더니 사진을 같이 찍어달라고 부탁했습니다. 마치 스타라도 된 듯 흔쾌히 응해주었습니다. 그랬더니 또 다른 그룹의 학생들이 몰려와 졸지에 사진 모델이 되어 주기도 했습니다. 아예 팔짱까지 끼는 여학생들도 있었습니다. 한류 영향 때문인지 아니면 동양인을 여태껏 보지 못해선지 동양인을 신기하게 생각하는 분위기였습니다. 다른 관광지에서도 이와 유사한 일들이 곧잘 일어났습니다. 학생들이 사진 찍자고 몰려오면 마치 스타나 아이돌이라도 된 듯 즐거운 착각에 빠지기도 했습니다. 어떤 때에는 일가족이 함께 와서 사진을 찍기도 했습니다. 어린 학생이 부모와 할머니까지 보채서 따라온 것입니다.

제12화: 신기한 맛? – 동양인은 호모 에렉투스?

필자 내외가 콜롬비아 제2도시 메데진을 방문하여 야외에 전시된 보테로 조각 작품을 관람하고 있었습니다. 왠지 부담스런 시선이 느껴져 주변을 봤더니 수십 명의 현지인들이 우리 내외를 지켜보고 있었습니다. 필자와 눈이 마주치면 어른들은 피해버렸지만 어린이들은 달랐습니다. 신비로운 외계인이나 신기한 호모 에렉투스를 보는듯한 호기심어린 눈망울로 빤히 쳐다보는 어린이도 있었습니다. 조금 더 큰 아이들은 "치노, 치노"하며 키득키득 웃기도 했습니다. 치노란 원래 중국인을 의미하는데 동양인을 보면 일단 치노라고 부르는 경우가 많습니다.

한번은 보고타 현지 식당엘 가서 자리 잡고 앉았습니다. 바로 옆에 어느 대가족 모임이 진행 중이었습니다. 필자 옆에 어떤 3~4살짜리 어린이가 어린이 의자에 앉아 엄마가 떠먹여주는 음식을 받아먹고 있었습니다. 웅성웅성 하더니 그 아이가 우리 쪽을 향해 뒤돌아보았습니다. 필자와 눈이 마주쳤습니다. 순간 그 아이는 얼음이 되어버렸습니다. 밥 먹는 것도 잊어버리고, 시선을 뗄 줄도 모르고 눈동자만 말똥거리며 그저 하염없이 물끄러미 쳐다보기만 하는 것이었습니다. 보다 못한 엄마가 아이를 되돌려놓으며 밥을 입안에 넣어주자 다시 고개를 돌려 필자를 계속 바라보는 것이었습니다. 밥 한술 먹고 뒤돌아보고, 또 뒤돌아보고…

그 아이는 아마도 태어나서 동양인을 처음 보았나 봅니다. 주변에서 봐오던 사람들하고는 생김새가 전혀 다르니 신기했을 것입니다. 우리도 어린 시절 미국인들을 보면 신기해서 계속 쳐다봤던 기억이 납니다. 양키라고 부르면서 말입니다. 아마 같은 맥락일 것입니다.

| 추(秋)

제13화: (아닌 밤중)홍두깨 맛 – 달빛 따라 강남 스타일과 춤을

강남스타일이 세계적으로 히트를 쳤다는 것을 실감하게 된 일이 있었습니다. 불금을 맞아 오늘도 역시 시끌벅적 하겠구나 은근히 걱정을 하며 잠을 청했습니다. 그런데 꿈속에서 귀에 익은 노랫가락이 요란한 선율을 타며 귓전을 때렸습니다. 비몽사몽 중에 "오빤 강남스타일" 하는 한국어 가사가 들려오니 여기가 한국인가 콜롬비아인가 헤매다가 퍼뜩 잠이 깨었습니다. 새벽 2시였습니다. 강남스타일이 한밤중에 온 아파트 단지를 휘감고 콜롬비아 젊은이들을 광란의 도가니로 빠져들게 마술을 부리고 있었습니다. 그날따라 달빛이 휘영청 밝았습니다. 보름달이 환히 웃음 짓는 밤에 강남 갔던 제비가 보고타로 왕림해준 것을 축하라도 하는 양 아닌 밤중에 홍두깨는 파티장을 후끈 달구고 있었습니다. 한국어 가사를 따라 부르며 춤사위를 즐기는 콜롬비아 젊은이들의 모습에서 뿜어져 나오는 반가움과 잠을 설쳤다는 아쉬움이 묘하게 교차하는 밤이었습니다. 한국 노래를 이 시간에, 그것도 세상 떠들썩한 스피커 소리로 듣다니… 아닌 밤중 홍두깨 소란으로 잠을 깼을 현지인들에게 괜스레 미안한 마음이 가슴 한켠에 들었습니다.

제14화: 오싹한 맛 - 쿠바 공항과 김일성 뱃지 가방

필자가 멕시코 무역관 근무 시절에 관할국인 쿠바로 출장간 적이 있습니다. 90년대 후반이었으니 쿠바에 우리 무역관이 개설되기 전이었습니다. 쿠바는 미수교국인 만큼 대사관은 아직까지도 개설이 안 되고 있지만, 무역관은 그간 KOTRA의 부단한 경제유대관계 확대노력이 결실을 맺어 2003년 아바나에 개설이 되어 있습니다. 과거 동유럽 국가들의 경우에도 먼저 무역관이 개설되어 경제 분야 관계개선을 해나가다가 여건이 성숙되면 수교에 이르게 되고, 대사관이 개설되는 절차를 밟게 됩니다.

쿠바와의 경제 분야 관계 구축 및 시장 선점을 위해 KOTRA가 쿠바시장 진출희망 우리기업들을 지원하여 90년대 중반부터 매년 아바나 국제박람회에 참가하고 있습니다.

필자가 아바나 공항에 내려 우리 사절단이 다 모이기를 기다리고 있었는데 현지 공항 근무요원이 오더니 당신네 사절단 멤버가 놓고 간 것이라며 여행가방 하나를 건네주었습니다. 그러냐며 무심코 받긴 했는데 갑자기 등골이 오싹해졌습니다. 가방에 김일성 뱃지가 달려있는 것이었습니다. 왜 단순한 뱃지만 보고도 두려움이 생겼는지 의아하지만, 갖고 있다가는 위험에 빠질 것 같은 느낌에 바로 공항요원에게 돌려주었습니다. 쿠바에는 북한 대사관이 있는 만큼 북한인의 왕래가 잦다 보니 이런 일이 발생하게 되는 것인데, 반대로 우리 짐이 공항 요원 실수로 북한 관계자에게 흘러들어갈 수도 있겠다는 생각이 들면서 바짝 긴장이 되었습니다.

제15화: 엽기의 맛 – 튀긴 왕개미와 쥐토끼(cuy) 구이

메데진의 튀긴 왕개미(culona) 필자가 하루는 대사님과 함께 메데진을 방문하게 되었습니다. 메데진에 있는 명예영사 회사를 방문한 것인데, 그는 침대 매트리스를 대량으로 생산하는 큰 규모의 공장을 여러 개 갖고 있었습니다. 대사를 예우하는 의전행사로 직원들의 멋진 농기구 제식훈련을 볼 수 있었고, 제조공정 시찰 후에는 명예영사실로 안내받아 갔습니다. 그 분이 귀빈용 특식이 있다며 만면에 미소를 머금은 채 식탁에 뭔가를 내려놓았습니다. 그것은 튀긴 왕개미(오르미가 꿀로나/hormiga culona)였습니다. 튀김옷이 없어 왕개미 모습 그대로 적나라한 자태를 드러내고 있었으니 차마 입속으로 집어넣기가 내키지 않아 머뭇거리기만 했습니다. 그러자 명예영사가 빙긋이 웃으며 시범을 보였습니다. 용기를 내어 먹어보니 보기와는 딴판이었습니다. 고소한 맛이 일품이었습니다. 이 왕개미가 좌중에 웃음꽃을 활짝 피게 해주는 역할을 해내는 것을 보니 비즈니스 상담에 엽기 고유음식을 대화소재로 활용해보는 것도 의미가 있겠다는 생각이 들었습니다.

우리나라에도 엽기적인 맛으로 평가되는 게 있습니다. 바로 번데기입니다. 스페인어로 하면 구사노(gusano/gusanito)인데, 중남미 사람들은 구사노를 먹는다는 생각만 해도 구역질을 합니다. 관습이란 게 참 무서운 것이죠.

파스토 쥐토끼(cuy) 구이 콜롬비아와 에콰도르 간 접경지 가까운 곳에 파스토라는 도시가 있습니다. 필자가 우리 기업들의 비즈니스 지원차 방문을 했었는데, 교통사업 관련 파스토 시장 및 교통국장과 기업인과의 면담을 하고나서 전통음식 잘 하는 곳이라며 어느 식당으로 안내를 하였습니다. 여기 오면 반드시 먹어봐야 하는 음식이라며 선보인 음식이 바로 꾸이(cuy) 구이였습니다. 이 꾸이란 쥐와 토키의 중간형태 쯤 되는 설치류입니다. 당시에는 처음 보는 것이었고, 그 파스토 기업인이 짓궂게도 라톤(ratón/쥐)이라고 하면서 먹어보라는 것이었습니다. 토끼라고 해도 썩 내키질 않는데 쥐 고기라고 하니 더더욱 거부감이 들 수밖에요. 사실 전혀 내키지는 않았지만 호의를 거절하기도 부담스럽고, 무엇보다 오기가 발동해 과감히 도전했습니다. 냄새는 약간 났지만 그럭저럭 먹을 만 했습니다.

이방인이 기겁하는 모습들을 봐왔는데, 동양인이 자기 고장의 고유음식을 맛있게 잘 먹어주니 고맙다고 했습니다. 동양인이 꾸이를 먹는 모습을 처음 봤는지 그 식당 안에 있던 주변 사람들까지 몰려와서 박수까지 치고 시끌벅적해졌습니다. 이를 계기로 분위기가 훈훈해졌고, 자리를 함께 했던 파스토시 교통국장은 자기 집으로 필자를 초대해서 그 다음날은 가정집 방문 및 가정식 체험도 하게 되었습니다.

엽기적인 고유음식 문화 공유를 통해서 이문화간 접점을 찾을 수도 있겠다는 점을 실감했습니다. 이(異)문화 접선이 잘 못되면 분위기가 냉랭해질 수도 있고 비즈니스가 잘 안 풀릴 수도 있습니다.

제16화: 질곡(桎梏)의 맛 – 꼬랄리또(corralito)

필자가족이 아르헨티나 부임 발령을 받고 부에노스아이레스에 도착한 것은 2001년 12월 25일이었습니다. 시내 호텔에 투숙했는데 거리에서 크리스마스 분위기는 전혀 나질 않고, 바람에 흩날리는 휴지들과 쓰레기통을 뒤지는 사람들로 을씨년스런 광경만 눈앞에 펼쳐지고 있었습니다. 그도 그럴 것이 바로 며칠 전 까세롤라소(cacerolazo/냄비 등 가정 집기를 들고 요란한 소리를 내는 시위)로 불리는 대규모 시위가 확대되어 델라루아(De la Rua) 대통령이 하야(12월 20일)하는 비상사태가 벌어졌고, 하야 이후로도 안정되기는커녕 더욱 정국이 불안해지고 먹고살기도 어려워져 상점 약탈 등이 횡행하고 있었기 때문이었습니다. 게다가 바로 전날인 크리스마스이브에는 신정부(로드리게스 사아 대통령)의 디폴트(채무 불이행) 선언까지 나온 비상상황이었습니다.

당시 델라루아 대통령의 하야는 빚의 쓴 맛을 모르고 감당 못할 외채에 의존해서 경제를 지탱해왔던 정책의 종말이었습니다. 외채가 급증하자 제도금융권에 불안감을 느낀 국민들이 너도나도 돈을 빼가기 시작합니다. 은행권이 감당할 수 없을 만큼 많은 돈이 단기간에 빠져나가자 정부는 비상수단을 발동합니다. 2001년 12월 1일 꼬랄리또(corralito)라는 은행예금 인출 동결조치를 전격적으로 단행한 것입니다. 최저 생계비 수준만 매월 인출이 허용되고, 당좌예금은 물론 저축성 예금 계좌도 모두 인출 동결 조치가 내려집니다.

이 조치로 일단 은행 시스템 붕괴라는 최악의 사태는 막을 수 있었지만 꼬랄리또(예금동결)의 후유증은 실로 엄청났습니다. 경제를 단숨에 마비시켜버려 무역이나 유통은 숨 쉴 틈을 찾지 못해 질식하고 말았으며, 국민의 자유를 유린한 조치로 평가되면서 까세롤라소라는 국민적 분노와 저항을 야기함으로써 결국 정권의 붕괴를 불러옵니다.

신정부는 12월24일 지불 만기가 도래한 930억불의 외채를 갚지 않겠다는 디폴트 선언을 합니다. 하지만 미 달러화와 페소화를 1:1로 묶어 놓은 태환제(convertibilidad) 폐지 요구는 수용하지 않고 버티다가 결국 1주일 만에 물러나고 맙니다. 태환제는 메넴 정부(1989~99년) 시절 무려 4자릿수(4,900%)에 달한 하이퍼 인플레를 잡기 위해 성공적으로 도입(1991.4.1.)된 제도였지만, 장기적으로는 제조업 기반이 약해지는 등 국가경쟁력을 떨어뜨려 외채 의존적 경제체질이 심화되고 있었던 터라 이번에는 태환폐지가 위기 해소책으로 제기되었던 것입니다. 2002년 1월 1일 취임(하루 전날 의회에서 대통령으로 선출)한 두알데 대통령은 1월 6일 태환제 폐지를 선언하고 변동환율제를 도입합니다. 1달러=1페소 등식이 깨지고, 1달러=1.4페소 체제로 잠시 이행했다가 이 규제마저 풀리자 시장 흐름에 따라 1달러=3.5페소까지 단숨에 치고 올라가는 격동의 세월을 맞이하게 됩니다.

1년간 유지된 예금동결조치(2002년 12월 2일 요구불 예금 인출동결 해제)는 디폴트 선언 및 태환제 폐지와 함께 아르헨티나 경제는 물론 우리나라 등 관련국가에도 상당한 영향을 미쳤습니다. 우리나라의 대 아르헨티나 수출은 한 때 6억불까지 갔다가 3억불로 내려간 상태에서 1년 만에 5천만 불로 수직 하강했으니 우리 수출기업들이 입은 피해는 이루 말할 수 없이 컸습니다. 그 피해는 필자에게도 고스란히 전가되었습니다. 무역이 완전 마비된 탓에 수출 지원 실적을 낼 수 없어 무역관 성적이 전 세계 꼴찌를 기록했습니다. 현지 진출했던 우리 기업들도 막대한 피해를 입었습니다. 은행외화계좌에 예치되어 있던 미화 잔고는 두알데 정부의 조치(2.3조치)에 따라 1달러당 1.4페소 환율로 페소로 자동 전환되어버렸고, 외화 표시 부채는 1:1 환율을 적용하여 모두 페소화로 전환된 것입니다. 더구나 그 예금조차 마음대로 찾아 쓸 수 없었으니 비즈니스에 막대한 차질이 빚어질 수밖에 없었습니다. 우리 기업들은 살아남기 위해 주재원을 대폭 줄이거나 아예 철수하는 기업들도 나오는 등 꼬랄리또는 당시 우리 주재원들에게도 목을 조르고 발을 묶는 족쇄처럼 다가와 모진 풍파를 견뎌야 했습니다.

제17화: 즉흥의 맛 – 악몽의 생방송 출연, 즉석 기자회견

악몽의 생방송 출연 산토도밍고 어느 방송국에서 무역관으로 연락이 왔습니다. 한국 기업문화 및 양국 간 비즈니스를 주제로 방송 인터뷰를 하려는데 필자더러 출연해달라는 부탁이었습니다. 구체적으로 뭘 물어볼 것인지 질문지를 보내달라고 해서 미리 준비한 다음 스튜디오로 갔습니다. 그런데 막상 도착해보니 개별 인터뷰 형식이 아니라 대담 형식의 토크쇼 방식이었습니다. 더구나 녹화방송도 아니고 생방송이라는 겁니다. 순간 머리가 하얘졌습니다. 아차, 잘못 왔구나 하는 생각이 들며 도망가고 싶었습니다. 녹화방송의 경우라면 실수할 경우 다시 하면 되니 가벼운 마음으로 임할 수 있지만 생방송은 그러한 기회가 주어지지 않고 처음 겪어보는 상황이라 가슴이 마구 두근거렸습니다. 피할 상황이 되지 못해 어쩔 수 없이 생방송이 시작되었습니다.

그런데 방송 진행자가 당초 물어보기로 한 내용을 질문하는 것이 아니라 전혀 준비해오지 않은 엉뚱한 내용을 즉흥적으로 물어보는 것이었습니다. 앞에서는 환한 불빛이 눈부시게 내리쬐고 있었고 방송 카메라는 필자를 향하고 있었습니다. 진행자에게 아니 이건 각본에 없지 않느냐, 각본대로 진행하라고 소리치고 싶었습니다. 나를 이렇게 백척간두로 내몰다니 진행자가 너무 야속했습니다. 하지만 어떻게든 위기를 모면해야 했습니다. 생각나는 대로 마구 지껄여댔습니다. 당시 무슨 말을 했는지 기억이 안 납니다. 방송이 끝나고 무역관으로 되돌아오니 마치 악몽을 꾼 것 같은 느낌이었습니다.

악몽이 채 잊혀 지기도 전에 방송국에서 다시 연락이 왔습니다. 프로그램 반응이 좋으니 다시 한 번 출연해달라는 것이었습니다. 악몽이 다시 살아나면서 단칼에 거절하고 싶었지만 한국을 무료로 도미니카 국민들에게 홍보할 수 있는 소중한 기회를 놓치는 것 같아 필자보다 출중한 능력을 가진 다른 분을 대리 출연시켜 성공적으로 진행이 됐습니다.

비단 도미니카뿐만이 아니라 중남미 사람들은 토크쇼 방식을 선호하는 분위기입니다. 필자가 한-콜 상공회의소 초청으로 카르타헤나를 방문해서 현지 기업인 및 학생들을 상대로 한국과의 비즈니스에 대해 강연을 한 적이 있습니다. 당초 개별 발표 형식으로 알고 준비했는데, 토크쇼 형식으로 진행되어 심적 부담을 안고 임했던 기억이 납니다.

사실 우리 한국인들은 주입식 교육만 받았지 토론 학습 경험이 약하다 보니 자유 토크쇼 방식에 대해서는 부담을 느끼는 경우가 많습니다. 하지만 중남미 사람들은 토론에 매우 능합니다. 깊이 있게 알지는 못해도 표현은 즉흥적으로 잘합니다. 갑작스럽게 마련된 자리에서 한마디씩 해야 하는 경우에 한국인들은 난처해하며 어물어물 넘어가는 경우가 많은 반면 현지인들은 청산유수처럼 거침없이 말을 풀어냅니다. 이것도 중남미 사람들과 우리 한국인들의 문화적 차이점으로 볼 수도 있습니다. 이런 관점에서 보면 필자가 악몽처럼 느꼈던 생방송은 현지인들에겐 대수롭지 않게 여겨졌을 겁니다. 아래 사례 한 가지 더 보시면 그들의 즉흥 문화가 좀 더 확실히 이해가 되실 겁니다.

즉석 기자회견 필자가 과테말라에서 비행기를 타고 온두라스에 도착했습니다. 한국 기업들의 카탈로그들을 모아 온두라스 기업인들과 수출 상담회 개최를 위해서였습니다. 산 페드로술라 상공회의소 관계자가 맞아주었습니다. 전혀 예상도 못했는데 경찰 사이드카 호송을 받으며 상공회의소에 도착했습니다. 필자 격에는 맞지 않는, 태어나서 처음 받아보는 의전 호의다보니 혹시 나를 대사로 착각한 것은 아닐까 하는 의구심까지 들었습니다. 회의실로 들어서자 플래시가 터졌습니다. 기자회견장이 마련되어 있었던 것입니다. 사전에 이런 행사를 하는 것에 대해 전혀 고지를 받지 못한 탓에 무척 긴장이 되었습니다. 스페인어도 짧고 아는 것도 부족한데 어떻게 이 난관을 헤쳐가나 아득했습니다. 그런데 질문이 코트라 직원이 답하기 용이한 것들이어서 무난하게 넘길 수 있었습니다. 예컨대, 어떻게 이 행사는 마련이 되었나? 한국이 온두라스를 택한 이유는? 특히 수도인 테구시갈파가 아니라 제2도시인 산 페드로술라를 택한 이유는? 온두라스 기업인들이 한국에서 수입하기 유망한 품목은? 온두라스 상품을 한국으로 수출하려면? 앞으로도 지속 개최되나? 온두라스 첫 이미지는 어떤가? 등이었습니다.

이런 즉석 인터뷰는 중남미 어디에서나 흔히 이루어집니다. 쿠바 아바나 국제박람회장, 엘살바도르 국제박람회장, 보고타 포럼장, 메데진 설명회장, 쿠쿠타 강연회장, 부에나벤투라 강연회장 등 여러 행사에서 현지 언론 즉석 인터뷰는 예고 없이 등장하곤 했습니다. 그런데 어떤 경우에는 만반의 준비를 해두고 있는데 인터뷰가 전혀 없는 경우도 많습니다. 준비해두면 안 오고, 준비가 없으면 들어오고, 삶이란 게 그런 것인가 봅니다.

제18화: 황당한 맛– 피해자를 붙든 경찰!, 경찰이 맞아? 유료 수사?

피해자를 붙든 경찰 중남미는 치안상황이 무척 안 좋습니다. 칠레나 코스타리카, 쿠바 정도만 비교적 사정이 나은 편에 속하고 다른 나라들은 치안불안이 사회적으로 최대 이슈가 되는 경우도 많습니다. 여기에 대해서는 "세계를 놀라게 하는 심각한 치안문제"편을 참고하시기 바랍니다.

과테말라에 살던 어느 교포 기업인이 겪은 일입니다. 집에 강도가 들어 금품을 모두 털렸습니다. 백색 무기 정도가 아니라 총기로 위협하니 눈뜨고 당할 수밖에 없었습니다. 순순히 응해준 탓에 몸은 무사했지만, 아내가 가장 소중하게 간직해오던 패물들을 몽땅 빼앗겼으니 분한 마음에 되찾고 말겠다는 비장한 각오를 하며 집에 있던 무기를 차고 뒤를 쫓아갔습니다. 운 좋게도 중간에 경찰을 만났습니다. 자초지종 설명할 시간은 없고 해서 다짜고짜 저놈이 내 집을 털어간 강도라며 잡아줄 것을 청했습니다. 경찰은 무기 휴대여부를 물었습니다. 총기 소지 범이라고 하자 경찰은 뜻밖의 행동을 합니다. 범인을 잡기는커녕 오히려 피해자를 못 가게 붙들었습니다. 그의 대답은 "가면 죽는다. 가지 마라."였습니다. 당신이 나서 주면 되지 않느냐고 따지니 그의 답이 걸작이었습니다. "나도 가면 죽는다."

이는 가볍게 웃고 넘길 일은 아닙니다. 당시만 해도 반군 게릴라와 내전 중이었으니 실제로 경찰들이 희생되는 경우도 많았습니다. 현지 진출한 우리 기업 경비원들도 야간에 공장을 지키다가 무장 강도단의 습격을 받아 총격전을 벌이기도 했고, 그 와중에 인명사고가 나기도 했습니다. 단순 강도라 해도 무기든 강도를 잡으러 경찰이 홀로 나서기가 쉽지 않은 겁니다. 이런 상황을 잘 모르는 우리 한국인 입장에서 본다면 황당한 일이겠지만, 자국의 사회 지도층 인사도 아니고 무명 외국인이 당한 것을 자신이 목숨을 걸고 나설 필요성을 느끼지 못한 것입니다.

경찰이 맞아? 국위가 걸려있으니 어느 나라인지 밝히지는 않겠습니다. 다만 독자 여러분들이 중남미의 여러 측면을 고루고루 이해하는데 도움이 되었으면 해서 소개해드리고자 합니다.

중남미 진출 어느 한국기업 주재원이 겪은 이야기입니다. 회사 주최 행사가 지방에서 있어 이를 마친 후 고속도로를 달려 수도로 올라가고 있었습니다. 이미 어둠이 짙게 깔린 시간이었습니다. 그 주재원은 집으로 빨리 돌아가고 싶어 과속을 했습니다. 어디선가 경찰이 나타나더니 차를 세우고 신분증 제시를 요구했습니다. 호주머니에서 지갑을 꺼내 면허증을 제시하려고 한 순간 그 경찰은 면허증은 받지도 않고 지갑을 통째로 가져가버렸습니다. 교통위반딱지는 끊을 생각도 않고 현금만 모두 꺼낸 뒤 지갑을 돌려주며 조심하라며 가버렸습니다. 이런 황당한 일을 겪은 주재원은 그곳에 부임한 지 얼마 되지 않은 신참내기 주재원이었습니다. 초기 정착 시점에 당한 사건이다 보니 정신적 충격이 컸습니다. 그런데 그 경찰이 진짜 경찰인지 경찰로 가장한 강도였는지는 밝혀지지 못했습니다. 그 이후 전해 듣는 소식들에 의하면 경찰복장을 한 강도들의 발호 사례가 나타나기도 한 것으로 봐서 아마도 경찰이 아니었을 수도 있을 것입니다.

유료수사? 중남미에서 함께 근무하던 어느 주재원 이야기입니다. 어느 화창한 휴일 아침, 여느 때처럼 밀린 업무 처리하려고 사무실을 갔습니다. 그런데 꽉 닫혀 있어야할 사무실 문이 살짝 열려있었습니다. 뿐만 아니라 그 주재원 방문도 열려있었고, 서랍까지 열려있었습니다. 치안이 불안한 나라인 만큼 문단속은 철저히 하고 다니는데 이런 경우는 처음 겪는 일이었습니다. 4중 보호장치가 뚫린 것입니다. 사무실 점검을 해보니 현금만 털린 것이었습니다. 출입문 잠금장치도 훼손되지 않았고 다른 물건이나 서류들은 그대로 가지런히 있었지만 현금장부 출납부와 함께 현지화로 환전한 현금을 보관해두던 서랍만

망가져 있었습니다. 그 주재원은 경찰에 바로 도난 신고를 했습니다. 그러자 수사관이 와서 조사를 하더니 내부 소행으로 단정 짓고 내던진 말이 돈을 내면 정식 수사를 해주겠다는 것이었습니다. 범죄 수사하는데 비용이 들어가니 요금을 내라는 논리였습니다. 주재원은 더 이상 기대를 접었습니다. 이런 태도로 볼 때에 업무 방해 및 인권 유린 등 더 큰 피해가 우려되었기 때문입니다. 그러고선 자체 보안망을 더욱 강화하는 쪽으로 방향을 잡고 치안공백에 대비해야 했습니다.

| 동(冬)

제19화: 요란한 맛 – 귀신 쫓는 폭죽문화

중남미는 까르페 디엠 문화가 지배하는 곳입니다. 그 연장선상에서 폭죽문화도 무척 발달한 것 같습니다. 그 뿌리는 로마 시대로 두기도 하고 고대 중국에 두기도 합니다만 전통문화로 가장 잘 정착된 곳이 중남미라는 얘기도 있습니다. 중남미에서도 과테말라, 엘살바도르, 온두라스, 니카라과 등 중미지역과 멕시코에서 폭죽 문화가 가장 활발한 것으로 평가되고 있고, 칠레나 아르헨티나, 콜롬비아 등에서도 폭죽문화를 일부 볼 수 있습니다. 그런데 폭죽을 만들거나 즐기는 현장에서 화재가 일어나 화상을 입거나 심한 경우 사망에 이르기도 하는 등 수많은 인명사고가 끊이지 않다보니 대부분 국가들이 규제를 하고 있고, 언론에서도 폭죽 부작용을 호소하는 등 폭죽문화 확산에 반대하고 있습니다. 그럼에도 불구하고 폭죽 문화는 중미지역 문화로 자리 잡고 있는바 이에 대한 이해도 필요한 것으로 보여 소개해 드리고자 합니다.

필자 기억에 가장 남는 폭죽 경험을 들라면 주저 없이 과테말라 폭죽문화를 들 수 있습니다.

필자가 과테말라에 갓 부임하여 호텔에 투숙할 당시 밤이 되니 여기저기서 총소리가 들렸습니다. 그렇잖아도 그곳이 위험한 곳이니 절대 호텔 밖으로 나가지 말라는 주의도 있고 해서 그 총소리가 진짜인 것으로 받아들였습니다.

그런데 다음날 호텔 측에 물어보니 폭죽 소리였다고 해서 안도의 한숨을 쉰 적이 있습니다. 그 이후 집을 마련하여 주택가에 자리를 잡으니 그 폭죽 소리가 훨씬 더 크게, 훨씬 더 자주 울려 퍼졌습니다. 가족 생일이 되면 축하 의미로 총 4번 축포를 터뜨린다는 것이 그들의 풍습이었습니다. 생일 전날 밤 12시, 생일 당일 아침 6시, 낮 12시, 오후 6시 등 4차례입니다.

왜 이렇게 축포를 터뜨리는지 과테말라 현지인에게 물어보니 귀신을 쫓아내기 위해서라고 했습니다. 축포 소리에 귀신이 깜짝 놀라 달아나도록 즉, 액운을 털어내고 복을 받도록 하는 것이랍니다. 한번만 하면 효과가 약하니 6시간 간격으로 반복하여 귀신을 계속 놀라게 해줘야 물러난다는 것입니다. 소리도 큰 것으로 할수록 효과가 크니 더 비싼 값을 치루고 더 크고 오래 가는 폭죽을 사게 된다고 합니다.

중남미는 가톨릭 국가이긴 하나 이렇게 미신을 믿는 풍습이 살아남게 된 점도 문화의 한 특색을 이루고 있습니다. 기독교 순교 성인들을 추모하는 만성절(11월1일)이 그 전날 이브를 핼러윈으로, 다음 날을 사자(死者/죽은 자)의 날로 정해 같은 시기에 기념하는 것도 같은 맥락이 아닌가 싶습니다. 사자의 날을 맞아 몰려온 귀신들이 산자의 몸속에 들어가지 않도록 무서운 귀신 복장을 하거나 조상들의 영혼을 기리는 풍습은 유럽과 북미의 핼러윈 관습의 영향을 받은 것으로 보이며, 한편 미신과 기독교간 밀접한 관계를 돌아보게 됩니다. 토속신앙과 기독교간 조화와 관련해서 관심 있는 분은 '기독교를 알아야 중남미가 보인다.'편을 참고하시기 바랍니다.

과테말라에서 폭죽문화는 짭짤한 비즈니스 수익을 창출해주기도 합니다. 폭죽 제조업체들이 무척 많고, 중국산 수입품도 유통되고 있습니다. 폭죽을 의미하는 용어도 발달해서 삐로떽니아(pirotecnia), 꼬에떼(cohete), 뽈보라(pólvora), 푸에고 아르티피시알(fuego artificial), 루세스 치나스(luces chinas), 벵갈라(bengala) 등 여러 가지 명칭으로 불리고 있습니다.

폭죽 수요가 가장 몰리는 시기가 크리스마스와 해가 바뀌는 12월31일입니다. 평소 개별 생일 때와는 규모 자체가 비교가 전혀 안될 정도로 어마어마한 폭죽이 터집니다. 12월31일 낮 12시부터 폭죽이 시작되어 저녁 6시를 거쳐 밤 12시가 되면 최고 절정에 달합니다. 온 동네가 마치 포연에 휩싸인 것처럼 뿌연 연기로 가득 차게 됩니다. 이 연기로 천식 환자들은 고통을 당하기도 하고, 어린 아기들은 굉음을 내는 폭죽 소리에 놀라 경기(驚氣)를 일으키기도 하지만 축제 참여자들은 아랑곳하지 않고 들뜬 분위기는 지속됩니다. 필자 아이도 곤히 잠자다가 폭죽 소리에 놀라 울음을 터뜨리기도 했습니다. 귀신 잡으려다 아이를 잡을 수도 있겠더군요.

제20화: 영예의 맛 – 퇴역 군의관 뱃지/ 고위층 자제 취업청탁 이야기

사례1) 어느 퇴역 군의관의 뱃지 필자가 살던 보고타 시내 아파트 이웃 주민 중에 중절모를 쓰고 늘 지팡이를 짚고 다니던 할아버지 한 분이 계셨습니다. 80대 후반 내지 90대 초반쯤 되어 보였는데, 항상 정갈하게 손질된 두툼한 외투를 입고 다녔습니다. 하루는 승강기 앞에서 만났습니다. 필자를 보더니 꼬레아?하고 물었습니다. 고개를 끄덕거렸더니 외투를 열어젖히며 가슴에 단 뱃지를 보여주는 것이었습니다. 거기에는 태극기와 콜롬비아 국기가 나란히 새겨진 양국기 배지였습니다. 흔히 보는 뱃지여서 별 관심 갖지 않고 지나쳤습니다. 그 이후 필자를 볼 때마다 꼬레아?하고 번번이 물어본 후에 꼭 외투를 젖혀 뱃지를 보여주는 것이었습니다.

한번은 어느 중년 여성이 부축해서 함께 엘리베이터 앞에서 만났습니다. 똑같은 상황이 되풀이되었는데, 그 여성이 설명을 해주었습니다. 이분이 자기 아버지인데 한국전쟁 당시 군의관으로 참전했었다는 겁니다. 지금은 노화로 기억력이 급속히 떨어지고 있지만 참전 추억만큼은 잊지 않고 영예롭게 고이 간직하고 있다는 것이었습니다. 그래서 뱃지를 항상 달고 다니면서 한국인들만 보면 이런 식으로 소개를 한다했습니다. 그러면서 향수를 달랠 수 있는 모임을 소개해달라고 부탁하기에 대사관저에서 매년 개최되는 국경일(개천절) 행사를 얘기해주며, 참전용사들이 초대되어 오는 사실을 귀띔해주었습니다. 참전용사 사병회 및 장교회도 있고 후손회도 조직되어 있다는 사실도 얘기해주며, 회장 연락처까지 넘겨줬습니다. 그 이후 대사관저 행사에서 그 군의관 할아버지를 만났습니다. 역시나 기억을 못하셨습니다. 하지만 다른 건 다 잊어버려도 한국전 참전 추억만큼은 자랑스럽게 간직하고 있다는 사실이 놀라왔고, 이를 잊지 않기 위해 뱃지를 항상 가슴에 달고 다니는 그 할아버지 모습이 뭉클하게 다가왔습니다.

사례2) 대통령 손자와 코트라 KOTRA(대한무역투자진흥공사)는 국내에서는 별로 알려져 있지 않지만 해외에서는 꽤 인지도가 높습니다. 특히 중남미 상류층 인사들에게 코트라의 위상은 매우 높은 것 같습니다. 코트라는 중남미 14개 도시에 무역관을 운영하고 있는데, 무역관에서 근무해보고 싶어 하는 상류층 현지인 자제들의 수요를 확인해볼 수 있는 기회가 몇 차례 있었습니다. 나라 이름은 공개하지 않고 말씀드리겠습니다.

필자가 어느 무역관에 부임해보니 그 나라에서 대통령을 지낸 명망가 집안 손자가 현지직원으로 일하고 있었습니다. 한국을 알고 싶기도 하고, 한국과 비즈니스를 해보고 싶어서 코트라에서 경험을 쌓고 싶다는 것이 그 손자의 포부였습니다. 그와 함께 몇 년을 일하고 귀국하니 그는 코트라 인재사관학교(?)를 졸업해 나갔습니다. 코트라 무역관들이 인재 양성소 역할을 하니 인재사관학교로 인식되는 경우도 있습니다. 그러다보니 놀라운 일이 벌어졌습니다. 그 뒤를 이어 동생도 무역관에서 일을 배우고 싶다는 것이었습니다. 대통령 손자들이 하고 많은 직장 중에 왜 하필 코트라를 택했을까 궁금했습니다. 당시 그 나라에는 많은 한국기업들이 진출해 있었습니다. 한국은 경제기적을 일으킨 나라로 인식이 되어 있었고, 한국기업들이 활발히 진출하다보니 한국의 비즈니스 대표기관인 코트라에서 많은 것을 배울 수 있으리라는 기대감이 대통령 아들로 하여금 손자들을 코트라로 유도하고 있었던 것입니다. 한국기관이나 한국기업 근무가 계속 영예롭게 생각될 수 있는 풍토가 유지되도록 더욱 더 잘해야겠다는 다짐을 하게 됩니다.

사례3) 군 참모총장 자제와 한국기업 다른 어느 나라에서는 이런 일이 있었습니다. 필자가 평소 잘 알고 지내던 군 참모차장급 인사가 어떤 청년을 데리고 무역관으로 찾아왔습니다. 그 청년은 그분 자제분이었습니다. 겸연쩍은 얼굴로 머리를 긁적대더니 어렵게 말을 꺼냈습니다. "대한민국 비즈니스의 대표 기관인 코트라에서 아들이 경험을 쌓도록 해 달라. 한국은 우리나라의 롤 모델이다. 그러니 한국을 배우게끔 기회를 달라. 우리나라는 중남미의 한국이 되고 싶다. 내 아들도 한국을 배우길 간절히 원하고 있다."이것이 그가 몸소 코트라를 찾아온 이유였습니다.

코트라(KOTRA)는 해외에서 코리아 비즈니스 센터(Korea Business Center)라는 명칭도 함께 쓰고 있습니다. 과거에는 Korea Trade Center로 불렸지만 업무영역이 확대되면서 지금의 명칭을 갖게 된 것입니다. 이 명칭과 무역관의 활동상황을 지켜보며 코트라가 한국을 대표하는 비즈니스 기관으로 스스로 인식하고 있었던 것입니다.

코트라에 자리가 없으면 다른 한국 기업도 좋으니 반드시 한국인들과 더불어 일할 수 있는 기회를 마련해달라는 간곡한 요구를 뿌리치기 어려웠습니다. 이는 취업청탁이긴 했지만 양국 간 교류 및 비즈니스 확대를 위해 양국 모두에 바람직한 기회로 판단되어 검토해보겠다고 답변하고 마무리 지었습니다. 먼저 현지에 진출해있는 우리 기업 관계자들을 접촉해봤습니다. 당장은 자리가 없어 곤란하다는 답변이었습니다. 그래서 자리가 날 때까지 코트라 사무실에 출근토록 하고 업무를 가르쳤습니다. 6개월 정도 지나 다시 이력서를 보내봤습니다. 이력서에는 코트라 6개월 근무 경력이 추가되어 있었습니다. 그러자 우리 기업에서 긍정적 반응이 와 드디어 어느 유수의 한국기업 현지직원으로 취직하게 되었습니다.

그런데 몇 개월쯤 지나 한통의 편지가 배달되어 왔습니다. 멋진 외관을 갖춘 공식 레터 형식의 감사 표시 및 취업청탁서와 이력서가 들어 있었습니다. 자신의 상관인 군 참모총장 아들이 한국 기업에서 일할 수 있도록 다리를 놔달라는 내용이었습니다. 그런데 그 아들의 학력이 화려했습니다. 미국 최고 명문대 인기학과를 졸업한 수재였습니다. 미국에서 한국기업의 위상을 실감했다면서 미국 유수 기업이나 자기나라 최고기업도 마다하고 그 한국기업에서 일해보고 싶다는 것이 그의 포부였습니다. 이력서를 그가 희망한 우리 기업 관계자에게 보냈습니다. 바로 답변이 왔습니다. 수차례의 면접 끝에 취업이 확정되었습니다. 몇 달 후에는 회사에 큰 도움이 되고 있다며 훌륭한 인재를 소개해줘 고맙다는 인사까지 우리 기업으로부터 받았습니다.

중남미 명문대가 집안에서 왜 하필 한국을 콕 집어서 한국 기업에서 한국인들과 함께 일하면서 한국과의 비즈니스를 배우고자 하는 것일까요? 그들의 열망은 과연 어디에서 나오는 것일까요? 한강의 기적을 일으킨 국가 위상은 물론 세계 속의 글로벌 기업으로 우뚝 선 우리 기업들의 높은 위상에다가 한국인들의 헌신적 근면성 및 혁신 마인드까지 배우고자 하는 것이 그 열망의 근원이 아닐까요? 중남미 상류층 인사들을 접하다보면 중남미의 일반적인 까르페디엠 문화와는 일정한 거리를 두고 있음을 종종 보게 됩니다. 그들의 한국을 배우고자 하는 열망이 좋은 결실을 맺기를 바랍니다.

제21화: 끈끈한 맛 – 옛 전우 가족과 함께 하는 한인체육대회

중남미 어느 나라에나 한국인들이 진출하여 둥지를 틀고 살아가고 있습니다. 한인들끼리 보통 1년에 한 번씩 체육대회를 개최하는데, 콜롬비아는 다른 중남미와는 전혀 다른 모습이었습니다. 한인체육대회를 한국인과 참전용사 후손이 함께 하는 대회로 개최하고 있기 때문입니다.

한인-참전용사 후손 공동 체육대회는 우리 기업들의 후원이 큰 힘이 되고 있습니다. LG전자 및 CNS, 삼성전자, SK그룹, 포스코, 대우, LIG 넥스원, 현대건설/상사 등 현지 진출 우리 기업들이 협찬해주는 상품들은 참전용사 후손들이 이 날을 가슴 두근거리며 기다리게끔 해줍니다. 한국 식당들이 만든 도시락도 함께 나누며 뜻깊은 하루를 보내게 됩니다. 이 행사를 보고타 시내에 있는 콜롬비아 군 부대 내에서 개최한다는 점에도 의미를 둘 수 있습니다.

이 외에도 CSR(기업의 사회적 책임) 활동의 일환으로 참전용사 후손에게 장학금도 전달하고, 한국으로 초청하여 연수도 시켜주는 등 그 끈끈함이란 중남미 다른 나라에서는 느끼기 어려운 장면입니다. 콜롬비아가 중남미 유일 참전국이었으니까요.

6.25당시 콜롬비아는 보병 1개 대대와 전투함 3척 등 총 5,100여명이 참전하였고, 이중 200여명이 전사했습니다. 이를 기리기 위해 콜롬비아 국방부 청사 중앙에 위치한 정원에 3개의 참전 기념비가 세워져 있습니다. 금성전투(1951.3) 기념비와 불모고지(Old Baldy) 전투(1953.3) 기념비 및 해군 참전비 등입니다. 고지 이름이 불모가 된 것은 워낙 많은 포탄이 떨어져 대머리(baldy)가 되었기 때문이라는군요. 육군 2개 기념비는 2003년 3월에, 해군 기념비는 2011년 7월에 건립되었습니다. 뿐만 아니라 1950년 11월 한국전 참전용 군함(Padilla호)이 카르타헤나 항구를 출발한 것을 기념하기 위해 2008년 11월에 건립된 거북선 기념물도 천혜의 관광도시 카르타헤나에 그 위용을 드러내고 있습니다. 이 기념물들은 양국이 혈맹임을 보여주는 증표로서 양국을 끈끈하게 이어주고 있습니다. 그래서 한국에서 정부 대표단이나 군 관계자가 오면 국방부 청사 기념비는 들러봐야 하는 명소가 되고 있습니다. 양국 간 전우관계는 우리에게 유독 콜롬비아에 대해 특별한 느낌을 갖게 해주는 것 같습니다.

제22화: 운명의 맛 – 일하는 개와 노는 개

필자가 콜롬비아 부임 발령을 받고 현지 도착하여 무역관 주차장으로 들어서고 있었습니다. 그때 덩치가 크고 사납게 생긴 개들이 몰려왔습니다. 경비원들이 개를 하나씩 끌고 다니며 차량 검색을 하는 것이었습니다. 경비원이 운전자 옆문(조수석)을 여니 탐지견이 머리를 차안으로 들이밀어 킁킁 거리며 냄새를 맡는 것이었습니다. 뒷좌석도 마찬가지였습니다. 트렁크 역시 예외가 아니었습니다. 앞발까지 척 들어 걸치더니 열심히 업무에 임하였습니다. 탐지견 검색을 무사통과하니 주차장 안으로 들어가라는 경비원의 수신호가 떨어집니다. (그런데 거기에 또 하나의 관문이 있습니다. 주차장 출입허용 지문등록이 되어 있어야 들어갈 수 있는 자동 개폐식 주차장이기 때문입니다. 1층 정문 출입구로 가서 지문 등록을 합니다. 왼쪽 엄지와 검지, 오른쪽 엄지와 검지 등 4개의 지문을 등록합니다. 왼쪽은 차량 출입용, 오른쪽은 일반 출입용인데, 엄지 지문 인식 실패에 대비해서 예비지문까지 등록하는 것입니다.)

비가 올 때에는 주차장에 먼저 들어간 다음 견공의 검문을 받았으며, 휴일에도 예외는 없었습니다. 주차장을 나갈 때에는 검문이 없었지만 가끔 탐지견이 잘 가라고 짖어주며 배웅해주기도 했습니다. 출근 시에 여러 대가 몰리면 체증이 발생합니다. 그러면 여러 마리 개들이 한꺼번에 몰려와서 한 대씩 맡아 검문을 합니다. 나름대로 체증을 유발하지 않도록 패스트 트랙도 개발해둔 것입니다.

이런 광경은 비단 업무용 빌딩 들어설 때만 볼 수 있는 광경은 아닙니다. 쇼핑센터 들어갈 때에도 탐지견의 차량 검색이 실시됩니다. 그래서 콜롬비아에서 살아가려면 인내심이 있어야 합니다. 다른 나라에서는 실시하지 않던 견공 검색 절차를 어디 가나 만나야 했기 때문입니다.

그러면 여기서 의문이 제기됩니다. 도대체 왜 탐지견의 검색절차가 있을까요? 필자는 마약 탐지로 생각을 했는데, 그게 아니었습니다. 견공의 역할은 바로 폭발물 탐지였습니다. 콜롬비아는 오랜 세월 동안 게릴라와 내전 상태였고, 반군들은 시내 요소요소에서 폭발물을 터뜨려왔기 때문에 이런 절차가 만들어진 것이었습니다.

이 탐지견들도 너무 많은 차량을 검문하다보면 지쳐버립니다. 하지만 임무완수를 채근하는 경비원의 성화에 못 이겨 냄새 맡는 시늉만 하고 앞다리를 걸치려 하지도 않는 경우들도 많습니다. 직무 태만으로 볼 수도 있지만 그들도 생명체인지라 피곤해서 쉬고 싶어 하는 모습이 역력할 때도 많이 봅니다. 특별히 매연을 많이 뿜는 노후차량을 많이 맡았던 불운한 탐지견은 그만 병에 걸려 운명을 달리하기도 합니다. 그래서 시동을 꺼달라고 요청하지만 무시당하는 경우들도 많고, 시동을 꺼도 냄새가 바로 없어지는 것이 아니기 때문입니다.

사정이 그러니 아르헨티나에서 흔히 봐오던 팔자 좋은 견공들 생각이 납니다. 주인을 잘 만난 개들은 견공 전용 스쿨버스를 타고 가서 초원에서 실컷 뛰어놀며 행복한 하루하루를 만끽합니다. 방과 후에는 주인의 품에 안겨 재롱을 피우며 사랑받고 삽니다. 차량 매연을 맡아가며 폭발물을 탐색해내야 밥을 먹을 수 있는 일하는 개의 운명과 놀이학교 다니며 놀고먹는 개의 운명이 확연히 비교가 될 수밖에요.

이제 최대 게릴라 단체와의 평화협정이 맺어졌고(2016년), 남은 반군 단체와도 평화협상이 추진 중이니 불쌍한 콜롬비아 탐지견들의 운명도 바뀔 것인지 그들의 밝은 미래를 기원해봅니다.

제23화: 안목의 맛 – 외면당하는 골프장 자연송이

보고타에는 골프장이 무척 많습니다. 종합 리조트여서 한국보다 시설은 더 좋고, 가격은 반의 반값 정도로 무척 쌉니다. 일 년 내내 가을 날씨여서 언제든 즐길 수 있고, 사전 예약 없이도 여유 있게 칠 수 있는 곳들도 많습니다. 보고타 시내 외곽에 여러 곳이 있는데 그중 한 곳에 초청을 받아 처음으로 라운딩을 하던 날이었습니다. 그 때만 해도 한두 달 정도 무료로 이용해보라고 초청권을 보내주는 골프장들이 있었습니다. 한국인의 이미지가 좋다보니 이런 혜택도 누릴 수 있었던 것입니다.

그런데 동반 라운딩을 하는 분이 공을 쳐놓고는 비닐 봉투를 들고 이리저리 뭔가를 찾더니 쭈그리고 앉아 뭔가를 줍고 있었습니다. 가보니 크기가 꽤 큰 자연송이였습니다. 슈퍼에서 봐오던 일반 송이와는 비교가 안될 만큼 크기도 크려니와 향도 진해서 군침이 돌 정도였습니다.

골프장 내에는 소나무가 무척 많이 심어져 있습니다. 골프장 역사도 오래되다 보니 수십 년 된 소나무들도 많습니다. 기후나 수분 조건 등이 맞아서인지 자연송이가 소나무 뿌리 주변 여기저기 대지 위에서 송글송글 솟아나는 것처럼 보였습니다. 더구나 진한 향까지 내뿜으며 유혹을 하니 골프에는 관심이 없고 자연송이 사랑에 푹 빠져 있었던 것입니다. 라운딩이 끝나고 채집한 양을 보니 비닐 봉투 2개를 가득 채웠습니다. 이걸 가지고 단골 한국 식당에 전해주니 즉석에서 자연송이 요리가 되어 나왔습니다. 그 향과 맛에 빠지니 필자도 다음부턴 작정을 하고 자연송이 채집에 나서 자연송이를 실컷 즐길 수 있었습니다.

그런데 희한한 일이 있었습니다. 그곳에서 라운딩하던 현지인들은 지천에 널려 있는 자연송이를 본체만체 외면하는 것이었습니다. 아무리 향으로 유인을 해도 꿈적도 하지 않았습니다. 모양이 예쁘고 색깔도 곱고 향이 좋은 버섯은 독버섯이라고 생각한 현지인들이 자연송이를 독버섯으로 단정해버린 것입니다. 사실 그 주변에 색깔이 화려한 독버섯들도 자태를 뽐내며 유혹을 하고 있었습니다. 보는 안목이 없다면 그 속에서 자연송이만 골라내서 먹어보겠다는 생각을 갖기는 어려울 수 있습니다.

그러니 신비의 영물이라 불리는 그 귀한 자연송이들이 자신들의 값어치를 알아봐주는 혜안을 가진 한국인 골퍼들을 주인으로 맞아들일 수 있었던 것입니다. 여기서 안목의 중요성을 깨우칠 수 있었습니다. 아무리 기회가 주어져도 그것이 기회인 줄 알아차리는 안목이 없다면 그 기회는 내 것이 되지 못한다는 평범한 진리를 말입니다.

제24화: 천상의 맛 – 바로 이곳이 파라다이스!

꽃이 1년 내내 활짝 과테말라, 멕시코, 도미니카공화국, 콜롬비아 등 많은 중남미 국가들에서는 1년 내내 만개한 꽃을 감상할 수 있습니다. 가장 기억에 남는 곳을 들어보라면 과테말라입니다. 필자가 살던 과테말라 집 입구에 여러 가지 화사한 꽃들이 자태를 뽐내고 있었습니다. 그런데 6개월 후에도 그 모습 그대로였고, 3년 뒤에도 그 모습을 그대로 간직하고 있었습니다. 꽃이 지기가 무섭게 바로 다른 꽃이 생명력을 이어받아 미소를 짓고 있었기 때문입니다. 우리가 그리는 천국의 모습이 바로 이런 것이 아닐까 상상해봅니다.

그런데 사람의 마음이란 게 참 변덕스럽습니다. 다른 나라에서도 이러한 광경이 계속 이어지니 무덤덤해지고, 따분함까지 느껴지면서 우리나라 같은 사계절 뚜렷한 곳이 그리워지기도 합니다. 하지만 막상 귀국 후 겨울철을 맞아 꽃은 모두 떨어지고 앙상한 가지들만 남아 추위에 덜덜 떠는 삭막한 모습들을 보면 아 그때 그곳이 바로 파라다이스였구나 하는 생각이 드는 것은 어쩔 수 없는 인간 본성인가 봅니다.

솔리플라야(sol y playa) 중남미에 살다보면 솔리플라야(sol y playa)라는 말이 자주 눈에 띕니다. 솔(sol)은 태양, 쁠라야(playa)는 해변이란 뜻이니 영어로는 sun & beach가 됩니다. 대체로 날씨가 맑고 일조량이 풍부해서 푸른 하늘과 붉은 태양이 주는 혜택을 거의 1년 내내 맘껏 누릴 수 있습니다. 우리나라 해변은 여름철 한때에만 반짝 즐길 수 있고 많은 인파로 붐비는데 반해 중남미는 1년 365일 어느 때고 맘만 먹으면 즐기러 갈 수 있는 관계로 여유롭고 쾌적한 해변을 만끽할 수 있습니다.

부에노스아이레스 부에노스아이레스는 아르헨티나 수도입니다. 하지만 이 부에노스아이레스는 아르헨티나는 물론 중남미 다른 나라에서도 만날 수 있습니다. 무슨 소린가 하면 그 뜻을 헤아려보면 이해가 됩니다. 부에노스(buenos)란 좋다는 의미이고 아이레스(aires)란 공기란 뜻이니 곧 좋은 공기, 맑은 공기라는 뜻이 됩니다. 도시 이름만큼이나 공기 질이 좋습니다. 멕시코 역시 데에페(DF/멕시코시티)만 벗어나면 싱그러운 부에노스아이레스가 상큼하게 맞이해줍니다. 콜롬비아도 참 공기가 맑아 부에노스아이레스를 만끽할 수 있습니다. 보고타는 태평양동맹 4개국수도 중 1년 내내 부에노스아이레스를 맛볼 수 있는 유일한 곳이기도 합니다. 우기만 제외하고는 맑은 공기와 청명한 하늘을 벗 삼아 푸른 초원의 삶을 만끽할 수 있습니다. 물론 매연을 내뿜는 버스길에 있을 때에는 상황은 반대가 됩니다. 항상 예외는 있게 마련입니다. 칠레 역시 수도 산티아고만 벗어나면 공기는 맑아집니다. 산토도밍고 역시 카리브의 진주답게 시민들에게 부에노스아이레스를 선사해줍니다.

어찌됐든 이런 천상의 맛이 있기에 불안한 맛이나 불량한 맛 등 각종 부정적인 맛에도 불구하고 중남미는 한 번 살아봄직한 곳인 것 같습니다.

올라 중남미1

생활과 문화&비즈니스

초판 인쇄 2018년 6월 14일
초판 발행 2018년 6월 20일

엮은이 권선홍
발행인 김인철
총괄 · 기획 가정준 Director, University Knowledge Press
편집장 신선호 Executive Knowledge Contents Creator
도서편집 박현정 Contents Creator
전자책편집 이리나 e-Contents Creator
재무관리 문수진 Managing Creator
사전 · 출판 정준희 Contents Creator
마케팅 파트장 백승이 Chief Marketing Creator
마케팅 김민수 Marketing Creator
발행처 한국외국어대학교 지식출판콘텐츠원
02450 서울특별시 동대문구 이문로 107
전화 02)2173-2493~7
팩스 02)2173-3363
홈페이지 http://press.hufs.ac.kr
전자우편 press@hufs.ac.kr
출판등록 제6-6호(1969. 4. 30)
디자인 · 편집 (주)이환디앤비 02)2254-4301
인쇄 · 제본 네오프린텍 02)718-3111

ISBN 979-11-5901-283-9 04300 정가 23,000원
ISBN 979-11-5901-282-2 (세트)

*잘못된 책은 교환하여 드립니다.

HUiNE은 한국외국어대학교 지식출판콘텐츠원의 어학도서, 사회과학도서, 지역학 도서 Sub Brand이다. 한국외대의 영문명인 HUFS, 현명한 국제전문가 양성(International +Intelligent)의 의미를 담고 있으며, 휴인(携引)의 뜻인 '이끌다, 끌고 나가다'라는 의미처럼 출판계를 이끄는 리더로서, 혁신의 이미지를 담고 있다.